普通高等学校精品课程建设教材

统计学导论

STATISTICS

孙文生　靳光华　主编

中国农业大学出版社

本书作者

主　　编：孙文生　靳光华
副 主 编：李晓静　张　丽
编写人员：（以姓氏拼音为序）
陈旭红（河北经贸大学）
郭　平（石家庄铁道学院）
高　彦（河北农业大学）
胡秀花（河北金融学院）
靳光华（河北农业大学）
刘　涛（河北科技大学）
李晓娥（中央司法警官学院）
李晓静（石家庄经济学院）
李宇鹏（河北理工大学）
孙文生（河北农业大学）
王方舟（河北农业大学）
杨江澜（河北农业大学）
张　丽（河北农业大学）
周　宁（河北大学）

前　言

2008年中国农业大学出版社公开招标编写高等院校统计学教材。经有关专家评审推荐，出版社研究决定聘河北农业大学教授孙文生博士和靳光华博士担任《统计学导论》的主编。根据出版社教材编写要求，参考全国高等院校财经专业核心课程教学大纲中的统计学大纲，2008年孙文生教授编写了写作提纲并分配了写作任务，2009年在河北农业大学召开了审稿会议，对书稿进行了讨论、修改和审定。最后，经河北农业大学教授靳光华博士审稿后，由博士生导师孙文生教授总纂定稿。

在教材编写过程中，我们参考了国内外多种相关教材，吸收了国内外学者的最新成果。本书系统地阐述了统计学的基本概念、基本理论和基本方法。结合我国社会经济发展的最新实际指标数值，本书讲解了有关统计软件的应用知识，以提高学生的统计学实际应用能力。我们力求教材起点高、目标明、形式活、体系新、内容新、资料新。为使学生更好地掌握教材的基本知识、基本理论和基本技能，每章都明确了教学目的与要求，并附有复习思考题及其答案。

在教材编写过程中，河北农业大学研究生吴颖倩、崔姹、贾静丽等同学在校对书稿等方面做了大量工作，中国农业大学出版社和河北农业大学等单位给予了大力支持，在此表示衷心感谢。

由于时间仓促、水平有限，书中难免有缺点和错误，恳请读者批评指正。

编者

2009年10月

目　录

第1章 绪 论

教学目的与要求：通过本章的学习，要求对统计学的性质、概念、特点、作用、对象有清晰的认识，重点掌握统计学的基本概念；了解统计学的产生发展过程、统计学与其他学科的关系以及统计学研究的 6 个阶段和 4 种基本方法；了解常用的统计分析软件。

社会经济统计学是认识社会经济现象数量关系的方法论科学，是认识社会的有力武器。它是随着社会经济的发展和国家管理的需要而产生和发展起来的。统计学吸收数学、自然科学和其他社会科学的优点，形成了一套较完善的理论和方法体系及其学科体系。

1.1 统计学的产生和发展

统计学(statistics)或统计理论是从统计实践活动中产生和发展的，并且在今后的统计实践中将进一步发展和完善。

1.1.1 统计实践的起源和发展

统计活动是随着社会发展和经济管理的需要而产生和发展的。统计起源可追溯到原始社会末期。最早的统计活动是人们简单计量狩猎品和采集野果的数量。我国《周易 · 系辞》中写道："上古结绳而治，后世圣人易之以书契"，这说明上古时人们已有分类计数的概念了。

在奴隶社会，由于赋税、徭役、征兵的需要，出现了人口和土地统计活动。例如，我国夏禹时代，人口和土地的统计数分别为 1 355 万人和 2 438 万 hm^2。古希腊和古罗马时代也开始了人口和财产的统计实践。

在封建社会，统计内容和方法都有了发展，但由于当时经济落后，统计仅停留在对事物调查登记和简单计数加总阶段。在资本主义社会，由于生产力的巨大发展，生产日益社会化，统计在生产管理中得到了巨大发展。大多数国家建立了工业、商业、银行、保险和海关等专业和全国性的统计组织，并开展了大量统计活动。

1.1.2 统计理论的产生和发展

在资本主义社会统计实践活动发展到一定阶段时，人们开始逐步对统计活动进行理论研究，后来逐渐产生了统计学。由于统计学者所处的历史环境不同，对统计的认识不同，产生了不同的统计学学派和统计理论与方法。

1. 记述学派或国势学派

产生于17世纪的德国，代表人物是哥特弗里德·阿坎瓦尔（Gottfried Achenwall, 1719—1772）和海尔曼·康令（Hermann Conring, 1606—1681），代表作是《近代欧洲各国国情学概论》。他们认为统计学就是对国家政治、经济和军事情况的记述。"统计学"一词就是从"国势学"变化而来的。

2. 政治算术学派

起源于17世纪的英国，主要代表人物是威廉·配弟（William Patty, 1623—1687）。他的代表作是《政治算术》(1676)。该书运用一系列数字，描述了英、荷、法三国的政治、军事、经济等方面的情况，首创了用数量对比的方法分析问题。所以马克思认为他是"政治经济学之父"。在某种程度上，也可以说他是统计学的创始人。

3. 数理统计学派

产生于19世纪的比利时，代表人物是阿道夫·凯特勒（Adolphe Quetelet, 1796—1874）。他最先把概率论引入统计学，并对样本数据进行误差计算和分析，逐渐形成了"数理统计学"。

4. 社会经济统计学派

产生于20世纪的苏联，列宁最早使用"社会经济统计学"这一名称。在马克思、恩格斯统计思想影响下，在列宁、斯大林直接领导下，苏联统计学家联系苏联社会主义统计实践，逐步建立了社会经济统计学，主要代表人物是廖佐夫、斯特里科等。其主要观点是认为统计学是一门独立的实质性社会科学，研究大量的社会经济现象在具体时间、地点、条件下的规律性。

1.1.3 中国统计学的发展情况

中国统计历史悠久，但发展缓慢，没有发展成一门系统的统计科学。其主要原因是中国封建社会历史较长且闭关自守，同时中国没有经历资本主义商品经济和社会化大生产，对统计科学没有迫切要求。这些限制性条件不利于统计学的迅速发展。

新中国成立前，我国统计主要照搬数理统计学的理论与方法，统计理论与统计实践完全脱节。

新中国成立后，照搬了苏联社会经济统计学，批判了数理统计学，这对我国统计体系的建立和社会主义建设起到了积极的促进作用，但忽视了对数理统计学的改进和应用。另外，对统计学的性质也有两种观点：一种认为统计学是从数量上研究社会发展规律的实质性科学，即规律派；另一种认为统计学是研究如何搜集资料、整理资料和进行分析的方法论科学，即方法论派。

党的十一届三中全会后，在改革开放中，我国统计学有了较大发展，"百家争鸣，百花齐放"，各种观点也纷纷活跃起来。有人提出只有数理统计才是唯一正确的统计学，其他统计学不过是工作经验而已。统计界大多数人认为统计学是一门方法论科学，它应该吸收数理统计学的优点，为我所用，促进社会经济统计学的发展和完善。

1.2 统计学的研究对象及其特点

在弄清统计学的研究对象之前，首先要弄清统计的基本含义。

1.2.1 统计的含义

统计一词源于德语 staatenkunde，意思是国势学；后翻译成英文 statistics，意思是统计资料、统计工作和统计科学；最终翻译成中文时，把三种含义综合，简称为"统计"。

统计资料是反映社会经济实际情况和变化过程的数字资料，是社会经济信息的主体，是国家制定政策、计划和实行科学管理的重要依据。

统计工作是搜集、整理、分析和运用统计资料的工作过程，它包括统计设计、统计调查、统计整理、统计分析、统计预测和统计决策 6 个阶段。

统计科学是研究统计工作的理论与方法的一门方法论科学。

上述 3 种含义的关系：统计资料是统计工作实践的成果；统计工作是统计实践活动；统计科学是统计工作的理论概括，同时又反过来指导统计工作。统计科学和统计工作的关系是理论与实践的关系。

1.2.2 统计学的研究对象

社会经济统计学的研究对象是正确认识和反映社会经济现象的方法体系，也就是如何搜集、整理和分析社会经济现象的数量方面的方法和方法体系。

社会经济统计学研究对象的特点也就是统计方法和方法体系的特点，主要是：

1. 从定性到定量，定性和定量相结合的方法特点

任何社会经济现象和过程都有质和量两个方面，统计方法是以定性为基础，对社会经济现象进行定量研究。如社会劳动力的统计方法，首先定性研究确定社会劳动力是指从事一定社会劳动并取得劳动报酬或经营收入的全部劳动者，然后再对社会劳动者的总量、结构、发展变化等方面进行数量研究，以达到对社会的进一步认识。

2. 从个体到总体的研究方法特点

人类的认识总是由特殊到一般，又由一般到特殊，循环往复，以至无穷。在解决了定性认识以后，统计工作开始对各个单位的具体事实进行登记。但这只是统计研究的必要手段，而不是目的。统计研究的目的是由个体到总体，观察社会经济现象的总规模、总水平以及由此决定的总趋势。如对各个职工的收入情况进行调查，其目的在于观察全体职工的收入水平变化情况，而不是关心个别职工具体收入情况。对个体的研究是为了更有效地对总体进行研究和认识。

3. 从已知量的描述到未知量的推断方法特点

统计描述包括统计调查与整理、统计分布的特征等，是统计的基础方法。统计推断包括抽样估计、假设检验、数学模型分析等，它们是统计分析和预测的中心内容。通过使用从已知到未知的推断方法，可以扩大和深化对社会的认识。如抽样推断就是根据总体中一部分个体的观察资料所提供的信息（已知）来推断整个总体的有关数量（未知）特征的一种方法。

1.3 统计研究的基本程序和基本方法

统计学研究对象的特点决定了统计研究的基本程序和基本方法。

1.3.1 统计研究的基本程序

统计科学是统计工作实践的理论概括，所以统计工作和统计科学的基本程序是一致的。

1. 统计设计

统计设计是指根据统计研究目的的需要，确定调查对象和调查单位，规定反映调查对象的统计指标和指标体系，从而明确所需要研究的基本数量关系。统计设计属于一种定性认识，它是定量认识的基础。

2.统计调查

统计调查是根据统计设计的要求,利用各种调查方法,具体搜集反映调查单位的数字或文字资料,以获得丰富的感性材料,这是认识事物的起点。

3.统计整理

统计整理是将调查所得到的反映个体的原始资料,按照科学的方法进行加工汇总并使之条理化、系统化,从而能够说明社会经济现象总体的特征,达到对事物的整体认识。

4.统计分析

统计分析是指对加工整理的资料加以分析研究,即计算各种综合指标,利用各种统计分析方法,对统计资料所反映的社会经济现象综合评价,以达到对事物的全面而深入的认识。

5.统计预测

统计预测是指以实际调查的统计资料为依据,根据事物的内在联系和发展规律,运用各种统计方法,对研究对象进行预测的过程。

6.统计决策

统计决策是根据客观可能性,在统计分析和预测的基础上,借助一定的工具、技巧和方法,对决策诸因素进行准确的计算和判断,从而对未来行动做出选择的过程。

上述6个基本阶段是统计工作和统计研究的基本程序。过去只讲前四个阶段,忽视统计预测和统计决策。为什么我们提出增加统计预测阶段和统计决策阶段呢?

第一,经济管理工作对统计预测和决策提出了实践要求。随着中国社会经济建设的蓬勃发展,国民经济各部门要求不断提高国民经济的计划管理水平和企事业单位的经营管理水平。要做到科学的管理,就必须开展预测和决策工作,所以作为统计部门不仅要做好历史资料的统计描述工作,还要运用统计方法对经济发展的未来做好预测和决策工作,为国家和企业管理提供未来信息和多种决策方案,作为研究和判断并作出决策的科学依据。

第二,马克思主义哲学为统计预测和决策提供了理论依据。马克思主义的认识论告诉我们,人们的认识能力是无穷无尽的,客观事物都是可以被认识的。这为统计预测和决策奠定了基础。这是因为:①任何事物的发展都是有规律的,经济发展也是有规律可循的,并且通过反复地实践,这些规律是可以被认识和应用的。统计预测和决策就是根据事物发展的规律对未来活动进行判断和抉择。②马克思主义哲学告诉人们,经济发展过程中的偶然性是必然性的表现和补充,它本身是服从其内部隐藏着的规律的。因此，人们不仅能够解释过去和现在，而且能够大胆预测未来，并敢于从事实践活动以实现未来。

总之，在统计工作和研究中，增加统计预测和决策阶段，在理论上是可行的，在实践上也是必要的。本书既考虑了统计工作过程，又考虑了认识过程，即由抽象到具体，由简单到复杂，同时还考虑了从对已发生事物的数量描述到对未发生事物未来变化的预测和决策。统计设计、统计调查、统计整理和统计分析客观地反映已发生事物的过程、特征、水平，属于描述统计；抽样推断（该章虽属统计推断，但从知识内容看，它与平均数和标准差关系较为密切，从章节看，前面讲总量、相对量和平均量，而抽样推断讲这些统计指标的推断，所以把该章安排在总量、相对量和平均量分析之后）和统计预测是在描述统计的基础上，由局部特征推断总体特征，由现在推断未来，属于推断统计；统计决策是在统计描述和统计推断的基础上，对未来行动做出的最佳抉择。本书还充实了在社会主义市场经济条件下的统计理论与方法。

1.3.2 统计研究的基本方法

1. 大量观察法

统计研究社会经济现象数量方面及其变化过程，要从总体上加以考察。对总体中的全部或足够多的单位进行调查并进行综合分析的方法，称为大量观察法。这是由统计研究对象的从个别到一般、从个体到总体的特点决定的。社会经济现象的总体是复杂的，是受多种因素影响的，而且总体各单位的特征和数量表现也有很大差异，不能任意抽取个别或少数单位进行观察。必须观察全部或足够多的调查单位，借以认识客观现象的总体情况。

2. 统计分组法

统计分组是对所研究的社会经济现象的数量进行本质分析，找出反映现象的基本特征的标志，把研究现象划分为若干组，用以区分社会现象的各种类型和形式，正确反映具体社会经济现象的规模和数量的对比关系，以达到对事物本质的认识。统计调查前必须对社会经济现象进行科学分组，才能确定调查对象和范围，才能搜集必要的统计资料。对于原始资料也必须进行分组加工整理。

3. 综合分析法

综合是指对于大量观察所获得的资料，运用各种综合指标以反映总体一般数量特征。综合指标概括地描述了总体的综合数量特征和变动趋势。常用的综合指标有总量指标、相对指标、平均指标、离散程度指标和统计指数等。分析是指对综合指标进行分解和对比分析，以研究总体的差异和数量关系。常用的统计分析方法有动态趋势分析法、因素影响分析法、相关与回归分析法、综合平衡分析法等。

4. 归纳推断法

归纳是指由个别到一般、由事实到概括的推理方法。如综合指标反映总体一般数量特征，它不同于总体各单位的标志值，但又必须从各单位的标志值中归纳而来。归纳法可以使我们从具体事实中得出一般规律，扩大知识领域，增长新的知识，所以是统计研究中常用的方法。以一定的置信标准，根据样本数据来推断总体数量特征的归纳推理方法，称为统计推断法。常用的归纳推断法有重点调查、典型调查、抽样推断、统计预测和决策等。

综上所述，综合分析、归纳推断和统计分组是运用于统计全过程的基本方法，而综合分析法和归纳推断法是以大量观察法为基础的，分组法也为正确运用综合分析法和归纳推断法创造了前提条件。

1.4 统计学的理论基础和学科体系

社会经济统计学以经济学为理论基础，以哲学为方法论基础，已形成了相对独立完善的学科体系，是统计工作和统计研究以及认识社会的重要工具。

1.4.1 统计学的理论基础

1. 经济学是社会经济统计学的基本理论基础

统计学只是一门方法论科学，它不能阐明经济现象的本质。像商品、劳动生产率、工资、成本等经济范畴，只有经济学才能给以科学的解释。因此统计学必须以经济学所阐明的经济规律作为理论基础。统计指标、统计分组、计算方法都必须以经济学所确定的经济范畴和经济理论为依据，统计分析和预测也必须以经济学的经济理论来确定现象之间的本质联系，然后才能进一步分析现象变动的数量关系。另外，对大量统计资料进行数量分析的结果，也要用经济学的理论加以检验。

2. 哲学是社会经济统计学的方法论理论基础

哲学是人类认识世界最一般的方法论科学，社会经济统计学既然也是一门认识社会的方法论科学，就必然以哲学作为它的方法论基础。社会经济统计学必须以唯物辩证法所阐明的认识客观事物发展变化的最根本方法为基础，根据研究对象的性质和特点，形成各种专门的统计方法。哲学所阐述的基本观点，如一切从实际出发、理论联系实际、从质和量的密切联系中认识事物、事物的矛盾性和统一性等,都是统计研究的基本出发点和指南。

另外,数理统计学是研究随机现象的数量关系和变化规律的科学,有些社会经济现象也具有随机性,因此,在进行社会经济统计研究时,也要尽量吸收数理统计中的合理有用的东西。但是数理统计不能作为社会经济统计的基础。数理统计学和社会经济统计学是相互独立的两门不同性质的统计学,数理统计方法也不能完全代替社会经济统计的数量分析方法。

1.4.2 统计学的学科体系

以上我们使用的"统计学"指的是社会经济统计学。实际上,社会经济统计学只是统计学的一类。统计学一般可分为社会经济统计学、数理统计学、自然技术统计学和统计史。这几类统计学还可以进行明细分类,我们概括为图 1.1。本书中,统计学指的是社会经济统计学原理。

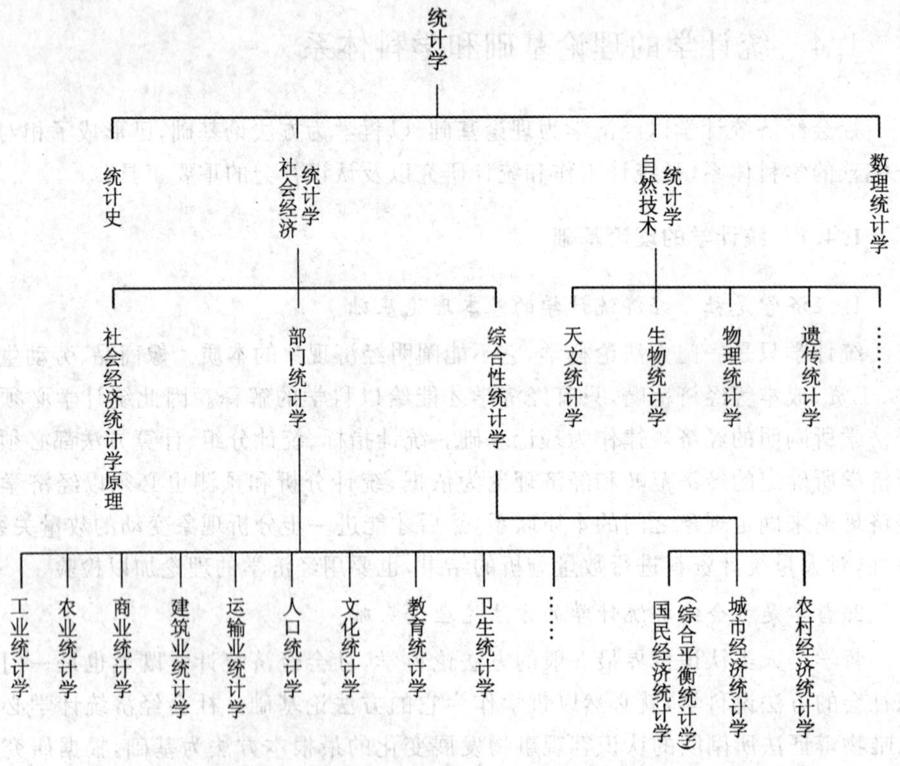

图 1.1 统计学学科体系图

1.5 统计组织和统计的作用

本节主要介绍统计组织和统计的作用。

1.5.1 统计运行机制

统计运行机制是指在一定的统计机体内各构成要素之间的相互依赖和相互作用的制约关系及其内在的运行方式与功能,简称统计机制。统计作为一个有机的系统整体,由统计主体、统计客体和统计宿体三部分组成。统计主体就是统计的职能部门,包括政府统计部门、行业和企业统计部门等,它是统计整体运行的主要组织者和具体执行者。统计客体就是社会经济的信息源,包括社会、经济、科技等方面。统计宿体就是统计活动的最终归宿点,即各级使用信息的决策者,其职能是对经济活动实施控制和管理。统计主体通过一定的组织制度进行调查研究活动,全面准确地获取反映经济、社会和科技等现象运行状况的资料,检查其运行进程和结果,及时为决策部门提供参考。决策部门(统计宿体)根据这些信息以及其他来源的信息通盘研究后,对统计客体采取必要的措施。由此可见,只有统计主体、统计客体、统计宿体协调运转,才能形成完整的系统活动。如何保证统计系统正常运转涉及两大要素:统计体制和统计法制。在不同的统计体制和统计法制条件下,系统的运转有本质差别。全世界主要有两种不同类型的体制,即分散型统计体制和集中型统计体制。

所谓分散型统计体制,就是全国的统计由政府几个机关分别负责,国家不设立统一的统计机构。例如美国实行的就是分散型统计体制,政府不设中央统计局,全国统计工作由商务部的国情普查局和经济分析局、劳工部的劳工统计局等机构分工负责。所谓集中型统计体制,就是国家建立集中统一的统计系统,实行统一领导、分级负责的管理体制。中国实行的就是集中型统计体制。集中型统计体制在组织统计工作中贯彻集中统一的原则,它要求在全国范围内建立集中统一的强有力的统计系统;执行统一的方针、政策和统计调查任务;贯彻统一的统计制度和统计标准;使用统一的统计报表和数字管理制度,以及协调统计、会计、业务核算和核算标准及分工等。集中型体制是与我国社会主义制度相适应的,是社会主义制度下所特有的统计管理体制。

统计法是一项重要的经济法规,以法律的形式确定了统计工作的性质、任务、管理体制、工作制度、机构设置,有关当事人的职责、权利、义务以及违法的法律责任等。统计法是协调统计主体、统计客体、统计宿体关系的强大武器,是对各方面统计行为的强制性规范。

1.5.2 国家统计系统

中国集中统一的统计系统是由各级政府部门的综合统计系统、各级业务部门的专业统计系统和企事业单位的统计组织所组成的。

1. 综合统计系统

各级政府部门的综合统计系统由国家统计局和各级地方统计机构组成，是我国统计组织的主要系统。国家统计局是我国国务院的工作部门，各级地方统计机构包括省（市、自治区）统计局，地区、省（自治区）辖市统计局以及县级统计局。各级统计局是各级地方政府的工作部门，受各级地方政府和上级统计机构的双重领导。

2. 专业统计系统

我国专业统计系统由中央及地方各级业务部门的统计机构组成，是我国统计组织的子系统。这些统计机构在统计业务上受国家统计和同级地方人民政府统计机构的领导。

3. 基层单位统计组织

基层单位统计组织包括乡镇统计组织或统计专业人员、企业事业单位的统计组织或统计负责人。乡镇以下的行政村的统计工作，由村民委员会指定专人负责，在统计业务上受乡、镇统计员指导。企事业单位的统计组织机构或统计负责人在统计业务上受所在地人民政府统计机构的指导。

国家统计局组织领导各级和各部门统计机构开展统计工作，并承担全国性基本统计任务。地方各级人民政府统计机构承担国家布置的统计任务，并开展本地区需要的统计工作。各级政府业务主管部门的统计机构执行本部门综合统计的职能，承担国家统计局布置的统计任务，并开展本专业系统需要的统计工作。乡镇统计组织（统计员）执行乡、镇综合统计的职能。企事业单位统计组织（统计负责人）执行本单位综合统计职能。

1.5.3 统计法规

统计法是经济法的重要组成部分，它是由国家立法机关按照立法程序对全国统计活动专门制定颁布的法规。它对全国各级机关、各种工作人员和公民都具有法规上的约束性，是中国统计活动的规范和准绳。中国于 1983 年 12 月 8 日公布了《中华人民共和国统计法》（以下简称《统计法》），自 1984 年 1 月 1 日起施行。

1987 年 2 月 15 日经国务院批准，由国家统计局发布《中华人民共和国统计法实施细则》。《统计法》是在总结新中国成立以来统计工作正反两方面经验的基础上，为了保证科学、有效地组织统计工作，为统计数字的准确性和及时性提供法律保证而制定的，它表明我国统计工作向法制化迈出了重要的一步。

《统计法》是协调统计主体、统计客体和统计宿体关系的有力工具，由统计的基本任务、统计管理体制、统计工作的现代化、统计调查计划和统计资料的管理和公布、统计机构和统计人员的职权范围和法律责任等部分组成。关于统计主体的职责和权力，《统计法》规定："统计机构和统计人员实行责任制，依照本法和统计制度的规定，如实提供统计资料，准确及时完成统计工作任务，保守国家机密"；"统计机构和统计人员依照本法规定独立行使统计调查、统计报告、统计监督的职权不受侵犯"等。关于客体的义务和权利，《统计法》规定："国家机关、社会团体、企业事业组织和个体工商户，以及在中国境内的外资、中外合资和中外合作经营的企业事业组织，必须依照本法和国家规定，提供统计资料，不得虚报、瞒报、拒报、迟报，不得伪造、篡改"等。《统计法》还对各种违法行为做出了追究法律责任的规定。

《统计法》的颁发和实施，使我国的统计工作走上法制化的轨道。要模范遵守《统计法》，做到有法可依、有法必依、执法必严、违法必究。

1.5.4 统计的作用

《统计法》第二条明确规定：统计的基本任务是对国民经济和社会发展情况进行统计调查、统计分析，提供统计资料，实行统计监督。

按照现代管理科学的理论，国家管理系统应由灵敏的信息系统、完备的咨询系统、科学的决策系统、高效的执行系统和严密的监督系统所组成。统计部门作为国家系统的重要组成部分，为完成统计基本任务，究竟应该发挥哪些重要职能呢？1988 年全国统计工作会议制定的《全国统计改革和统计现代化建设规划纲要》中指出："统计系统在国家管理系统中同时兼有信息、咨询、监督三种职能"，并明确指出我国统计发展战略目标，是要建设全国强有力的、集中统一的具有信息、咨询、监督等多功能的现代化统计系统，充分有效地发挥统计反馈信息、提供咨询、实施监督、支持决策的作用。

1. 反馈信息

统计的信息职能是指统计具有一整套科学统一的统计指标体系和统计调查方法，能够灵敏地、系统地为决策和管理搜集、处理、传递、储存和提供大量综合反映客观事物总体数量特征的社会经济信息。统计信息是社会经济信息的主体，是国家决策和宏观管理所必需的基本依据。

2. 支持决策

为了保证决策的现代化、民主化、科学化，统计部门利用已经搜集整理的信息资料进行归纳、推理、评价和判断，并提出可供选择的咨询建议和对策方案。

3. 提供咨询

统计的咨询职能是指利用已经掌握的丰富的统计信息资源，运用科学的分析方法和先进的技术手段，深入开展综合分析和专题研究，为科学决策和管理提供咨询服务。咨询职能是由统计自身的特点所决定的，它要求以系统分析为基础，以预测技术为手段，以可行性研究为核心，综合运用统计学、运筹学、计量经济学等现代科学知识和电子计算机等现代技术手段，对资料进行分析、精加工和深加工，提供高智力型的信息产品或咨询建议，当好促进我国社会经济发展的思想库和智囊库。

4. 实施监督

统计的监督职能是指根据统计调查和统计分析，及时、准确地从总体上反映经济、社会和科技的运行状态，并对其实行全面、系统的定量检查、监督和预警，以促进国民经济按照客观规律的要求持续、稳定、协调发展。统计监督在国家宏观调控与微观管理中的重要作用，主要体现在两个方面：一是决策不断修正、不断调整的重要依据；二是判断和检验决策方案正确与否的重要尺度。在实施监督的形式上，概括起来主要有两种：一是对内实行统计报告制度，即根据统计调查和分析，客观如实地反映本地区、本部门、本单位经济、社会和科技发展中的情况和问题，监督检查国家政策、法律和计划的贯彻执行情况；二是对外推进统计信息社会化。

由此可见，要建立健全国家的宏观调控体系，要保证国家决策、宏观管理和宏观监督真正建立在科学的基础上，就必须强化统计监督职能，发挥统计的监督作用。

1.6 统计学的基本概念

学好统计学，必须掌握其特有的概念和范畴。本节重点介绍统计学常用的基本概念。

1.6.1 总体和样本

1. 总体

总体(population)是统计总体的简称。它是由若干个具有共同性质的个体构成的集合，即研究对象的全体。总体中所含的每个个体(或元素)称为总体单位

(unit of population)。可见,总体是由若干个个别事物或单位组成的,而这些个别事物或单位必须具有共同性质。例如,研究某市乡镇企业发展状况,则该市的每个乡镇企业都是一个总体单位(或个体),由它们构成了该市乡镇企业总体。

总体和总体单位是根据研究问题的目的来确定的,也就是说,它们会因研究问题目的的变化而改变。例如,当我们对某市一个特定的乡镇企业的发展状况进行研究时,则这个乡镇企业就由原来的总体单位(个体)变成了总体。

总体中所包含的总体单位数称为总体容量(capacity of population)或总体单位总量,常用字母 N 来表示。根据总体容量的多少,可把总体区分为有限总体和无限总体。当 N 的取值是可数的、有限的时候,对应的总体叫有限总体;反之称为无限总体。例如,某市乡镇工业总体是有限总体,而连续不断生产的某种小件产品构成的总体则是无限总体。

描述总体某方面取值特征的特征值叫参数。如某乡镇企业职工的平均工资 μ,男职工所占比重 p 等。显然,总体参数只有当总体为有限总体时才能求出。对无限总体的参数,只能进行推算、估计。

2. 样本

总体中抽出的一部分总体单位构成的集合叫样本(sample)。样本中的每一个总体单位又叫样本单位或调查单位。样本中所含样本单位的多少被称为样本容量(sample capacity),常用字母 n 表示。例如,在某市乡镇企业总体中抽取10个乡镇企业做调查,则它们组成一个样本,样本容量 n 等于10。通过样本可以达到推断总体的目的,特别是当总体为无限总体时,选择样本尤为重要。

描述样本某方面取值特征的特征值叫样本统计量。例如,从某乡镇企业抽取20名职工组成的样本的平均工资、男职工所占比重,都是统计量。它们可作为对应总体参数 μ 和 p 的估计量。

1.6.2　标志和指标

1. 标志

标志(name of mark)是说明总体单位属性或特征的名称,有品质标志和数量标志之分。

品质标志是说明总体单位质的属性或特征的名称。如性别、民族、工种、学科、经济类型等,都是品质标志。品质标志在总体单位上的表现是不能用数值来表达的。当然,有时为了研究问题的方便,可以把品质标志数量化(如对具有某属性特征的总体单位用数值“1”表示，不具有该种属性特征的个体则用数值“0”表示)，但这种标志仍为品质标志。

数量标志是说明总体单位数量特征的名称。如年龄、身高、考试分数、工业增加值等都是数量标志。数量标志在总体单位上的表现必须用数值表示。

标志的表现是标志特征在各单位的具体表现。例如，某人性别：女；年龄：25岁；月工资：1 500 元等。其中“性别”是品质标志名称，“女”是总体单位的属性表现；而“年龄”、“月工资”为数量标志名称，“25 岁”、“1 500 元”是总体单位的数值表现。特别指出，数量标志在总体单位上表现的数值被称为标志值或变量值(variable value)。

2. 指标

指标(indicator)是用来说明统计总体数量特征的。对于指标的含义，目前存在两种不同的理解。其一是指总体现象数量化的概念或范畴，如人口数、国内生产总值、商品销售额等。按照这种理解，指标应包括 3 个构成要素：指标名称、计量单位和计算方法。其二是指总体现象数量特征的概念和具体数值。例如，2000 年第五次人口普查显示，我国总人口为 129 533 万人，男性人口为 65 355 万人，占总人口的 50.5%等，都是统计指标。按照这种理解，统计指标除包括上述 3 个构成要素外，还要再增加时间限制、空间范围、指标数值。究竟哪种理解正确呢？我们说都是正确的，只是前者在统计设计时使用，而后者则在实际统计工作中向上报送统计资料时使用。

统计指标和标志存在一定的区别和联系。

两者的区别：

(1)统计指标是说明总体数量特征的，而标志是说明总体单位(即个体)特征的。例如，某企业工资总额是统计指标，该企业某职工工资额则是标志。

(2)标志有不能用数量表示的品质标志和能用数量表示的数量标志之分，而指标都是用数值表示的。虽然指标也有数量指标和质量指标之分，但它们都能用数值表示，也就是说，不能用数量表示的指标是不存在的。

两者的联系：

(1)统计指标的数值是从个体的数量标志值进行直接汇总或间接计算分析而来的。例如，某企业职工月工资总额是由该企业的所有职工月工资汇总得到的，而职工平均工资则是经过进一步的计算得到的。

(2)指标和数量标志之间存在着互变关系，随着研究目的的变化，原来的统计总体可能会变为总体单位，这时相应的反映总体数量特征的指标也就转变成反映总体单位的数量标志了。例如,当对某乡镇企业发展情况进行研究时,该企业工资总额是统计指标;但当对该企业所属地区的乡镇企业发展情况进行研究时,则这个企业变成了总体单位,而其工资总额变成了数量标志。

对于指标的分类、设置、计算等更为详尽的内容,本教材将在有关章节作进一步讨论。

1.6.3　变异和变量

1. 变异

变异(variation)是指在选定的标志下,总体单位的表现不是完全相同,而是存在差异的,这种差异就叫变异,这个标志被称为可变标志或变异标志。如性别有男女之分,身高有不同数值等。由于标志有品质(即属性)标志和数量标志的区别,变异有品质(属性)变异和数量变异,变异标志也就有可变品质标志和可变数量标志两种。例如,性别变异是属性变异,身高变异是数量变异;而"性别"是可变品质标志,"身高"是可变数量标志。

变异是普遍存在的,是统计存在的前提,如果不存在变异也就用不着统计了。

在划分统计总体时,首先要确定一个标志把它固定下来,凡是具备这种标志的总体单位集合在一起,就形成了一个统计总体。所以,所谓总体的同质性,实质上就是该总体中的各个单位都具有一个共同的标志表现。例如,某市年工业增加值在500万元以上的企业总体中所包含的工业企业,年工业增加值都必须在500万元以上。同样可以理解,在固定标志下(如年工业增加值500万元以上)构造的总体中的各个总体单位,在未被固定的可变品质标志或可变数量标志下的表现仍然是有差异的,即同质总体中存在着个体的差异性。例如,同属于年工业增加值500万元以上的企业,其职工人数、物资、资金等方面也是不尽相同的。可见,可变标志就成为统计分组和一系列统计计算与分析的基础。

2. 变量

变量(variable)即为可变的数量标志,如工业增加值、人口数、土地面积、销售额等。可变数量标志的取值叫标志值或变量值。变量常按其取值的性质不同,被区分为连续型变量和离散型变量。如果变量的取值充满一个区间甚至整个数轴,不能一一列举,这样的变量叫连续型变量(continuous variable),而变量的取值是可以一一列举的或可列无限多的,这样的变量叫离散型变量(dispersed variable)。连续型变量的取值是通过称量、度量或测量的方法取得的,而离散型变量的取值是点数的结果。变量性质不同,统计处理方法也不一样。

1.7 常用的量化模型分析软件简介

诸多的统计软件可以用于经济预测分析和建模。统计软件的应用具体表现在以下方面:数据呈现和数字特征描述、统计分布和数值分析、变量间的统计关系、统计模型与检验、多元统计分析和经济检测等。常用的软件主要有以下几个。

1.7.1 SPSS 软件

SPSS 是软件英文名称的首字母缩写,原意为 Statistical Package for the Social Sciences,即“社会科学统计软件包”。但是随着 SPSS 产品服务领域的扩大和服务深度的增加,SPSS 公司已于 2000 年正式将英文全称更改为 Statistical Product and Service Solutions,意为“统计产品与服务解决方案”,标志着 SPSS 的战略方向正在做出重大调整。目前,SPSS 软件使用已经成为许多大专院校统计学专业和财经类、管理类专业本科学生的必修课程。

SPSS 起源于 20 世纪 60 年代的美国斯坦福大学。进入 20 世纪 70 年代,专门研制和经营 SPSS 软件的 SPSS 公司成立。此时的 SPSS 软件是在中小型计算机上运行的,其版本统称为 SPSSx。20 世纪 80 年代初,随着微型计算机的出现,SPSS 公司以其敏锐的目光,迅速成功地研制了运行在微型计算机 DOS 操作系统上的 SPSS 的第一版、第二版、第三版等,从而使 SPSS 得到了更为广泛的使用,并占领了计算机统计分析软件的大部分市场份额。此时的 SPSS 版本统称为 SPSS/PC+。20 世纪 90 年代,随着微机 Windows 图形操作系统的出现和盛行,SPSS 公司又研制出了 SPSS for Windows 的第五版、第六版。20 世纪 90 年代中后期,为适应用户在 Windows95 操作系统环境下工作的习惯以及对国际互联网的广泛使用,SPSS for Windows 的第七版、第八版、第九版……第十七版又相继诞生。目前,SPSS for Windows 已经成为世界各地流行使用的统计分析软件,并和权威的 SAS 等统计分析软件共享市场。

SPSS 是世界上最早采用图形菜单驱动界面的统计软件,它最突出的特点就是操作界面极为友好,输出结果美观漂亮。它将几乎所有的功能都以统一、规范的界面展现出来,使用 Windows 的窗口方式展示各种管理和分析数据方法的功能,对话框展示出各种功能选择项。用户只要掌握一定的 Windows 操作技能,粗通统计分析原理,就可以使用该软件为特定的科研工作服务。它是非专业统计人员的首选统计软件。SPSS 采用类似 Excel 表格的方式输入与管理数据,数据接口较为通用,能方便的从其他数据库中读入数据。其统计过程包括了常用的、较为成熟的统计过程，完全可以满足非统计专业人士的工作需要。输出结果十分美观，存储时则是专用的SPO格式，可以转存为HTML格式和文本格式。对于熟悉老版本编程运行方式的用户，SPSS还特别设计了语法生成窗口，用户只需在菜单中选好各个选项，然后按“粘贴”按钮就可以自动生成标准的SPSS程序。

但是，SPSS软件只吸收较为成熟的统计方法，而对于最新的统计方法，SPSS公司的做法是为之发展一些专门软件，如针对树结构模型的Answer Tree，针对神经网络技术的Neural Connection、专门用于数据挖掘的Clementine等，而不是直接纳入SPSS，因此它们在SPSS中均难以见到。另外，其输出结果虽然漂亮，但不能为Word等常用文字处理软件直接打开，只能采用拷贝、粘贴的方式加以转换。

1.7.2　SAS软件

SAS系统全称为Statistics Analysis System，最早由北卡罗来纳大学的两位生物统计学研究生编制，并于1976年成立了SAS软件研究所，正式推出了SAS软件。SAS是用于决策支持的大型集成信息系统，但该软件系统最早的功能限于统计分析，至今，统计分析功能也仍是它的重要组成部分和核心功能。SAS现在的版本为9.0版，大小约为1G。经过多年的发展，SAS已被全世界120多个国家和地区的近3万家机构所采用，直接用户则超过300万人，遍及金融、医药卫生、生产、运输、通信、政府和教育科研等领域。在数据处理和统计分析领域，SAS系统被誉为国际上的标准软件系统，并在1996—1997年度被评选为建立数据库的首选产品，堪称统计软件界的巨无霸。

SAS系统是一个组合软件系统，它由多个功能模块组合而成，其基本部分是BASE SAS模块。BASE SAS模块是SAS系统的核心，承担着主要的数据管理任务，并管理用户使用环境，进行用户语言的处理，调用其他SAS模块和产品。SAS系统具有灵活的功能扩展接口和强大的功能模块，在BASE SAS的基础上，还可以增加如下不同的模块而增加不同的功能：SAS/STAT（统计分析模块）、SAS/GRAPH（绘图模块）、SAS/QC（质量控制模块）、SAS/ETS（经济计量学和时间序列分析模块）、SAS/OR（运筹学模块）、SAS/IML（交互式矩阵程序设计语言模块）、SAS/FSP（快速数据处理的交互式菜单系统模块）、SAS/AF（交互式全屏幕软件应用系统模块）等。SAS有一个智能型绘图系统，不仅能绘制各种统计图，还能绘出地图。SAS提供多个统计过程，每个过程均含有极丰富的任选项。用户还可以通过对数据集的一连串加工，实现更为复杂的统计分析。此外，SAS还提供了各类概率分析函数、分位数函数、样本统计函数和随机数生成函数，使用户能方便地实现特殊统计要求。

1.7.3 Eviews 软件

Eviews(econometrics views)通常称为经济计量软件包,它是广泛使用的经济计量软件之一。Eviews 软件是 QMS(quantitative micro software)公司开发的基于 Windows 平台下的应用软件,其前身是 DOS 操作系统下的 TSP 软件,最新版本是 Eviews 6.0。该软件是由经济学家开发,主要应用在经济学领域,可用于回归分析与预测(regression analysis and forecasting)、时间序列(time series)以及横截面数据(cross-sectional data)分析。与其他统计软件(如 Excel,SAS,SPSS)相比,Eviews 的功能优势是回归分析与预测。

Eviews 处理的基本数据对象是时间序列,每个序列有一个名称,只要提及序列的名称就可以对序列中所有的观察值进行操作,Eviews 允许用户以简便的可视化的方式从键盘或磁盘文件中输入数据,根据已有的序列生成新的序列,在屏幕上显示序列或打印机上打印输出序列,对序列之间存在的关系进行统计分析。Eviews 具有操作简便且可视化的操作风格,体现在从键盘或从键盘输入数据序列、依据已有序列生成新序列、显示和打印序列以及对序列之间存在的关系进行统计分析等方面。

Eviews 具有现代 Windows 软件可视化操作的优良性。可以使用鼠标对标准的 Windows 菜单和对话框进行操作。操作结果出现在窗口中并能采用标准的 Windows 技术对操作结果进行处理。此外,Eviews 还拥有强大的命令功能和批处理语言功能。在 Eviews 的命令行中输入、编辑和执行命令。在程序文件中建立和存储命令,以便在后续的研究项目中使用这些程序。Eviews 预测分析计量软件在科学数据分析与评价、金融分析、经济预测、销售预测和成本分析等领域应用非常广泛。

1.7.4 TSP 软件

Micro TSP(time series package)软件包是用户在微型机上进行回归分析和预测的一种工具,用该软件包可以对序列进行各种分析,建立序列间的统计关系式,并用此关系式进行预测等。Micro TSP 软件包适用于以下几个方面:①销售额预测。②成本分析和预测。③财务分析。④宏观经济分析和预测。⑤模型模拟。⑥科技计算中的数据分析和预测。

Micro TSP 软件包是在 20 世纪六七十年代开发的大型机时间序列分析软件包 TSP 的基础上开发出来的微机软件包。第一个版本于 1982 年推出。Micro

TSP 6.5 版本是1989年开始投放软件市场的最新版本。短短几年中 Micro TSP 为数以千计的用户提供了有效的计量经济分析和统计分析工具。虽然 TSP 是由经济学家们研制的,并且大多用于经济领域,但该软件包并不限于处理经济方面的时间序列,应用 Micro TSP 软件包可以对包括上千个观察值的任何类型的时间序列进行分析计算。

Micro TSP 软件包的基本操作对象是时间序列,每个序列必须有一个序列名,用户只需给出序列名就可以对任何一个序列进行分析。软件包允许用户以十分简便的方式从磁盘文件或键盘上输入时间或非时间序列,在屏幕上显示或打印输出序列,根据已有的序列生成新的序列,对序列之间的关系进行统计分析等。

Micro TSP 提供了4种操作方式:①完全的菜单驱动方式。利用系统提供的4个菜单,通过按功能键 F3 到 F6 就可以完成必要的操作。②单个命令输入方式。此时只要输入一个命令,系统就会给出一系列的自说明提示信息,引导用户进行随后的操作。③命令参数输入方式。用户可以把操作命令及必要的参数一次输入,系统就去执行相应的功能。④批处理方式。用户可以使用 Micro TSP 本身的编辑程序或其他的自处理程序建立一个文件,使之包含一组 Micro TSP 的命令,运行这个文件便进入了批处理方式。这几种方式中,第一种是新用户常常使用的,当对系统比较熟悉后,便可以使用第二、三种方式。批处理方式主要是便于用户把常规的处理过程变成一个批处理作业,长期使用,而且在批处理作业运行期间,用户可以做其他事情,而不必始终坐在显示器之前。

1.7.5 STAT 软件

STAT(statistica)是数据分析和数据管理软件包,有很强的数据处理能力,是一套完整的统计资料分析、图表分析、资料管理、应用程序扩展系统,具有描述统计、频率表、Pearson/Spearman/Kendall 相关、t 检验、非参数检验、单向和多向方差分析、协方差分析、回归分析、曲线拟合、二阶段最小二乘法、主成分分析、因子分析、极大似然法、自助抽样和估计等功能及制图程序。

此外,还有 PC-GIVE 软件。PC-GIVE 主要用于动态经济计量分析。它是根据 Hendry 学派的理论方法于1984年推出的,主要用于经济数据分析、计量经济模型的评估、动态计量经济模型的建立等。它所提供的多种综合检验统计量可以帮助用户选择模型最适合的动态形式。PC-GIVE 是人机交互系统,可在菜单提示下进行方便的操作。

复习思考题

一、选择题

1. 标志（　　）。

A. 是说明总体特征的名称　　B. 是说明总体单位特征的名称

C. 都能用数值表示　　D. 不能用数值表示

2. 下面属于连续变量的是（　　）。

A. 职工人数　　B. 机器台数

C. 工业总产值　　D. 车间数

3. 统计总体的基本特征有（　　）。

A. 数量性　　B. 同质性

C. 综合性　　D. 大量性　　E. 差异性

4. 研究某厂全部男性职工的情况，下面（　　）是可变标志。

A. 工龄　　B. 性别

C. 年龄　　D. 基本工资　　E. 文化程度

5. 在全国人口普查中，（　　）。

A. 全国人口数是统计总体　　B. 每个人是总体单位

C. 全部女性人口是统计指标　　D. 男性是品质标志

E. 人的年龄是变量

6. 品质标志表示事物质的特征，数量标志表示事物量的特征，所以（　　）。

A. 数量标志可以用数值表示　B. 品质标志可以用数值表示

C. 数量标志不可以用数值表示　D. 品质标志不可以用数值表示

E. 两者都可以用数值表示

7. 统计的基本含义是（　　）。

A. 统计工作　　B. 统计资料

C. 统计设计　　D. 统计理论　　E. 统计调查

8. "全国工业企业"这个总体属于（　　）。

A. 有限总体　　B. 无限总体

C. 可加总体　　D. 不可加总体　　E. 同质总体

9. 若每个工厂是总体单位，以下（　　）标志是数量标志。

A. 经济类型　　B. 职工人数

C. 产品合格率　　D. 年产值　　E. 年上缴利润额

10. 常用的统计分析软件有(　　)。

A. SAS　　B. SPSS

C. Eviews　　D. STAT

二、简答题

1. 统计理论的产生与发展过程中出现了哪些学派?
2. 统计一词有哪几种含义?
3. 统计学研究对象的特点是什么?
4. 简述统计的研究程序和基本方法。
5. 统计有什么作用?
6. 什么是总体、样本?
7. 标志与指标的区别和联系是什么?
8. 常用的量化模型分析软件有哪些?

复习思考题答案

一、选择题

1. B　2. C　3. ABD　4. ACDE　5. BCE

6. AD　7. ABD　8. ACE　9. BCDE　10. ABCD

二、简答题

(略)

第2章　统计设计与统计调查

教学目的与要求：通过本章的学习，要求掌握统计设计的概念、种类和内容，并掌握统计调查的意义和种类，统计调查方案及统计调查的具体组织形式。

统计设计(statistical design)与统计调查(statistical investigation)是统计工作的基础，是统计整理和统计分析的前提。没有周密的统计设计和科学的统计调查，就不可能有高效的统计工作和准确的统计数据。

2.1　数据的计量与类型

统计分析总是离不开对统计数据(statistical data)的计量，而采用不同的计量尺度(count scale)又会得到不同类型的统计数据。本节重点讨论统计数据的计量方式与统计数据的类型。

2.1.1　数据的计量

统计数据(statistical data)是统计活动过程中所取得的反映社会经济现象的数字资料以及与之相联系的其他资料的总称，是对客观现象进行计量的结果。对于调查、搜集的统计数据的属性、特征进行分类、标示和计算，称为统计计量或统计测度。由于现象的性质、表现形式以及研究目的的不同，我们所能予以计量或测度的程度也不同。有些现象只能对它的属性进行分类，例如企业的所有制形式、隶属关系、产品的等级，人口的性别、文化程度，等等。有些现象则可以用比较精确的数字加以计算，例如产品产量、企业经济效益、单位产品成本、在校学生人数，等等。于是，统计计量也就有定性计量和定量计量的区分。

根据计量学的一般分类方法，按照对现象计量的精确程度，可将所采用的计量尺度由低级到高级分为4个层次或4个计量尺度。

1. 定类尺度

定类尺度(nominal scale)也称列名尺度，是按照客观现象的某种属性对其进行分类或分组。这是最粗略、计量层次最低的计量尺度。例如，按照经济性质将企业分为国有经济、私营经济、个体经济类型；将人口按性别分为男性、女性两类的划分，都属于定类尺度。定类尺度的基本特征：

(1)定类尺度对现象所作的分类中，不同类别间地位平等，没有高低大小之分，各类之间的顺序是可以改变的。

(2)定类计量的结果只能用文字表述，不能用数字表述。但为了便于统计处理，特别是为了便于计算机识别，我们可以对不同类别用不同的数字或编码来表示，例如，用"1"表示男性，用"2"表示女性；用"1"表示国有经济，用"2"表示私营经济，用"3"表示个体经济等。数字在这里只是不同类别现象的一个代码，并不代表真正的值，不能进行数学计算。

2. 定序尺度

定序尺度(ordinal scale)又称顺序尺度，是对客观现象各类之间的等级差或顺序差的一种测度。它不但可以将现象分成不同的类别，而且可以确定这些类别的大小顺序。虽然定序尺度的计量结果也表现为类别，但这些类别之间是可以比较顺序的。例如，学生的学习成绩可分为优秀、良好、中等、及格、不及格；产品可分为一等品、二等品、三等品、等外品等，都可以用定序尺度来测量。定序尺度的基本特征：

(1)客观现象的不同类别间存在顺序性差异，因此在对现象进行分析时其顺序是不能随意排列的。

(2)定序尺度计量结果只能用文字表示，说明其大小或高低，无法对其结果进行准确的数学计量。

3. 定距尺度

定距尺度(interval scale)也称间隔尺度，是对现象类别或次序之间间距的计量，它通常使用自然或度量衡单位作为计量尺度。定距尺度是比定序尺度高一层次的计量尺度。它不仅能将现象区分为不同类型并进行排序，而且可以准确地指出类别之间的差距。例如，学生某门课程的考试成绩用"百分制"测量、物品重量用"千克"测量、长度用"米"测量等。由此可以看出，定距尺度的计量结果表现为数值。由于这种尺度的每一间隔都是相等的，所以只要给出一个度量单位，就可以准确地指出两个计数之间的差值。例如，学生的考试成绩从0分到100分进行分类排序，得到从0分、50分、60分、70分、90分，直到100分的序列。序列中不仅有明确的高低之分，而且可以计算差距，如50分与60分之间相差10分，70分与90分之间相差20分，等等。定距尺度的基本特征：

(1)有确定的计量单位。这是定距尺度区别于定类尺度和定序尺度的基本特征。

(2)定距尺度的计量结果表现为数值,所以定距变量的值可以用数字表示,是真正意义上的值,可以进行加、减运算,但不能进行乘或除的运算,因为在等级序列中没有固定的、有确定意义的"零"位。

4.定比尺度

定比尺度(ratio scale)也称比例尺度,它与定距尺度属于同一层次,是在定距尺度的基础上,确定可以作为比较的基数。其计量的结果也表示为数值。定比尺度除了具有上述三种计量尺度的全部特征外,还有自己的基本特征:

(1)定比尺度可以计算两个测度值之间的比值。这就要求定比尺度中必须有一个绝对固定的"零点",而有无绝对意义上的零点是定距尺度与定比尺度的唯一区别。定距尺度中没有绝对零点,即定距尺度的计量值可以是"0"。例如,一个学生某门课程的考试成绩是"0"分,是表示他该门功课成绩水平是"0",而不是表示他没有考试成绩。所以在定距尺度中"0"是一个有意义的数值。在定比尺度看来,当"0"值表示什么也没有时,它就是真正意义上的零点。在定比尺度中,"0"表示"没有"或"不存在"。例如,一个企业某种产品产量为"0",表示该企业没有生产这种产品;一个人的月收入为"0"元,则表明这个人当月没有收入。在现实生活中,很多事物都是可以用定比尺度去测量的,我们大多使用的也都是定比尺度。

(2)定比尺度既能作加减也能作乘除运算。上述4种计量尺度对事物的计量层次是由低级到高级、由粗略到精确逐步递进的。高层次的计量尺度具有低层次计量尺度的全部特性,但低层次计量尺度却不具有高层次计量尺度的特性。

显然,我们可以很容易地将高层次计量尺度的测量结果转化为低层次计量尺度的测量结果,比如将考试成绩的百分制转化为优秀、良好、中等、及格、不及格五等级分制。在统计分析中,一般要求测量的层次越高越好,因为高层次的计量尺度包含更多的数学特性,所运用的统计分析方法越多,分析时也就越方便、越透彻,因此应尽可能使用高层次的计量尺度。

2.1.2 数据的类型

统计数据是通过某种计量尺度对事物进行计量的结果,采用不同的计量尺度会得到不同类型的统计数据。4种测量尺度是对现象本质特征的一种客观反映,从上述4种计量尺度计量的结果来看,统计数据可以分为两种类型:定性数据(qualitative data)和定量数据(quantitative data)。定性数据也称品质数据,它说明的是现象的品质特征,其结果表现为类别,不能用数值表示。定性数据由定类尺度和定序尺度的计量所形成。定量数据也称数量数据,它说明的是现象的数量特征,能够用数值来表示,定量数据是由定距尺度和定比尺度计量所形成。由于定距尺度和定比尺度属于同一测度层次,可以把这两种尺度视作同一类数据。区分测量的层次和数据的类型是十分重要的,因为对不同类型的数据应当使用不同的统计方法进行处理和分析。

适用于低层次测量数据的统计方法,也适用于较高层次的测量数据,因为后者具有前者的数学特性;反之,适用于高层次测量数据的统计方法,则不能用于较低层次的测量数据,因为低层次数据不具有高层次测量数据的数学特性。理解这一点,对于选择统计分析方法是十分重要的。

2.2　统计设计的内容

统计是一个需要高度集中统一的工作。这种高度的集中统一,事先必须经过通盘的考虑和适当的安排,才能保证统计工作的顺利进行。因此,搞好统计工作首先要掌握统计设计。

2.2.1　统计设计的概念与意义

统计设计是统计工作的第一个阶段,也可以说是统计工作的准备阶段。它是根据统计研究的任务、目的及研究对象的性质和特点,对该项统计工作的各个方面和各个环节所做的通盘考虑和统筹安排。统计工作的各个方面是指统计研究对象的各个组成部分。统计工作的各个环节是指为完成统计任务而经历的各个阶段。统计设计是从纵横两个方面对整个统计工作做出的周密规划,是制订统计工作计划和进行准备工作的首要过程,包括统计指标和指标体系设计、统计分组和分类设计、搜集统计资料的方法和步骤设计、统计力量的组织和安排以及经费的运用,等等。统计设计的结果表现为各种设计方案,如指标体系、分类目录、调查方案、整理方案、经费来源以及数字保管和提供制度,等等。

社会经济现象往往是错综复杂的,是多种因素相互作用的结果,使得统计认识活动也具有复杂性,且统计工作又是一个多环节的工作过程,这就使得事先的统计设计工作非常必要。统计设计可以帮助我们将认识对象作为一个整体进行全面的反映和研究,使各个方面、各个环节的统计活动协调一致,形成一个分工明确、相互配合的系统,完整而全面地反映我国经济发展和社会生活的全貌。同时还可以分清主次,按需要和可能采用不同的统计方法,避免重复和遗漏,防止人力、财力、物力的浪费,使统计工作的进行有条不紊,提高统计工作的科学水平和工作效率。

2.2.2 统计设计的种类

依据不同的标准,统计设计可以分为不同的种类:

1. 据统计设计包括的对象,可分为整体统计设计和专项统计设计

整体统计设计是把研究对象作为一个整体,对整个统计工作进行全面设计。整体设计的范围,依研究对象的范围和性质来决定,可以是一个企业统计工作的整体设计,也可以是全国统计工作的整体设计。专项统计设计是指对研究对象中的某一个组成部分的统计设计。例如,在对全国统计调查工作的整体设计当中,对农业调查的设计就是专项设计。

整体设计是主要的,专项设计是整体设计的组成部分,专项设计应该在整体设计的基础上进行,并要服从于整体设计的统一安排。

2. 据统计设计包括的工作阶段,可分为全阶段统计设计和单阶段统计设计

全阶段统计设计是对统计工作全过程的设计,是从确定统计内容、制定统计指标体系开始,到统计调查、统计整理、统计分析等全过程的设计。单阶段统计设计指对统计工作过程中某一阶段工作的设计。例如,对统计调查的设计。

全阶段统计设计一般是粗线条的设计,主要侧重于安排统计工作各阶段之间的联系,而单阶段统计设计则是细线条的设计,侧重于安排具体工作方法及工作进度。全阶段统计设计是主要的,单阶段统计设计是在全阶段统计设计的基础上进行的,并且服从全阶段设计的安排。

3. 据统计设计包括的时期,可分为长期统计设计、中期统计设计和短期统计设计

长期统计设计指 10 年以上的统计设计,中期统计设计是指 5 年左右的统计设计,短期设计指 1 个年度或 1 年以内的统计设计。

这种按时期划分的统计设计主要是对一定时期内的统计工作做出计划和安排,以确定这段时期内统计工作的发展方向、基本任务和应解决的问题等。

2.2.3 统计设计的内容

统计设计的基本内容如下:

1. 明确统计研究工作的对象

确定统计研究的对象,进而明确研究内容和研究目的。因为对于同一研究对象,会由于不同的研究目的而采用不同的研究方法,具有不同的研究内容。也就是要明确统计工作要研究哪些问题,解决哪些问题。

2.设计统计指标和指标体系，对研究对象进行科学的分类和分组

统计是依靠指标和指标体系来反映被研究对象的。因此，指标和指标体系的设计是统计设计的一项重要内容。要根据统计研究对象的特点和范围，确定反映统计研究对象的指标，建立指标体系。统计以当前社会经济现象整体为认识对象，因此，它的统计设计应抓住社会经济现象整体本质，确定中心指标和中心指标体系，并以此为基础，改进和完善其他各有关的指标体系，建立既能综合反映现象整体，又能反映各组成部分状况的指标体系。例如，要了解国民经济的发展情况，就必须建立以国民收入为中心，反映生产、积累和消费的国民经济综合平衡指标体系，进而去调整和修改各专业统计指标体系，使之在部门分类、指标口径、计算方法等方面协调一致，不重不漏，以全面反映国民经济的发展情况。

依据被研究对象自身的特点和研究目的进行统计分类或分组的设计，对一些复杂的研究对象，有必要制定统一的分类目录。

3.设计统计调查方法及汇总整理方案等具体方法

根据统计研究目的、研究对象的具体情况和各种调查方法本身的特点，确定选择哪种调查方法。当前我国已建立了一个以必要周期性普查为基础，以经常性抽样调查为主体，同时辅以重点调查、科学推算和全面报表综合运用的统计调查方法体系。为了更好地审核加工利用资料，必须从全局出发，统筹掌握各项统计资料的调查方法，逐步实现调查项目计划化。

确定了统计调查方法，还要制订汇总整理方案、调查表格或分析运用方案，包括搜集、汇总和分析统计资料的具体方法。

4.统计部门、机构和各个阶段的协调与联系

包括统计机构的设置，统计各部门、各岗位间相互关系的确定和协调。在实际工作中，各个部门和各级机构往往对统计指标的口径、分类粗细等有不同的具体要求，需要统计设计来协调。同时，统计设计还必须考虑各阶段、各环节间的关联。

5.统计力量的组织与安排

统计活动的具体实施需要一定的人力、物力、财力等，都需要预先考虑其供应，防止出现相互矛盾、重复劳动和互不衔接的现象。所做的工作包括对统计人员的培训与使用、对有关经费的来源和分配、物资设备的保证和调拨以及各个阶段的工作进度，等等。

2.3 统计调查的意义与种类

统计调查是统计工作过程的第二个阶段。它是根据统计研究目的和任务的要求,依据统计设计,运用科学的调查方法,有计划、有目的、有组织地搜集原始统计资料的过程。

2.3.1 统计调查的意义

统计研究对调查资料的基本要求是准确、完整和及时。由于社会经济现象复杂多变,不可能像自然科学那样在实验室人为控制下进行反复试验和观察,再加上市场经济条件下利益主体多元化和盛行商业秘密,要取得令人满意的资料往往是十分艰巨的过程。这更凸显了统计调查的重要性。

1.统计调查是人们认识社会的基本方式

统计是适应社会政治经济的发展和国家管理的需要而建立起来的,统计是认识社会的最有力的武器之一,而面向社会做调查是正确认识社会的基本方式。人的认识是由社会存在决定的,离开社会实践,离开对实际情况的调查,人的认识也就成了无源之水、无本之木,绝不会得出正确的结论。例如,市场经济条件下的企业在占有和扩大商品市场的活动中,就是通过开展统计调查收集信息和资料,做到知己知彼,不断调整竞争策略的。

2.统计调查是统计工作中的基础环节

调查是统计的基础,没有调查就没有发言权。统计调查是整个统计工作的基础环节,因为一切统计整理和统计分析都是在原始资料搜集的基础上建立起来的。统计工作的各个环节是紧密衔接、相互依存的,如果统计调查没有做好,搜集到的数据不准确或残缺不全,则根据这些数据进行整理和分析的结果必定不能如实反映客观事物的真相,甚至还会得出相反的结论。因此,统计调查在统计研究中有着十分重要的地位。

2.3.2 统计调查的要求

为了保证统计调查搜集资料的质量,统计调查工作力求达到准确、及时、全面。所谓准确性,是指在统计调查实践中所获得的原始资料必须真实可靠,符合实际情况。保证资料准确可靠是统计的第一生命,因为只有在可靠资料的基础之上进行分析才能得出科学的结论。否则,反映的情况不真实,必将得出错误的结论。所谓及时性，是指统计调查资料的搜集应当在规定的时间内完成，以便及时完成各项调查资料的上报任务，在时间上满足各部门对统计资料的需求。统计调查的及时性关系到统计数据自身的价值和效力，如果资料搜集不及时，就会贻误统计整理和分析的时间，使得整个研究失去时效性。而且一般统计调查任务都由许多单位共同完成，只要一个调查单位的资料上报不及时，就会影响到全部的汇总工作，妨碍全局。所谓全面性，是指项目的资料搜集要齐全，内容全面完整，能反映总体的全貌，不能重复和遗漏。在统计调查中，准确、及时和全面三者是辩证统一、相互依存的。准确性是基础，没有准确性，及时性和全面性就失去意义，及时性只有在准确性的前提下才有意义，而准确性也不能损害及时性的要求。

2.3.3　统计调查的种类

统计调查的对象千差万别，调查方式、方法各有其适应范围。由于统计调查对象的复杂性和研究的不同任务，要灵活地采取不同的调查方式和方法。根据不同的角度和不同的研究目的，可将统计调查分为不同的种类。

1.按调查的组织方式不同，可分为统计报表和专门调查

统计报表是按照统一规定的表式要求，自上而下统一布置，自下而上逐级提供资料的调查方式。它是国家统计系统和各业务部门为了定期取得系统、全面的基本资料而采用的一种组织形式，目的是搜集对国民经济有重大意义的统计资料。对报表名称、报告单位、指标体系、统计目录、报送程序、报送时间、计算方法和计算价格等事项要做出明确规定。

专门调查是为了研究某些专门问题而专门组织的调查。由于统计报表反映的是社会、经济、科技发展状况的基本指标，且一定时间内相对稳定，而客观形势却在不断地变化，不断产生新的情况和新的问题，即使就基本指标而言，也有不适于采取统计报表形式的，因此，专门调查在统计工作中也占有十分重要的地位。专门调查灵活多样，适应性强，可采取多种形式，如普查、抽样调查、重点调查、典型调查，等等。

2.按调查对象包括的范围不同，分为全面调查和非全面调查

全面调查是对构成调查对象总体的所有单位一一进行调查。如人口普查、工业普查和全面统计报表都属于全面调查。全面调查方式能够掌握比较全面的、完整的统计资料，了解调查单位的全面情况，但它的组织工作比较复杂，需耗费较多的人力、物力、财力和时间，出现登记误差的可能性也较大，因而通常只用来反映最基本最重要的社会经济现象资料。可以通过颁发定期统计报表经常地搜集基本统

计资料，也可以通过普查取得一次性资料。

非全面调查是对被研究对象中的一部分进行调查。如产品的质量检查、职工家庭收支情况调查、贫困户生活状况调查等一般采用非全面调查方式。重点调查、抽样调查、典型调查都属于非全面调查。非全面调查由于调查单位少，可用较少的人力、物力和财力取得较多的内容，搜集到较细致、深入的资料，并能推算和说明总体的基本情况，适用范围很广。但它未包括全面资料，因此常常需要与全面调查结合起来应用。

3. 按登记事物的连续性不同，分为经常性调查和一次性调查

经常性调查是根据调查对象的发展和变化，连续不断地进行登记的一种调查方法，以了解事物在一定时期内的全部发展过程。例如，工业产品产量、主要原材料和燃料的消耗等，这些指标是随着时间的推移而不断变化的，所以必须连续不断地进行经常登记，才能取得完整的系统资料。

一次性调查是为了配合经济和社会发展的需要，对被研究对象每隔一段时间进行不连续的一次性登记，目的是搜集现象在一定时点上的数据资料，反映事物在一定时点上的状态。如基本单位数、人口数，由于其数值在短时期内变化不大，往往进行一次性调查获得必要的资料。一次性调查可以定期进行，也可以不定期进行。

4. 按搜集资料具体方法不同，分为直接观察法、报告法、访谈法、问卷法、实验法、登记法和文献法

直接观察法是由调查人员凭借感官和辅助工具到现场对调查对象直接观察点数和计量来收集资料的方法。如农产品产量调查、商品库存量的盘点、车辆流量调查等属于直接观察法。直接观察法能保证所搜集到的资料的准确性，但这种调查方法需耗用大量的人力、物力和较长的时间，因此，它的运用受到一定的限制。观察法分参与观察和非参与观察两种。参与观察是观察者参加到被调查对象中去，和他们共同生活，从内部进行观察；非参与观察是观察者对被观察对象以局外人的身份从旁边进行观察研究。

报告法一般是由统计工作机构将调查表格分发给被调查者，被调查者则根据填报的要求将填好的调查表格寄回。报告法是以原始记录和核算资料为依据，由报告单位按规定填写调查表并按统一规定的时间上报调查资料的一种方法。我国现行统计报表制度就是采用这种方法。由于报告法是通过颁发调查提纲来搜集资料的，调查者和被调查者不直接接触，因此，调查方案必须简明准确、通俗易懂，以防止由于被调查者对调查提纲的理解错误而影响统计质量。

访谈法又叫采访法，是由调查人员向被调查者提问，根据被调查者的答复来搜

集统计资料的方法。访谈法按访谈的自由程度划分，有结构式访谈和非结构式访谈。结构式访谈是按照统一设计、有一定结构的调查表进行的访谈；非结构式访谈是按照一个粗线条的访谈提纲进行的访谈。根据访谈对象的人数划分，访谈法还可分为个别访谈和集体访谈。访谈法还可分为口头询问法和被调查者自填法。口头询问法是由调查人员对被调查者逐一采访，当面填答；被调查者自填法是由调查人员把调查表交给被调查者，向被调查者说明填表的要求和方法，并对有关注意事项加以解释，由被调查者按实际情况一一填写，填好后交调查人员审核收回。访谈法的特点是调查双方直接接触。

问卷法是调查者利用问卷向被调查者了解情况、搜集资料。它具有书面性、间接性和标准化的特点，能在较短的时间内做大面积的调查，适宜于调查有一定文化水平，且总体构成比较单一的调查对象。问卷法所采用的问卷一般由介绍词、答问指南、问题、答案和编码组成。问卷设计是一项要求严格、细致的工作，也是问卷法最基本最重要的工作。

实验法是根据一定的研究目的和假设，选择一组研究对象，在影响调查客体的若干因素中，选出一个或几个因素作为实验因素，人为地控制这些因素，在其他因素不变的条件下，通过观察、记录、搜集资料了解实验因素变化对调查客体的影响，以证实和研究客观现象间因果关系的方法。根据实验组的环境，可分为实地实验和实验室实验。实地实验是指在研究对象的现场所进行的实验；实验室实验则是在某种人工环境中进行的实验，其最大特点是环境的人为性。

登记法是由有关的组织机构发出通告，规定当事人在某事发生后到该机构进行登记，填写所需登记的材料。如流动人口的统计就是采用规定当事人到公安机构登记的方法。

文献法是根据一定的目的和范围来搜集和摘取文献，以此获得所需资料的方法。它具有超时空性和间接性的特点，同时可以用较少的人力、经费和时间，获得比其他方法更多的信息。

统计调查方式、方法，各有其优点，也各有其局限性，实际工作中，须根据调查的具体任务和调查对象本身的特点灵活运用，并将各调查方法结合使用。

2.4　统计调查方案

统计调查是一项复杂细致的工作，为了使统计调查工作有计划、有组织、有步骤地顺利进行，需要周密策划和精心组织。尤其是规模较大的统计调查，需要投入大量人力、物力和财力，整个调查过程就是一项系统工程。因此，在组织调查之前，必须设计一个切实可行的统计调查方案。所谓统计调查方案，就是指根据统计调查的目的和任务，对统计调查工作各方面和各环节所做的全面部署和安排。一份完整的统计调查方案，应包括以下基本内容：

2.4.1 确定调查目的

确定调查目的就是要明确统计调查要解决什么问题。有了明确的调查目的，才能确定调查对象、调查内容和调查方式。目的不明，就无法确定向谁调查、调查什么、怎样调查，调查工作就会陷入盲目混乱，导致搜集到的资料不合要求，难以满足研究的需要，还会造成人、财、物的浪费。

2.4.2 确定调查对象和调查单位

确定调查对象和调查单位，是为了解决向谁调查，由谁来具体提供统计资料的问题。调查对象是根据调查目的确定的研究总体或调查范围。确定调查对象，有助于界定总体范围，避免因界限不清而影响调查资料的准确性。

调查单位是指总体单位，是构成调查对象的每一个单位，是所要调查的具体单位，是调查项目的承担者。例如，要取得某地区工业产品产量、产值等方面的数据，调查对象就是该地区的所有工业企业，而调查单位就是构成工业企业这个总体的每一个企业。

确定调查单位的同时，还需要确定报告单位（填报单位），报告单位就是提交调查资料的单位。调查单位是调查项目的承担者，它可以是个人、企事业单位，也可以是物。而报告单位（填报单位）是具体负责向上报告调查内容、提交统计资料的单位，一般是在行政管理或经济管理中具有一定独立性的单位，如国家机关、企事业单位等。调查单位和填报单位有时一致，有时不一致。如当我们要调查某地农村家庭的受教育程度，那么该地每个农村家庭即是调查单位，又是报告单位；如果我们要调查该地农村家庭中女性的受教育程度，那么每个农村家庭中的女性是调查单位，而报告单位是每个农村家庭。

在抽样调查方式里面，调查对象是确定抽样框的基本依据，在确定抽样框后，从中选取的每一个样本单位就是调查单位。

2.4.3 确定调查项目

调查项目是调查的具体内容，也就是一次调查中所要调查登记的统计标志。确定调查项目，也就明确了应向调查单位调查什么、搜集哪些资料的问题。反映调查单位特征的标志很多，一次调查不可能将调查单位的所有标志都作为调查项目，而是根据调查目的和调查对象本身的特点来选择。确定调查项目时应注意：

1. 需要与可能兼顾

调查项目越多，调查费用也越高，时效性越差，在确定调查项目时，应是调查任务所需要并确实能取得资料的标志，不必要或者虽然需要但不可能取得的标志不要列入调查项目。

2. 统一性

调查项目的含义要明确，表述必须易懂、统一，不能模棱两可，应保证填报人对所需填写的内容有一致的理解。

3. 逻辑性

调查项目之间要保持一定的逻辑关系，以便相互核对和检查登记的结果是否正确，提高调查资料的质量。

4. 发展和连续性

随着统计调查对象的变化和发展，在不同时间进行的同类调查中，对调查项目要做适当的调整、补充和完善。本次调查项目与过去同类调查项目尽可能相互衔接，保持连续性和可比性，以便进行动态比较。

2.4.4 设计调查表和调查问卷

调查项目确定以后，按照一定的顺序排列在一张表格上，这张表格就是调查表。它是统计调查的基本工具。调查表一般由表头、表体和表脚 3 部分组成。表头是调查表的名称，在调查表的上端中央，用来说明调查的内容、被调查单位的名称、性质、隶属关系等；表体是调查表的主要部分，包括调查的具体项目；表脚通常由填表人签名、填表日期、填表说明等方面构成。

调查表有单一表和一览表两种形式。单一表是在一张调查表上只登记一个调查单位资料的内容。单一表便于分类整理，优点是可以容纳较多的标志，适用于项目较多的详细调查。一览表是在一张调查表上可以登记若干个调查单位资料的表格。它较为简便，便于合计和核对数据，但调查的项目不能太多，适用于调查项目较少时使用。调查时使用哪种形式的调查表，需要由调查目的和调查内容的多少来决定。

调查问卷是调查者根据调查的目的和要求所设计的调查表，由一系列问题、备选答案、说明以及编码表组成。问卷质量的高低直接影响数据的质量和分析的结论，对调查成功与否起决定作用，调查问卷的设计是调查方案设计的核心内容。一份设计优良的问卷应该能用来有效地搜集数据，同时应尽可能减少误差，并能减少搜集和处理数据所花费的费用和时间。

1.调查问卷的结构

一般地说,问卷的结构主要由封面信、指导语、问题、答案、编码等几个部分组成。

封面信即一封给被调查者的短信。它应该简明扼要地向被调查者说明该项调查的内容、调查的目的、意义和调查者的身份,并为被调查者保密,在信的结尾处一定要真诚地感谢被调查者的合作与帮助等。如果是访问问卷,在问卷的封面信的下方还应印上有关其他内容,包括调查时间、问卷编号、调查员姓名、被访者合作情况及核查员姓名等。

指导语即用来指导被调查者填写问卷的说明。它一般在封面信之后,并标有“填表说明”或“注”的标题,其内容应对填表的方法、要求、注意事项等作一个简明介绍。此外,有些指导语放在有关较复杂的问题后,用括号括起来,其作用在于指导被调查者填写该问题。凡是问卷中有可能使回答者不清楚的地方,都应给予明确的指导或说明。

问题与答案是问卷的主体。问题可分为限定回答式和非限定回答式。限定回答式问题是指对同一问题给出几种固定的答案或方案供回答者选择。非限定回答式问题,就是给出一个问题让回答者自由回答。当某个问题可以用具体指标衡量时,可采用限定回答式,当对某个问题不甚清楚,也没有具体衡量指标时,就采用非限定回答式。

编码即赋予每一个问题及其答案一个数字作为它的代码。这是为了将被调查者的回答转换成数字,以便输入计算机进行处理和定量分析。编码有两种形式:一种是调查前编码,叫事前编码;另一种是调查后编码,叫事后编码。

2.问卷问题的设计

问卷所要调查的资料,由若干个提问的具体项目即问题组成。在设计问卷的问题时除了要紧密围绕假设进行以外,还应注意以下几点:

(1)问题的表述要准确、通俗。每个问题要规范化、标准化,即问卷上提出的每个问题、变量和指标都要有明确规定,要使所有的回答者做出一致的正确理解。避免使用模棱两可的问话,避免使用技术性很强的专业术语。所列问题不能超出回答者的能力。

(2)一个问题只包含一项内容。也就是一句话只问一件事,不要问两件或两件以上的事,令被调查者很难回答。

(3)避免诱导性提问。问卷中提出的问题不能带有感情色彩和倾向性,应保持中立。诱导性问题能误导调查者回答并影响调查结果。有强烈暗示性答案的问题，容易诱导被调查者选择并非自己真实想法的答案。

(4)避免使用双重否定句。在双重否定的句子当中，被调查者可能不知道是应该回答同意，还是回答不同意。

(5)尽量避免敏感性问题。问卷中的问题应尽量避免敏感性问题或社会、民族禁忌。因为这类问题，被调查者可能会拒绝回答，或采用虚假的方式应付，从而影响搜集资料的质量。

(6)问题的排列顺序要恰当。把被调查者熟悉、感兴趣的问题放在前面，把被调查者生疏的问题、容易引起紧张或产生顾虑的问题放在后面；把简单的问题放在前面，把较难回答的问题放在后面。

3. 问卷答案的设计

根据问卷问题的两种类型，非限定式问题(开放性问题)和限定式问题(封闭性问题)，答案的设计也有所不同。开放性问题不需要列出答案，只需要在问题后留出一定的空白即可，由被调查者根据自己的想法自由回答。开放性问题适合于搜集较深层次的信息，特别是那些尚未弄清各种可能答案或潜在答案类型较多的问题，可以使被调查者充分表达自己的意见和想法，有利于被调查者发挥自己的创造性。缺点是资料分散，不易量化。

限定式问题即封闭性问题的所有可能答案都已给出，且答案之间不相互重叠，由被调查者选择一项或几项作为回答。封闭性问题的答案标准化，便于比较分析，可事先编码，给信息处理带来方便。但答案一定做到穷尽性和互斥性，当有些问题答案不能穷尽时，要加上“其他”一项，以保证被调查者能有所选择或回答。

2.4.5　确定调查时间和调查期限

调查时间是指调查资料本身所属的时点或时期。有的资料反映现象在某一时点上的状态，统计调查必须规定统一的时点。我国第五次人口普查的标准时间定为2000年11月1日零时。有的资料反映现象在一段时期内发展过程的结果，统计调查则要明确资料所属时期的起止(1个月、1季、1年)，所登记的资料指该时期第一天到最后一天的累计数字。例如，第一次全国经济普查，对于产量、产值、销售量等指标，皆为2004年1月1日到12月31日的全年累计数字。

调查期限是指调查工作进行的起讫时间，包括从搜集资料到报送资料的整个工作时间。我国第五次人口普查规定2000年11月1日零时为普查登记的标准时点，要求2000年11月10日以前完成普查登记，则调查时间为11月1日零时，调查期限为10天。为了保证资料的及时性，调查期限应尽可能短。

2.4.6 确定调查的组织实施计划

严密细致的组织工作，是使统计调查顺利进行的保证。调查工作的组织计划包括调查机构、调查步骤、人员培训、调查方式、文件准备、经费预算、试点调查等问题。调查人员的素质往往直接影响到调查的质量。因此，在大型调查之前组织专门的调查人员培训工作是必不可少的环节。

整个统计调查方案的内容，也是对统计调查的设计。随着统计工作的日趋现代化，调查方案也要求日趋周密，制订的调查方案是否符合实际，还需要调查实践的检验。

2.5 统计调查的组织形式

统计调查按组织方式分统计报表和专门调查两种，其中专门调查又包括普查、重点调查、抽样调查和典型调查。

2.5.1 统计报表

统计报表(statistical statement)是我国定期搜集基本统计资料的一种重要的组织形式。统计报表是按照国家或上级部门统一规定的表格形式、统一的指标、统一的报送程序和报送时间，自下而上逐级提供基本统计资料的一种调查方式。它的任务是经常地、定期地搜集反映国民经济和社会发展基本情况的资料，为各级政府和有关部门制订国民经济和社会发展计划以及检查计划执行情况服务。统计报表一般具有统一性、全面性、周期性和可靠性等特点。目前我国的统计报表是由国家统计报表、业务部门统计报表和地方统计报表组成的。通过报表掌握系统、全面的统计资料，可以进行动态比较，分析社会和经济发展变化规律。

1.统计报表的种类

(1)按统计报表的制发机关不同分类。按制发机关不同，分为国家统计报表、业务部门统计报表和地方统计报表。国家统计报表是国民经济基本统计报表，它是用来反映国民经济和社会发展基本情况的统计报表，由国家统计局制发。部门统计报表是各业务部门为业务管理的需要而制发的，只在本系统内执行，用来搜集有关部门的业务技术资料的专业统计报表。地方统计报表是地方政府为地区管理需要而制定的报表，只在本地区的有关单位施行。部门和地方统计报表都是国家统计报表的补充。

(2)按调查范围不同分类。按调查范围不同，分为全面统计报表和非全面统计报表。全面统计报表要求调查对象中的每一个单位都填报；非全面统计报表只要求调查对象中的一部分单位填报。目前，在我国，统计报表大部分属于全面统计报表。

(3)按报送周期长短不同分类。按报送周期长短不同，分为日报、旬报、月报、季报、半年报和年报。除年报外，其他报表都称为定期报表。一般情况下，报送周期越短，指标项目越简单，反之，越详细。日报、旬报为短期报表，时效性强，又称进度报表；月报、季报周期较长，主要用于计划的检查；年报周期最长，具有指标多、分组细、范围广的特点，是全年的总结性报表，作用在于总结报告年度计划执行情况，分析研究历年生产发展趋势和平衡关系，以及为各级领导机关制定方针、政策提供依据，为研究社会经济发展及重要比例关系提供依据。

(4)按填报单位不同分类。按填报单位不同，分为基层统计报表和综合统计报表。基层报表是由基层企业、事业单位根据原始记录，汇总整理、编报的统计报表。它反映基层社会经济的活动情况，是各部门、各地区汇总统计资料的基础；综合报表是由各级国家统计部门和业务主管部门根据基层报表汇总整理、编报的统计报表，综合反映一个地区、一个部门或全国的基本情况。

(5)按报送方式不同分类。按报送方式不同，分为电讯报表和书面报表两种。电讯报表又可分为电报、电话和传真等方式。书面报表也有邮寄和投递等形式。采用什么方式要取决于内容的紧迫性或要求的时效性。

2.统计报表的资料来源

统计报表的资料来源于基层单位的原始记录，但利用原始记录还不能直接编制统计报表，中间还需经过各种统计台账和企业内部报表。

(1)原始记录。原始记录是基层单位以一定的表格形式，对生产经营活动过程所做的第一手数字或文字记载，是未经加工整理的初级资料，有单、证、表、簿等名称。各种基层统计报表的指标都根据有关原始记录计算而得，因此，原始记录的质量直接决定统计报表数字的准确性和报送的及时性。原始记录不仅是基层单位填报统计报表的资料基础，而且也是统计核算、会计核算、业务核算的依据，因此，建立和健全原始记录制度对贯彻执行统计报表制度，加强经济核算工作都具有十分重要的意义。

(2)统计台账。统计台账是根据报表编制和核算工作的要求，用一定的表格形式，按时间顺序设置的一种定期总结、积累统计资料的表册。统计台账可使分散的原始记录系统化、条理化、档案化。统计台账按记录内容所属时间不同，有按日记录的、按旬记录的，也有按月记录的。大体上有多指标的综合台账和单指标的分组台账。多指标综合台账是在同一个表册上按时间顺序同时登记若干个有关指标数值的动态情况。单指标分组台账是在同一个表册上按时间顺序，同时登记各个下属单位某一项指标数值的动态情况。统计台账中的资料由于已经过初步的加工整理，因此可为统计报表的填报提供条件，同时，其资料按时间顺序排列，有利于进行时间上的动态比较。

(3)企业内部报表。企业报表是根据原始记录和统计台账经过汇总后编制的内部信息资料。它主要是为企业领导和职能部门的管理需要服务的，同时也是填报对外统计报表的基础。原始记录、统计台账和统计报表之间是协调统一的关系，原始记录是统计报表的资料基础；统计台账是原始记录的系统积累，又是填报统计报表的直接依据；统计报表则是各种原始、次级资料整理汇总和核算的最终结果。

3. 统计报表的特点

统计报表的主要特点：①统计报表的资料来源是建立在基层单位的各种原始记录的基础上，基层单位也可利用其资料对生产、经营活动进行监督管理。②由于统计报表是逐级上报和汇总的，各级领导部门都能获得管辖范围内的报表资料，了解本地区、本部门的发展情况。③由于统计报表属于经常性调查，调查项目相对稳定，有利于积累资料，并且可以进行动态分析。

统计报表作为一种全面的基本情况的调查方式，是国家对国民经济和社会发展进行管理和宏观调控的重要工具，是政府统计执行其“信息、咨询、监督”基本职能的主要手段。统计报表按国家统计法制定、实施和管理。要很好地发挥统计报表制度的作用，必须严格按照统计法规办事，实行系统内的有效监督和管理，报表要力求精简，既要防止多、乱、滥发报表，又要防止虚报、瞒报和漏报。这样，才能保证统计数字的质量，降低统计的社会成本。

2.5.2 普查

普查(census)是对研究对象总体所包括的全部单位逐一不漏地进行调查的方式，是专门组织的一次性全面调查。主要用来调查属于一定时点状态下的社会经济现象的数量，掌握重要国情、国力和资源状况的资料，为政府制订规划、方针和政策提供依据，如人口普查、经济普查等。普查多半是在全国范围内进行，所要搜集的是经常的、定期的统计报表所不能提供的更为详细的资料。正是因为普查搜集的资料全面、准确，做出的结论普遍性、可靠性较高，同时由于普查具有很强的时间性和很广的空间性，使得它获得的资料易于进行分类比较，具有可信性，因而普查的价值比较大，对制订社会计划和社会政策有重要意义。但是，普查受到时间和空间条件的限制，所需要的人力、物力和财力较大，组织工作比较复杂，且调查的内容有限，一般只能调查一些最基本、最一般的社会现象，很难对社会问题进行深入细致的研究。因此,普查应用的范围较窄,适应性较小。它只适于对有关全局性的基本情况进行调查,多为政府和统计机关所用,不宜经常进行,每隔一段时间进行一次。例如,我国人口普查每隔10年进行一次,逢年代末尾数为0的年份进行;农业普查每10年进行一次,逢年代末尾数为6的年份进行;全国经济普查每10年进行两次,分别在逢3和8的年份实施。

1. 普查的组织方式

普查的组织方式有两种:一种是从上至下,组织专门的调查机构和队伍,按照统一要求对调查单位直接进行登记;另一种是利用调查单位的原始记录与核算资料,或结合清仓盘点,颁发一系列调查表,由调查单位自行填报。

2. 普查应遵守的原则

组织普查必须遵守以下原则:

(1)规定统一的标准时点。标准时点是指对被调查对象登记时所依据的统一时点。调查资料必须反映调查对象在这一时点上的状况,以避免调查时因情况变动而产生重复登记或遗漏现象。例如,人口普查,没有一个标准时点就会因人口的出生和死亡、迁入和迁出得不到准确的数字。我国第五次人口普查的标准时点为2000年11月1日零时。当然,在实际登记时,不可能全国各地都在标准时间的一瞬间把普查的各项数字都同时登记好,有些边远地区需用提前几天登记,一般地区要在以后几天内登记完,但都要把这前后几天内的变动加以调查,以取得标准时间的准确数字。

(2)正确选择普查时期。普查的时期就是普查登记在什么时期进行。普查的标准时间也是在普查时期选择的基础上才能确定。普查时期应根据国家的需要选择在被调查现象变动最小的时期或是普查工作最方便的时期。

(3)规定统一的普查期限。在普查范围内各调查单位或调查点尽可能同时进行调查,并尽可能在最短期限内完成,以便在方法上、步调上协调一致。如果时间拉得过长,就会影响调查资料的准确性和时效性。

(4)规定普查的项目和指标。普查必须按照统一规定的项目和指标进行登记,调查项目一经确定,不能任意改变或增减,以免影响汇总综合,降低资料质量。同类普查的内容在各次普查中要尽可能保持一致,以便将历次普查资料进行对比,研究调查对象的发展变化规律。

普查工作复杂细致,需要花费较长时间,当调查任务紧迫,可以采用快速普查的办法。快速普查的特点:从布置普查任务到上报普查资料都由组织普查工作的最高领导机关直接与各基层单位取得联系,越过一切中间环节。一般调查内容比较简单,突出一个"快"字。

此外,普查前应先进行试点调查,取得经验,交流推广。普查结束后,要用其他调查方式(比如抽样调查)对普查资料进行检查和修正,以保证普查资料的质量。例如,2005 年进行的全国 1%人口抽样调查,就是继 2000 年第五次人口普查后的全国性人口小普查。

2.5.3 重点调查

重点调查(key-unit investigation)是一种专门组织的非全面调查,是在整个调查总体中有意识地只选择一部分重点单位进行调查。所谓重点单位,是指那些在全部总体中虽然数目不多,所占比重不大,但就调查的标志值来说却在标志总量中占很大比重的单位。通过对这些重点单位进行调查就能够对所研究对象总体的基本情况有所认识和了解。例如,对钢铁行业的调查,鞍钢、武钢、首钢、包钢和宝钢等特大型钢铁企业,虽然在全国钢铁企业中只是少数,但它们的产量却占全国钢铁产量的绝大比重,对这些重点企业进行调查,便能省时、省力而且及时了解全国钢铁生产的基本情况。

应用重点调查的关键是选择重点单位,在选择重点单位时应注意:一是重点单位并非固定不变,它随着调查目的和任务的变化而变化;二是重点单位选多少不固定,要根据调查任务确定;三是选中的单位应是管理健全、业务力量较强和统计基础工作较好的单位。

重点调查的优点在于调查单位少,可以调查较多的项目和指标,了解较详细的情况,取得资料也及时,即可以用较少的人力和时间,取得较好的效果。但采用重点调查需要具备两个基本条件:一是调查的主要任务只是要求掌握研究总体的基本数量情况;二是总体中确实存在重点单位,调查的某些项目和指标在少数重点单位能够得到集中反映。满足这两个条件时,采用重点调查是比较适宜的。但必须指出,由于重点单位与一般单位的差别较大,通常不能由重点调查的结果来推算整个调查总体的指标。

2.5.4 典型调查

典型调查(typical investigation)也是一种专门组织的非全面调查。它是根据调查研究的目的和要求,在对被研究现象进行全面科学分析的基础上,有意识地从中选择若干具有代表性的单位作为典型,并通过对这些典型单位的调查来由此及彼地认识同类现象的本质及发展变化规律的一种非全面调查方法。所谓有代表性的典型单位,是指那些最充分、最集中地体现总体某方面共性的单位。

典型调查具有如下几个特点：一是有意识地选择调查单位，具有一定的主观性；二是调查单位在研究特性上具有一定的代表性，即具有更多的同类事物的一般特征；三是调查单位少，能深入实际，搜集详细的第一手数字资料，可对某些专门问题做深入细致的调查；四是机动灵活，可节省人力和物力，提高调查的时效性。典型调查也存在不足之处：在实际操作中选择真正有代表性的典型单位比较困难，而且易受到人为因素的干扰，从而可能导致结论具有一定的倾向性，且典型调查的结果一般情况下不宜用于推算全面数字。

典型调查的作用：一是可用来研究新生事物。研究尚未充分发展、处于萌芽状况的新生事物或某种倾向性的社会问题，通过对典型单位深入细致的调查，可以及时发现新情况、新问题，探测事物发展变化的趋势，形成科学的预见。二是分析事物的不同类型，研究它们之间的差别和相互关系。典型调查可以区别先进事物与落后事物，分别总结它们的经验教训，进一步进行对策研究，以促进事物的转化与发展。

典型调查的中心问题是选择典型单位。典型单位的选取是否合适，直接关系到调查的质量和效果。选择典型必须建立在对全局了解的基础上，根据调查目的和研究主题确定，通过比较筛选实施。根据不同的研究目的和要求，有以下两种选取典型的方法：

1."解剖麻雀"法

当调查对象总体内各单位差别不太大时适用。通过对个别代表性单位进行深入细致的调查，来估计总体的一般情况或发展的一般规律。

2."划类选典"法

当调查对象总体各单位之间的差异较大时适用。总体内部差异明显，但可以划分为若干个类型组，使各类型组内部差异较小。从各类型组中分别抽取少数具有代表性的典型单位进行深入细致的调查。这种调查既可以用于分析总体内部各类型特征，以及它们的差异和联系，也可综合各种类型对总体情况做出大致的估计。

此外，如果为了研究成功的经验和失败的教训，则可以分别从先进单位和落后单位中选取典型，以便总结经验和教训，带动中间状态的单位，推动整体的发展。总之，选取典型必须从全面着眼、分析。掌握调查对象的全面情况和平均水平，然后对比各个可供选择的调查单位的具体情况和具体水平，从中选择代表性较大的单位。

典型调查在我国革命战争时期曾得到相当普遍的运用，对于认识我国社会性质，进行阶级分析，制定方针和政策，指导革命事业的顺利发展，起了重要的作用。解放以后，在全国范围进行全面调查成为可能，但是典型调查仍然是一种常用的有效的调查方式，在整个统计调查中占有不可忽视的重要地位。在需要及时地了解某些新情况、新问题的时候，在需要对某个专门问题进行深入系统的研究的时候，以及在需要对统计数字准确性进行检验的时候，典型调查是一种比较好的办法。

2.5.5 抽样调查

抽样调查(sampling investigation)也是一种非全面调查，它是在全部调查单位中按照随机原则抽取一部分单位组成样本，对样本进行调查，并根据调查的结果推断总体数量特征的一种调查方法。抽样调查是现代推断统计的基础。

1.抽样调查的特点

抽样调查与其他统计调查的组织方式比较，有以下 3 个显著的重要特征：

(1)按随机原则从总体中抽选样本单位。随机原则是指机会均等原则，调查者不带有任何主观倾向，完全凭偶然性抽取样本单位，使总体每个单位都有均等机会被抽中。随机原则是抽样技术的基本原则，只有按照随机原则抽取样本单位，计算的样本指标(统计量)才可以作为随机变量，以概率论为基础对总体进行估计或检验。随机原则不等于随意性，更不排斥调查者的主观能动性。恰恰相反，它要求调查者充分考虑现实条件，设计出最优的抽样方案，尽力避免各种可能的偏差。

(2)对一小部分单位做深入细致的调查研究，目的是要估计总体参数或检验总体的某种假设。重点调查是通过对重点单位的调查了解总体的基本情况，并不对总体的数量特征进行估计；典型调查一般也不用于推断总体指标。抽样调查虽然是非全面调查，但它的目的却在于取得反映总体综合指标的资料，对总体数量特征做出估计。在严格遵循随机原则、抽取出的调查单位达到足够多的条件下，以概率论阐明的有关分布规律为依据，用样本指标数值来推算总体指标数值，准确性是相当大的，而且它可以计算推断的可靠性和精确度。

(3)抽样调查的误差可以事先计算并加以控制。用样本推断总体，不可避免地会有误差。其实包括普查在内的各种调查都会有调查误差，即调查数据与总体客观真值之间的差异。凡是由于调查登记或填表、计算和计算机录入等产生的误差，称为登记性误差(也称系统误差)；凡是由于违反随机原则抽样而产生的误差，称为偏差。这两种误差都是人为的调查误差，从理论上说是可以避免的。而抽样误差是随机误差，是抽样调查所固有的，人们可以设法缩小它，但却无法消除它。抽样误差既然是随机误差，它也必定是随机变量，其分布具有一定的规律性，可以依据这种分布的规律和具体抽样条件计算抽样误差的大小。在其他条件固定时，总体内部差异越小，抽样误差越小；在其他条件固定时，样本容量越大，抽样误差越小；不同的抽样方式方法，产生的抽样误差也有差异。因此，人们可以创造条件对抽样误差加以控制，这大大提高了抽样调查的应用价值，使它能够适应于不同条件和不同精度要求的调查研究。

抽样调查除了具备以上特点以外，与全面统计报表和普查相比，抽样调查工作量小，可以节省人力、物力、财力，同时因数据处理时间大大缩短，还可以提高数据的时效性。正因如此，现在世界上许多国家，无论自然科学试验还是社会科学搜集资料，都广泛采用抽样调查方法。我国的政府统计调查方式也已改变过去统计报表制度一统天下的格局，逐步实行以定期的普查与周期性的抽样调查相结合的方式为主，辅之以典型调查、重点调查和其他调查方式。

2. 抽样调查适用的范围

(1)某些不可能进行全面抽查的情况。在社会经济现象中，有很多现象是无法进行全面调查的，只能采用抽样调查方法。包括总体规模很大，或者是一个连续不断发生的过程，如对海洋生物的研究、空气质量的测定、人口流动的调查和经济周期波动的分析等，都不可能取得全面的资料，只能进行抽样推断。

(2)虽然可能取得全面资料，但不必进行全面调查的情况。有些社会经济现象如果进行全面调查，需要花费大量人力、财力，经济上不值得，采用抽样调查方式更能节约并能提高效率。例如，对农村居民的收支情况调查、物价调查、产品的质量检验等。

(3)对全面调查的资料进行验正和修正。全面调查取得的资料是否准确，误差多大，怎样修正，这样的问题不能由全面调查本身来解决，在全面调查之后，抽取部分单位进行调查，取得准确数据，便可以据此验证全面调查资料的质量，并计算可靠的修正系数对全面调查的数据进行修正。

抽样调查对于那些量大和分散的调查对象，有着其他调查无法代替的优越性。此外，对于要求资料及时性很强的事物和一些应急社会问题的调查，都是采用抽样调查的方式才能满足需要。

3. 抽样调查的组织方式

多种统计调查方式要结合运用，要根据调查研究的目的和任务，来确定统计调查方法，不能单就调查方法来讨论调查方法。从调查研究的目的来说，有的是为了获取准确丰富的基本统计数字，有的是为了系统地研究某个专门问题，有的是为了快速地反映某种新发生的事情，在调查方式上都应当有不同形式和不同程度的结合运用。也就是说，方法问题应当服从于任务，依据调查事物本身的性质和特点，并考虑到完成任务的主客观条件以及周围的环境。

2.6 调查问卷设计

调查问卷(questionnaire)又称调查表,是调查者(surveyor)根据一定的目的精心设计的一种特殊形式的调查表格。它把所要调查的内容以问题及其可能的答案按照一定的形式顺序排列,是收集调查数据(survey data)的常用工具。问卷调查是获得统计资料的基本方法,而在问卷调查中,问卷设计(questionnaire design)又是其中的关键。问卷设计的是否合理,将直接决定着能否获得准确可靠的统计资料。

2.6.1 调查问卷设计原则

1.明确调查目的,选好调查主题

这是问卷设计的基础。问卷调查是为统计分析和结论提供数据支持的有效方式。在进行问卷设计时首先必须明确为什么要调查?通过调查了解什么?调查问卷只有明确了调查主题,才能有针对性地选择调查题目,制订调查方案,确定调查对象,拟定调查项目,完成调查任务。

2.结构合理,逻辑性强

问卷的设计要有整体感,问题的排列应有一定的逻辑顺序,通常是按先易后难,先简后繁,先封闭式(closed style)后开放式(open style)问题的次序提问,要从易到难,由浅入深,以符合被调查者(surveyed person)的思维习惯。对调查中所涉及的敏感问题,如个人隐私、经济收入等,应采用一定的调查技巧,如采用不记名问卷形式,保证为被调查者保守秘密等。

3. 问卷简捷,通俗易懂

整份答卷要尽可能简捷,使被调查者对调查问题一目了然,对调查内容易于理解,便于回答。一般来讲,一份问卷的回答时间以不超过20分钟为宜。避免被调查者因问题过多或对问题不好理解而拒绝回答或中途放弃。

4.具有非诱导性

问卷中提出的问题要客观,问卷设计的问题及提供的答案要易于理解和回答,语言措辞要选择得当,不使用专业术语,不使用模糊的或可能产生诱导的语言,不能带有倾向性,也不应暗示被调查者该作何种回答或如何选择,以免影响答案的准确性。

5. 问卷具有可操作性

回收后的问卷要便于统计、整理与分析。

2.6.2　问卷的结构

一份完整的调查问卷通常由说明词、主题问句、结尾三大部分组成。

1. 说明词

说明词列在问卷开头，语言简明扼要。说明词的主要作用在于向被调查者介绍和说明调查的目的、意义、内容、要求、调查者的身份等方面的情况，以及对被调查者的请求和感谢。问卷调查具有非强制性，能否获得准确可靠的资料完全取决于被调查者的合作态度，所以，为了取得被调查者的合作，说明词的语气要亲切、诚恳、礼貌，内容要简明扼要，切忌啰嗦。说明词的内容主要包括以下几个方面：①称呼、问候，例如"××先生/女士：您好"。②自我介绍(让被调查者明白调查者的身份或调查的主办单位)。③简要说明调查的目的、内容、填写方法。④说明对问卷作答的意义或重要性。⑤回收问卷的时间、方式及其他事项(如本次调查不会对被调查者产生不利影响，替他保密，真诚地感谢对方的合作，问卷填写注意事项等)。⑥对被调查者的合作表示真诚的感谢。

2. 主题问句

主题问句是指调查问卷包括的各类问题，是调查问卷的主要内容。在设计时必须对问题的表述、回答的方式、问题的排序等各环节仔细推敲、合理安排。问卷的正文主要包括两个方面的内容：一是向被调查者了解一般性的问题。这些问题应适用于所有的被调查者，而且是对方能很快很容易回答的问题。在这类问题中不要设计对方难回答或敏感的问题，以免使被调查者产生心理压力，拒绝合作。二是主要问题的内容，这是问卷的核心部分。在设计问题的内容时，要将问题内容、调查目的以及被调查对象联系起来，使调查内容更具有针对性，对被调查者来说更有意义，以便获得预期的调查效果。

3. 结尾

结尾一般放在问卷的最后面，用来对被调查者的合作表示感谢。同时还可以征询一下被调查者对问卷设计和问卷调查本身的看法和建议，给被调查者一个自由发表意见的机会。在问卷的末尾也可以署上调查者的姓名、编号和必要的联系地址、电话号码、问卷编码、调查访问时间等。

2.6.3　问题与回答的设计

问题与回答是调查问卷的核心内容，包括调查所要了解的问题和回答问题的方式。因此对这一环节设计的好坏、质量水平的高低对整个问卷调查工作都会产生重要而直接的影响。

根据问题内容和调查目的的不同,问题与回答的设计可有多种形式,其中最基本的形式有开放式和封闭式两种。

1. 开放式问题

开放式问题又称无结构的问答题。用这种形式的问题时,调查者只提出问题,不提供任何可供选择的标准答案,被调查者可自由回答。例如,您认为目前农民生活水平提高的程度如何?您怎样看待当前房价的走势?您对××企业的产品售后服务是否满意?等等。这种形式的问题其优势在于不设标准或可选择的答案,被调查者的答题思路不受限制,能充分反映被调查者的想法、态度、观点,因而能获得比较真实、丰富的资料,可以从中获得许多有益的启示。但其缺点也十分明显:一方面,由于被调查者回答的答案各不相同,使所收集资料整理分析的难度较大;另一方面,由于此类问卷填写比较麻烦,当被调查者不愿意花费时间来填写答卷时,就可能使问卷的回收率较低。从而影响对问题的准确判断。

2. 封闭式问题

封闭式问题又称有结构的问答题。它是在提出问题的同时给出标准答案,让被调查者根据自己的实际情况在几个答案中选择。封闭式问题的优点在于:能快速获取调查资料,便于统计资料的整理分析;因为所提供的答案有助于理解题意容易回答,这样可以避免被调查者在填写问卷时由于不理解题意而难以回答或拒绝回答的现象出现。

封闭式问题的缺点:由于提供选择答案本身限制了问题回答的范围和方式,得到的信息量有限,问卷难以对被调查者的态度做出详细、准确的判断,对所收集资料的质量难免会产生一定的影响。

封闭式问题根据答案设计的类型不同可分为以下几种类型:

(1)单项选择题。一般设置相互对立的两个答案让被调查者选择其中一个回答。

例如,请问您喜欢旅游吗?①喜欢;②不喜欢。您经常看电影吗?①是;②否。类似这种问题简便易答,但提供的信息量较少。

(2)多项选择题。一般设置3个以上的标准答案,让被调查者选择其中的1项或多项作答。

例如,请问您购买长虹电视机的主要原因是什么?①图像清晰;②价格适宜;③质量好;④外观漂亮。

通过上述例句可以看出，这样的问题给了被调查者较大的选择范围，便于对收集的资料作较细的分类。

(3)顺位式问答题，又称序列式问答题。它是在多项选择的基础上，让被调查者对问题的答案按照自己认为的重要程度和喜欢程度顺位排序。

例如，与同类产品相比较，您认为新飞冰箱最大的优点是什么？答：①耗电量低；②噪声小；③价格便宜；④质量可靠；⑤售后服务好。

2.6.4　问卷设计应注意的问题

1. 语言要得当

由于被调查者的年龄、文化程度、职业、对问题的理解不同，所以问卷设计在说明词中语言要措辞得当，亲切诚恳，使被调查者愿意参与调查和回答问题。

2. 问题的表述要清晰

对问卷中所涉及的问题的表述，第一要注意语言的简洁性、通俗性；第二要持“中立”立场，不能带任何倾向性或暗示；第三要做到一个问号前只问一个问题，不要在一个问号前设多个问题。

3. 提问题要有针对性，数量要适度

避免被调查者因问题的难理解或不好回答而产生厌烦情绪，拒绝参与调查或中途放弃。

同时，问题的数量也要精心设计。一份问卷篇幅不应太长，问题尽量少而精，最好是让被调查者在 20 分钟时间内能完成答卷，这样既不使被调查者产生厌烦情绪，又能保证调查问题回答的质量。

4. 问卷回收后要易于整理、分析

由于被调查者的具体情况不同，对问题的理解不同，同样的问题可能会有不同的答案。如何使问卷收回后便于整理、分析，尽快得出调查结论，也是问卷设计应考虑的内容。

用 SPSS 建立数据文件：某居民小区卫生环境状况调查

1. 您的年龄是(　　)岁。

2. 您的身份是(　　)。

(1)本地居民　　　　(2)外来人员

3. 居住时间(　　)。

(1)1 年以下　　　　(2)1～3 年　　　　(3)3～5 年

(4)5～8 年　　(5)8～10 年　　(6)10 年以上

4. 您对小区的环境卫生状况是否满意？(　　)

(1)很满意　　(2)比较满意　　(3)无所谓

(4)不满意　　(5)很不满意

5. 据您了解您周围有没有乱倒、乱扔垃圾的现象？(　　)

(1)有　　(2) 没有　　(3)不知道

6. 您觉得小区环境情况对您(　　)。

(1)很重要　　(2)较重要

(3)不重要　　(4)无所谓

7. 如果有人破坏小区环境卫生，您会如何做？(　　)

(1)阻止　　(2)装作没看见

8. 您觉得垃圾箱设置是否合理？(　　)

(1)合理　　(2)不合理(数量太少，距离太远)

9. 您觉得街道的垃圾主要是由哪些人造成的？(　　)

(1)本地居民　　(2)外来人员

10. 您认为小区环境卫生方面哪些需要改进？(　　)

(1)街道的及时清扫　　(2)垃圾的处理　　(3)污水的处理

(4)小区绿化　　(5)空气的清洁　　(6)其他

研究问题：如何把问卷中的信息转化为 SPSS 数据文件中的内容？

本问卷中共有 10 个问题。但不一定只设 10 个变量。在数据编辑窗口中，每一列为一个变量，变量个数的确定依赖于问卷中问题答案的方式。

通常，对于只有一个答案的单项选择题，只需要将一个问题设为一个变量就可以了，如问卷中 1,2,7,9 题；而对于多项选择题答案则不止一个，如 3,4,5,6,10 题。若一个问题只设一个变量，就无法存放很多的答案，对分析很不利。SPSS 无法对多选项问题进行直接处理。要处理多选项问题，需要设计一个好的编码方案，对原问题进行重新编码。即将一个问题转化为多个子问题，设置多个 SPSS 变量，分别存放可能的几个答案。然后再通过多选项统计按钮(multiple response)进行具体的操作，将这些子问题整合起来分析。依据题意，本问卷中变量的设置个数如表 2.1 所示。

表 2.1　问卷变量设置个数

问题编号	1	2	3	4	5	6	7	8	9	10
变量数量/个	1	1	6	5	3	4	1	1	1	6

我们可以得到问卷的数据文件，如图 2.1 所示。

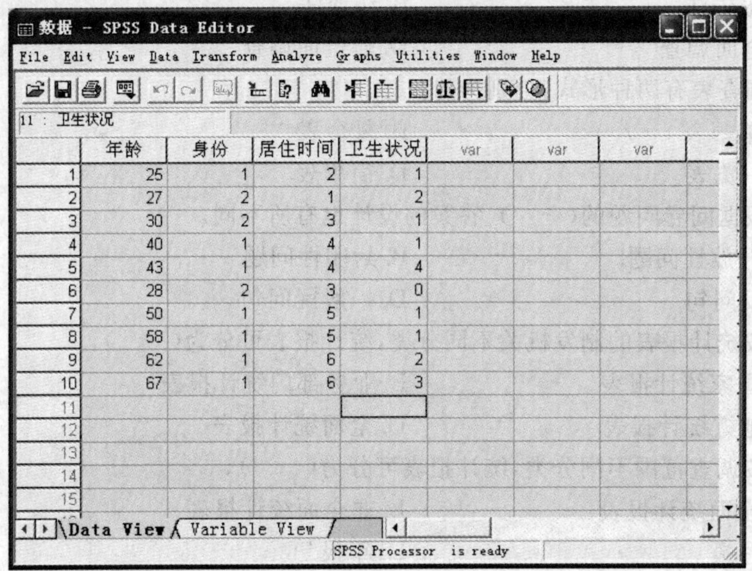

	年龄	身份	居住时间	卫生状况	var	var	var
1	25	1	2	1			
2	27	2	1	2			
3	30	2	3	1			
4	40	1	4	1			
5	43	1	4	4			
6	28	2	3	0			
7	50	1	5	1			
8	58	1	5	1			
9	62	1	6	2			
10	67	1	6	3			
11							
12							
13							
14							
15							

图 2.1　问卷的数据文件

复习思考题

一、选择题

1. 根据统计设计所包括的认识对象，统计设计可分为(　　)。

A. 整体统计设计　　B. 专项统计设计

C. 全阶段统计设计　　D. 单阶段统计设计

2. 根据统计设计包括的时期，统计设计可分为(　　)。

A. 长期统计设计　　B. 中期统计设计

C. 短期统计设计　　D. 整体统计设计

3. 统计调查的基本要求(　　)。

A. 准确　　B. 及时

C. 全面　　D. 丰富

4. 按调查的组织方式不同，统计调查可分为(　　)。

A. 全面调查　　B. 典型调查

C. 统计报表　　D. 专门调查

5. 按调查对象包括的范围不同,统计调查可分为(　　)。

A. 报告法　　B. 访谈法

C. 全面调查　　D. 非全面调查

6. 调查表有两种形式,分别为(　　)。

A. 单一表　　B. 复合表

C. 一览表　　D. 简单表

7. 根据问卷问题的(　　),答案的设计也有所不同。

A. 开放性问题　　B. 封闭性问题

C. 反问句　　D. 一般疑问句

8. 按统计报表的制发机关不同分类,统计报表可分为(　　)。

A. 国家统计报表　　B. 业务部门统计报表

C. 地方统计报表　　D. 全面统计报表

9. 按调查范围不同分类,统计报表可分为(　　)。

A. 全面统计报表　　B. 非全面统计报表

C. 月报　　D. 年报

10. 统计报表的资料来源(　　)。

A. 原始记录　　B. 统计台账

C. 内部报表　　D. 重点调查

二、简答题

1. 什么是统计设计？统计设计的内容是什么？

2. 什么是统计调查？统计调查的意义和要求是什么？

3. 统计调查方案包含哪些主要内容？

4. 调查时间的含义是什么？为什么要规定调查时间？

5. 统计调查的组织形式有哪些？

复习思考题答案

一、选择题

1. AB　2. ABC　3. ABC　4. CD　5. CD

6. AC　7. AB　8. ABC　9. AB　10. ABC

二、简单题

(略)

第3章　统计整理

教学目的与要求：通过本章的学习，掌握统计资料整理在统计工作全过程中的意义；掌握在各种情况下如何进行统计分组及编制分布数列；能够熟练地绘制统计表和统计图，并运用 Excel 和 SPSS 软件进行简单的作图与分组。其中进行统计分组与编制分布数列是重点。

统计数据整理主要是将搜集的原始数据加工成反映总体特征的综合数据的工作过程，在统计工作过程中起着承上启下的作用。

3.1　统计整理的概念与内容

统计整理是统计调查工作的继续和深化。本节要求理解统计整理的概念、意义；理解统计整理的主要内容；了解数据预处理的方法。

3.1.1　统计整理的概念及意义

统计资料整理(statistical data processing)简称统计整理，它是根据统计研究的目的和任务，对统计调查所搜集到的基础资料(原始资料和次级资料即已经加工过的统计资料)进行科学地加工，使之系统化的工作过程。统计资料的整理中不可缺少的是对次级资料的整理，但主要还是对原始资料的整理。

在整个统计研究过程中，统计整理具有重要意义。一方面，它是统计调查工作的继续和深化。因为统计调查搜集的原始资料，大都取自个体单位，是分散零乱的，只能反映调查单位的个体特征、表面现象和外部联系。只有经过科学的整理，进行必要的加工，才会使资料系统化，显现出现象的总体状况和特征，进而全面、深入地反映事物本质及内在联系。另一方面，统计整理又是进行统计分析的基础和前提。因为统计分析的目的是要揭示社会和经济现象的本质及发展过程的规律性，这必须借助于完备的系统的统计资料。统计资料整理的正确与否、质量高低，将直接影响到统计对社会和经济现象描述的正确性和数量分析的真实性。综合上述两个方面的意义，再从人类认识运动的过程加以考察，统计资料的整理就是实现由对个别现象的认识过渡到对总体现象的认识，由对事物表象的认识过渡到对其本质与内在联系的全面的、深刻的认识，由感性认识上升到理性认识的过程。因而，它是达到统计工作目的，完成统计工作任务必不可少的重要环节，在整个统计工作过程中起承前启后的作用。

3.1.2 统计资料整理的内容

统计资料整理是一项科学性和技术性都很强的理论分析与实践操作相结合的工作。其内容包括整理方案的设计、进行统计分组编制分配数列、运用统计表、统计图显示和保存整理后的统计资料。

1. 制订统计整理方案

根据研究目的和统计分析的需要，选择整理的标志，并进行划类分组。统计整理方案是统计数据整理的依据，在方案中应明确规定各种统计分析和进行汇总的各项统计指标。制订统计整理方案，是保证统计数据整理有计划、有组织地进行的首要步骤，是统计设计在统计数据整理阶段的具体化。

2. 审核资料

对搜集到的资料进行全面审核，为确保统计数据整理的质量，汇总前，需要对调查的资料就准确性、及时性和完整性 3 个方面进行严格审核，以便发现问题并及时改正。

3. 统计分组

采用科学的方法对审核后的原始资料进行分组。

4. 统计汇总

对统计分组后的资料进行汇总和计算，得出各组指标和综合指标。

5. 统计显示

统计显示即编制统计表，绘制统计图，简明扼要地表明社会经济现象在数量方面的相关联系。

对于以上 5 点，制订统计整理方案和审核资料是统计数据整理的前提，统计分组是统计数据整理的关键，统计汇总是统计数据整理的核心，统计表、统计图是统计数据整理的成果。

3.1.3 数据的预处理

1. 数据的审核

(1)审核资料的完整性和及时性。审核资料的完整性就是看调查单位或填报单位是否齐全；规定的项目是否都有答案，应报资料的份数是否符合规定。审核资料的及时性是看填报单位是否按时报送了有关资料。对不报、漏报或迟报的现象都要及时查清。

(2)审核资料的正确性。审核资料的正确性是检查所填报的资料是否准确可靠。常用的审核方法有逻辑检查和计算检查两种：

逻辑检查首先从理论上或常识上检查资料是否有悖常理、有无不切实际或不符合逻辑的地方。其次检查各项目之间有无相互矛盾的地方。

计算检查即检查各项指标的计算口径、计量单位是否符合规定，并通过各种计算方法来检查各指标间的数字是否相互衔接。

(3)历史资料的审核。在利用历史资料(或其他间接资料)时，应审核资料的可靠程度、指标含义、所属时间与空间范围、计算方法和分组条件与规定的要求是否一致。一般可以从调查资料的历史背景、调查者搜集资料的目的以及资料来源等，来判断资料的可靠程度，也可以从指标间的相互关系以及指标的变动趋势来检查它的正确性。

2. 资料审核后的订正

通过上述审核，如发现有缺报、缺份和缺项等情况，应及时催报、补报；如有不正确之处，则应分不同情况作如下处理：

(1)对于可以肯定的一般错误，应及时代为更正，并通知原报单位。

(2)对于可疑之数或无法代为更正的错误，应要求原单位复查更正。

(3)如果所发现的差错在其他单位也可能发生时，应将错误情况通报所有单位，以免发生类似错误。

(4)对于严重的错误，应发还重新填报，并查明发生错误的原因，若属于违法行为，则应依法严肃处理。

3.2　统计分组

在研究社会经济问题时，统计分组是深入分析和认识问题的一种基本手段。本节要求理解数据分组的概念、作用和类型。

3.2.1　统计分组的概念

统计分组(statistical grouping)就是根据统计研究的目的和现象的性质与特点，按照一定的标志将研究对象划分为性质不同的若干组成部分。对于这种划分，具体来说，就是对统计总体进行异质分解，对总体单位进行同质组合。例如，对全国 2007 年的人口按性别进行分组，其结果如表 3.1 所示。

表 3.1 2007 年年底中国人口数及性别构成情况

性别	人口数	
	绝对数/万人	相对数/%
男	68 048	51.50
女	64 081	48.50
合计	132 129	100.00

资料来源:《中国统计年鉴 2008》,北京:中国统计出版社,2008

可见,统计总体 13.2 亿人被分解为男 6.8 亿人,女 6.4 亿人。与此同时,作为总体单位的每一个人,又依照相同的性别组合到了一起。

从分组的性质来看,分组兼有分和合的双重含义。对总体是"分",即把总体分为性质相异的若干部分;对于总体单位是"合",即把性质相同的许多单位结合为一组。对于分组标志是"分",即按分组标志将不同的标志表现分为若干组;而对于其他标志是"合",即在一个组内的各单位,即使其他标志表现不相同,也只能结合在一组。由此可见,选择一种分组方法后,突出了一种差异,显示了一种矛盾,必然同时掩盖了其他差异,忽略了其他矛盾。不同的分组方法,可能得出不同的结论。缺乏科学根据的分组,不但无法显示事物的根本特征,甚至会把不同性质的事物混淆在一起,歪曲客观现象的本质。因此,统计分组必须先对所研究现象的本质做全面的、深刻的分析,确定所研究现象的属性及其内部差别,才能选择反映事物本质的正确分组标志。

数据分组应遵循穷尽原则和互斥原则。穷尽原则就是使总体中的每一个单位都应有组可归,或者说各分组的空间足以容纳总体所有的单位。如把从业人员按文化程度分为小学毕业、中学毕业(含中专)和大学毕业 3 组,那么,那些文盲或识字不多的以及大学以上学历者则无组可归;而如果将分组调整为:文盲及识字不多、小学程度、中学程度、大学及大学以上,这样分组就可以包括全部从业人员的各种不同层次的文化程度,符合了分组的穷尽原则。互斥原则是指在特定的分组标志下,总体中的任何一个单位只能归属于某一组,而不能同时或可能归属于几个组。如某商场把服装分为男装、女装、童装 3 类,这不符合互斥原则,因为童装也有男装、女装之分;而若先把服装分为成年与儿童两类,然后每类再分为男女两组,才符合互斥原则。

3.2.2 统计分组的作用

作为深入分析和认识问题的一种基本手段,统计分组在研究社会经济问题时,主要有以下作用:

1. 可以把复杂的社会现象划分成各种类型

类型是具有共同属性和特征的事物所形成的种类。不同类型的现象有不同的性质和特点,受不同的规律支配。当然,现象也不是彼此孤立存在的,尤其是处于同一总体内部的现象,更有密切的联系。统计研究就是要在划类分组的基础上,寻找出连接总体内部各个不同部分的“黏结剂”即部分与部分的连接方式,从而综合出对总体的全面性、规律性的认识。例如,对社会经济问题研究的类型划分有:按所有制的性质不同将社会经济划分为国有经济、集体经济、私营经济、个体经济、联营经济、股份经济、外商投资经济等;按产品在社会再生产过程中的用途不同划分为生产资料生产部门和消费资料生产部门;按产业的性质不同划分为第一产业、第二产业和第三产业;按产品形态划分为物质生产部门和非物质生产部门,等等。

2. 可以说明现象的内部结构

结构即事物内部的组织形态。现代科学早已证明研究对象的性质和特点、发生及发展的规律性均源于现象内部的结构。事物的结构、性质、功能不同,发展变化的规律也不同。所以,研究问题必须研究其结构,而现象的结构在量的方面就体现为部分在整体中所占的比重和部分与部分之间的比例上,其科学地计算当然必须建立在统计分组之上。在社会经济问题的分析和研究中,我们经常分析研究的结构有:经济类型结构,产业结构,产品结构,投资结构,消费结构,技术结构,人才结构,农业生产活动中的种植业、林业、畜牧业和渔业结构,畜牧业生产中的畜群结构,等等。

3. 可以反映和研究现象的联系依存和制约关系

一切社会或经济现象都不是孤立存在的,而是互相联系、互相依存、互相制约的整体。要揭示和研究现象之间的关系及其影响与作用程度,可以首先将总体按某一个标志分组,同时观察和分析另外的标志在这种分组下的实际状况,以揭示现象之间的联系、依存和制约关系。例如,我们可以研究我国年人均收入与年人均消费之间的一些关系,如表 3.2 所示。

表 3.2　1990—2007 年中国年人均收入与年人均消费情况

项　　目	1990 年	1995 年	2000 年	2007 年
平均每人全部年收入/元	1 516.21	4 279.02	6 295.91	14 908.61
平均每人消费性支出/元	1 278.89	3 537.57	4 998.00	9 997.47
食品支出/元	693.77	1 771.99	1 971.32	3 628.03
食品支出占全部消费支出的比重/%	54.25	50.09	39.44	36.29

资料来源:《中国统计年鉴 2008》,北京:中国统计出版社,2008

据表 3.2 中资料明显可见，随着年人均收入的提高，年人均消费支出也在增加，且食品支出在全部消费支出的比重在逐渐减小。

3.2.3 统计分组的步骤

统计分组主要分为选择分组的标志和划分各组的界限两个步骤。

选择分组的标志就是选择用来分组的依据或标准。划分各组的界限，就是要在分组标志变异的范围内，划定各相邻组之间的性质界限和数量界限。

1. 选择分组标志

任何社会现象客观上都有许多不同的标志。对同一资料根据不同的标志进行分组，会产生不同的结论。因此，选择分组标志要慎之又慎，必须做到以下几点：

(1)要从统计研究的具体任务和目的出发选择分组标志。面对同一研究对象有不同的研究任务和目的，所以要采用不同的分组标志。例如，研究的目的是为了充实和加强企业生产一线的劳动力，对职工总体就要按工作性质这一标志进行分组；研究的目的和任务是为了了解工人的业务技术水平，就要按职工的业务技术等级标志和文化水平标志进行分组。

(2)要从众多标志中，选择最能反映被研究现象本质的标志作为分组标志。被研究的对象不仅标志很多，而且与具体的研究任务和目的相关联的标志常常也不止一个。这就要求我们要从许多个有关标志中找出最重要和最具有决定性意义、最富于综合性、能高度概括和表现其本质的标志作为分组标志。

(3)选择分组标志不能脱离现象所处的具体条件。社会经济现象会随着时间、地点等条件的变化而变化，说明现象本质的主要标志也会随之变化。甚至同一标志也会因时间地点不同，表现出完全相反的性质。例如农业生产的规模，在生产力落后的时期和地区，对资金密集型的要按资金占用额分组，对技术密集型的要按固定资产占用额分组。

2. 确定分组的界限

被研究对象总体各单位的可变标志都存在着不同程度的变异，可供选择的分组界限很多，如果划分不当，就会混淆各组的性质差别，反映不出总体的类型特征。假设为了分析和研究人口总体与社会经济建设及发展的关系，有人做出了如下两种分组：

第一种分组　9 岁以下　10～39 岁　40～59 岁　60 岁以上

第二种分组　6 岁以下　7～18 岁　19～59 岁　60 岁以上

很明显，尽管所分组数相同，都以人口年龄的一定范围作组限，但因其具体使用的组限——年龄不同，前者的分组就没能实现同质的组合和异质的分解：9岁以下这一组混淆了学龄前儿童与学龄儿童的界限，10～39岁这一组混淆了学龄青少年与劳动力的界限，从而使得前三组的经济内容有交叉重复。而第二种分组中6岁以下是学龄前儿童，7～18岁是学龄青少年，19～59岁是劳动力，60岁以上是离退休人口，组内都是同一性质的人口，组与组之间的人口性质完全不同。所以第二种分组真正实现了同质的组合和异质的分解，是科学的分组，可以说明人口的构成与经济建设及其发展的关系。

3.2.4 统计分组的形式

统计分组有多种形式，根据分组标志的性质不同，分为品质标志分组和数量标志分组，这两种分组的具体处理方法存在不同的特点。

1.按品质标志分组，即从属性上区分各种类型组

如对企业按经济类型（所有制性质）分组，按行业性质分组，按组织形式（独资、股份制等）分组等，如表3.3所示。按品质标志分组，有些比较简单，界限容易分清；有些则比较复杂，界限不容易划分清楚。如对某些产品按其经济用途分组时，到底属于生产资料还是属于生活消费资料，就不容易划分清楚。其他如部门分类、职业分类等都有这种情况。因此，实际工作中为了方便和统一，各国都制定了适合一般情况的标准分类目录，如我国的《国民经济行业分类目录》、《工业部门分类目录》、《产品分类目录》等。为便于各国的国际比较，联合国还制定了国际通行的有关标准分类。

表3.3 2007年按企业性质分类的在岗职工人数 万人

企业性质	在岗职工人数
国有单位	6 148
城镇集体单位	684
其他单位	4 595
合　计	11 427

资料来源：《中国统计年鉴2008》，北京：中国统计出版社，2008

2.按数量标志分组，即从某个变量的差异程度上区分各种类型

如对企业按职工人数分组，按产量（或产值）分组或按固定资产多少分组等，这种分组可以反映企业组织的规模等级。又如对私人经营活动按雇工人数或注册资本分组，则可以区分个体工商户和私营企业的性质差异。因此，按数量标志分组，必须正确确定反映事物性质差异的数量界限。

3.统计分组类型

数据分组按选择分组标志的个数不同,有简单分组、复合分组和分组体系3种类型。

简单分组指按一个标志分组的形式,它只反映总体某一方面的类型和结构特征,如表3.4所示。

表3.4 2007年年底中国就业人员按产业性质分组 万人

产业性质	人数
第一产业	31 444
第二产业	20 629
第三产业	24 917
合　计	76 990

资料来源:《中国统计年鉴2008》,北京:中国统计出版社,2008

复合分组指按两个或两个以上标志重合分组的形式,也即先按一个主要标志分组,而后再按一个从属标志在各组中分组,等等,如表3.5所示。

表3.5 2007年中国高等学校部分学科招生数 人

学科性质	本科	专科	合计
经济学	169 225	118 476	287 701
法学	115 696	75 681	191 377
农学	53 755	49 802	103 557
管理学	1 164 612	466 556	698 056

资料来源:《中国统计年鉴2008》,北京:中国统计出版社,2008

复合分组不仅比简单分组能更加具体和深入地反映总体内部的类型和结构特征,而且可以显示结构的层次,说明总体内部类型的主从关系。但是,复合分组的标志也不宜太多,一般不应超过3个。因为随着分组标志的增加,分组的类型组就会成倍增加,各类型组的单位数会减少,这就可能使总体内部各类型组界限模糊不清,失去分组的意义。

分组体系指按照一系列相互联系、相互补充的标志对同一总体分别进行分组而结合成的体系。如同指标体系一样,分组体系可以从不同侧面更加全面系统地反映总体内部的类型和结构特征。因为它采取简单分组单列形式,不会因指标的增加而造成类型界限模糊,所以适用于对复杂现象的系统研究。如我国国民经济的分组体系就是一个包括按生产资料所有制形式、部门特征、产品的经济用途、主管系统、地区以及规模等标志分组的庞大体系,可以用于宏观经济多方面的研究。

3.3　分布数列

分布数列是进行统计分组的必然产物，所以有什么样的统计分组就有什么样的分布数列。本节要求理解分布数列的概念、形式；熟悉分布数列的编制方法；熟悉频数分布、频数和频率。

3.3.1　分布数列的概念及形式

分布数列(distribution series)又称分配数列或次数分配，是能够表明总体单位变异的界限及总体单位在这些界限之间分布状况的统计数列。

进行统计分组和编制分布数列，是统计整理工作过程中心环节不同侧面的表现。对统计资料进行分组，其结果的具体表现形式就是分布数列。进行统计分组要编制分布数列，编制分布数列必须进行统计分组。在理论认识上我们可以将它们区分为两种不同的概念，而在实际整理资料的工作中它们是伴生的，二者总是处于同一个密不可分的有机体中，其作用和具体的表现形式也是息息相关的。

依据分组标志的性质、分布数列的性质、分组时所使用的标志多少以及现象的自身性质和特点不同，统计分组和分布数列具有如下具体表现形式，如图 3.1 所示。

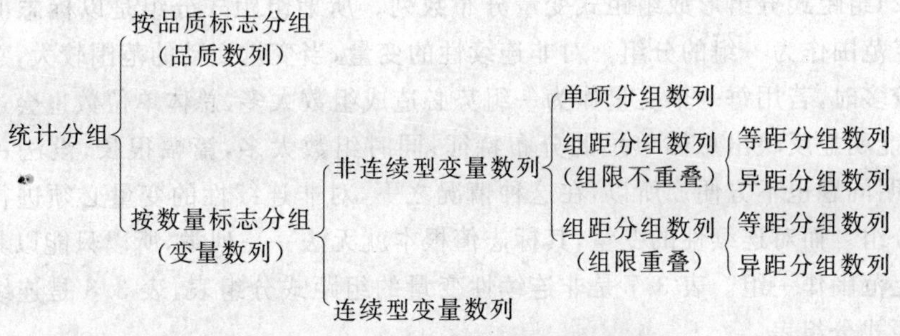

图 3.1　统计分组与分布数列的类型

1. 按品质标志分组形成品质分布数列

按品质标志分组就是选择反映研究对象属性差异的品质标志作为分组依据，并在品质标志的变异范围内划定各组的界限，把总体划分成若干性质不同的组成部分。例如，把人口总体按民族、国籍、性别和人种分组，把企业总体按所有制、经济部门或经营形式分组等。表 3.1 就是一个人口按性别分组并形成了品质分配数列的实例。品质标志都是用文字表示的，用品质标志分组结果所形成的各个组别以及它们的含义、范围也都是用文字表示的，它们能够反映事物的不同性质，给人以具体明确的概念。在按品质标志划分各组界限时有时也会碰到困难，因为存在着两种性质变异之间的过渡形态，使组限不易划分。例如，居民按居住的地区，一般可以分为城市人口和乡村人口两组。但是在城乡的结合部客观存在着既具备城市形态又具备农村形态的地区，因此怎样划分城市人口和乡村人口就必须慎重研究。对这类品质标志的分组往往要召集有关专家来研究制定，对一时还不能统一认识的也要做出临时性统一的规定。

2. 按数量标志分组形成变量分布数列

(1)单项式分组形成单项式变量分布数列。所谓单项式分组，就是以分组标志的每一个标志值作为一组的统计分组，如表 3.6 所示。

表 3.6 某工厂工人生产某产品日产量资料

日产量/件	22	23	24	25	26	27	28	合计 175
工人数	12	15	18	17	22	16	20	合计 120

单项式分组只适用于对非连续性变动的数量标志即非连续性的变量进行统计分组，而且必须是总体单位的标志值变动范围较小的时候。若变动的范围较大时，如表 3.6 中工人日产量不仅有 7 种，有更多种表现时，就不能采用这种统计分组，而要使用组距式的分组。

(2)组距式分组形成组距式变量分布数列。所谓组距式分组是以标志值变动的一定范围作为一组的分组。对非连续性的变量，当变量变动的范围较大，总体单位数较多时，若用每一个变量作为一组势必造成组数太多，总体单位数也会过于分散，不能明显反映出总体单位的分布特征；同时组数太多，篇幅很长，没法一目了然，说明问题也不方便。所以，在这种情况之下，对非连续性的变量必须进行组距式的分组。而对连续性的变量，其标志值根本就无法一一列举，所以只能以其变动的一定范围作一组。表 3.7 是非连续性变量的组距式分组表，表 3.8 是连续变量的组距式分组表。

表 3.7 56 个农户按养猪头数分组

饲养头数	户数	
	绝对数/户	相对数/%
5 以下	6	10.7
6～10	11	19.6
11～12	22	39.3
13～30	13	23.2
31 以上	4	7.2
合计	56	100.0

表 3.8　1995 年,2000 年,2005 年,2006 年,2007 年农村居民按纯收入分组的户数占调查户比重

%

户纯收入/元	1995 年	2000 年	2005 年	2006 年	2007 年
100 以下	0.21	0.31	0.65	0.48	0.53
100～200	0.36	0.20	0.11	0.09	—
200～300	0.78	0.43	0.20	0.14	0.13
300～400	1.47	0.69	0.31	0.26	0.19
400～500	2.30	1.01	0.41	0.35	0.25
500～600	3.37	1.37	0.57	0.52	0.34
600～800	9.54	4.44	1.88	1.64	1.18
800～1 000	11.63	5.72	2.84	2.28	1.65
1 000～1 200	11.83	6.75	3.53	2.80	1.97
1 200～1 300	5.38	3.75	1.97	1.61	1.18
1 300～1 500	9.74	7.42	4.40	3.75	2.64
1 500～1 700	7.92	7.48	4.89	4.22	3.16
1 700～2 000	9.39	10.45	7.67	6.68	5.21
2 000～2 500	10.29	14.54	12.49	11.46	9.73
2 500～3 000	5.89	10.29	11.42	10.98	9.89
3 000～3 500	3.49	7.11	9.55	9.38	9.17
3 500～4 000	1.95	4.76	7.57	7.88	8.34
4 000～4 500	1.34	3.44	5.93	6.60	7.40
4 500～5 000	0.86	2.40	4.64	5.25	5.98
5 000 以上	2.26	7.45	18.96	23.62	30.94

资料来源:《中国统计年鉴 2008》,北京:中国统计出版社,2008

无论根据哪种变量进行的组距式统计分组,都有以下需要说明的内容:圈定一组标志值变动范围的两个数叫组限(class limit),其中较小的数值叫下限 (lower limit),较大的数值叫上限(upper limit);一组标志值变动的区间长度叫组距(class width),组距等于上下限之差;对组距式变量数列进行计算分析时,要以各组标志值波动范围的中点位置数作代表值,这个中点位置数叫组中值(class midpoint),组中值=(上限+下限)÷2,亦可用(上限－组距)÷2+(下限+组距)÷2 的方法求取;在组距式分组中常有最小组的下限和最大组的上限不封死的情况,这样的组叫开口组(open class),开口组或者缺少下限,或者缺少上限,没有办法直接使用前面的公式计算组中值,为此,统计理论做出了一个一般性的规定:开口组的组距要以相邻组的组距为准,据此再计算开口组的组中值。但我们应该注意对这一规定绝不可作教条化的理解,一定要实事求是地灵活运用。假设表 3.7 中与“5 以下”

这一组相邻的组的组限不是“ 6～10”，而是“6～15”，其组距为 9，若按规定“5 以下”这一组的下限值就应该是－4 头，显然这是错误的，从实际出发农户最多是没有养猪。因此，这一组的下限值应该定为 0。

同是组距式分组，非连续性的变量和连续性的变量之间只有一点不同之处，即非连续性变量组限不用重叠设置，连续性的变量组限要重叠设置。表 3.7 的组限为不重叠设置，表 3.8 的组限为重叠设置。可见，所谓的组限重叠设置就是较小一组的上限值与较大一组的下限值是同一个数值。对连续性的变量组限所以需要这样设计，就是因为任何两个数值之间都可能存在着其他的有效数值，所以组限值不论怎么接近若不重叠设置都可能造成遗漏。在组限重叠设置时，若正好碰上与组限值相等的标志值，要遵循上限不在内的原则将其划入数值水平较大的组。

在组距式分组中，组距与组数成反比。组距大组数就少，组距小组数就多。分组的直接目标是对总体进行异质分解，对总体单位进行同质组合，对具体的统计对象来说哪些总体单位与哪些总体单位同质是一定的。所以说组距过大分组过少会影响异质的分解，组距过小分组过多又会影响同质的组合。从根本上说组数和组距的确定要以能显示变量分布的特征为准。下面是某企业 30 位工人的月工资收入水平：

580	720	661	643	692	480	355	748	612	551
650	561	660	833	658	948	582	725	753	464
531	920	690	872	655	819	754	670	550	845

这里共有 30 个变量值，最小值是 355 元，最大值是 948 元，标志值变动的范围是 355～948 元，极差为 593 元(948－355＝593)。如果将其分为两个组距相等的组，则组距为 296.5，取整数为 300 元，于是可编制成表 3.9 的组距式分布数列。

表 3.9 某企业 30 位工人月工资收入水平分组

月工资收入/元	工人数	
	绝对数/人	相对数/%
350～650	11	36.7
650～950	19	63.3
合　计	30	100.0

如果将其分为 12 个组距相等的组，则组距为 49.42，取整数为 50 元则可编成

表 3.10 的组距式分配数列。

表 3.10 某企业 30 位工人工资月收入水平分组

月工资收入/元	工人数	
	绝对数/人	相对数/%
350～400	1	3.3
400～450	0	0.0
450～500	2	6.7
500～550	1	3.3
550～600	2	6.6
600～650	5	16.6
650～700	8	26.7
700～750	3	10.0
750～800	2	6.6
800～850	3	10.0
850～900	1	3.3
900～950	2	6.6
合 计	30	100.0

我们还可以把其分为 6 个组距相等的组，则组距为 98.83，取整数为 100 元则可编成表 3.11 的组距式分配数列。

对同一资料的 3 种不同分组，表 3.9 组距太大、分组过粗，表 3.10 则组距太小、分组过细，都不利于舍弃个体差异，突出群体差异显示总体内部各组的分布特征。而只有表 3.11 能很好地反映出某企业 30 位工人月工资收入的分布状态。那么，较为科学合理的组数与组距如何确定？长期以来许多人作过大量的研究，但至今仍无一个客观、具体、有效的方法。所以，为了稳妥起见，经常需要做试验性的分组，以检查能否反映出总体单位的分布规律。在前人对如何确定组数与组距的研究成果中，美国学者斯特基斯（H. A. Sturges）于 1926 年提出的，进行等距式分组时计算组数与组距的经验型近似计算公式特别值得一提。其公式如下：

$$D=\frac{X_{\max}-X_{\min}}{1+3.322\lg N}$$

式中：D 为组距；$X_{\max}$ 为变量最大值；$X_{\min}$ 为变量最小值；N 为标志值的项数；$1+3.322\lg N$ 为组数。

表 3.11 某企业 30 位工人月工资收入水平分组

月工资收入/元	工人数	
	绝对数/人	相对数/%
350～450	1	3.3
450～550	3	10.0
550～650	7	23.4
650～750	12	40.0
750～850	4	13.3
850～950	3	10.0
合 计	30	100.0

仍以某企业 30 位工人月工资收入水平的资料为例：

$N=30$，$X_{\max}=948$，$X_{\min}=355$，按斯特基斯公式计算得到：

组数$=1+3.322\lg N=1+3.322\times 1.477\ 1=5.906\ 9$

取整数为 6。

$$组距=D=\frac{X_{\max}-X_{\min}}{1+3.322\lg N}=\frac{948-355}{1+3.322\times 1.477\ 1}=\frac{593}{6}=98.833\ 3$$

取整数为 100。

前面我们给出的能较好地反映 30 位工人月工资收入分布状态的表 3.11 中的组数和组距就是根据斯特基斯经验型近似公式计算的。但是这一公式绝不是在任何情况下都必须遵守的法则，它只适用于总体趋于正态分布的条件下进行等距式分组的情况。

在等距式分组的情况下，有了确定的分组数量和组距，还必须注意在分组之前，对标志值的分布情况进行仔细审查。应在分布较集中的标志值中确定组距的中心位置，然后再根据组距的大小定出组限，做到最小组的下限不高于最小的标志值，最大组的上限不低于最大的标志值，并尽可能使各单位的标志值在组内均匀分布。以 30 位工人月工资收入水平资料为例，因其遵从正态分布（社会经济现象的数量分布大多都遵从正态分布），所以我们确定其中心位置为$(948+355)\div 2=651.5$（元），取整为 650 元，因已确定组数为 6 组，是偶数，所以这个中心值既为第三组的上限值，也是第四组的下限值，然后我们就可以在 650 这个中心值的基础上减加组距将所有 6 组的分组界限确定下来。表 3.11 的分组界限就是这样确定的。若分组的数量为奇数所确定的变量中心位置就应该是中心组的组中值。

在组距式分组中，有等距式分组和不等距式（异距式）分组之别。表 3.9 至表 3.11 都是等距式的分组，等距式分组形成等距分配数列；表 3.6 是不等距式分组，不等距式分组形成异距分配数列。对具体的研究对象，采用哪一种分组，编制哪一种分配数列，归根到底应取决于研究对象自身的性质、特点和统计研究的目的。研究的目的不同，同一研究对象可以有不同的分组，而不论怎样进行分组，都必须符合研究对象的性质和特点的要求。例如，对于人口总体，如果研究的目的就是为了了解和对比不同年龄段的人口数目有多少，我们就可以采取如下的等距式分组：

9 岁以下，10～19 岁，20～29 岁，30～39 岁，40～49 岁，50～59 岁，60～69 岁，70 岁以上

如果研究的目的是为了分析和研究人口的结构与社会经济发展和建设事业之间的关系，我们则可采取下面的分组：

6 岁以下，7～18 岁，19～60 岁，61 岁以上

当然研究人口结构与社会经济发展和建设事业之间的关系，我们给出的分组也是比较粗糙的，实际上可以更为细致，但是这也足以说明问题了。前者是等距分组，后者是异距分组。所以有这种差别，原因就在于统计研究的目的不同。而两种分组所共同体现的研究对象的性质和特点，是人口总体普遍存在着年龄的差异，而后一种对人口按年龄进行的异距分组又进一步将对经济发展和建设事业作用一致或相近的不同年龄的人口合并到了一起。6 岁以下是学龄前儿童，7～18 岁是中小学生，19～60 岁是社会劳动力，61 岁以上者是离退休人员。这 4 个不同年龄组的人口，除了 19～60 岁这一组是创造财富的人口以外，其他三组都是纯消费的人口，而其消费的内容又各具特色。

人口统计总体在年龄标志方面质量变化的数量界限比较鲜明，而有一些社会经济现象的质量变化的数量界限却并不鲜明，如本章前面所涉及的农民人均纯收入等现象就是如此。对这样的现象如果其数量变动比较均匀，我们就可以进行等距分组；反之，则应采取异距分组。

在组距式分组中，一组中的所有标志值都被组限淹没了，所以需要用组中值作为代表值进行计算。对此，我们必须保持清醒的认识，即组中值具有近似性，它是以假定组内的所有标志值呈均匀分布为前提的。这就是说，如果组内的标志值分布偏于上限值一方，所计算出的组中值要比实际平均值小；如果组内的标志值分布偏于下限值一方，所计算出的组中值又会比实际平均值大。

3.3.2　频数与频数分布

1. 频数与频率

频数也称次数，它是落在各类别中的数据个数。我们把各个类别及其相应的频数一一对应排列，来说明总体单位总数在各组的分配情况，就是频数分布。将频数分布用表格的形式表现出来就是频数分布表。频数分布反映总体的分布规律和性质，在统计定量分析中有广泛的用途。它由两部分组成：一部分是分组形成的类

别;另一部分是与各组对应的总体单位数(即频数)。

频率是一个总体(或样本)中各组的频数与总频数的比值,表示各组在总体中的相对地位,通常用于反映总体的构成或结构。

假定总体的 N 个数据被分成 k 个部分,每一部分的数据分别为 $N_1, N_2, \cdots, N_k$,则频率为 $N_i/N(i=1,2,\cdots,k)$。显然,各部分的频率之和等于1,即

$$\frac{N_1}{N}+\frac{N_2}{N}+\cdots+\frac{N_k}{N}=1$$

频率是将总体中各个部分的数值都变成同一个基数,也就是都以1为基数。这样就可以对不同类别的数值进行比较了,如表3.12所示。

表3.12 2007年年底中国人口数及性别构成情况

性别	人 口 数	
	绝对数/万人	相对数/%
男	68 048	51.50
女	64 081	48.50
合计	132 129	100.00

⇧ 次数或频数　　⇧ 频率

资料来源:《中国统计年鉴2008》,北京:中国统计出版社,2008

频率具有如下两个性质:

(1)任何频率都是界于0和1之间的一个分数,即 $0 \leqslant \frac{f_i}{\sum f_i} \leqslant 1$;

(2)各组频率之和等于1,即 $\sum \frac{f_i}{\sum f}=1$。

频率常用百分数或千分数表示,通常称为比例。将频率乘以100就得到了百分比(%)一栏。百分比是一个更为标准化的数值,很多相对数都用百分比表示。当分子的数值很小而分母的数值很大时,我们也可以用千分数(‰)来表示比例,如人口的出生率、死亡率、自然增长率等都用千分数来表示。

分布数列中各组的名称是表明标志变异范围及其变异程度界限的。而次数(频数)和频率,前者是以绝对数形式表现的各组的总体单位数目,后者则是以相对数形式表现的总体单位数目。频率的具体数值是由各组的频数与各组频数之和相比计算出来的,常用百分数表示。在变量数列中,频数愈大则组的标志值对于总体标志值所起的作用也愈大;反之,频数愈小则组的标志值所起的作用也愈小。另

外,频数愈大,频率也愈大。频率与频数相比,所起的作用根本性质是相同的,不同之处仅在于它还可以表明各组标志值对总体的相对作用程度。这种相对作用程度的具体数值,也是各组标志值在总体中出现的概率。

2. 频数分布

在统计分组的基础上,将总体所有的单位按某一标志进行归类排列,并计算各组的单位次数,就称为频数分布。频数分布大致可以归纳为以下 3 种类型:

(1)正态分布与偏态分布。

正态分布如图 3.2(a)所示,其分布特征是以标志变量中心为对称轴,左右两侧对称,两侧变量值分布的次数随着与中间变量值距离的增大而渐次减少。在统计学中,称这种分布为对称分布或正态分布。

而图 3.2(b)为非对称分布,它们各有不同方向的偏态,即左偏态分布和右偏态分布。客观实际中,许多社会现象统计总体的分布都趋于对称分布中的正态分布。正态分布是描述统计中的一种主要分布,它在社会经济统计分析中具有重要的意义。

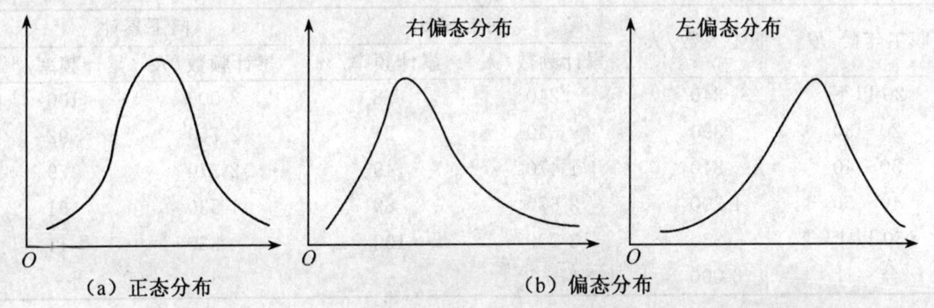

图 3.2　正态分布与偏态分布图

(2)J 型分布。J 型分布有两种类型,一种是次数随着变量的增大而增多,如投资按利润率大小分布。另一种呈反 J 型分布,即次数随着变量增大而减少,如随着产品产量的增加,产品单位成本下降,如图 3.3(a)所示。

(3)U 型分布。U 型分布的形状与正态分布相反,靠近中间的变量值分布次数少,靠近两端的变量值分布次数多,形成“两头大,中间小”的 U 型分布。如人口死亡率分布,人口总体中,幼儿和老人死亡率高,而中青年死亡率低。如图 3.3(b)所示。

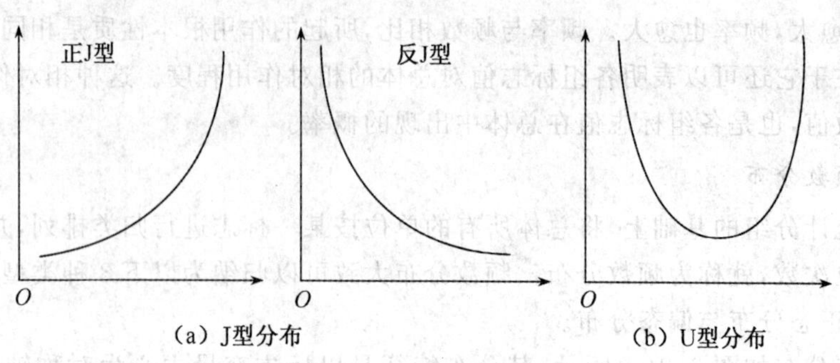

(a) J型分布 (b) U型分布

图 3.3 J 型图与 U 型图

3. 累计频数和累计频率

在利用分布数列研究和说明问题的时候，有时我们需要累计频数和累计频率。出于不同的需要，累计频数和累计频率有向上累计和向下累计两种，如表 3.13 所示。

表 3.13 某工厂职工按年龄分组的次数累计表

职工年龄/岁	职工人数/人	向上累计		向下累计	
		累计频数/人	累计频率/%	累计频数/人	累计频率/%
20 以下	240	240	8	3 000	100
20～30	390	630	21	2 760	92
30～40	840	1 470	49	2 370	79
40～50	1 200	2 670	89	1 530	51
50 以上	330	3 000	100	330	11
合　计	3 000	—	—	—	—

从表 3.13 可以明显看出，所谓向上累计实际是将各组的频数和频率由变量值低的组向变量值高的组逐次累加，而向下累计就是将各组的频数和频率由变量值高的组向变量值低的组逐次累加。其中的累计频率既可以是各组频率的逐次直接加总，也可以是相应的累计频数与总体单位总数之比。

累计频数和累计频率的意义是很明显的：向上累计，说明低于某一标志值水平的总体单位数或低于某一标志值水平的标志值个数一共有多少，占多大比重。以表 3.13 的资料为例，某厂的职工低于 30 岁的有 630 人，占全厂职工总人数的 21%；低于 40 岁的有 1 470 人，占全厂职工总人数的 49%。向下累计，说明高于某一标志值水平的总体单位数或说高于某一标志值水平的标志值个数一共有多少，占多大比重。仍以表 3.13 的资料为例，某厂的职工超过 40 岁的有 1 530 人，占全厂职工总人数的 51%；超过 20 岁的有 2 760 人，占全厂职工总人数的 92%。

可见,累计频数和累计频率在一定程度上可以更简便、更清晰的概括表现总体单位分布的某些特征。

3.4　统计表与统计图

经过整理得到的能够表明研究对象总体特征的资料需要运用一定的形式将其展示出来,以利于保存和使用。统计表与统计图就是最主要的形式。本节要求掌握统计表的构成、分类及编制设计,统计图的分类。

3.4.1　统计表

统计表(statistical table)分为广义的统计表与狭义的统计表。广义的统计表泛指统计工作各个阶段以纵横交叉的线条所绘制成的用来表现统计资料的表格。狭义的统计表是专门用以表现经过整理的系统化的统计资料的表格。这里的系统一词是指统计表要具有整体性、层次性和逻辑性。也正因为具有了这三性,狭义的统计表才使资料对问题的表现有了条理清晰、简明扼要、突出有力等鲜明的特点。狭义的统计表是我们统计理论所研究的统计表。

1. 统计表的构成

(1)统计表的基本形式:从形式上考察统计表有总标题、横行标题、纵栏标题、指标数值 4 个组成部分,如表 3.14 所示。

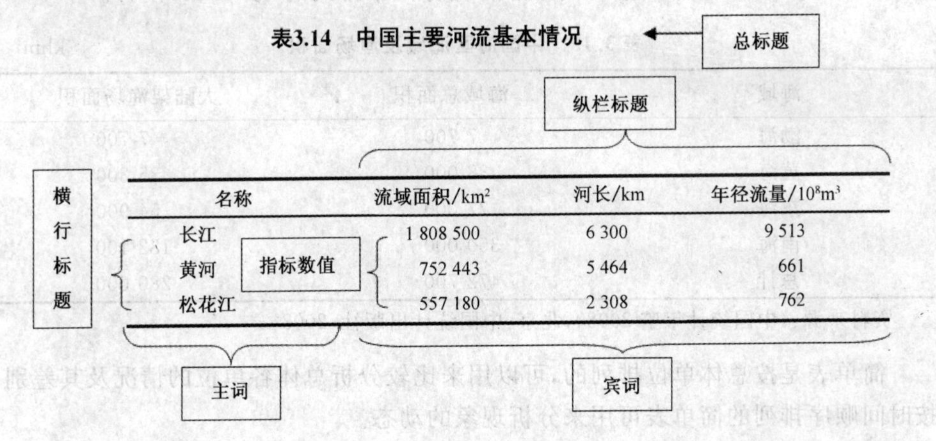

表3.14　中国主要河流基本情况

名称	流域面积/km²	河长/km	年径流量/10⁸m³
长江	1 808 500	6 300	9 513
黄河	752 443	5 464	661
松花江	557 180	2 308	762

总标题是表的名称,概括说明统计表的内容,多数情况要包括总体的时间和空间限制,要写在表的上端中部。

纵栏标题是统计表各栏的名称,通常用来表示指标的名称,一般写在表的上方。

横行标题是统计表各行的名称,通常用来表示各组的名称,是统计表要说明的对象,一般写在表的左方。

指标数值列在各横行与纵栏的交叉处。统计表中任何一个数字都由纵横标题所限定,一般说横行是其反映的对象,纵栏是其反映的内容。

此外,必要时应在统计表的下方增列补充资料、注解、附记、资料来源、指标的计算方法、填表说明、填表人员以及填表的时间等。

(2)统计表的内容:从内容上考察,一切统计表都由主词和宾词组成。主词也叫主词栏或主栏,是统计表的主体,即统计表所要说明的对象,它可以是各个总体单位的名称或总体单位分组的排列,也可以是总体现象所属时间的排列。不管是什么排列,通常都表现为横行的标题。宾词也叫宾词栏或宾栏,它是说明主词的各项指标,一般都由纵栏的标题和指标值所组成,如表 3.14 所示。

统计表的内容构成一般情况如上所述,但是为了编排合理与阅读方便,也可以将主词与宾词的位置互换。

2.统计表的分类

根据主词是否分组和如何进行的分组,统计表分为简单表、分组表和复合表。

(1)简单表　简单表是指主词未经任何分组的统计表。简单表有只罗列总体各单位名称的(表 3.15)和按时间顺序将指标简单排列的(表 3.16)两种。

表 3.15　中国海区海域及渔场面积　　khm^2

海域	海域总面积	大陆架渔场面积
渤海	7 700	7 700
黄海	38 000	35 300
东海	77 000	54 900
南海	350 000	182 100
总计	472 700	280 000

资料来源:《中国统计年鉴 2008》,北京:中国统计出版社,2008

简单表是按总体单位排列的,可以用来比较分析总体各单位的情况及其差别;按时间顺序排列的简单表可用来分析现象的动态。

表3.16　中国2001—2007年城乡居民家庭人均收入情况　元

年份	城镇居民家庭人均可支配收入	农村居民家庭人均纯收入
2001	6 859.6	2 366.4
2002	7 702.8	2 475.6
2003	8 472.2	2 622.2
2004	9 421.6	2 936.4
2005	10 493.0	3 254.9
2006	11 759.5	3 587.0
2007	13 785.8	4 140.4

资料来源:《中国统计年鉴2008》,北京:中国统计出版社,2008

(2)分组表　分组表是主词按某一标志进行分组的统计表,也可以说简单分组形成的统计表(表3.17)。

表3.17　2007年房地产开发企业按性质分组　个

按经济类型分组	企业个数
内资	56 965
港、澳、台投资	3 524
外商投资	2 029
合　计	62 518

资料来源:《中国统计年鉴2008》,北京:中国统计出版社,2008

(3)复合表　复合表是对主词按两个或两个以上的标志重叠进行分组(复合分组)形成的统计表(表3.18)。

表3.18　2007年国内生产总值按产业和行业分组

国内生产总值按产业和行业分组	国内生产总值/亿元	比重/%
第一产业	28 095.0	11.3
第二产业	121 381.3	48.6
工业	107 367.2	43.0
建筑业	14 014.1	5.6
第三产业	100 053.5	40.1
交通运输仓储邮政业	14 604.1	14.6
批发零售业	18 169.5	18.2
合　计	249 529.8	100.0

资料来源:《中国统计年鉴2008》,北京:中国统计出版社,2008

以上3种统计表在说明和研究问题方面的作用,以及各自的特点和差别,与统计资料整理时所说的没有进行分组、进行简单分组和复合分组之间的情况类似,所以不再赘述。

3. 宾词的设计

统计表的宾词设计有简单设计和复合设计。宾词的简单设计是将说明主词的各个指标作平行的设计,即指标与指标之间彼此独立。而复合设计是将说明主词的各个指标按分组的标志重叠进行的设计,各个分组标志之间存在着层次关系。表 3.19 为简单设计,表 3.20 为复合设计。

表 3.19 某车间工人基本情况统计(简单设计) 人

所在车间	工人数	性别		年龄			
		男	女	20 以下	21～45	46～60	60 以上
一车间	37	32	5	2	23	11	1
二车间	44	25	19	6	31	6	1
三车间	33	14	19	4	22	7	0
合　计	114	71	43	12	76	24	2

表 3.20 某车间工人基本情况统计(复合设计) 人

所在车间	工人数	20 以下		21～45		46～60		60 以上	
		男	女	男	女	男	女	男	女
一车间	37	1	1	20	3	10	1	1	0
二车间	44	2	4	19	12	3	3	1	0
三车间	33	2	2	8	14	4	3	0	0
合　计	114	5	7	47	29	17	7	2	0

从表 3.19 和表 3.20 可以明显地看出,复合设计比简单设计说明问题更为细致深刻,但复合设计划分的栏目比简单设计多。简单设计中根据分组标志所划分的指标栏目数量呈相加的关系,如表 3.19 中工人按性别分成 2 栏,按年龄分成 4 栏,一共分为 2+4=6(栏)。复合设计中根据分组标志所划分的指标栏目数量则呈乘积的关系,如表 3.20 中工人是按年龄和性别标志重叠分组的,其栏目的数目为 2×4=8(栏)。可见,当指标项目比较多时,复合分组会使栏目数量迅速增加,使统计表变的十分复杂,以致难以理解、分析和利用。所以复合设计的使用要谨慎,能用简单设计,就不用复合设计,也可以根据需要把一个大的复合设计的表拆成几个简单设计的表。

主词分组与宾词分组其作用和意义有所不同。主词分组决定统计表的种类;宾词分组则可使对总体特征的表现更为详细、具体。

4. 编制统计表的要求

为了使统计表能科学地反映研究对象的本质和特点，充分发挥其说明和分析问题的作用，同时为了标准化和美观，编制的统计表要符合以下要求：

(1)统计表的名称即总标题要简明、确切。既要概括出统计表的基本内容；又要表明资料所属的时间和空间限制。

(2)统计表的内容应简明扼要，且有系统性。强调简明扼要是要避免庞杂，使人一目了然；强调系统性是要求统计表的内容要有整体性、层次性和逻辑性。

(3)表中的各行和各栏，一般先列各个具体项目，再列总计。但在没有必要列出所有项目时，就要先列出合计，再列出必要的重要项目。

(4)主词按分组标志的层次不同移行排列。即横行的标题按复合分组排列时，应在第一次分组的各组组别下后退一二字填写第二次分组的组别。此时，第一次分组的组别数就成了第二次分组的各组小计。若需进行第三次分组再照此进行。

(5)统计表的栏目多时，要编号以便阅读。主词栏和计量单位栏用(甲)(乙)(丙)等文字标明；宾词栏用①②③等数码编号。各栏中的数字有计算关系的，也可以用数字符号表示，例如⑤=③+②等。

(6)国际上规范的统计表是“三线表”，表的两端一般不用纵线封死，上下两端用粗线绘制，行与行之间除了栏目标题与指标值之间外均不画线，形状多为长方形。

(7)表中的数字要书写工整。数字要清楚，对准位数，遇有特殊情况，不能随意处置，需用标准的符号表示。如数值不存在用“—”表示，数字缺乏用“……”表示，数字免填用“×”表示。统计表中绝不允许留有空白，也不能有“同左”、“同上”的字样。在使用电子计算机汇总的情况下更要求完全标准化，不允许有丝毫的随意性和误差。

(8)统计表中的数字资料都要注明计量单位。表中所有的数字只有一种计量单位时，可以将其写在表的右上方。如果有多种计量单位，横行的计量单位可以专设一栏；纵栏的计量单位，要与纵标题写在一起，但要用小字或写在括号内。

(9)必要时在统计表的下方应加附注或说明。例如统计资料的来源、填表时间、制表人、审核人，等等。

3.4.2　统计图

统计图(statistical chart)是根据经过整理的统计数字资料，运用几何图形或具体事物的形象绘制的曲线，研究对象数量关系和数量特征的图形。与统计表相比，它对问题的表现具有更为鲜明、形象、生动、直观的特点，在实际工作中被广泛使用。最常用的统计图有：

1. 条形图(bar diagram)

条形图是用相同宽度的条形的长短或高低来比较统计指标大小的图形，如图3.4所示。

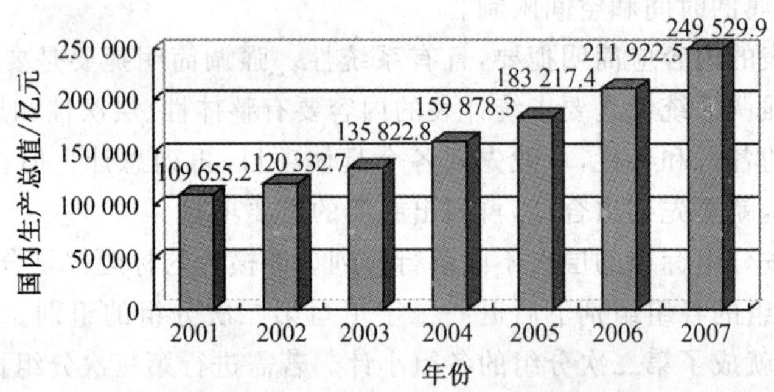

图3.4　2001—2007年我国国内生产总值

资料来源：《中国统计年鉴2008》，北京：中国统计出版社，2008

2. 圆形图(pie chart)

圆形图又叫饼图，是用图形的面积大小来表示统计资料的图形，多以图形内扇形面积的大小表示现象数值的大小或现象各部分所占的比重的图形结构，如图3.5所示。

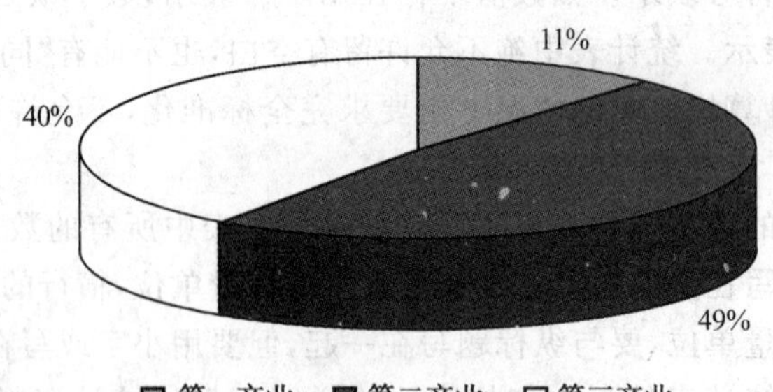

图3.5　2007年我国国内生产总值构成

资料来源：《中国统计年鉴2008》，北京：中国统计出版社，2008

3. 曲线图(curve chart)

曲线图是在坐标平面上，以曲线的升降来表现统计数值大小及其变动趋势的图形，如图3.6所示。

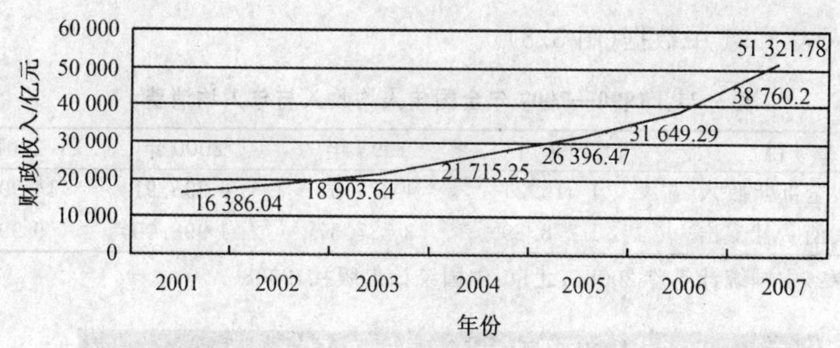

图 3.6　2001—2007 年中国财政收入增长情况

资料来源:《中国统计年鉴 2008》,北京:中国统计出版社,2008

3.5　用 Excel 和 SPSS 进行统计资料整理

Excel 与 SPSS 都是统计分析常用的分析软件。本节要求能够用这两种软件进行统计表和统计图的制作以及进行数据分组。

3.5.1　用 Excel 进行统计资料整理

一般而言,Excel 存在于 Office 软件中,当计算机安装好 Office 之后,Excel 便可使用了。将光标点在桌面,单击鼠标右键,待弹出对话框后,选择"新建"→"Microsoft Excel 工作表",则在桌面出现了一个新的图标"新建 Microsoft Excel 工作表",鼠标左键双击该图标,即出现了一个工作表(图 3.7)。

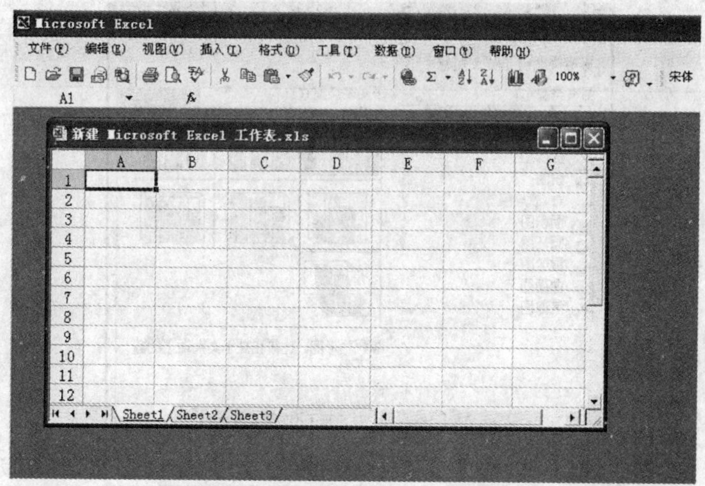

图 3.7　新建 Excel 工作表

(1)输入表 3.21 中数据(图 3.8)。

表 3.21　1990—2007 年全国年人均收入与年人均消费　　元

项　目	1990 年	1995 年	2000 年	2007 年
平均每人全部年收入	1 516.21	4 279.02	6 295.91	14 908.61
平均每人消费性支出	1 278.89	3 537.57	4 998.00	9 997.47

资料来源:《中国统计年鉴 2008》,北京:中国统计出版社,2008

Microsoft Excel - 新建 Microsoft Excel 工作表.xls

文件(F) 编辑(E) 视图(V) 插入(I) 格式(O) 工具(T) 数据(D) 窗口(W)

A1 名称框 fx

	A	B	C	D	E	F	G
1		1990	1995	2000	2007		
2	平均每人全部年收入(元)	1516.21	4279.02	6295.91	14908.61		
3	平均每人消费性支出(元)	1278.89	3537.57	4998	9997.47		
4							
5							
6							
7							
8							

图 3.8　数据输入

(2)选择"插入"→"图表",出现图表向导。选择"柱形图"后,进入下一步(图 3.9)。

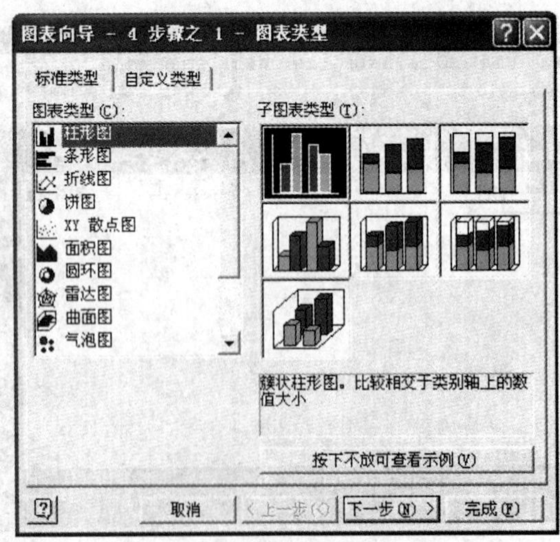

图 3.9　图表向导

(3)选取数据源域 A1:E3(图 3.10)。

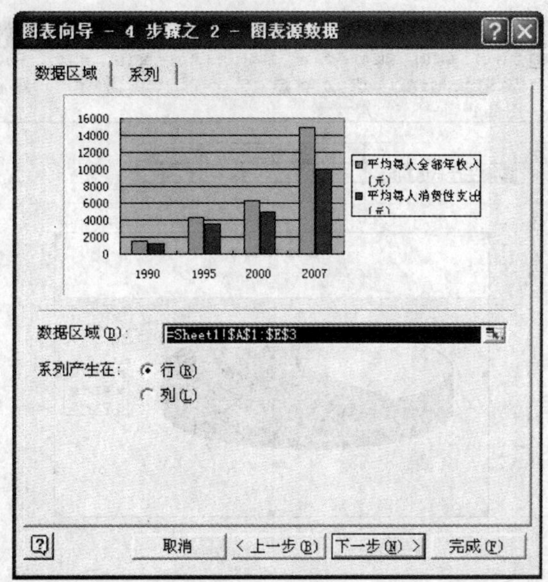

图 3.10　数据源的选取

(4)结果如图 3.11 所示。

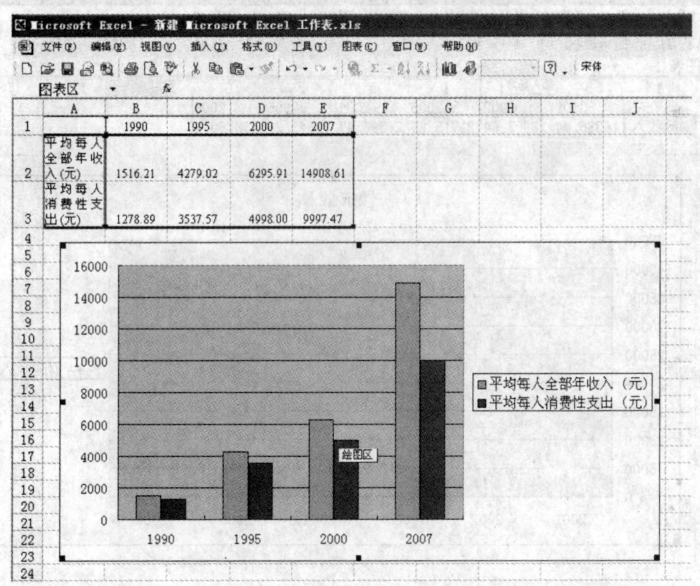

图 3.11　用 Excel 作出的柱状图

当然,也可以做出饼状图、折线图等(图 3.12 和图 3.13)。

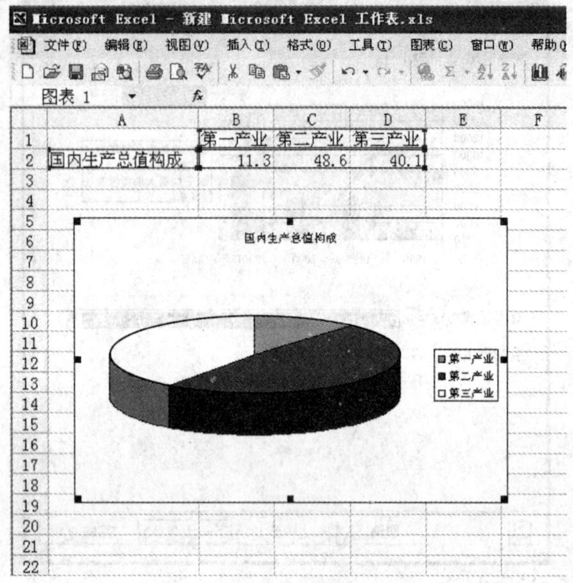

图 3.12 用 Excel 作出的饼状图

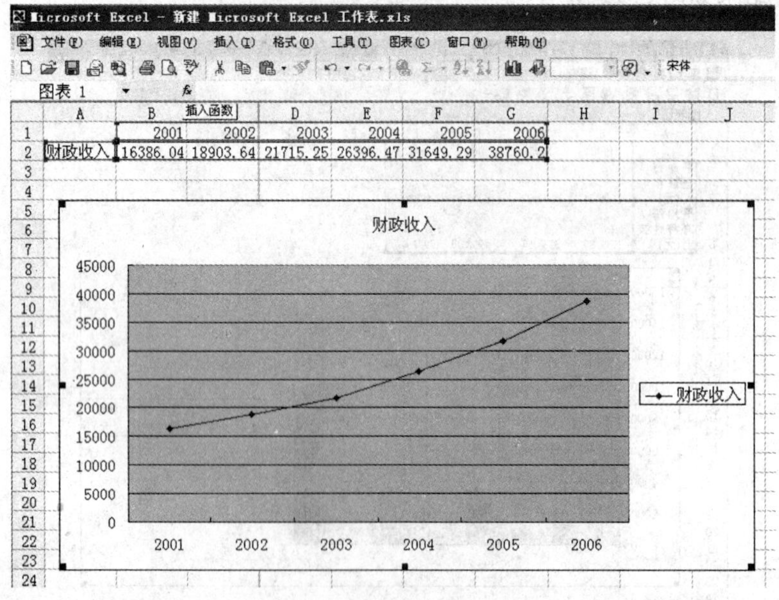

图 3.13 用 Excel 作出的折线图

3.5.2　用SPSS进行统计资料整理

1. 柱状图

(1)打开SPSS数据编辑对话框,选屏幕下方的Variable View,输入变量类型(图3.14)。

Untitled - SPSS Data Editor

File Edit View Data Transform Analyze Graphs Utilities Window Help

	Name	Type	Width	Decimals	Label	Values	Missing	Columns	Align	Measu
1	年份	String	8	0		None	None	8	Left	Nominal
2	年均收入	Numeric	8	2		None	None	8	Right	Scale
3	年均消费	Numeric	8	2		None	None	8	Right	Scale

Data View　Variable View　　SPSS Processor is ready

图3.14　SPSS中的变量设定

(2)点选屏幕下方的Data View输入数据(图3.15)。

Untitled - SPSS Data Editor

File Edit View Data Transform Analyze Graphs Utilities Window Help

	年份	年均收入	年均消费	var	var	var	var
1	1990	1516.21	1278.89				
2	1995	4279.02	3537.57				
3	2000	6295.91	4998.00				

图3.15　SPSS中的数据输入

(3)单击 Graphs→Bar，进入 Bar Charts 对话框后，选择 Clustered，Values of individual cases，最后按确定 Define(图 3.16)。

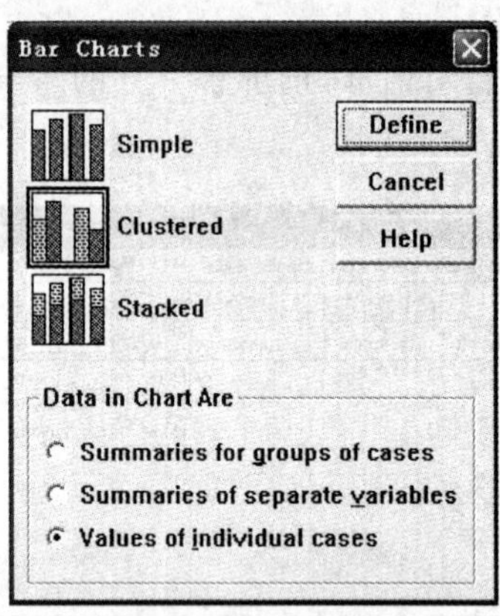

图 3.16 进入柱状图对话框

(4)将"年均收入"、"年均消费"选入 Bars Represent，"年份"选入 Variable，后点 OK 确定，即出现柱状数据图表(图 3.17 和图 3.18)。

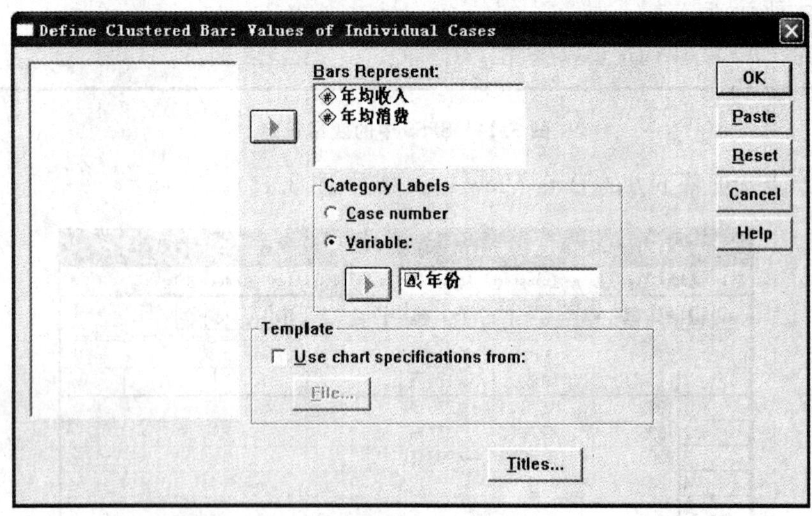

图 3.17 选择坐标轴变量

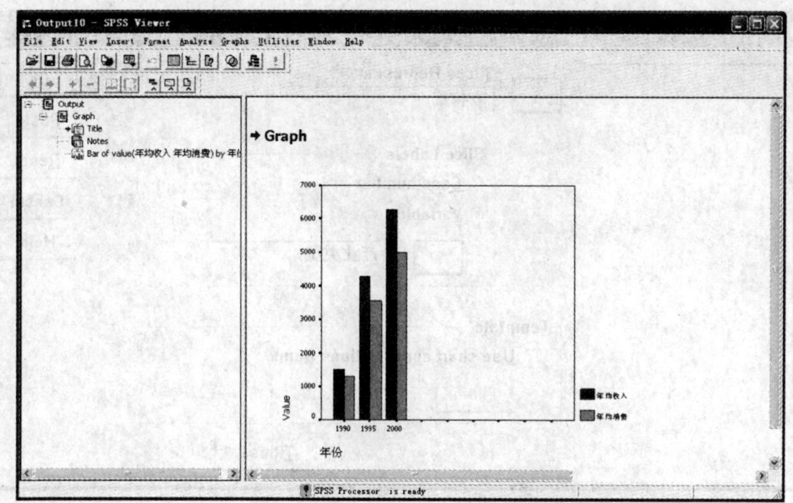

图 3.18　用 SPSS 作出的柱状图

2.饼状图

输入数据后,单击 Graphs→Pie,进入 Pie Charts 按上述操作步骤可完成饼状图(图 3.19 至图 3.23)。

Untitled - SPSS Data Editor

	Name	Type	Width	Decimals	Label	Values	Missing	Columns	Align	Measure
1	产业类型	String	8	0		None	None	8	Left	Nominal
2	构成	Numeric	8	2		None	None	8	Right	Scale
3										
4										
5										

图 3.19　变量设定

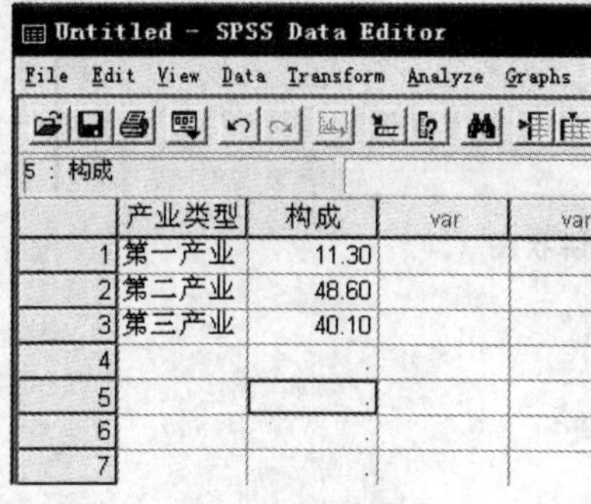

图 3.20　数据输入

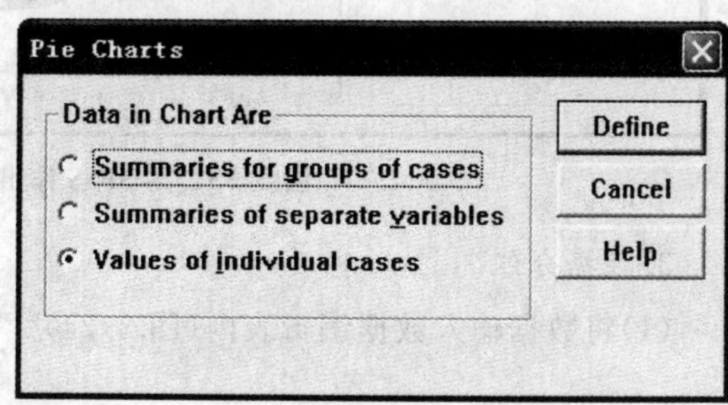

图 3.21　进入饼状图对话框

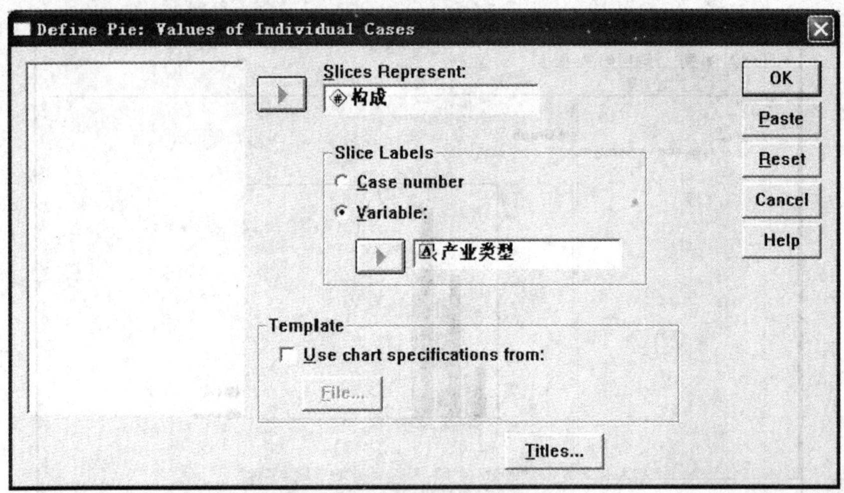

图 3.22 选择坐标轴变量

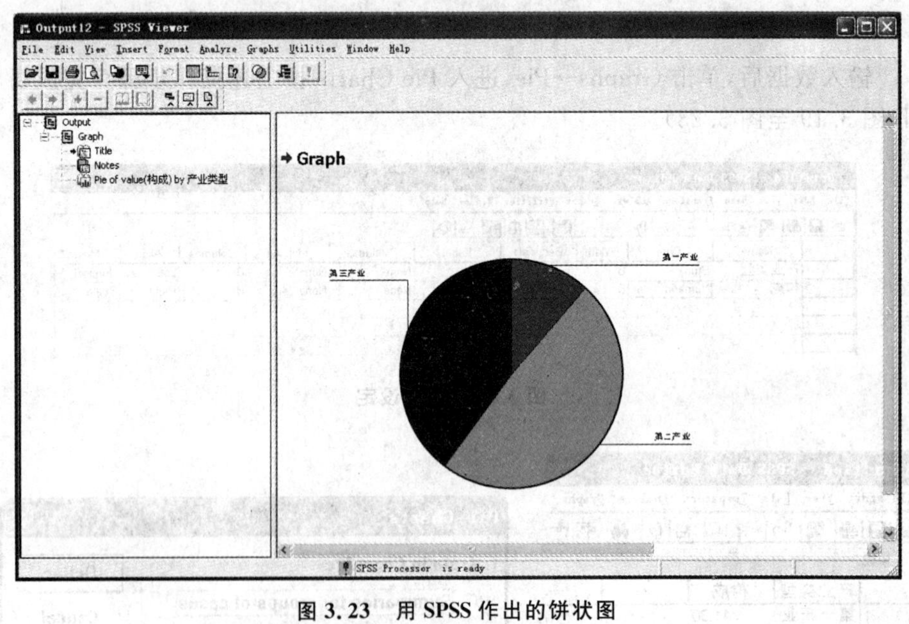

图 3.23 用 SPSS 作出的饼状图

3.数据分组

(1)将数据输入数据编辑表内(图 3.24)。

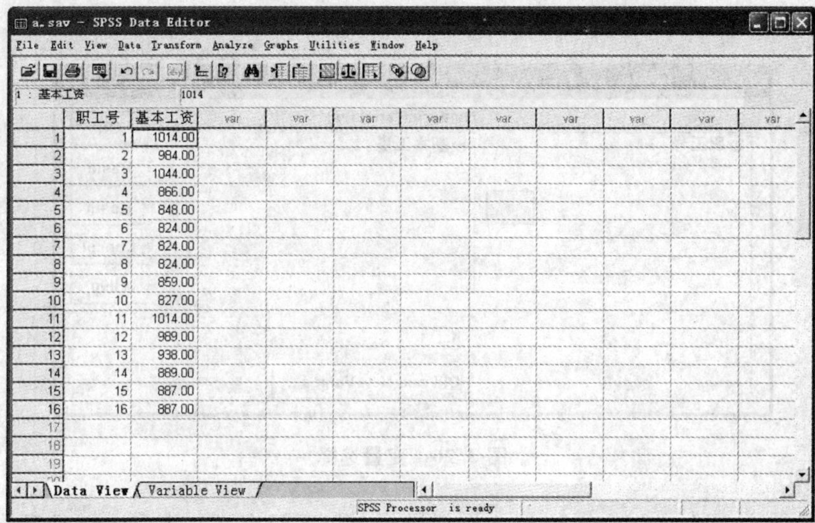

图 3.24 输入数据

(2)选择菜单“Transform”→“Recode”→“Into Same Variables”(图 3.25)。

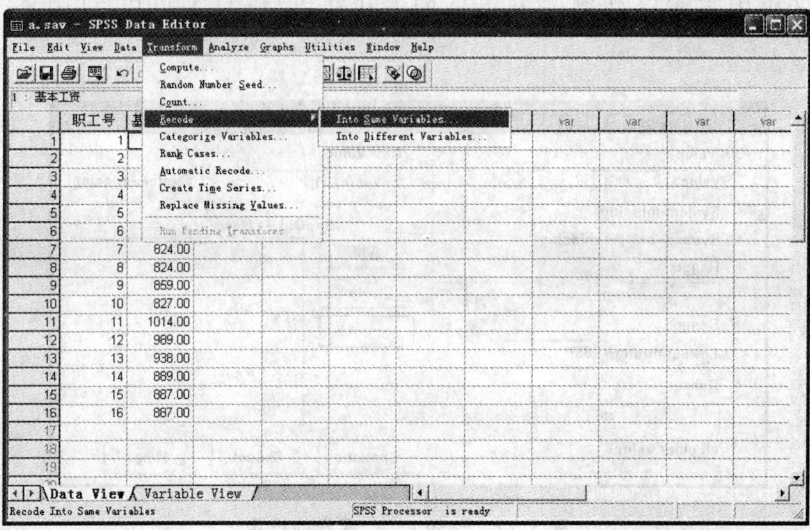

图 3.25 选项操作

(3)将分组变量选择到 Numeric Variables 框中(图 3.26)。

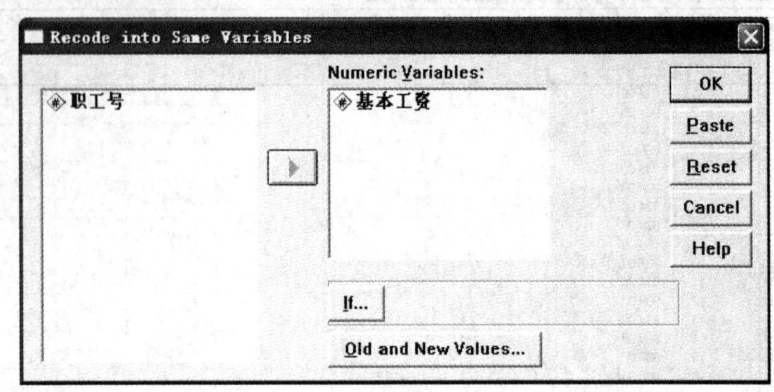

图 3.26 变量选择

(4)单击 Old and New Values 按钮进行分组区间定义。用 Range 选项指定分组区间的下限和上限,并在 New Value 框中给出该区间对应的分组值,将数据分组。单击 Add 按钮确认分组区间并加到 Old→New 框中。单击 Change 和 Remove 按钮用来修改和删除分组区间。分好组后,点 Continue(图 3.27 至图 3.29)。

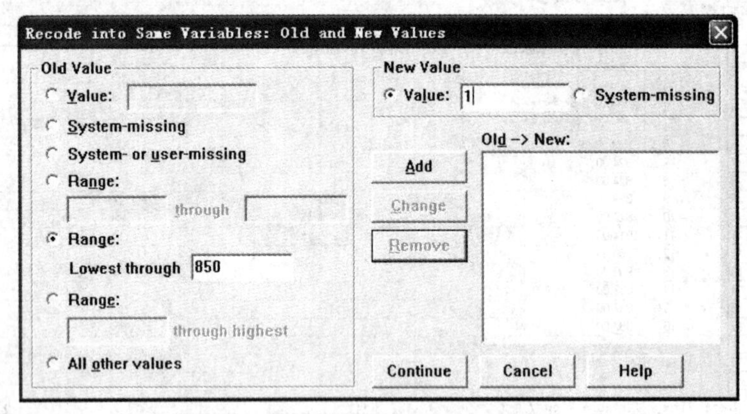

图 3.27 “850 以下”区间的设定

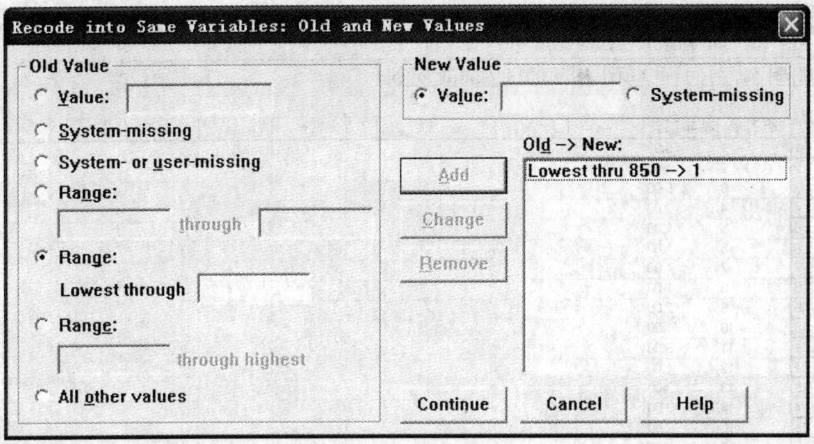

图 3.28 “850 以下”区间加入新的分组框

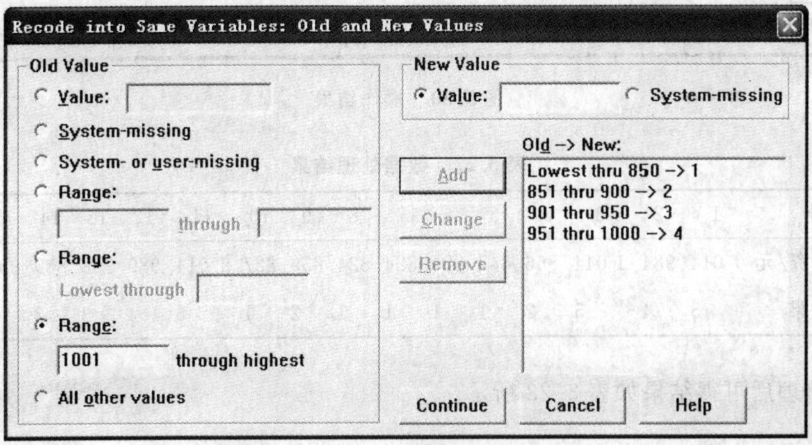

图 3.29 所有分组区间的设定

(5)选择好 Old and New Values 后，回到 Recode into Same Variables 对话框中，点 OK，即出现分组后的表(图 3.30 和表 3.22)。

Untitled - SPSS Data Editor

File Edit View Data Transform Analyze Graphs Utilities Window Help

	职工号	基本工资
1	1	5.00
2	2	4.00
3	3	5.00
4	4	2.00
5	5	1.00
6	6	1.00
7	7	1.00
8	8	1.00
9	9	2.00
10	10	1.00
11	11	5.00
12	12	4.00
13	13	3.00
14	14	2.00
15	15	2.00
16	16	2.00

Data View / Variable View

SPSS Processor is ready

图 3.30 操作结果

表 3.22 数据处理结果

职工号	1	2	3	4	5	6	7	8	9	10	11	12	13	14	15	16
基本工资/元	1 014	984	1 044	866	848	824	824	824	859	827	1 014	989	938	889	887	887
分组结果	5	4	5	2	1	1	1	1	2	1	5	4	3	2	2	2

整理后可得结果如表 3.23 所示。

表 3.23 数据分组结果

按工资分组/元	频数/人
850 以下	5
851～900	5
901～950	1
951～1 000	2
1 000 以上	3

复习思考题

一、选择题

1. 按数量标志分组的关键是确定（　　）。

A. 变量值的大小　　B. 组数

C. 组中值　　D. 各组的界限

2. 用组中值代表各组内一般水平的假定条件是（　　）。

A. 各组的次数均相等　　B. 各组的组距均相等

C. 各组的变量值均相等　　D. 各组变量值在本组内呈均匀分布

3. 某连续变量数列，其末组为500以上。又知其邻近组的组中值为480，则末组的组中值为（　　）。

A. 520　　B. 510

C. 530　　D. 540

4. 统计表的主词是统计表所要说明的对象，一般排在统计表的（　　）。

A. 左方　　B. 右方

C. 上端中部　　D. 下方

5. 对企业先按经济类型分组，再按企业规模分组，属于（　　）。

A. 简单分组　　B. 平行分组

C. 复合分组　　D. 再分组

6. 统计表的宾词是用来说明总体特征的（　　）。

A. 统计指标　　B. 总体单位

C. 标志　　D. 统计对象

7. 组距、组限、组中值之间的关系是（　　）。

A. 组中值＝(上限＋下限)÷2　　B. 组距＝(上限－下限)÷2

C. 组中值＝(上限＋下限)×2　　D. 组限＝组中值÷2

8. 按年龄分组的人口死亡率表现为（　　）。

A. 钟型分布　　B. 对称分布

C. J型分布　　D. U型分布

9. 变量数列中频率应满足的条件是（　　）。

A. 各组频率大于1　　B. 各组频率大于0

C. 各组频率之和等于1　　D. 各组频率之和小于1

E. 各组频率之和大于0

10.统计分组的作用在于(　　)。

A.区分现象的类型　　　　B.比较现象间的一般水平

C.分析现象的变化关系　　　　D.反映现象总体的内部结构变化

E.研究现象之间数量的依存关系

二、简答题

1.什么是统计整理,其内容及意义是什么?

2.如何进行数据的预处理?

3.什么是统计分组,如何进行统计分组?

4.统计分组的作用有哪些?

5.什么是分布数列,如何编制分布数列?

三、计算作图题

1.一家评估机构为调查不同品牌饮料的市场占有率,对随机抽取的一家超市进行了调查。调查员在某天对照50名顾客购买饮料的品牌进行了记录,如果一个顾客购买某一品牌的饮料,就将这一饮料的品牌名字记录一次。原始数据如下:

旭日升	可口可乐	旭日升	汇源果汁	露露
露露	旭日升	可口可乐	露露	可口可乐
旭日升	可口可乐	可口可乐	百事可乐	旭日升
可口可乐	百事可乐	旭日升	可口可乐	百事可乐
百事可乐	露露	露露	百事可乐	露露
可口可乐	旭日升	旭日升	汇源果汁	汇源果汁
汇源果汁	旭日升	可口可乐	可口可乐	可口可乐
可口可乐	百事可乐	露露	汇源果汁	百事可乐
露露	可口可乐	百事可乐	可口可乐	露露
可口可乐	旭日升	百事可乐	汇源果汁	旭日升

试作出购买饮料的频数分布表、柱状图、饼状图。

2.某生产车间50名工人日加工零件数如下(单位:个):

117　122　124　129　139　107　117　130　122　125　108　131　125　117
122　133　126　122　118　108　110　118　123　126　133　134　127　123
118　112　112　134　127　123　119　113　120　123　127　135　137　114
120　128　124　115　139　128　124　121

试进行单变量值分组及组距式分组。

复习思考题答案

一、选择题

1. D 2. D 3. A 4. A 5. C 6. A 7. A 8. D 9. BC 10. ADE

二、简答题

（略）

三、计算作图题

1.

某商业单位饮料频数分布表

饮料名称	频数
可口可乐	15
旭日升	11
百事可乐	9
露露	9
汇源	6
合计	50

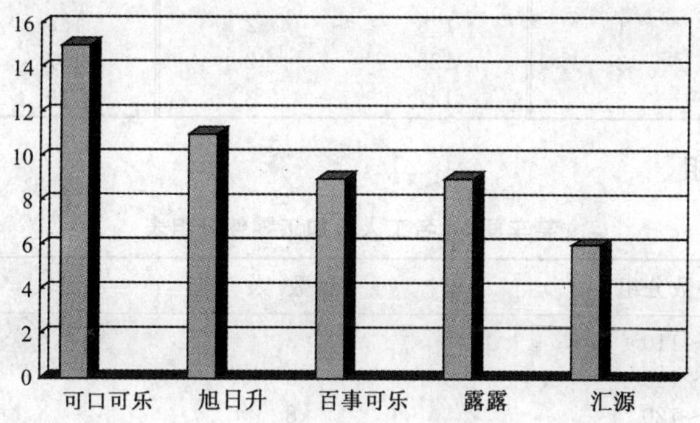

购买饮料数据的条柱状图

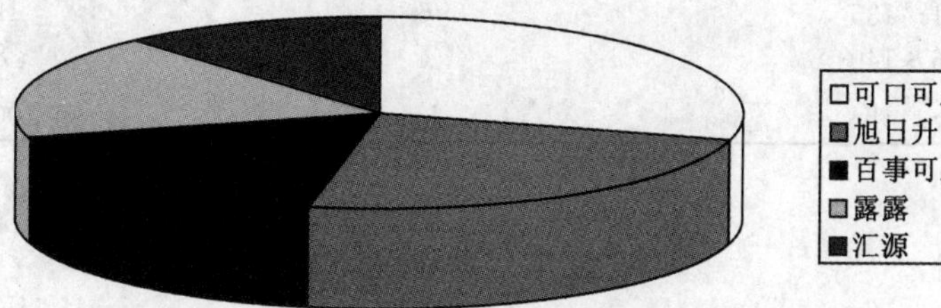

购买饮料数据的饼状图

2.对数据进行排序：

107 108 108 110 112 113 114 115 117 117 117 118 118 118
119 120 120 121 122 122 122 122 123 123 123 123 124 124
124 125 125 125 126 126 127 127 127 128 128 129 130 131
133 133 134 134 135 137 139 139

根据一定的数据进行分组：

单变量值分组

某车间50名工人日加工零件分组表

零件数	频数	零件数	频数	零件数	频数
107	1	119	1	128	2
108	2	120	2	129	1
110	1	121	1	130	1
112	2	122	4	131	1
113	1	123	4	133	2
114	1	124	3	134	2
115	1	125	2	135	1
117	3	126	2	137	1
118	3	127	3	139	2

组距式分组

某车间50名工人日加工零件分组表

按零件数分组	频数/人	频率/%
105～110	3	6
111～115	5	10
116～120	8	16
121～125	14	28
126～130	10	20
131～135	6	12
136～140	4	8
合　计	50	100

第4章　统计分析的基本指标

教学目的与要求：通过本章的学习，了解统计指标与统计指标体系的概念、分类、特点和作用；掌握统计分析过程中的总量指标、相对指标、平均指标和变异指标等基本指标的分类、计算以及应用的原则和方法；掌握常用相对指标的分析方法和应用原则；熟练掌握平均指标、变异指标的计算方法；正确选择和合理应用平均指标及其权数。

统计分析的基本指标是说明社会经济现象数量方面的概念和数值，它是对具体社会经济现象数量的综合反映，用数值表现的许多个体现象数量方面的综合结果，主要包括绝对数、相对数和平均数 3 种形式，可以反映社会经济现象的总量、规模、速度、比例、结构及其平均水平。按照反映社会经济现象数量特征的不同，综合指标可分为 4 类：总量指标、相对指标、平均指标和变异指标。

4.1　统计指标与统计指标体系

统计指标是指在具体时间、地点条件下实际存在的社会经济现象的数值范畴和数量表现。数值范畴是指该指标的名称，它确定了统计指标的内涵与外延，规定了指标的具体含义；数量表现是指该指标的具体数值，即在一定时间、地点条件下实际发生、客观存在的该指标的数值。任何统计指标都应是指标名称和指标数值的有机统一。例如，2007 年我国国家财政收入 51 304.0 亿元，财政支出 49 565.4 亿元。

4.1.1　统计指标的特点

统计指标具有以下 3 个特点：

1. 具体性

具体性即统计指标总是总体某一方面质和量的具体统一，说明总体在具体时间、地点、条件下的数量特征。

2. 综合性

综合性是通过对总体单位调查登记并加以汇总整理而得到的数值，说明的不是个别单位或部分单位的数量特征，而是构成总体的全部单位的综合结果。

3. 数量性

统计指标用数量反映各种社会经济现象的本质及其规律性，用辩证唯物论的观点看待统计的数量问题，用量变与质变的观点分析统计指标所反映的数量规模、数量变化、数量界限及数量与数量之间的各种关系。这既是统计学中重要的理论问题，同时也是统计学中重要的方法问题。

4.1.2 统计指标体系

单一指标只能反映总体某一方面的数量特征。社会经济现象错综复杂，统计总体往往具有很多种特征。为了全面反映社会经济现象的数量特征，就要用一整套的统计指标。这种具有内在联系的一系列指标所构成的整体，称为统计指标体系。例如，为了全面反映某地区工业竞争力水平的高低，就要设立工业总产值、固定资产总额、总资产周转率等反映工业经济实力的指标体系；设立市场占有率、产品销售率等反映其市场竞争力的指标体系；设立科技人员比重、专利授权量、R&D经费占 GDP 比重等反映其技术创新竞争力的指标体系。

统计指标体系大体可分为基本统计指标体系和专题统计指标体系两类。基本指标体系是反映国民经济和社会发展基本情况的指标体系，包括社会指标体系、经济指标体系等。专题指标体系是针对某项社会经济问题而制定的专项指标体系，如企业经济效益指标体系、价格指标体系、小康生活水平指标体系等。指标体系随着社会经济的发展变化而变化。但是，指标体系一经制定，就要力求保持相对稳定，以便积累历史资料，进行系统的比较分析。

4.2 总量指标

4.2.1 总量指标的概念和意义

1. 总量指标的概念

总量指标(total amount indicator)也叫绝对指标，是反映社会经济现象在一定时间、地点、条件下发展的总规模或总水平的综合指标。总量指标通常用绝对数表示，是对统计调查阶段搜集的原始资料，进行分组和汇总所得到的总计数据，是最基本的统计指标。如 2007 年我国全年国内生产总值 249 529.9 亿元，2007 年全年国家财政收入 51 304.0 亿元，这些都是总量指标，用来说明 2007 年国民经济发展的总规模、总水平。

总量指标不同于其他种类的指标，它具有两个明显的特征：①只有对有限总体才计算总量指标。②总量指标的数值大小一般随总体范围的大小不同而增减。例如，对河北省总人口数这个有限总体，2006 年为 6 898 万人，而对全国总人口数这个扩大了范围的有限总体，2006 年为 131 448 万人。

2. 总量指标的意义

总量指标在经济统计分析中具有重要的意义：

(1)总量指标是对经济社会现象总体的认识和起点，能具体表明一个国家的国情、国力和建设的规模和水平，以及各地区、部门、单位的经济活动成果和工作总量。例如，2007 年全年货物进出口总额 21 738.3 亿元，2007 年全年粮食种植面积 10 553 万 hm^2，都表明了不同部门的经济活动总成果。

(2)总量指标是国家编制计划、进行社会经济管理的重要依据。国家进行经济、社会的管理必须从实际出发，以能够反映客观实际的总量指标为重要的参考依据。例如，城乡居民储蓄存款总额、全社会固定资产投资总额、货币流通量等总量指标是国家制定相应货币政策和财政政策的重要依据。

(3)总量指标是计算相对指标和平均指标的基础。相对指标和平均指标是两个相关的总量指标进行对比而来的。总量指标的准确、合理与否，直接影响到相对指标和平均指标的准确性。例如，2007 年全年粮食产量 50 148 万 t，年底人口数为 132 129 万人，根据以上两个总量指标，可以得出当年我国人均粮食产量为 379.54 kg。

4.2.2　总量指标的分类

1. 根据总量指标说明的总体内容不同，可分为总体单位总量和总体标志总量

总体单位总量是反映总体内总体单位个数的合计量，它说明总体本身规模的大小。如研究我国高等院校的基本情况时，研究对象是我国的高等院校。我国全部的高等院校是一个总体，每一个高等院校是一个总体单位，则 2007 年我国高等院校总数 1 908 所就是总体单位总量。

总体标志总量是反映总体单位标志值的合计量，它说明总体延伸的各种各样的数量规模和水平。结合上例，2007 年高等院校专任教师数 116.8 万人，为 1 908 所高校的总人数，反映的就是总体单位的标志值总量。对于一个已经确定的统计总体，其总体单位总量是唯一确定的，而总体标志总量却不止一个。如高等院校的在校学生总数，馆藏图书总量等也都是总体标志总量。

一个总量指标究竟属于总体单位总量还是属于总体标志总量并不是固定不变的，它随着研究目的的不同和研究对象的变化而变化。如上例，如果研究对象为我国高等院校，总体单位总量为我国高等院校总数，而其教师总数为总体标志总量；如果研究对象为高校教师，则其教师总数又变为总体单位总量了。

2. 根据总量指标反映的时间状况不同，可分为时期指标和时点指标

时期指标(period indicator)是反映社会经济现象在一段时间内累计结果的总量指标。产品产量、产值、商品销售量、粮食总产量等都属于时期指标。例如 2007 年中国全年全社会消费品零售总额为 89 210.0 亿元，是指在 2007 年这一年的时间内中国全社会消费品累计销售额的总和。

时期指标具有以下 3 个特点：

(1)不同时间的时期指标数值可以累计相加。纵向相加的结果表明在更长一段时期内事物发展过程的总数量。横向相加则表明在某一时期内在更大范围内现象的总数量。如 2007 年全年全社会消费品零售总额可以是当年 4 个季度全社会销售总额的纵向相加，也可以是 2007 年全年 31 个省市自治区的消费品销售总额的横向相加。

(2)时期指标数值大小与时期长短有直接关系。时期越长，指标数值越大。2007 年全年全社会消费品零售总额肯定要大于任何一个月或是任何一个季度的总额。

(3)时期指标的数值一般为连续登记。时期指标数值的大小取决于整个时期内所有时间段的发展状况，只有连续登记得到的时期指标才会准确。

时点指标(time point indicator)是反映现象在某一时刻(瞬间)上状况的总量指标。高等院校数、在校学生人数、从业人员数、人口数等都属于时点指标。例如 2007 年年末全国总人口为 132 129 万人，说明在 2007 年 12 月 31 日 23 时 59 分这一时点上中国的人口数量情况。

时点指标具有以下 3 个特点：

(1)不同时点的指标数值不能累加，累加后不仅不能说明所反映的是某一时点上的总量，而且还会发生重复计算。如将我国 2006 年年末人口数与 2007 年年末人口数相加，是没有任何意义的。

(2)时点指标数值大小与时点间隔长短无直接关系。时点之间间隔长，数值不一定大；间隔短，数值不一定小。如 2007 年年末人口数不一定比某月末人数多。

(3)时点指标的数值一般是间断统计取得。时点指标没有必要进行连续登记，有的也是不可能进行连续登记的。

3. 按指标采用的计量单位不同，可分为价值指标、实物指标和劳动量指标

价值指标是以货币单位表示的反映社会经济现象某一方面数量和质量情况的经济指标，如工农业总产值、劳动生产率等。价值指标具有高度的综合性、概括性和可加性，广泛应用于反映具有综合性现象的总规模、总水平、总速度。但是价值指标的局限性在于它脱离了具体的物质内容，比较抽象，甚至不能完全反映实际情况。若能与实物指标结合使用，更便于全面地认识问题。价值指标的计算可以采用当年价格，也可以采用可比价格来计算。

实物指标是以实物单位计量的总量指标。实物指标能够直接反映现象的具体内容，反映教育、科学、文化、卫生以及其他各项社会活动的工作成果与工作量，表明各种生产物品的实物成果，具体地表明事物的规模和水平，体现主要物质生产部门间的联系和平衡关系。例如，2007 年全年粮食产量 50 148 万 t，肉类总产量 6 800 万 t，就是实物指标。实物指标的局限性在于综合能力比较差，不同事物的内容、性质和计量单位不同，缺乏可比性，无法进行汇总，因而无法用实物指标反映非同类现象的总规模、总水平和总速度。

劳动量指标是以劳动时间为单位计量的产品产量或完成的工作量指标，一般用于工业企业内部核算，如出勤工日、实际工时、定额工时等。劳动量指标主要在企业范围内使用，是企业编制和检查计划的重要依据。但是不同类型、不同经营水平企业的劳动指标不能直接相比。

4.2.3　总量指标的计量单位

总量指标数值是对各种具体现象计量的结果，它说明各种具体现象的规模和水平，不是抽象的数字。因此，是有计量单位的有名数。总量指标数值根据总量指标所反映的社会经济现象的性质和内容，其数值一般采用以下 3 种计量单位。

1. 实物单位

实物单位是根据客观现象的自然属性和社会特点而采用的计量单位。一般可以分为以下 5 种：

(1)自然单位。自然单位是按客观现象的自然属性来计量的。如人口数以“人”为单位；汽车以“辆”为单位，生猪以“头”为单位。

(2)度量衡单位。度量衡单位是按照法定计量规定确定的重量、长度、体积计量单位。如钢材以“吨”为单位，木材以“$米^3$”为单位等。

(3)复合单位。复合单位是将两种计量单位结合在一起以其乘积表示某事物数量的单位。如发电量以“千瓦/小时”为单位，货物运输以“吨/千米”为单位等。

(4)双重或多重计量单位。双重或多重计量单位是指用两种或两种以上的计量单位以除式的形式结合在一起的计量单位。如人口密度的计量单位是“人/千米^2”;起重机的计量单位是“台/吨”;货轮用“艘/(瓦·吨位)”计量。

(5)标准实物单位。标准实物单位是按照统一的折算标准来计量现象总量的一种计量单位。在统计实物量时,为了更准确的反映产品的使用价值,将基本用途相同但规格不同的同类产品按照标准实物单位折算。如将各种含氮量的氮肥,折合成含氮量100%的氮肥计算。

2.货币单位

货币单位也叫价值单位,是用货币作为度量社会财富或劳动成果的一种计量单位。如我国人民币用元,法国货币用法郎,英国货币用英镑等。国内生产总值、城乡居民储蓄额、外汇收入、财政收入等指标都用货币单位来计量。

3.劳动单位

劳动单位主要用于企业内部计量工业产品的数量,它是用生产工业产品所必需的劳动时间来计量生产工人的劳动成果。常用的有工时和工日两种。1个工人做1小时工叫做1个工时,8个工时等于1个工日。企业首先根据自身的生产状况制定出生产单位产品所需的工时定额,再乘以产品的实物量即得劳动量指标。

4.2.4 总量指标的计算方法

总量指标的计算方法主要有直接计量法和估算法。

直接计量法就是通过统计数据整理,对所有调查单位进行点数、计数或测量等,然后汇总得到总量指标。如统计报表、普查中的总量指标,基本上采用直接计量法。

估算法是指在总体的总量指标不能直接计算或不必要直接计算时,根据总量指标之间的数量关系或有关资料进行的估算。如统计工作中采用的抽样推断法、平衡推算法等。

4.3 相对指标

4.3.1 相对指标的含义和作用

总量指标虽然能综合反映社会经济现象的规模、水平和工作总量,但是统计作为一种认识社会的工具,仅仅了解总量指标还不够,还要在总量指标数值的基础上进行对比分析，而后计算出相对指标，来进一步研究现象之间的数量关系、内部特征及其规律性。

相对指标(relative indicator)是两个有联系的指标加以对比，来反映现象发展过程的程度、结构、速度、密度和普遍程度等，其表现的数字称为相对数。例如，根据 2007 年全国人口变动情况调查，人口出生率为 12.10‰，那么人口出生率是相对指标，12.10‰ 是相对数。人口出生率是由人口出生数和年末人口数两个总量指标对比取得，即 12.10‰由两个绝对数对比取得。因此该相对指标和相对数是一组联系紧密的两个范畴。

相对指标的作用体现在以下 3 个方面：

(1)相对指标可以综合地反映事物之间的数量关系，说明现象和过程的比率、构成、速度、密度、普遍程度等，从而能够弥补总量指标的不足，更深刻的反映现象的实质。例如，2007 年全年国内生产总值 249 529.9 亿元，比上年增长 11.9%，这是总量指标所不能说明的。

(2)相对指标将现象在绝对数方面的具体差异抽象化，使原来不能直接用总量指标对比的现象找到直接对比的基础。例如，由于企业的规模不同，就不能直接用总产值、总利润等总量指标来判断企业生产经营成果的好坏，但可通过计算资金利润率、资金产值率等相对指标，来比较不同规模企业之间的经济效益，并作出适当的评价。

(3)相对指标可以说明总体内在的结构特征，为深入分析事物的性质提供依据。例如计算一个地区不同经济类型的结构，可以说明该地区经济的性质。

4.3.2　相对指标的种类和计算方法

相对指标按其对比的基础不同，可分为结构相对指标、比例相对指标、比较相对指标、强度相对指标、动态相对指标和计划完成程度相对指标 6 种。

1. 结构相对指标

结构相对指标(structural relative indicator)是在分组基础上计算的相对数，它是总体各部分的数值和总体全部数值之比。它表明总体中各部分所占比重大小，反映总体内部构成情况。其计算如公式 4.1 所示。

$$\text{结构相对指标} = \frac{\text{总体某部分数值}}{\text{总体全部数值}} \times 100\% \tag{4.1}$$

结构相对指标也称为比重相对数。一般用百分数或系数表示。由于分子的指标数值是分母指标数值的一部分，要求分子指标与分母指标在时间、经济含义、计量单位方面应该一致。由于对比的基础是同一总体的总量指标数值,各部分(或各组)所占比重之和应当等于100%或1。

在社会经济统计中结构相对数应用广泛,它的主要作用可以概括为以下4个方面:

(1)可以说明在一定的时间、地点和条件下,总体结构的特征。例如,从表4.1中的资料可以看出,2007年我国第二产业占全国国内生产总值的48.6%,比重最高,说明我国国民经济仍以加工制造业为主。第三产业比重为1/3强,较发达国家第三产业比重为2/3的水平相比,还有较大的发展空间。

表4.1 2007年我国国内生产总值构成

项目	价值/亿元	占总数的百分比/%
国内生产总值	249 529.6	100.0
其中:第一产业	28 095.0	11.3
第二产业	121 381.3	48.6
第三产业	100 053.3	40.1

资料来源:《中国2007年国民经济和社会发展统计公报》

(2)不同时期结构相对指标的变化,可以反映事物性质的发展趋势,分析经济结构的演变规律。例如,从表4.2中的资料可以看出,近5年来我国三大产业在国民经济中的比重出现较为明显的变化。随着经济的发展,第一产业农业所占比重在逐年降低,继续向着工业化、现代化的国家类型迈进。第二产业比重稳中有降,依然说明我国国民经济仍以加工制造业为主,这是我国的支柱产业。第三产业在国民经济中的地位在稳步提高,充分说明我国在第三产业建设中所取得的成果,人民的文化生活水平在逐年提高。

表4.2 2003—2007年我国国内生产总值构成变化情况 %

年份	第一产业比重	第二产业比重	第三产业比重
2003	14.6	52.2	33.2
2004	15.2	52.9	31.9
2005	12.6	47.5	39.9
2006	11.7	48.9	39.4
2007	11.3	48.6	40.1

资料来源:《中国统计年鉴2004—2008》,北京:中国统计出版社,2004—2008

(3)根据各构成部分所占比重大小,可以反映所研究现象总体的质量以及人、财、物的利用情况。例如,文盲率、入学率、青年受高等教育人口比率等可从文化教育方面表明人口的质量;产品的合格率、优质品率、高新技术品率等可表明企业的工作质量;出勤或缺勤率、设备利用率等,可反映企业的人、财、物的利用状况。

(4)结构相对指标广泛应用于微观经济管理,如原材料库存中采用 ABC 管理法,降低产品成本途径中,抓住占成本比重很大的原材料消耗等。

2. 比例相对指标

比例相对指标(proportional relative indicator)是反映总体内部各个组成部分之间的数量对比关系的综合指标,其计算如公式 4.2 所示。

$$\text{比例相对指标}=\frac{\text{总体中某一部分数值}}{\text{总体中另一部分数值}}\times 100\% \tag{4.2}$$

比例相对指标数值一般用几比几或者是百分数的形式表示。例如,2007 年年末全国总人口中,男性 68 048 万人,女性 64 081 万人,性别比例为 106.19∶100。它表明了 2007 年我国人口中的男女性别比例。又如,在 2007 年年末全国总人口中,城镇人口 59 379 万人,乡村人口 72 750 万人,城乡人口比例为 81.62∶100,表明了我国人口的城乡比例。

为了统计工作的需要,比例相对指标有时还要以连比的形式来表示总体中若干个组的比例关系。例如,我国国内生产总值中第一、二、三产业的比例关系,2007 年为 1∶4.3∶3.55。

计算比例相对指标,要求分子和分母的数值应是同一时间、同一总体内的部分数值。分子与分母类型相同,一般同是绝对数,也可以同是平均数,甚至是相对数,分子分母可以互换。

【例 4.1】根据表 4.3 资料计算比例相对指标。

表 4.3　2003—2007 年固定资产投资总额情况

年份	固定资产投资总额/亿元			比例相对指标/%
	合计	城镇	农村	
2003	55 566.6	45 811.7	9 754.9	469.63
2004	70 477.5	59 028.2	11 449.3	515.56
2005	88 773.6	75 091.1	13 678.5	548.97
2006	109 998.2	93 368.7	16 629.5	561.46
2007	137 239.0	117 414.0	19 825.0	592.25

资料来源:《中国统计年鉴 2008》,北京:中国统计出版社,2008

各年的比例相对指标计算结果为:

2003 年 $\frac{45\ 811.7}{9\ 754.9}=469.63\%$ 2004 年 $\frac{59\ 028.2}{11\ 449.3}=515.56\%$

2005 年 $\frac{75\ 091.1}{13\ 678.5}=548.97\%$ 2006 年 $\frac{93\ 368.7}{16\ 629.5}=561.46\%$

2007 年 $\frac{117\ 414}{19\ 825}=592.25\%$

计算结果表明，2003—2007 年，全社会固定资产投资的城乡比例有逐年提高的趋势。

3. 比较相对指标

比较相对指标(comparative relative indicator)是同一时期(或时点)同类现象在不同总体之间的对比，用来表明同类事物在不同空间条件下的数量对比关系的综合指标。比较相对指标可以用百分数、倍数和系数表示。例如，中国人口和美国人口对比，某地区粮食与另一地区粮食产量对比。其计算如公式 4.3 所示。

$$比较相对指标=\frac{甲地区(单位或部门)某类指标数值}{乙地区(单位或部门)同类指标数值}\times 100\% \tag{4.3}$$

【例 4.2】根据表 4.4 资料计算比较相对指标。

表 4.4 2002—2007 年固定资产投资总额情况

年份	固定资产投资总额/亿元		比较相对指标/%
	东部地区	中西部地区	
2002	18 456	13 252	139.27
2003	24 666	17 263	142.88
2004	40 242	28 875	139.37
2006	54 546	42 821	127.38
2007	72 314	62 477	115.74

各年的比较相对指标计算结果为：

2002 年 $\frac{18\ 456}{13\ 252}=139.27\%$ 2003 年 $\frac{24\ 666}{17\ 263}=142.88\%$

2004 年 $\frac{40\ 242}{28\ 875}=139.37\%$ 2006 年 $\frac{54\ 546}{42\ 821}=127.38\%$

2007 年 $\frac{72\ 314}{62\ 477}=115.74\%$

计算结果表明，2002—2007 年，我国中西部地区固定资产投资总额相对东部地区，比重逐年上升，充分体现出了我国西部大开发政策的实施成果。

用来对比的两个性质相同的指标数值，其表现形式不一定仅限于总量指标，也可以是其他的相对指标或平均指标。在经济管理工作中，广泛应用比较相对指标，例如用各种质量指标在企业之间、车间或班组之间进行对比，把各项技术经济指标与国家规定的标准条件对比，与同类企业的先进水平或世界先进水平对比，借以找差距，挖潜力，定措施，为提高企业的经营管理水平提供依据。

计算比较相对数应注意对比指标的可比性和比较基数的选择，例 4.2 是将中西部地区固定资产投资总额作为比较标准，计算结果说明 2007 年东部地区投资总额是中西部地区的 115.74％；如以东部地区作为比较标准，则表明中西部地区固定资产投资总额为东部地区的 86.40％。这两种计算方法的角度不同，但都能说明问题，具体以哪个指标作为比较的基础，应根据研究目的以及哪种方法能更确切地说明问题的实质而定。

4. 强度相对指标

强度相对指标(intensive relative indicator)是两个性质不同但有密切联系的总量指标之比，用以说明现象的强度、密度及普遍程度。其计算如公式 4.4 所示。

$$\text{强度相对指标}=\frac{\text{某一总量指标数值}}{\text{另一个有联系而性质不同的总量指标数值}} \tag{4.4}$$

【例 4.3】2007 年年末我国人口总数为 132 129 万人，粮食总产量 50 148 万 t，则

$$\text{人均粮食产量}=\frac{50\ 148}{132\ 129}=379.5(\text{kg/人})$$

又如，以铁路(公路)长度与土地面积对比，可以得出铁路(公路)密度。另外人口密度、人均绿化面积、农民家庭人均纯收入等也都属于强度相对指标。同时强度相对指标可以表明一个国家、地区或部门的经济实力的强弱程度。例如，按全国人口数计算的人均钢产量、人均粮食产量等，这种强度相对指标的数值越大，表示一个国家的经济发展程度越高，经济实力越强。

强度相对指标自身具有以下 3 个特点：

(1)强度相对指标由性质完全不同的指标进行对比，这在所有相对指标中都是独一无二的。

(2)人均国内生产总值、人均水资源等具有普遍意义的强度相对指标虽有“平均”的含义，但与平均指标有实质的区别。平均数是同一总体中的标志总量与单位总量之比，是将总体的某一数量标志的各个变量值加以平均。强度相对数是两个性质不同而有联系的总量指标数值之比，它表明两个不同总体之间的数量对比关系。

(3)强度相对指标有正指标和逆指标之分。一般数值大小与现象发展的程度

或密度成正比的,称为正指标。与现象发展的程度或密度成反比的,称逆指标。

【例 4.4】2007 年我国人口总数 132 129 万人,全国共拥有医院和卫生院病床位 327.9 万张,所以医疗床位密度的正指标和逆指标分别如下:

$$医疗床位密度(正指标)=\frac{327.9}{132\ 129}=24.82(张/万人)$$

$$医疗床位密度(逆指标)=\frac{132\ 129}{327.9}=403(人/张)$$

以上正指标说明,每万人拥有的床位为 24.82 张,这个指标越高,说明我国医疗卫生事业建设的越强,越能给人民群众提供良好的医疗条件。逆指标说明我国每张病床要负担 403 个人,这个指标越高,越说明我国医疗卫生事业建设的还不够,不能给人民群众提供足够的医疗保障。

5. 动态相对指标

动态相对指标(dynamic relative indicator)是表明同类现象在不同时间上的对比关系,用来说明现象在时间上发展变化的方向和程度的综合指标。一般用百分数或倍数表示,也称为发展速度。其计算如公式 4.5 所示。

$$动态相对指标=\frac{报告期指标数值}{基期指标数值}\times 100\% \tag{4.5}$$

报告期又称为计算期,即被研究的时期,报告期指标数值是被研究的对象在报告期的总量指标。作为比较基础的时期称为基期。动态相对数指标一般用百分数或倍数表示。

【例 4.5】我国 2003 年固定资产投资总额为 55 566.6 亿元,2007 年全社会固定资产投资总额为 137 239.0 亿元,如果将 2003 年选为基期,亦即将 2003 年全社会固定资产投资总额作为 100,则 2007 年的固定资产投资总额与 2003 年的相比,得出

$$动态相对数=\frac{137\ 239.0}{55\ 566.6}=246.98\%$$

它说明在 2003 年基础上 2007 年固定资产投资的发展速度很快,5 年时间翻了 2 倍多(本书将在时间数列一章中详加论述)。

6. 计划完成程度相对指标

计划完成程度相对指标(relative indictor of completion to plan)也称计划完成百分数、计划完成程度指标,它是以现象在某一段时期内实际完成数值与计划任务对比,用以表明计划完成程度的指标,它是计划管理的特有指标,数值一般用百分比表示,其计算如公式 4.6 所示。

$$计划完成程度相对指标=\frac{某项指标实际完成数}{同期该项指标计划任务数}\times 100\% \quad (4.6)$$

在实际工作中，由于计划任务数的表现形式不同，计划完成程度指标的计算有所不同，计划由短期年度计划和长期（一般为 5 年）计划之分，计划任务数有绝对数、相对数、平均数之分。

(1)短期年度计划完成程度。

①计划任务数为绝对数。计划任务数大多数是按照总量指标规定的。其计算公式与基本公式 4.6 完全相同，一般适用于在计划期末对计划完成情况进行检查分析。

【例 4.6】某企业 2007 年产品计划总产值要达到 2 500 万元，实际完成 2 850 万元，则产值计划完成程度为：

$$计划完成程度相对指标=\frac{2\,850}{2\,500}\times 100\%=114\%$$

超额完成任务的绝对量＝2 850－2 500＝350（万元）

结果表明，该企业超额 14%完成产值计划，实际产值比计划产值增加了 350 万元。

②计划任务数为相对数。计划任务数有时是按照相对指标规定的，即将“计划为上年的百分数”作为计划数。计划的检查也要用相对数即“实际为上年百分数”作为实际完成数。其计算如公式 4.7 所示。

$$计划完成程度相对指标=\frac{实际为上年的百分数}{计划为上年的百分数}\times 100\% \quad (4.7)$$

【例 4.7】某企业 2007 年计划产值是 2006 年的 105%，计划执行结果实际产值是 2006 年的 110%，则

$$计划完成程度相对指标=\frac{110\%}{105\%}=104.8\%$$

计算结果表明，实际产值超额完成了 4.8%。

在计划工作中，有时也用提高率（或降低率）来规定计划任务的。如产品成本降低率，劳动生产率提高率等。这时，计划完成程度相对指标的计算如公式 4.8 所示。

$$计划完成程度相对指标=\frac{1\pm 实际提高（降低）百分数}{1\pm 计划提高（降低）百分数}\times 100\% \quad (4.8)$$

【例 4.8】某空调厂 2007 年产量计划要求比 2006 年提高 15%，同时该种产品单位成本计划要求下降 4%，而实际产量增长了 16%，实际单位成本下降了 7%，

则计划完成程度指标为:

$$产量计划完成程度相对指标=\frac{1+16\%}{1+15\%}\times100\%=100.87\%$$

$$单位成本降低计划完成程度相对指标=\frac{1-7\%}{1-4\%}\times100\%=96.9\%$$

结果表明,产量计划完成程度大于100%,为100.87%,说明超额0.87%完成计划。而单位成本计划完成程度小于100%,为96.9%,说明实际成本比计划成本有所降低,也超额3.1%完成了成本降低计划。

③计划任务数为平均数。例如产品的平均成本、职工的平均工资等指标的计划完成程度,都可按平均数计划完成程度相对指标计算。其计算如公式4.9所示。

$$计划完成程度相对指标=\frac{实际完成平均数}{计划完成平均数}\times100\% \tag{4.9}$$

【例4.9】某厂计划要求月劳动生产率达到50 000元/人,某种产品计划单位成本为100元,该厂实际劳动生产率达到52 000元/人,该产品实际单位成本为80元,其计划完成程度相对指标为:

$$劳动生产率计划完成程度相对指标=\frac{52\ 000}{50\ 000}\times100\%=104\%$$

$$单位成本计划完成程度相对指标=\frac{80}{100}\times100\%=80\%$$

结果表明,该企业劳动生产率实际比计划提高了4%,而某产品单位成本实际比计划降低了20%。

(2)长期年度计划完成程度。在分析国民经济发展的长期计划时,由于计划任务的要求和制定方法的不同,有两种不同的计算方法:水平法和累计法。

①水平法。用水平法检查计划完成程度就是根据计划末期(最后一年)实际达到的水平与计划规定的同期应达到的水平相比较,来确定全期是否完成计划,通常以"%"表示,又称计划完成百分比,其计算如公式4.10所示。

$$计划完成程度相对指标=\frac{中长期计划末期实际达到的水平}{中长期计划末期计划达到的水平}\times100\% \tag{4.10}$$

【例4.10】某铁矿按5年计划规定最后一年的产量应达到500万t,实际执行情况如表4.5所示。

表 4.5　某煤矿 5 年计划煤产量完成情况　万 t

年份	第一年	第二年	第三年	第四年				第五年			
				一季度	二季度	三季度	四季度	一季度	二季度	三季度	四季度
产量	430	450	470	110	118	120	122	128	130	130	140

该企业产量 5 年计划完成程度相对指标为：

$$计划完成程度相对指标=\frac{128+130+130+140}{500}\times 100\%=105.6\%$$

计算结果表明，该企业超额 5.6%完成产量 5 年计划。超计划完成产量 528－500=28(万 t)。

采用水平法计算，只要有连续 1 年(可以跨年度)实际完成水平达到最后一年计划水平，就算完成了 5 年计划，余下的时间就是提前完成计划时间。在例 4.10 中，该企业实际从 5 年计划的第四年第三季度到第五年第二季度连续 1 年时间的产量达到了计划期最后一年计划产量 500 万 t 水平，完成了 5 年计划，那么第五年下半年这半年时间就是提前完成计划的时间。

②累计法。累计法是检查计划指标按计划期内各年累计总和进行考核。将整个计划期内实际完成的累计数与同期规定的累计计划数进行对比。其计算如公式 4.11 所示。

$$计划完成程度相对指标=\frac{中长期计划末期实际累计完成量}{中长期计划末期计划累计量}\times 100\% \qquad (4.11)$$

累计法计算提前完成计划的时间，是将计划期全部时间减去自计划执行日起累计实际数量达到计划任务止的时间，以后的时间即为提前完成计划的时间。

【例 4.11】某市计划 5 年固定资产投资总额 60 亿元，实际各年投资情况如表 4.6 所示。

表 4.6　某市固定资产投资完成情况　亿元

年份	第一年	第二年	第三年	第四年	第五年			
					一季度	二季度	三季度	四季度
投资额	10	12	13	14	3	4	4	5

$$计划完成程度相对指标=\frac{10+12+13+14+3+4+4+5}{60}\times 100\%=108.33\%$$

计算结果表明，该市固定资产投资超额 8.33%完成，超计划投资 65 － 60 ＝ 5(亿元)。

从表 4.6 中资料计算得到某市第五年第三季度末实际累计完成投资额 60 亿

元,即 10 + 12 + 13 + 14 + 3 + 4 + 4 = 60(亿元)。说明已提前 3 个月完成了计划的投资任务。

4.4 平均指标

4.4.1 平均指标的含义

平均指标(average indicator)表明同类社会经济现象在一定时间、地点条件下所达到的一般水平的综合指标,它的数值表现就是平均数,是总体变量分布的一个重要特征值。无论是自然现象或社会经济现象,很多变量的分布都表现为接近平均数的标志值居多,远离平均数的标志值较少,也即多数标志值以平均数为中心密集地分布在它的两侧,呈现出向心力作用下的集中趋势。因此,平均指标也是对变量分布集中趋势的测定,反映分布集中趋势的特征。

4.4.2 平均指标的种类和计算方法

1.算术平均数

算术平均数(arithmetic mean)就是把每个总体单位的标志值加总,将所得的总和除以总体单位数。它是集中趋势测度中最重要、最简单的一种,是所有平均数中应用最广泛的一种。通常人们提及平均数时,往往是指算术平均数。算术平均数的基本公式为:

$$算术平均数=\frac{总体标志总量(变量值总量)}{总体单位总量(变量值个数)}$$

根据所掌握的资料不同,计算算术平均数需要采用不同的计算方法。

(1)简单算术平均数。简单算术平均数(simple arithmetic mean)是根据未经分组整理的原始数据计算的均值。设一组数据为 $x_1, x_2, \cdots, x_n$,则简单算术平均数的计算公式如下:

$$\bar{x} = \frac{x_1 + x_2 + \cdots + x_n}{n} = \frac{\sum x}{n} \tag{4.12}$$

式中:$\bar{x}$ 为算术平均数;x_n 为每个单位的标志值;n 为总体单位数。

简单算术平均数的大小只与变量值的大小有关,变量值越大,计算结果越大。

(2)加权算术平均数。加权算术平均数(weigted arithmetic mean)是根据分组整理的数据计算的算术平均数。其计算公式为：

$$\bar{x}=\frac{x_1f_1+x_2f_2+\cdots+x_nf_n}{f_1+f_2+\cdots+f_n}=\frac{\sum xf}{\sum f} \tag{4.13}$$

式中：f 为各组变量值出现的频数。

【例4.12】某玩具厂工人日生产情况如表4.7所示，试求该玩具厂工人的日平均产量。

表4.7　某玩具厂工人生产情况分组资料

按日产量分组 x/件	工人人数 f/人	总产量 xf/件
14	2	28
15	4	60
16	8	128
17	5	85
18	1	18
合计	20	319

20名工人平均的日产量：

$$\bar{x}=\frac{\sum xf}{\sum f}=\frac{28+60+128+85+18}{2+4+8+5+1}=\frac{319}{20}=15.95(\text{件})$$

如果给出数列是组距数列，则以各组的组中值为代表值加权平均。

【例4.13】某企业455名职工月工资分组资料如表4.8所示，试求该企业职工月平均工资。

表4.8　某企业职工月平均工资计算表

工资水平/元	组中值 x/元	职工人数 f/人	每组工资额 xf/元
200～300	250	22	5 500
300～400	350	133	46 550
400～500	450	158	71 100
500～600	550	128	70 400
600～700	650	9	5 850
700以上	750	5	3 750
合　计	—	455	203 150

455名职工月平均工资：$\bar{x}=\frac{\sum xf}{\sum f}=\frac{203\ 150}{455}=446.48(\text{元})$

根据组距数列计算组中值，并用组中值代表变量值计算平均数的假定前提是：各变量值在组内是均匀分布的。因此，按组中值计算的加权算术平均数只能是实际平均数的近似值。在统计分析过程中，如果结果要求不很精确，可用此法计算均值；如果要求结果十分精确，那么需用原始数据的全部实际信息。在应用时，还要注意利用组中值作为本组平均值计算算术平均数，结果与未分组数列的计算结果可能会有一些偏差，被研究总体的规模越小偏差越大。

加权算术平均数是根据变量 x 和次数 f 两个因素计算的，平均数的大小不仅受各组变量值变化的影响，也受各组次数多少的影响，统计上把各组的次数称为权数，因为它对平均数的大小起权衡轻重的作用。当各组次数相等时，加权算术平均数结果等于简单算术平均数。

加权算术平均数还可采用频率为权数。其计算公式为：

$$\bar{x} = \sum x \cdot \frac{f}{\sum f}$$

式中：$\frac{f}{\sum f}$ 为各组频率，也叫相对次数。

【例 4.14】仍以例 4.13 资料说明其计算方法，如表 4.9 所示。

表 4.9　某企业职工月平均工资计算表

工资水平/元	组中值/元	职工人数 f/人	各组频率(相对次数) $\frac{f}{\sum f}$/%
200～300	250	22	4.84
300～400	350	133	29.23
400～500	450	158	34.72
500～600	550	128	28.13
600～700	650	9	1.98
700 以上	750	5	1.10
合　计	—	455	100.00

455 名职工月平均工资：

$$\begin{aligned}\bar{x} &= \sum x \cdot \frac{f}{\sum f} \\ &= \sum (250\times4.84\%+350\times29.23\%+450\times34.72\%+550\times28.13\%+ \\ &\quad 650\times1.98\%+750\times1.1\%) \\ &=446.48(\text{元})\end{aligned}$$

2. 调和平均数

调和平均数(harmonic mean)又称倒数平均数，它是对变量的倒数求平均，然后再取倒数而得到的平均数。调和平均数有简单调和平均数和加权调和平均数两种计算形式。

(1)简单调和平均数：

$$\bar{x}_H = \frac{n}{\frac{1}{x_1}+\frac{1}{x_2}+\cdots+\frac{1}{x_n}} = \frac{n}{\sum \frac{1}{x}} \tag{4.14}$$

【例 4.15】某种蔬菜的价格，甲集市每千克 3.5 元，乙集市每千克 4.10 元，丙集市每千克 4.6 元，若在以上集市各买 1 元，求平均每千克多少元？

用简单调和平均数进行计算，得

$$\bar{x}_H = \frac{n}{\frac{1}{x_1}+\frac{1}{x_2}+\cdots+\frac{1}{x_n}} = \frac{n}{\sum_{i=1}^{n} \frac{1}{x_i}} = \frac{3}{\frac{1}{3.5}+\frac{1}{4.1}+\frac{1}{4.6}} = 4(\text{元})$$

(2)加权调和平均数：

$$\bar{x}_H = \frac{m_1+m_2+\cdots+m_n}{\frac{m_1}{x_1}+\frac{m_2}{x_2}+\cdots+\frac{m_n}{x_n}} = \frac{\sum m}{\sum \frac{m}{x}} \tag{4.15}$$

很多情况下，由于只掌握每组某个标志的数值总和(m)而缺少总体单位数(f)的资料，不能直接采用加权算术平均数法计算平均数，而应采用加权调和平均数。

【例 4.16】某商场 2008 年 9 月份先后购进两批同种商品，购进情况如表 4.10 所示，求该商场购进商品的平均价格。

表 4.10　某商场 2008 年 9 月份商品购进情况

批　次	购进价格/(元/件)	购买金额/元
第一批	25	25 000
第二批	30	45 000
合　计	—	70 000

我们要计算该商场购进商品的平均价格需要知道购买总额和购买总量，根据题中给出的信息计算如下：

$$\text{商品的平均购进价格} = \frac{25\,000+45\,000}{\frac{25\,000}{25}+\frac{45\,000}{30}} = 28(\text{元/件})$$

该计算运用了调和平均数的公式。

3.几何平均数

几何平均数(geometric mean)也称几何均值,它是 n 个变量值乘积的 n 次方根,主要用来反映特定现象的平均水平。例如,已知流水线生产中各环节的合格率,求平均合格率;已知各年的发展速度,求平均速度,求一段时期的平均发展速度等问题。对于平均发展速度等问题计算几何平均数时,第一期的报告期水平要作为第二期的基期水平,依此类推。各期的相对指标之间应该是相互联系,即研究对象的总值不是各个变量值的总和,而是个变量值的连乘积。

$$\text{简单几何平均:}\bar{x}_G=\sqrt[n]{x_1\cdot x_2\cdot x_3\cdots x_n}=\sqrt[n]{\prod_{i=1}^{n}x} \tag{4.16}$$

式中:G 为几何平均数;Π 为连乘符号。

$$\text{加权几何平均:}\bar{x}_G=\sqrt[\Sigma f]{x_1^{f_1}\cdot x_2^{f_2}\cdot x_3^{f_3}\cdots x_n^{f_n}}=\sqrt[\Sigma f]{\prod_{i=1}^{n}x_i^{f_i}} \tag{4.17}$$

式中:f_i 为各个变量值出现的频数。

【例 4.17】某流水生产线有前后衔接的 4 道工序。某日各工序产品的合格率分别为 98%,92%,95%,85%,整个流水生产线生产产品的平均合格率为:

$$\bar{x}_G=\sqrt[4]{0.98\times0.92\times0.95\times0.85}=\sqrt[4]{0.728\ 0}=92.37\%$$

【例 4.18】某投资银行某笔投资的年利率是按复利计算的,若将过去 25 年的年利率资料整理为如表 4.11 所示的变量数列,求 25 年的平均年利率。

表 4.11 投资年利率分组表

年利率/%	本利率 x/%	年数(频数)f/年
3	103	1
4	104	4
8	108	8
10	110	10
15	115	2

用几何平均法求 25 年的平均年利率:

$$\bar{x}_G=\sqrt[25]{103\%^1\times104\%^4\times108\%^8\times110\%^{10}\times115\%^2}=\sqrt[25]{7.650\ 4}=108.48\%$$

即 25 年的平均年利率为 8.48%。

几何平均法除用于比率变量的平均之外,也适用于某些呈几何级差变动的变量求平均数。

几何平均数在实际应用中有很多限制，如被平均的变量值中有一个为零，就不能计算几何平均数；如变量为负值，开奇次根就会形成虚根，失去意义等。因此，几何平均数的应用范围比算术平均法要窄。

算术平均、调和平均和几何平均是3种不同的平均方法，对同一资料用这3种方法计算的平均数必然不相同。可以证明，它们之间的关系是：

$$\bar{x} > \bar{x}_G > \bar{x}_H$$

4. 中位数

中位数(median)是将数据按由小到大的顺序排序后，居于数列中间位置的那个数据。中位数用 M_e 表示。

从中位数的定义可知，中位数将数据分成两部分，一部分小于中位数，一部分大于中位数。中位数的作用与算术平均数相近，也是作为所研究数据的代表值。在一个等差数列或一个正态分布数列中，中位数就等于算术平均数。由于中位数是位置中位数，不受极端变量值的影响，数列中出现极端变量值的情况下，用中位数作为代表值要比用算术平均数更好。

测定中位数的方法，根据资料是否分组，有如下几种方法：

(1)由未分组资料计算中位数。

首先，将观察值由小到大或由大到小排列好顺序。

其次，按照以下公式确定中位数位次：

$$中位数位次=\frac{n+1}{2}$$

若标志值项数 n 为奇数，则对应于中位数位次的那个变量值即为中位数。设5个工人的日产量依次排列为10，11，12，13，14，则

$$中位数位次=\frac{5+1}{2}=3$$

所以，位处第三位的工人产量为中位数，即12件。

若标志值项数 n 为偶数，则对应于中位数位次左右相邻两个变量值的简单算术平均数即为中位数。设有6个工人的日产量依次排列为10，11，12，13，14，15，则

$$中位数位次=\frac{6+1}{2}=3.5$$

说明中位数的位置在第三位和第四位中间，取相邻两个变量值的简单算术平

均为中位数,即$\frac{12+13}{2}=12.5$。

(2)由分组资料计算中位数。

①有分组资料的单项数列求中位数也很简单,分组资料具有各组的次数分配,因此可按下面公式确定中位数位次:

$$中位数位次=\frac{\sum f}{2}$$

即累计次数的半数。

然后找出中位数组,也即包含累计次数半数的组,该组的变量值就是中位数。

【例4.19】某生产车间120名工人生产某种零件的日产量分组资料如表4.12所示,计算该车间工人日产量的中位数。

表4.12 某生产车间工人日产量分组资料

按日产量分组 x/件	工人数 f/人	累计次数(由小到大累计)f_c/次
20	10	10
22	12	22
24	25	47
26	30	77
30	18	95
32	15	110
33	10	120
合计	120	—

中位数位次$=\frac{\sum f}{2}=60$,累计次数分布 f_c 中含 $\frac{\sum f}{2}$ 的累计次数为77,该组即为中位数组,由此可以确定中位数为该组的日产量为26件。

②由组距数列求中位数,同样要先按中位数位次$=\frac{\sum f}{2}$的公式确定中位数所在组,然后按照下限公式或上限公式计算中位数。

$$下限公式:M_e=L+\frac{\frac{\sum f}{2}-S_{m-1}}{f_m}\times d \tag{4.18}$$

$$上限公式:M_e=U-\frac{\frac{\sum f}{2}-S_{m+1}}{f_m}\times d$$

式中：M_e 为中位数；L 为中位数所在组下限；U 为中位数所在组上限；f_m 为中位数所在组变量值出现的次数；$\sum f$ 为总次数；d 为中位数所在组的组距；S_{m-1} 为比中位数组小的组变量值累计次数；S_{m+1} 为比中位数组大的组变量值累计次数。

【例4.20】2007年，全国31个省、市、自治区的职工平均工资情况汇总见表4.13，请依下限公式计算确定中位数。

表4.13　全国31个省、市、自治区职工平均工资情况

平均工资/元	省数 f/个
20 000以下	5
20 000～26 000	16
26 000～32 000	6
32 000～38 000	1
38 000～44 000	0
44 000～50 000	3

资料来源：《中国统计年鉴2008》，北京：中国统计出版社，2008

首先，确定中位数的位置(表4.14)。

表4.14　全国31个省、市、自治区职工平均工资中位数计算表

平均工资/元	省数 f/个	向上累计	向下累计
20 000以下	5	5	31
20 000～26 000	16	21	26
26 000～32 000	6	27	10
32 000～38 000	1	28	4
38 000～44 000	0	28	3
44 000～50 000	3	31	3
合　计	31	—	—

由表4.14可以看出，中位数的位置为31÷2＝15.5，即中位数在20 000～26 000这一组。

其次，确定中位数的大小。

$L=20\,000, S_{m-1}=5, U=26\,000, S_{m+1}=27, f_m=16, d=6\,000$

代入公式：

$$M_e = L + \frac{\frac{\sum f}{2} - S_{m-1}}{f_m} \times d = 20\,000 + \frac{15.5-5}{16} \times 6\,000 = 23\,938(\text{元})$$

即全国 31 个省、市、自治区职工平均工资中位数为 23 938 元。

5. 众数

众数(mode)是指在数据中发生频率最高或者是出现次数最多的变量值，用 M_o 表示。众数也是一种位置平均数，不受极端数值的影响，在实际工作中应用较为普遍。如集市贸易上某种商品大多数的成交价格，大多数消费者所需要的服装和鞋帽尺寸，大多数家庭人口数等，都是众数，具有一般水平或代表值的意义。

在总体单位数多且有明显集中趋势时，计算众数既方便且意义明确。如总体单位数少，或虽多但无明显集中趋势，就不存在众数。当变量数列中有两个或几个变量值的次数都比较集中时，就可能有两个或几个众数。

(1)在单变量分组数列中，出现次数最多的变量值即为众数。例如，某商店某月出售 95 cm，100 cm，105 cm 和 110 cm 4 种规格的保暖内衣，其销售量依次为 20 件、26 件、53 件和 18 件。其中，销售最多的为 53 件(出现的次数最多)，所以众数就是 53 件所对应的变量值 105 cm。

(2)在组距式分组数列中，确定众数的步骤是：①确定众数组，即找出次数出现最多的那个组。②确定众数值，即在众数组内计算出众数的近似值。

众数近似值可用下限公式或上限公式计算，其计算结果相同。

$$\text{下限公式：} M_o = L + \frac{\Delta_1}{\Delta_1 + \Delta_2} \times d$$

$$\text{上限公式：} M_o = U - \frac{\Delta_2}{\Delta_1 + \Delta_2} \times d \qquad (4.19)$$

式中：L 为众数所在组下限；U 为众数所在组上限；Δ_1 为众数所在组次数与相邻小一组的次数之差；Δ_2 为众数所在组次数与相邻大一组的次数之差；d 为众数所在组组距。

【例 4.21】依据例 4.20，2007 年全国 31 个省、市、自治区的职工平均工资情况汇总见表 4.13，请依下限公式计算确定众数。

首先，确定众数所在组，从给出的资料可以看出，平均工资出现次数最多的在第二组，所以 20 000～26 000 一组为众数组。

其次，根据下限公式确定众数大小。

由表中给出的信息可以确定：

$L=20\ 000, U=26\ 000, \Delta_1=16-5=11, \Delta_2=16-6=10, d=6\ 000$

代入公式：

$$M_o = L + \frac{\Delta_1}{\Delta_1 + \Delta_2} \times d = 20\ 000 + \frac{11}{11+10} \times 6\ 000 = 23\ 143(\text{元})$$

即全国31个省、市、自治区职工平均工资众数为23 143元。

6. 众数、中位数和算术平均数的关系

众数和中位数都是从数据分布形状及位置角度来考虑的集中趋势代表值，算术平均数是对所有的数据进行平均计算得到的集中趋势值。在次数分布完全对称时，即数据分布呈现正态分布时，算术平均数、众数和中位数都是同一数值（$\bar{x} = M_e = M_o$）（图4.1）；在次数分布非对称时，如果是尾巴拖在右边的右偏分布，众数最小，中位数适中，算术平均数最大，即 $\bar{x} > M_e > M_o$（图4.2）；如果是尾巴拖在左边的左偏分布，众数最大，中位数适中，算术平均数最小，即 $\bar{x} < M_e < M_o$（图4.3）。

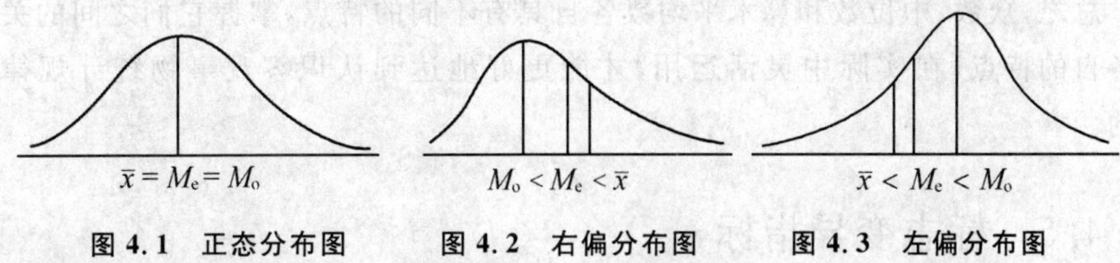

图4.1　正态分布图　　图4.2　右偏分布图　　图4.3　左偏分布图

以图4.2为例进行说明，众数是分布最高峰所在的位置。中位数从面积上将分布分成两等份，中位数应该处于众数的右边。算术平均数由于受极端数值的影响，算术平均数偏向右方。

英国的统计学家皮尔逊(Pearson)发现，在轻微偏态情况下，平均数和众数的距离约为平均数和中位数的距离的3倍，即 $|\bar{x} - M_o| = 3|\bar{x} - M_e|$ 。有了这个经验公式，即可根据其中两个指标而估计出第三个指标，如下所示：

$$\bar{x} = \frac{3M_e - M_o}{2}$$

$$M_e = \frac{2\bar{x} + M_o}{3}$$

$$M_o = 3M_e - 2\bar{x}$$

在统计实务中，还可以利用算术平均数、中位数和众数的数量关系判断次数分布的特征。

众数是一种位置代表值，易理解，不受极端值的影响。任何类型的数据资料都可以计算众数，但主要用来作为定类数据的集中趋势测度值；即使资料有开口组仍然能够使用众数。但是众数不是永远存在的，有的资料众数根本不存在；当资料中包括多个众数时，很难对它进行比较和说明，应用不如算术平均数广泛。

中位数也是一种位置代表值，不受极端值的影响；除了数值型数据，定序数据也可以计算众数，而且主要用来作为定序数据的集中趋势测度值，而且开口组资料也不影响计算。中位数不适于进一步代数运算，应用不如算术平均数广泛。

算术平均数的含义通俗易懂，直观清晰；全部数据都要参加运算，因此它是一个可靠的代表量，具有优良的数学性质；在用样本数据对总体数据进行推断时，必须使用算术平均数；任何一组数据都有一个平均数，而且只有一个平均数，所以算术平均数是实际中应用最广泛的集中趋势测度值，主要适合于作为定距和定比数据的集中趋势测度值；最容易受极端值的影响；对于偏态分布的数据，算术平均数的代表性较差；资料有开口组时，按相邻组组距计算假定性很大，代表性降低。

总之，众数、中位数和算术平均数各自具有不同的特点，掌握它们之间的关系和各自的特点，在实际中灵活运用，才能更好地达到认识客观事物统计规律的目的。

4.5 标志变异指标

4.5.1 变异指标的含义和作用

变异指标又称标志变动度（measures of dispersion），它是反映总体内部各个观察值之间差异程度的指标。

总体内部的差异是一种客观存在，平均指标通过数学抽象，消除了数与数之间的差别，使得可以用一个数值代表总体的一般水平。但当我们判断平均数代表大小的时候，就需要注意被抽象掉的标志值之间的差异程度究竟有多大。标志值之间的差异程度，反映变量的不同特征，了解和掌握这种特征，对现象本质的分析研究常常具有重要的意义。

变异指标就是衡量变量之间差异程度的指标，它是统计分析、统计推断中十分重要而又常用的指标，它和平均数相辅相成，共同构成对社会经济现象综合特征的全面认识。

变异指标的作用体现在以下两个方面：

(1)变异指标可以说明平均指标代表性的大小。例如，有两组同学的考试成绩如下：

甲组　230　235　240　245　250　　　乙组　220　230　240　250　260

根据以上资料可以得知，两组同学的平均成绩都是 240 分，但是显而易见，甲组同学的差异明显小于乙组同学的成绩差异，同样用 240 分代表甲乙两组同学的成绩情况，甲组同学平均分的代表性要明显高于乙组同学平均分的代表性。

所以，掌握平均指标代表性的大小，有利于把握对现象总体估计的准确性，为统计推断打下基础。

(2)变异指标可以反映产品质量的稳定性、生产过程的节奏性以及各种社会工作、社会生活中存在的差异问题。例如，我们对某种农作物新品种的质量进行鉴定，除了要测定它的经济价值和使用价值外，还需要在不同条件下进行对比试验，测定该产品的稳定性。如果新品种在不同地块、不同水肥或不同病虫灾害条件下都比原品种有较大优势，且产量变动幅度小，说明该品种稳定性较强，值得推广。反之，如果不同条件下变动程度大，则说明稳定性差，即使单产高也不宜大面积推广。这种产品质量的稳定性，可以通过变异指标的大小来反映。

常用的变异指标有：全距、平均差、方差、标准差、变异系数。

4.5.2　常用变异指标的种类和计算方法

1. 极差

极差(range)也称为全距，是指总体中最大观察值与最小观察值之差，一般用 R 表示。即

$$R = \text{最大观察值} - \text{最小观察值}$$

全距(R)可反映总体标志值的差异范围。

以上述资料为例，甲组同学的极差为 250－230＝20(分)，乙组同学的极差为 260－220＝40(分)，说明甲组平均数的代表性大于乙组。

极差的计算方法简单，易于理解，如果只对一组数据的分散程度作快速、粗略的估计，可以使用这种方法，自动化程度较高的工业生产过程中常用极差来反映产品生产的质量情况。极差的缺点在于它仅仅选用了观察值中最大和最小两个数值，当观察值中大部分数值密集在总体的某一个区间、总体中存在个别极大值或极小值时，容易夸大总体的变异程度。因此，极差在应用中受到较大的局限。

2. 平均差

平均差(averge deviation)是从各个观察值中抽象出来的一个代表值，它是总体各单位标志对其算术平均数的离差(各个标志值和平均数的差异)绝对值的算术平均数。平均差综合反映了总体各单位标志值的变动程度。通常用 $A \cdot D$ 表示。

在资料未分组的情况下，考虑到各标志值对算术平均数的离差之代数和等于零，所以平均差的计算公式为：

$$A \cdot D = \frac{\sum |x - \overline{x}|}{n} \tag{4.20}$$

仍以上述甲、乙两组同学的成绩为例。

甲组：

$$A \cdot D = \frac{\sum |x - \overline{x}|}{n}$$

$$= \frac{|230-240|+|235-240|+|240-240|+|245-240|+|250-240|}{5}$$

$$=6$$

乙组：

$$A \cdot D = \frac{\sum |x - \overline{x}|}{n}$$

$$= \frac{|220-240|+|230-240|+|240-240|+|250-240|+|260-240|}{5}$$

$$=12$$

可见，平均差越大，则标志变动度越大，反之则标志变动度越小。

在资料已分组的情况下，要用加权平均差公式：

$$A \cdot D = \frac{\sum |x - \overline{x}| f}{\sum f}$$

【例 4.22】某车间 200 名工人按日产量分组资料如表 4.15 所示，计算工人日产量的平均差。

表 4.15　某车间 200 名工人日产量资料平均差计算表

按日产量分组/件	组中值 x/件	工人数 f/人	xf	$x-\overline{x}$	$\|x-\overline{x}\|$	$\|x-\overline{x}\|f$
20～30	25	10	250	−17	17	170
30～40	35	70	2 450	−7	7	490
40～50	45	90	4 050	3	3	270
50～60	55	30	1 650	13	13	390
合计	—	200	8 400	—	—	1 320

根据上述资料计算：

$$\bar{x}=\frac{\sum xf}{\sum f}=\frac{8\ 400}{200}=42(\text{件})$$

$$A\cdot D=\frac{\sum |x-\bar{x}|f}{\sum f}=\frac{1\ 320}{200}=6.6(\text{件})$$

平均差反映全部标志值平均的差异，是比全距更优良的标志变异指标，但它采取离差的绝对值形式，这给平均差的数学处理带来了麻烦。因此，平均差并不是测定标志变异程度的最好方法。

3. 方差和标准差

方差(variance)和标准差(standard deviation)是测度数据变异程度的最重要、最常用的指标。方差通常以 σ^2 表示，标准差又称均方差，一般用 σ 表示。这两个指标由平均差演变而来，弥补了平均差计算上的不便。方差的计量单位和量纲不便于从经济意义上进行解释，标准差的计量单位有一定的经济意义，标准差要比方差应用广泛得多。

方差和标准差的计算为简单平均法和加权平均法，对于总体数据和样本数据，公式略有不同。

(1)总体方差和标准差。

设总体方差为 σ^2，对于未经分组整理的原始数据，方差的计算公式为：

$$\sigma^2=\frac{\sum_{i=1}^{N}(X_i-\overline{X})^2}{N} \tag{4.21}$$

对于分组数据，方差的计算公式为：

$$\sigma^2=\frac{\sum_{i=1}^{K}(X_i-\overline{X})^2 f_i}{\sum_{i=1}^{K} f_i} \tag{4.22}$$

方差的平方根即标准差，其相应的计算公式为：

$$\text{未分组数据：}\sigma=\sqrt{\frac{\sum_{i=1}^{N}(X_i-\overline{X})^2}{N}} \tag{4.23}$$

$$\text{分组数据}: \sigma = \sqrt{\frac{\sum_{i=1}^{K}(X_i - \overline{X})^2 f_i}{\sum_{i=1}^{K} f_i}} \tag{4.24}$$

(2)样本方差和标准差。

样本方差与总体方差在计算上的区别是:总体方差是用数据个数或总频数去除离差平方和,而样本方差则是用样本自由度 $n-1$ 去除离差平方和。因为 n 个数据在样本均值 $\bar{x}$ 确定后只有 $n-1$ 个数据可以自由取值,而第 n 个一定不能自由取值。

设样本方差为 S^2 ,根据未分组数据和分组数据计算样本方差和标准差的公式分别为:

$$\text{未分组数据}: S^2 = \frac{\sum_{i=1}^{n}(x_i - \bar{x})^2}{n-1} \tag{4.25}$$

$$\text{分组数据}: S^2 = \frac{\sum_{i=1}^{k}(x_i - \bar{x})^2 f_i}{\sum_{i=1}^{k} f_i - 1} \tag{4.26}$$

$$\text{未分组数据}: S = \sqrt{\frac{\sum_{i=1}^{n}(x_i - \bar{x}_i)^2}{n-1}} \tag{4.27}$$

$$\text{分组数据}: S = \sqrt{\frac{\sum_{i=1}^{k}(x_i - \bar{x}_i)^2 f_i}{\sum_{i=1}^{k} f_i - 1}} \tag{4.28}$$

【例 4.23】某车间两个组各 5 名工人生产同种零件,有关资料如表 4.16 所示。分别计算两组工人月生产量的标准差。

根据标准差的计算公式,参照表 4.16,甲组工人的标准差为:

$$\sigma = \sqrt{\frac{\sum_{i=1}^{N}(X_i - \overline{X})^2}{N}} = \sqrt{\frac{1\,000}{5}} = 14.14$$

表 4.16　甲乙两组工人生产量标准差计算表　件

甲组			乙组		
月产量 X	$X-\overline{X}$	$(X-\overline{X})^2$	月产量 X	$X-\overline{X}$	$(X-\overline{X})^2$
230	−20	400	170	−80	6 400
240	−10	100	210	−40	1 600
250	0	0	250	0	0
260	10	100	290	40	1 600
270	20	400	330	80	6 400
合计	0	1 000	合计	0	16 000

乙组工人的标准差为：

$$\sigma=\sqrt{\frac{\sum_{i=1}^{N}(X_i-\overline{X})^2}{N}}=\sqrt{\frac{16\ 000}{5}}=56.57$$

计算结果表明，甲组工人月生产量的差异程度小于乙组，说明甲组平均数的代表性高于乙组平均数的代表性。

4. 变异系数

全距、平均差、方差和标准差都是反映数据分散程度的绝对值，这三个变异指标的大小一方面取决于原变量值本身水平高低的影响，也就是与变量的均值大小有关，所以一组标志值比较大的数据和一组标志值比较小的数据不能用标准差直接对比变异的差异程度。例如，标准差都是 1 kg，但是对于猪和鸡的体重变化来说，意义是不一样的。如果两只猪的体重相差 1 kg，则差异不大。但是如果两只鸡的体重相差 1 kg，则差异非常大。另一方面，采用不同计量单位计量的变量值，其离散程度的测度值也就不同。因此，对于平均水平不同或计量单位不同的不同组别的变量值，是不能直接用上述离散程度的测度值直接进行比较的。为了消除变量值水平高低和计量单位不同对离散程度测度值的影响，需要计算变异系数。变异系数也称为离散系数（coefficient of variation），它的基本公式可以表示为：

$$变异系数=\frac{绝对变异指标}{平均数}\times 100\%$$

在绝对变异指标中应用最广泛的是标准差，在平均数中应用最广泛的是算术平均数。所以变异系数的计算公式可以表示为：

$$V_\sigma=\frac{\sigma}{\overline{X}}\ 或\ V_S=\frac{S}{x} \tag{4.29}$$

式中：V_σ 为总体离散系数；V_S 为样本离散系数。

离散系数主要用于对平均数相差不大的不同组别数据的离散程度进行比较，离散系数大的说明该组数据的离散程度也就大，离散系数小的说明该组数据的离散程度也就小。

【例 4.24】设甲乙两组工人劳动生产率如表 4.17 所示，试比较两个班组劳动生产率的变动程度。

表 4.17 甲乙两组工人劳动生产率变异程度比较

组别	人均日产量	标准差 σ	变异系数 V_σ/%
甲组	80	10	12.5
乙组	38	5	13.2

依据表 4.17 给出的资料，分别计算甲乙两组工人日生产量的变异系数。

甲组变异系数：$V_\sigma=\frac{\sigma}{\bar{x}}=\frac{10}{80}=12.5\%$

乙组变异系数：$V_\sigma=\frac{\sigma}{\bar{x}}=\frac{5}{38}=13.2\%$

所以，经过两组的变异系数对比，我们可以确定，甲组工人的日产量更具有代表性，离散程度较小。

4.6 偏态与峰度

集中趋势和离散程度是数据分布的两个重要特征，但要全面了解数据分布的特点，还需要掌握数据分布的形状是否对称、偏斜的程度以及扁平程度等。反映这些分布特征的测度值是偏态和峰度。

4.6.1 原点矩与中心矩

矩(distance)又称为动差，来源于物理学中的“力矩”。物理学中力矩用以测定转动趋势，说明某一力点的作用力大小，它受作用力的大小和力臂的长度的影响。统计学中的“矩”是具有广泛意义的随机变量的数字特征。

1. 原点矩

以标志值 0 点为原点或支点，以各组标志值 x_i 为力臂的距离，以 $\frac{f_i}{\sum_{i=1}^{n} f_i}$ 为作用力的大小，则构成统计的一阶原点矩 u_1 ，即

$$u_1 = \frac{\sum_{i=1}^{n} f_i x_i}{\sum_{i=1}^{n} f_i} \tag{4.30}$$

如果将作用力臂分别采用各变量值的不同次方，如 $x^1, x^2, \cdots, x^n$，则构成 k 阶原点矩，其一般式为：

$$u_k = \frac{\sum_{i=1}^{n} f_i x_i^k}{\sum_{i=1}^{n} f_i}$$

2. 中心矩

若我们把原点移到算术平均数处，以 $(x_i - \overline{x})$ 的各次方作为力臂的距离，以 $\frac{f_i}{\sum_{i=1}^{n} f_i}$ 为各作用力的大小，则构成统计的 k 阶中心矩 v_k，即

$$v_k = \frac{\sum_{i=1}^{n} (x_i - \overline{x})^k f_i}{\sum_{i=1}^{n} f_i} \tag{4.31}$$

在实际统计分析中，次数分布的一些统计特征值，如算术平均数和方差，可分别用一阶原点矩和二阶中心矩表示。在计算分布的特征状态——偏斜度和峰度时，需要计算三阶、四阶原点矩和中心矩。

4.6.2　分布的偏态

偏态(skewness)是对分布偏斜方向和程度的测度。有些变量值出现的次数往往是非对称型的，如收入分配、市场占有份额、资源配置等。变量分组后，总体中各个体在不同的分组变量值下分布并不均匀对称，而呈现出偏斜的分布状况，统计上将其称为偏态分布。

利用众数、中位数和平均数之间的关系就可以判断分布是对称、左偏还是右偏，但要测度偏斜的程度则需要计算偏态系数。统计分析中测定偏态系数的方法很多，一般采用矩的概念计算，其计算公式为三阶中心矩 v_3 与标准差的三次方之比。具体公式如下：

$$\alpha = \frac{\sum_{i=1}^{n}(x_i - \overline{x})^3 f_i}{\sum_{i=1}^{n} f_i \sigma^3} \tag{4.32}$$

式中:α 为偏态系数。

从式 4.32 可以看到,它是离差三次方的平均数再除以标准差的三次方。当分布对称时,离差三次方后正负离差可以相互抵消,因而 α 的分子等于 0,则 $\alpha=0$;当分布不对称时,正负离差不能抵消,就形成了正与负的偏态系数 α。当 α 为正值时,表示正偏离差值较大,可以判断为正偏或右偏;反之,α 为负值时,表示负偏离差值较大,可以判断为负偏或左偏。

偏态系数 α 的数值一般在 0 与 ± 3 之间,α 越接近 0,分布的偏斜度越小;α 越接近 ± 3,分布的偏斜度越大。

【例 4.25】某管理局所属 30 个企业 2005 年 3 月份利润额统计资料如表 4.18 所示,要求计算该变量数列的偏斜状况。

表 4.18 偏斜系数计算示例表

利润额/万元	企业数 f/个	组中值 x/万元	$(x-\overline{x})^2 f$	$(x-\overline{x})^3 f$	$(x-\overline{x})^4 f$
10~30	2	20	2 312	−78 608	2 672 672
30~50	10	40	1 960	−27 440	384 160
50~70	13	60	468	2 808	16 848
70~90	5	80	3 380	87 880	2 284 880
合计	30	—	8 120	−15 360	5 358 560

利用表 4.18 中有关数据计算标准差如下:

$$\sigma = \sqrt{\frac{\sum_{i=1}^{n}(x_i - \overline{x})^2 f_i}{\sum_{i=1}^{n} f_i}} = \sqrt{\frac{8\ 120}{30}} = 16.45$$

$$v_3 = \frac{\sum_{i=1}^{n}(x_i - \overline{x})^3 f_i}{\sum_{i=1}^{n} f_i} = \frac{-15\ 360}{30} = -512$$

$$\alpha = \frac{v_3}{\sigma^3} = \frac{-512}{16.45^3} = -0.12$$

计算结果表明该管理局所属企业利润额的分布状况呈轻微负偏分布。

4.6.3　分布的峰度

峰度(kurtosis)是分布集中趋势高峰的形状。在变量数列的分布特征中，常常以正态分布为标准，观察变量数列分布曲线顶峰的尖平程度，统计上称为峰度。如果分布的形状比正态分布更高更瘦，则称为尖峰分布，见图 4.4(a)；如果分布的形状比正态分布更矮更胖，则称为平峰分布，见图 4.4(b)。

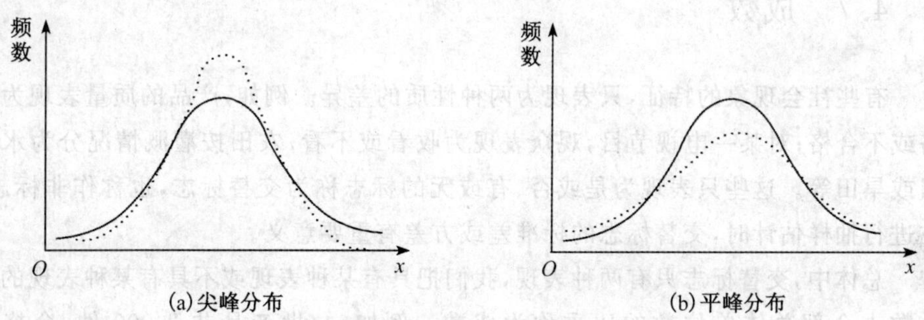

图 4.4　尖峰、平峰分布示意图

测度峰度的方法，一般采用矩的概念计算，即运用四阶中心矩 v_4 与标准差的四次方之比，以此来判断各分布曲线峰度的尖平程度。公式如下：

$$\beta=\frac{v_4}{\sigma^4}-3=\frac{\sum_{i=1}^{n}(x_i-\overline{x})^4 f_i}{\sum_{i=1}^{n} f_i\sigma^4}-3 \tag{4.33}$$

式中：β 为峰度系数。

峰度系数是统计中描述次数分布状态的又一个重要特征值，用以测定邻近数值周围变量值分布的集中或分散程度。它以四阶中心矩为测量标准，除以 σ^4 是为了消除单位量纲的影响，而得到以无名数表示的相对数形式，以便在不同的分布曲线之间进行比较。由于正态分布的峰度系数为 0，当 $\beta>0$ 时为尖峰分布，当 $\beta<0$ 时为平峰分布。

【例 4.26】继续例 4.25，要求计算该变量数列的峰度。

根据表 4.18 中有关数据计算峰度系数如下：

$$\beta = \frac{v_4}{\sigma^4} - 3 = \frac{\sum_{i=1}^{n}(x_i - \overline{x})^4 f_i}{\sum_{i=1}^{n} f_i \sigma^4} - 3 = \frac{5\ 358\ 560}{30 \times 16.45^4} - 3 = 2.44 - 3 = -0.56$$

计算结果表明，上述企业间利润额的分布呈平顶峰度，各变量值分布较为均匀。

4.7 成数

有些社会现象的特征，只表现为两种性质的差异。例如，产品的质量表现为合格或不合格；对某一电视节目，观众表现为收看或不看；农田按灌溉情况分为水浇田或旱田等。这些只表现为是或否、有或无的标志称为交替标志，也称作非标志。在进行抽样估计时，交替标志的标准差或方差有重要意义。

总体中，交替标志只有两种表现，我们把具有某种表现或不具有某种表现的单位数占全部总体单位数的比重称为成数。例如，一批产品共 2 000 件，合格品 1 900 件，不合格品 100 件，合格品占全部产品的 95%（1 900÷2 000=95%）。不合格品占全部产品的 5%（100÷2 000=5%）。在这里 95%和 5%均为成数。若用 N_1 表示具有某种标志表现的单位数，N_0 表示不具有这种标志表现的单位数，N 表示总体单位数，成数可写为：

$$p = \frac{N_1}{N} \text{或} q = \frac{N_0}{N} \tag{4.34}$$

式中：p 和 q 分别为具有与不具有某种标志的成数。

同一总体两种成数之和等于 1。用公式表示为：

$$p + q = 1 \text{ 或 } q = 1 - p \tag{4.35}$$

4.8 用 Excel 和 SPSS 计算统计基本指标

4.8.1 利用 Excel 中"描述统计"数据分析工具计算单变量数列的分布特征值指标

Excel 有一个简单方便统计分析工具即"描述统计"，通常可以直接用来计算变量数列的分布特征值集中趋势(算术平均数、众数、中位数),分布离散趋势指标(标准差、方差、标准误差、峰度)和分布非对称性趋势(偏度)等的计算测定。

【例 4.27】某班 50 名同学“统计学原理”考试成绩顺序排列如下:

50 51 54 58 59 61 61 62 63 64 65 66 67 68 69 69 70 71 72 72 72 73 74 74 74 75 75 75 75 76 77 78 79 80 81 82 83 84 84 85 86 86 87 88 90 91 91 95 97 99

根据上述数据,按照下列步骤,即可计算得到单变量分布的特征值。

(1)打开一个 Excel 新工作表,并在 A 列中输入变量数列数据。必须将这些数据输在工作表的同一列中,并且在第一个数值上方的单元格中键入有关标志名称,以便在输出图表的分析结果中定义数据的名称。

(2)从工具菜单中选择数据分析命令,弹出统计分析对话框,双击“描述统计”,显示对话框,它带有输入输出和有关测定项目的选择框(图 4.5)。

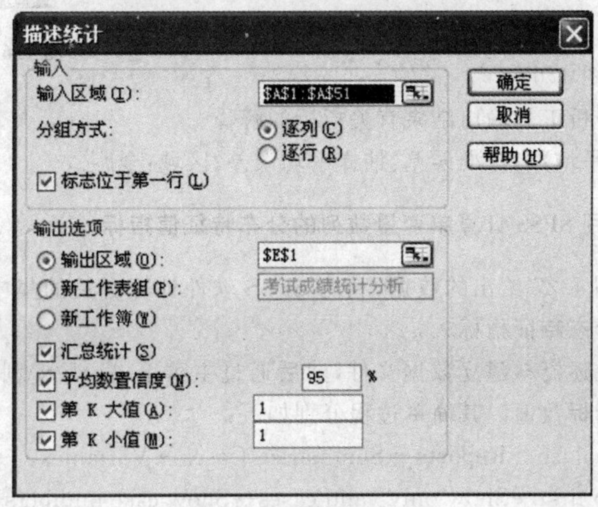

图 4.5　描述统计

(3)在输入区域里输入数据,处于 A 列单元格范围的引用(A1:A51)。

(4)勾选标志这一选项框。选择该框是说明输入区域和接受区域的单元格范围引用中,第一行为标志名称,而非数据,并且在输出结果中能够显示数据被定义的名称。

(5)为了得到分布特征值,必须在输出选项中勾选“汇总统计”,而置信区间选项框则是说明,以输入的变量数据为样本的特征值将取怎样的置信水平进行区间估计,默认值的置信水平为95%。如果用户还想知道分析数据中排序为第 K 个最大值的变量值,可选“第 K 大值”的选项框,并在其序号框中输入要知道的序号值,比如需要知道第2个最大值,即在序号框中输入2,一般的默认值为1,即最大值。此外,也可在“第 K 小值”的选项框中作同样选择,以得到第 K 个最小值的变量值。

(6)在描述统计的输出选项框中确定输出结果所处的工作表地域,有两种选择,即新设工作表和原始工作表。如果输出结果将位于原始数据所在的原始工作表上,可以把光标点定在选定范围的某个单元格上,如E1,但要注意防止输出内容与原始数据覆盖和重叠。如果输出结果将位于新设工作表上,可以在选项框中输入新设工作表的名称。

E	F
考试成绩	
平均	74.76
标准误差	1.649876
中位数	74.5
众数	75
标准差	11.66638
方差	136.1045
峰度	-0.39481
偏度	-0.03451
区域	49
最小值	50
最大值	99
求和	3738
观测数	50
最大(1)	99
最小(1)	50
置信度(95	3.315549

图 4.6　分布特征值

(7)完成上述步骤后,单击确定,分布特征值就会显示在输出区域中(图4.6)。

描述统计分析工具输出结果有关指标的解释。

平均:算术平均数;标准误差:抽样平均误差;区域:全距。

4.8.2　利用SPSS计算单变量数列的分布特征值指标

同样依据例4.27给出的数据,利用SPSS软件计算有关的集中趋势指标、离散趋势指标和形态特征指标。

首先根据上述资料建立数据文件,然后通过主菜单Analyze利用不同的子菜单得到相应的指标数值。其简单过程分别如下:

方法一:Analyze→Reports→Summarize Cases→Variables:→Display cases→Limit cases to first→Show only valid cases→Show case numbers→Statistics(图4.7)→Cell Statistics:(Number of Cases, Minimum, Maximum, Sum, Mean, Median, Range, Standard Deviation, Variance, Skewness, Kurtosis)→Continue(图4.8)→OK(输出结果如图4.9所示)。

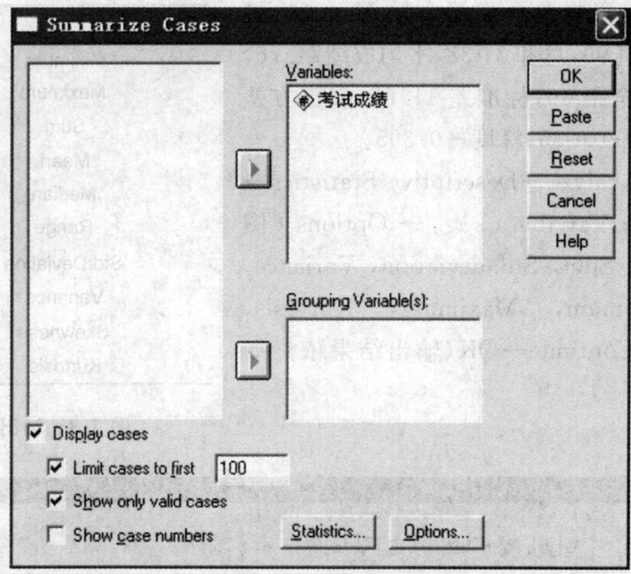

图 4.7　分析过程 1

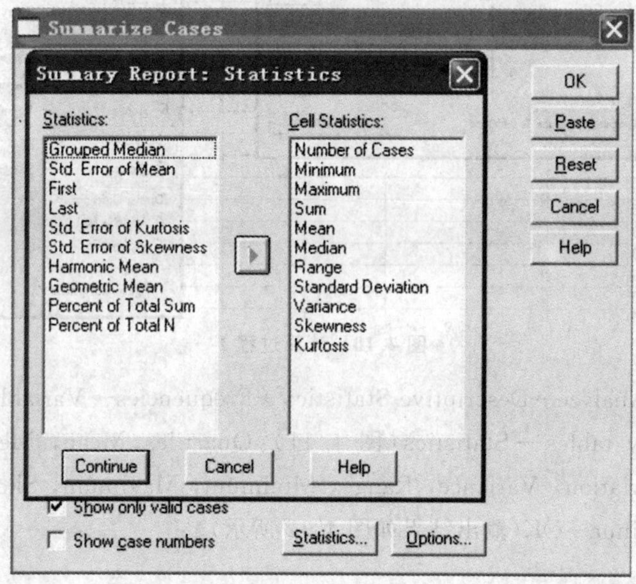

图 4.8　分析过程 2

由此可得,资料包含成绩个数 N 为 50,最小值 50,最大值 99,总和 3 738,平均成绩74.76,中位数 74.5,全距 49,标准差 11.67,修正方差 136.104,偏度－0.035,峰度－0.395。

方法二:Analyze→Descriptive Statistics→Descriptives → Variable(s): → Options(图 4.10):(Mean, Sum, Std. deviation, Variance, Range, Minimum, Maximum, Kurtosis, Skewness) →Continue→OK(输出结果依然如图 4.9 所示)。

Total	N	50
	Minimum	50.00
	Maximum	99.00
	Sum	3 738.00
	Mean	74.760 0
	Median	74.500 0
	Range	49.00
	Std.Deviation	11.666 38
	Variance	136.104
	Skewness	-0.035
	Kurtosis	-0.395

图 4.9 输出结果

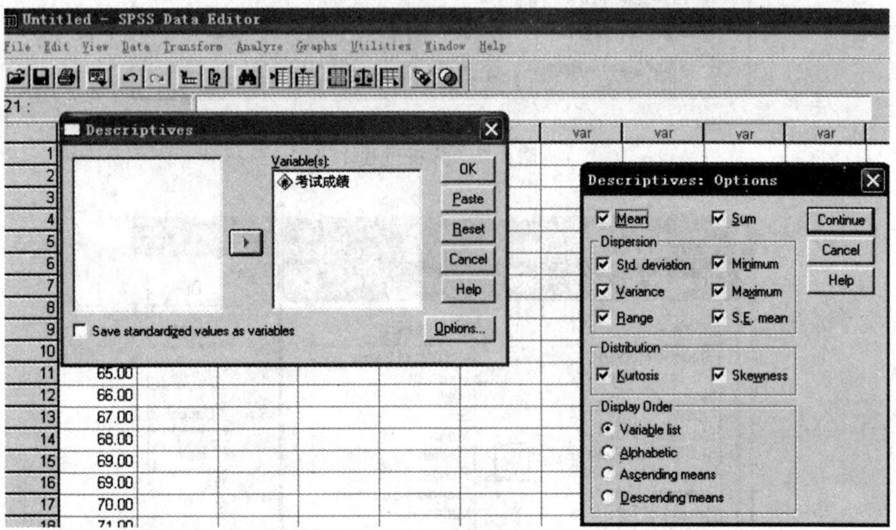

图 4.10 计算过程 1

方法三:Analyze→Descriptive Statistics→Frequencies→Variable(s): →Display frequency tables→Statistics(图 4.11):Quartiles, Mean, Median, Mode, Sum, Std. deviation, Variance, Range, Minimum, Maximum, Skewness, Kurtosis) →Continue→OK(输出结果如图 4.12 所示)。

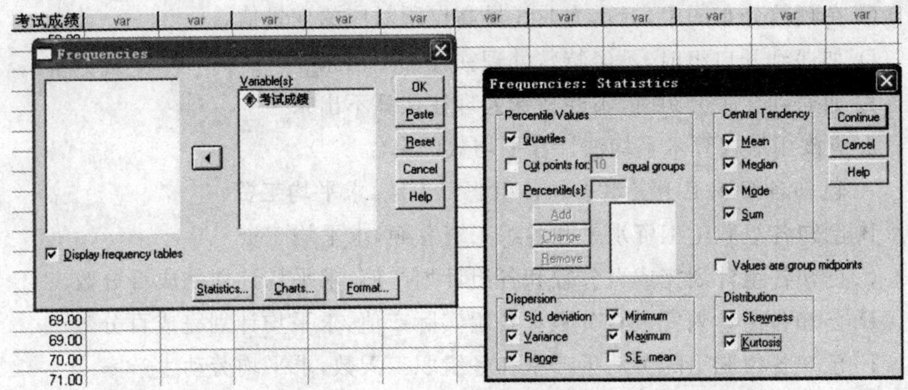

图 4.11　计算过程 2

N	Valid	50
	Missing	0
Mean		74.7600
Median		74.5000
Mode		75.00
Std. Deviation		11.66638
Variance		136.104
Skewness		-.035
Std. Error of Skewness		.337
Kurtosis		-.395
Std. Error of Kurtosis		.662
Range		49.00
Minimum		50.00
Maximum		99.00
Sum		3738.00
Percentiles	25	66.7500
	50	74.5000
	75	84.0000

图 4.12　输出结果

复习思考题

一、选择题

1. 算术平均数的特点是(　　)。

A. 受抽样变动影响微小

B. 受极端值影响大

C. 在频数分布图中，标示为曲线最高点所对应的变量值

D. 如遇到开口组时，不经特殊处理往往算不出来

E. 如遇到异距分组时，不经特殊处理往往算不出来

2. 应该用加权算术平均法计算平均数的有(　　)。

A. 已知各组职工工资水平和各组职工人数，求平均工资

B. 已知各组职工工资水平和各组工资总额，求平均工资

C. 已知各组计划完成百分数和各组计划产值，求平均计划完成百分数

D. 已知各组计划完成百分数和各组实际产值，求平均计划完成百分数

E. 已知各组职工的劳动生产率和各组职工人数，求平均劳动生产率

3. 下列应该用几何平均法计算的有(　　)。

A. 生产同种产品的 3 个车间的平均合格率

B. 平均发展速度

C. 前后工序的 3 个车间的平均合格率

D. 平均劳动生产率

E. 以复利支付利息的年平均利率

4. 下列说法中(　　)是正确的。

A. 应该用均值来分析和描述地区间工资水平

B. 宜用众数来描述流行的服装颜色

C. 考试成绩中位数的含义是有一半考生的成绩超过此数

D. 在数据组高度偏态时，宜用中位数而不是用众数来作为平均数

E. 一般常用算术平均法来计算年平均增长率

5. 数据的分布特征可以从(　　)这几个方面测度和描述。

A. 集中趋势　　B. 分布的偏态

C. 分布的峰态　　D. 离散程度

E. 长期趋势

6. 受极端变量值影响的集中趋势度量指标是(　　)。

A. 众数　　B. 中位数

C. 算术平均数　　D. 调和平均数

E. 几何平均数

7. 加权算术平均数大小的影响因素有(　　)。

A. 变量值　　B. 样本容量

C. 权数　　D. 分组的组数

E. 数据的类型

8. 数据型数据离散程度的测度指标有（ ）。

A. 平均差 B. 极差

C. 标准差 D. 全距

E. 离散系数

9. 离散系数的主要作用是（ ）。

A. 说明数据的集中趋势 B. 比较不同计量单位数据的离散程度

C. 说明数据的偏态程度 D. 比较不同变量值水平数据的离散程度

E. 说明数据的峰态程度

10. 2001 年我国发行长期建设国债 1 500 亿元；2001 年末，居民个人储蓄存款余额突破 75 000 亿元。这两个指标（ ）。

A. 都是时期数 B. 都是时点数

C. 都是绝对数 D. 前者是时点数，后者是时期数

E. 前者是时期数，后者是时点数

11. 据预测，若中国内地 GDP 平均每年增长 7.5%，到 2006 年可达到 16 000 亿美元，占全球比重 4.1%，人均 GDP1 182 美元。该资料中用到的指标有（ ）。

A. 绝对数 B. 动态相对数

C. 比较相对数 D. 强度相对数

E. 结构相对数

12. 在相对数中，子项和母项可以互换位置的有（ ）。

A. 结构相对数 B. 比例相对数

C. 比较相对数 D. 动态相对数

E. 计划完成相对数

13. 时点数的特点是（ ）。

A. 不同时间数值可以相加 B. 不同时间数值不可以相加

C. 调查资料需连续登记 D. 数值与时期长短有关

E. 数值只能间断登记

二、简答题

1. 在社会经济统计中，总量指标有何重要作用？如何区分时期指标和时点指标。

2. 什么是相对指标？常用的相对指标有哪几种，如何计算？应用相对指标应注意哪些原则？如何理解可比性原则？

3.什么是变异指标,有何作用?常用的变异指标有哪几种,如何计算?什么情况下必须使用变异系数?

4.什么是偏态和峰度?偏态系数和峰度系数如何计算?

5.简述众数、中位数和均值的特点和应用场合。

三、计算题

1.根据下列资料,计算强度相对数的正指标和逆指标,并根据正指标数值分析该地区医疗卫生设施的变动情况。

指　标	1990年	2001年
医院数量/个	40.0	56.0
地区人口总数/万人	84.4	126.5

2.某公司下属3个企业有关资料如下表,试根据指标之间的关系计算并填写表中所缺数字。

企业	1月份实际产值/万元	2月份				2月份实际产值与1月份的百分比/%
		计划产值/万元	计划产值比重/%	实际产值/万元	计划完成的百分比/%	
甲	125	150			110	
乙	200	250			100	
丙	100					
合计		500			95	

3.2001年某月份甲、乙两农贸市场某农产品价格和成交量、成交额资料如下:

品种	价格/(元/kg)	甲市场成交额/万元	乙市场成交量/万kg
甲	1.2	1.2	2
乙	1.4	2.8	1
丙	1.5	1.5	1
合计	—	5.5	4

试问哪一个市场农产品的平均价格高?并说明原因。

4.某厂生产某种机床配件,要经过3道生产工序,现生产一批该产品在各道生产工序上的合格率分别为95.74%,93.48%,97.23%。根据资料计算3道生产工序的平均合格率。

5.对成年组和幼儿组共500人身高资料分组,分组资料列表如下:

成年组		幼儿组	
按身高分组/cm	人数/人	按身高分组/cm	人数/人
150～155	30	70～75	20
155～160	120	75～80	80
160～165	90	80～85	40
165～170	40	85～90	30
170 以上	20	90 以上	30
合　计	300	合　计	200

要求：(1)分别计算成年组和幼儿组身高的平均数、标准差和标准差系数。

(2)说明成年组和幼儿组平均身高的代表性哪个大？为什么？

复习思考题答案

一、选择题

1. AD　2. ACE　3. BCE　4. ABCD　5. ABCD

6. CDE　7. AC　8. ABCDE　9. BD　10. CE

11. ABDE　12. BC　13. BE

二、简答题

(略)

三、计算题

1. 1990 年每万人拥有医院数＝40÷84.4＝0.473 9

1990 年每个医院服务人数＝84.4÷40＝2.11(万人)

2001 年每万人拥有医院数＝56÷126.5＝0.442 7

2001 年每个医院服务人数＝126.5÷56＝2.26(万人)

2.

企业	1 月份实际产值/万元	2 月份				2 月份实际产值与 1 月份的百分比/%
		计划产值/万元	计划产值比重/%	实际产值/万元	计划完成的百分比/%	
甲	125	150	30	165	110	132
乙	200	250	50	250	100	125
丙	100	100	20	60	60	60
合计	425	500	100	475	95	112

3.

品种	价格 x /(元/kg)	甲市场		乙市场	
		成交额 m/万元	成交量 $\frac{m}{x}$/万 kg	成交量 f/万 kg	成交额 xf/万元
甲	1.2	1.2	1	2	2.4
乙	1.4	2.8	2	1	1.4
丙	1.5	1.5	1	1	1.5
合计	—	5.5	4	4	5.3

$$甲市场平均价格\ \bar{x}=\frac{\sum m}{\sum \frac{m}{x}}=\frac{5.5}{4}=1.375(元)$$

$$乙市场平均价格\ \bar{x}=\frac{\sum xf}{\sum f}=\frac{5.3}{4}=1.325(元)$$

说明:两个市场销售单价是相同的,销售总量也是相同的,影响两个市场平均价格高低不同的原因就在于各种价格的农产品在两个市场的成交量不同。甲市场销售价格较高的乙产品量最多,而乙市场销售价格最低的甲产品最多,因而使得甲市场的平均价格高于乙市场。这就是权数在平均数形成中所起的权衡轻重的作用,如果将两个市场的各级成交量占总成交量的比重计算出来,则更能看出权数的作用。

4.3道工序的平均合格率

$$\bar{x}=\sqrt[n]{x_1\times x_2\times\cdots\times x_n}=\sqrt[n]{\Pi x}$$
$$=\sqrt[3]{0.9574\times 0.9378\times 0.9723}$$
$$=\sqrt[3]{0.8702}=0.9547=95.47\%$$

5.(1)

成年组计算情况表

身高/cm	人数 f/人	组中值 x/cm	总身高 xf/cm	离差 $x-\bar{x}$	离差平方 $(x-\bar{x})^2$	离差平方加权 $(x-\bar{x})^2 f$
150～155	30	152.5	4 575	−8.33	69.39	2 081.7
155～160	120	157.5	18 900	−3.33	11.09	1 330.8
160～165	90	162.5	14 625	1.67	2.79	251.1
165～170	40	167.5	6 700	6.67	44.49	1 779.6
170 以上	20	172.5	3 450	11.67	136.19	2 723.8
合　计	300	—	48 250	—	—	8 167.0

$$\overline{x}=\frac{\sum xf}{\sum f}=\frac{48\ 250}{300}=160.83(\text{cm})$$

$$\sigma=\sqrt{\frac{\sum(x-\overline{x})^2 f}{\sum f}}=\sqrt{\frac{8\ 167}{300}}=5.22(\text{cm})$$

$$V_\sigma=\frac{\sigma}{\overline{x}}\times 100\%=3.25\%$$

幼儿组计算情况表

身高/cm	人数 f/人	组中值 x/cm	总身高 xf/cm	离差 $x-\overline{x}$	离差平方 $(x-\overline{x})^2$	离差平方加权 $(x-\overline{x})^2 f$
70～75	20	72.5	1 450	−9.25	85.56	1 711.25
75～80	80	77.5	6 200	−4.25	18.06	1 445.00
80～85	40	82.5	3 300	0.75	0.56	22.50
85～90	30	87.5	2 625	5.75	33.06	991.88
90 以上	30	92.5	2 775	10.75	115.56	3 466.88
合　计	200	—	16 350	—	—	7 637.51

$$\overline{x}=\frac{\sum xf}{\sum f}=\frac{16\ 350}{200}=81.75(\text{cm})$$

$$\sigma=\sqrt{\frac{\sum(x-\overline{x})^2}{\sum f}}=\sqrt{\frac{7\ 637.51}{200}}=6.18(\text{cm})$$

$$V_\sigma=\frac{\sigma}{\overline{x}}=\frac{6.18}{81.75}=7.56\%$$

(2)成年组平均身高与幼年组平均身高相比，其平均数的代表性大些，因为其标准差系数小。

第5章　抽样推断分析

教学目的与要求:通过本章的学习,掌握抽样推断的基本原理和方法,能够利用样本资料推断总体指标。其中应重点掌握抽样误差的计算和简单随机抽样条件下总体参数的区间估计。了解各种抽样组织方式及其特点。

抽样推断方法既是搜集统计资料的方法,又是对现象总体进行科学的估计和判断的方法,所以它不论在统计调查还是统计分析中都有广泛的应用。

5.1　抽样推断的基本概念

按照随机原则,以一定的概率从总体中抽取一定容量的单位作为样本进行调查,根据样本统计量对总体参数作出具有一定可靠程度的估计与推断,这一完整过程,就是我们通常所说的抽样推断。本节的内容主要介绍抽样推断的一些基本概念。

5.1.1　抽样推断的概念

抽样推断(judgement of sampling)是在抽样调查的基础上,根据样本的实际资料计算样本指标,并据以推断总体数量特征的一种统计方法。抽样推断是在根据随机原则从总体中抽取部分实际数据的基础上,运用数理统计方法,对总体某一现象的数量特征作出具有一定可靠程度的估计判断,以达到对现象本质的认识。它具有以下几个方面的特点:

(1)按照随机原则抽取样本。随机抽取样本是抽样调查的前提,也是抽样调查中所必须遵循的最基本的原则,即随机性原则(principle of randomization),是指从总体中抽取样本单位时,样本单位的中选与否不受任何主观因素的干扰,每个单位中选的机会是均等的。这样,在抽样调查时抽样单位的确定既不受调查者主观愿望的影响,也不受被调查者主观愿望的影响,它能以极大的概率保证被抽取的单位在总体中的分布比较均匀,从而使得样本的结构或分布与总体更加接近,增强了样本的客观代表性。

(2)在数量上以样本推断总体。抽样调查的最终目的是对总体的数量特征加以认识。它是根据对抽取的单位进行调查以取得实际资料去推算总体的数量特征。

(3)抽样推断的误差是可以计算和控制的。抽样是用样本指标数值来推断总体指标数值,不可能百分之百准确,必然产生误差,而这种误差在抽样调查之前是可计算的,并可以采取适当的措施加以控制,从而使抽样推断的结论达到一定的可靠程度。

5.1.2　抽样推断的作用

(1)节约人力、时间和费用,有利于提高经济效益和统计资料的时效性。在对某些社会经济现象进行调查时,由于总体范围过大,单位数过多,很难或没有必要进行全面调查,采用抽样推断同样可以达到统计研究的目的,了解总体的基本情况,节省大量人力和费用,并达到同样的效果。此外,相对于全面调查,抽样推断由于调查单位较少,可以节省时间,提高调查时效性。

(2)抽样调查可以验证和修正全面调查的资料。全面调查由于范围广、工作量大、参与人员多,发生差错的可能性就较大。所以,在全面调查的基础上,可以再随机抽取一部分单位重新进行调查,并将两次调查的结果进行对比,计算差错率,以此检验全面调查资料的准确性。

(3)对不可能或不必要进行全面调查的现象,要采用抽样推断方法。如对具有破坏性的工业产品的质量检验,诸如对电池、灯泡、食品等进行质量检验,都具有破坏性,均不能作全面检查。还有要了解全部居民家庭收支的情况,不必进行全面调查,适合采用抽样推断来完成。

(4)利用抽样调查原理,可以对某些总体的假设进行检验,来判断这种假设的真伪,以做出科学决策。

5.1.3　抽样推断中常用的基本概念

1.全及总体

全及总体又称母体,是所要研究的同类事物的全体,它是由所研究范围内具有某种共同性质的全体单位组成的集合体。组成总体的个体称为总体单位。总体单位数通常用 N 表示。

总体按其各单位标志性质的不同,可以分为变量总体和属性总体。其中反映数量标志的总体称为变量总体,如反映收入水平的某部门职工总体等;反映品质标志的总体称为属性总体,如反映某厂某月生产的电视机质量好坏的全部电视机总体等。

变量总体按其所包含的单位数，可以分为无限总体和有限总体。无限总体所包含单位数无限多，其变量值也是无限的。有限总体所包含的单位数是有限的，其变量值相应也是有限的。对无限总体而言，只能采用抽样的方法，而对于有限总体，既可以采用抽样调查也可以采用全面调查，视具体情况而定。

2. 抽样总体

从全及总体中按随机原则抽取出来的一部分单位所构成的整体称为抽样总体，简称样本。构成样本的个体单位称为样本单位。样本单位数通常用 n 表示。样本按照样本单位数的多少可以分为大样本和小样本，一般地，当 $n \geqslant 30$ 时称为大样本，当 $n < 30$ 时称为小样本。在进行抽样调查时由于从总体中抽取样本单位是随机的，组成的样本也是随机的，统称为随机样本。

3. 全及指标

全及指标是根据全及总体各个单位标志值计算的综合指标，也称总体参数。由于全及总体是唯一确定的，因此，全及指标的数值也是唯一确定的，但又是未知的，需要用样本资料去估计和推算。

常用的全及指标有：总体平均数 $\overline{X}$、总体成数 P、总体方差 σ^2（或总体标准差 σ）。

对于变量总体，由于各单位的标志可以用数量表示，所以可以计算总体平均数，一般用

$$\overline{X} = \frac{\sum X}{N}$$

表示，其中 N 为全及总体单位数。

对于属性总体，由于其标志只能用文字来表示，可计算其总体比重结构指标，称为全及总体成数，通常用 P 表示。

设总体有 N 个单位，其中具备某种属性的标志有 N_1 个，不具备某种属性的标志有 N_0 个，则有

$$P = \frac{N_1}{N}, Q = \frac{N_0}{N}, Q = 1 - P$$

为了反映全体分布以及单位的离差情况，在进行抽样推断时还要使用总体方差 σ^2 和总体标准差 σ。

对于平均数有

$$\sigma_X^2 = \frac{\sum (X - \overline{X})^2}{N}, \sigma_X = \sqrt{\frac{\sum (X - \overline{X})^2}{N}}$$

对于成数有

$$\sigma_p^2 = PQ,\ \sigma_p = \sqrt{PQ}$$

4. 样本指标

样本指标是根据抽样总体各单位标志值计算的综合指标，又称样本统计量或估计量。是用来估计和推断总体参数的。由于样本是随机的，样本指标也是随机变量。

常用的样本指标有：样本平均数 $\bar{x}$、样本成数 p，样本方差 S^2（或样本标准差 S）。

样本平均数　$\bar{x} = \dfrac{\sum x}{n}$，$n$ 为样本容量。

样本成数　$p = \dfrac{n_1}{n}, q = \dfrac{n_0}{n} = 1 - p$

对平均数，样本方差和样本标准差为：

$$S_{\bar{x}}^2 = \frac{\sum (x - \bar{x})^2}{n-1},\ S_{\bar{x}} = \sqrt{\frac{\sum (x - \bar{x})^2}{n-1}}$$

对成数有

$$S_p^2 = pq,\ S_p = \sqrt{pq}$$

5.1.4　抽样方法

抽样方法按照抽取样本方式的不同，可以分为重复抽样和不重复抽样。

重复抽样（repeated sample）也称回置抽样，是指从总体 N 各单位中随机抽取一个单位进行调查测定之后又放回原总体中，然后再抽取第二个样本单位，依此类推，直到抽足既定样本单位数 n 为止。重复抽样由于每次都是从 N 个单位中抽取，每个单位被抽中的机会都是相等的。

不重复抽样（non-repeated sample）也称不回置抽样，是指从总体 N 各单位中抽取一个容量为 n 的样本，每次从总体中抽取一个，连续进行 n 次抽取，但每次被抽取的单位不参加下次抽取。也就是说，每个总体单位只有被抽中一次的可能，不会被重复抽选出来。

5.2 抽样误差

抽样调查通过样本指标代表全及指标进行推算，而任何样本都不可能对总体有完全的代表，所以样本指标与全及指标之间必然存在一定的差数，即抽样误差。为了使抽样调查的结果更接近总体，就有必要来了解一下抽样误差，通过控制抽样误差的大小使估计更准确。

5.2.1 抽样误差的概念

抽样误差(sample error)是指由于随机抽样的偶然因素的作用使得样本的结构不足以代表总体的结构，而引起的抽样指标与全及指标之间的差异。如样本平均数和总体平均数之差、样本成数和总体成数之差等。

抽样调查的误差按照产生的原因不同可分为工作误差和代表性误差。抽样误差不包括工作误差，工作误差指在调查过程中由于观察、测量、登记、计算上的差错而引起的误差。代表性误差又分为系统性误差和随机误差，抽样误差也不包括系统性误差，即由于违反抽样调查的随机原则，有意抽选较好单位或较坏单位进行调查，这样造成样本的代表性不足所引起的误差。抽样误差只指由于抽样的随机性而产生的随机误差。抽样误差是抽样调查所固有的，是不可消除的，误差的大小可以通过掌握影响误差大小的因素加以控制。

影响抽样误差的因素，一般来说有以下几种：

(1)总体各单位标志值的变异程度。总体各单位标志值的变异程度越大，抽样误差越大；反之则越小。

(2)样本单位数的多少。在其他条件不变的情况下，样本单位数越多，抽样误差就越小；反之则越大。

(3)抽样方法。抽样方法不同，抽样误差也不同，一般地，不重复抽样的误差小于重复抽样的误差。

(4)抽样方式。选择不同的抽样组织形式，也会有不同的抽样误差。

5.2.2 抽样平均误差

在抽样调查中，没有对全及总体的各单位进行逐个登记，就得不到全及指标，因而也就无法计算抽样的实际误差，一般是用计算所有可能出现的样本指标的标准差的方法来求得抽样误差的，所以这种抽样误差又称为抽样平均误差(sampling average error)，它反映了抽样误差的一般水平。抽样平均误差常用样本平均数或样本成数的标准差表示，用符号 μ 来表示。

1.样本平均数的平均误差

按照定义,样本平均数的平均误差为:

$$\mu_{\bar{x}} = \sqrt{\frac{\sum(\bar{x}-\bar{X})^2}{n}} \tag{5.1}$$

由于抽样方法不同,样本平均数的平均误差也不同。

(1)重复抽样

$$\mu_{\bar{x}} = \sqrt{\frac{\sigma^2}{n}} = \frac{\sigma}{\sqrt{n}} \tag{5.2}$$

式中:$\mu_{\bar{x}}$为平均指标的抽样平均误差;$\sigma(\sigma^2)$为总体标准差(方差);n为样本容量。

(2)不重复抽样

$$\mu_{\bar{x}} \approx \sqrt{\frac{\sigma^2}{n}\left(1-\frac{n}{N}\right)} \tag{5.3}$$

由于不重复抽样比重复抽样多一个系数,并且有$\left(1-\frac{n}{N}\right)<1$,所以,在抽样数目相同的情况下,不重复抽样误差小于重复抽样误差,因此,在实际抽样调查中通常都采用不重复抽样的抽样方法。

【例5.1】某市从全市10 000户市民中,随机抽取200户进行收入调查,调查结果样本标准差为100元。试计算抽样平均误差。

解:(1)重复抽样

$$\mu_{\bar{x}} = \sqrt{\frac{\sigma^2}{n}} = \sqrt{\frac{100^2}{200}} = 7.07(\text{元})$$

(2)不重复抽样

$$\mu_{\bar{x}} = \sqrt{\frac{\sigma^2}{n}\left(1-\frac{n}{N}\right)} = \sqrt{\frac{100^2}{200}\left(1-\frac{200}{10\,000}\right)} = 7(\text{元})$$

2.样本成数的平均误差

成数的抽样平均误差计算公式与平均数的抽样平均误差计算公式基本相同。

$$\mu_p = \sqrt{\frac{\sum(p-P)^2}{n}} \tag{5.4}$$

由于抽样方法不同,样本成数的平均误差也不同。

(1)重复抽样

$$\mu_p = \sqrt{\frac{P(1-P)}{n}} \tag{5.5}$$

(2)不重复抽样

$$\mu_p = \sqrt{\frac{P(1-P)}{n}\left(1-\frac{n}{N}\right)} \tag{5.6}$$

【例 5.2】某厂进行产品质量检查,从 5 000 件产品中随机抽取 200 件进行检查,结果发现 12 件不合格品,试计算合格品抽样平均误差。

解:合格品成数 $P = \frac{200-12}{200} = 0.94$

(1)重复抽样

$$\mu_p = \sqrt{\frac{P(1-P)}{n}} = \sqrt{\frac{0.94\times(1-0.94)}{200}} = 0.0168$$

(2)不重复抽样

$$\mu_p = \sqrt{\frac{P(1-P)}{n}\left(1-\frac{n}{N}\right)} = \sqrt{\frac{0.94\times(1-0.94)}{200}\left(1-\frac{200}{5000}\right)} = 0.0165$$

在总体方差为已知的条件下才能计算抽样平均误差,但是,在抽样推断之前总体方差是未知的。为此,在实际工作中通常用以下几种途径解决:

(1)用历史资料代替。如果以前进行过同类型的全面调查或抽样调查,可以用过去所掌握的总体方差或样本方差。若作过多次调查,有许多个方差资料,一般宜选用其中最大的方差。

(2)用样本方差代替。只要样本的分布接近总体分布,样本方差就十分接近于总体方差。这是实际工作中最常用的一种方法。

(3)进行试验性的抽样调查取得方差估计资料。如果没有历史资料,又需要在调查前计算出抽样平均误差,则可以组织一次小规模的、试验性的抽样调查,计算出抽样方差作为总体方差的估计值。

(4)对成数方差,可以选用最大值,成数方差的最大值为 0.5×0.5=0.25。

5.2.3 抽样极限误差

用样本指标来估计总体指标,总要存在一定的误差,但这个误差究竟有多大,它的数值是不能确定的。因为总体指标是一个未知的确定量,而样本指标是一个随机变量,随不同的样本组合而发生变化,所以它们的离差(即抽样平均误差)也是一个随机变量,表示相差的范围。

抽样极限误差(sampling limit error)是指样本指标与全及指标之间离差的可能范围。它是根据概率理论，以一定的可靠程度保证抽样误差不超过某一个给定的范围。这个误差范围往往是实际调查中，人们根据研究对象的差异程度和分析任务的需要，而确定的可允许的最大误差范围，因此，抽样极限误差习惯上又称为允许误差。

若以 $\Delta_{\bar{x}}$ 和 Δ_p 分别表示平均数与成数的抽样极限误差，则有

$$\Delta_{\bar{x}} \leqslant |\bar{x} - \bar{X}|$$

$$\Delta_p \leqslant |p - P|$$

将两个式子的绝对值展开，经过变换，可以得到下列关系式：

$$\bar{X} - \Delta_{\bar{x}} \leqslant \bar{x} \leqslant \bar{X} + \Delta_{\bar{x}}$$

$$P - \Delta_p \leqslant p \leqslant P + \Delta_p$$

在实际工作中是对总体指标进行推断，所以应改变上述关系式为：

$$\bar{x} - \Delta_{\bar{x}} \leqslant \bar{X} \leqslant \bar{x} + \Delta_{\bar{x}}$$

$$p - \Delta_p \leqslant P \leqslant p + \Delta_p$$

总体指标是未知的，所以根据上述定义无法直接求出极限误差。基于理论上的要求，抽样误差范围常常需要用抽样平均误差 $\mu_{\bar{x}}$ 或 μ_p 为单位衡量，并以求得的对比值 t 来表示，即

$$\Delta_{\bar{x}} = t\mu_{\bar{x}}, \Delta_p = t\mu_p \tag{5.7}$$

t 为抽样误差的概率度(probability density)，它和概率之间存在一定的数量关系。概率是指推断可靠程度的数量化指标，一般用 $F(t)$ 表示，它的取值范围是 $0 \leqslant F(t) \leqslant 1$，$F(t)$ 越接近1，说明可靠程度即把握程度越高。在抽样平均误差为一定的条件下，概率度 t 的数值愈大，抽样极限误差 Δ 也愈大，抽样推断的可靠程度也愈高，反之，t 的数值愈小，Δ 也愈小，抽样推断的可靠程度也就愈低。

把计算抽样平均误差的不同公式代入式5.7中，可以得到测定平均数、成数的极限误差公式。

1. 平均数的极限误差

(1)重复抽样

$$\Delta_{\bar{x}} = t\mu_{\bar{x}} = t\sqrt{\frac{\sigma^2}{n}} \tag{5.8}$$

(2)不重复抽样

$$\Delta_{\bar{x}} = t\mu_{\bar{x}} = t\sqrt{\frac{\sigma^2}{n}\left(1-\frac{n}{N}\right)} \tag{5.9}$$

2. 成数的极限误差

(1)重复抽样

$$\Delta_p = t\mu_p = t\sqrt{\frac{P(1-P)}{n}} \tag{5.10}$$

(2)不重复抽样

$$\Delta_p = t\mu_p = t\sqrt{\frac{P(1-P)}{n}\left(1-\frac{n}{N}\right)} \tag{5.11}$$

上述公式表明了极限误差与样本可靠程度是同方向关系,极限误差越大,可靠程度越高,其准确程度越小;极限误差越小,可靠程度越低,其准确程度越大。如果要提高样本的可靠程度,就要扩大极限误差;如果要缩小极限误差范围,就要降低样本的可靠程度。

5.3 抽样估计

所谓抽样估计(sampling estimation),就是用样本统计量去估计总体的未知参数,例如估计总体均值、估计总体成数和总体方差等。

抽样估计有两种基本形式:点估计和区间估计。下面分别介绍。

5.3.1 点估计

所谓点估计(point estimation),就是根据抽样调查所搜集的资料来计算样本指标,并直接用样本指标作为相应总体指标的估计值。例如,总体平均数的点估计值就是样本平均数,总体成数的点估计值就是样本成数。点估计简单明了,计算简单,但未考虑估计的误差发生可能性的大小,也未给出估计的可靠程度。

我们之所以能以样本指标值作为总体指标值的点估计量,是因为它是总体指标的最优估计量。作为最优估计量应符合以下几个标准:

1. 无偏性

在抽样中,由于每一次的样本指标和总体指标都可能有误差,可能或大或小,但在多次反复估计中,无偏性要求各个样本指标的平均数应等于总体的指标,即样本指标的估计值是没有偏误的。

设 $\hat{\theta}$ 为总体指标 θ 的估计量，如果 $E(\hat{\theta})=\theta$，则称 $\hat{\theta}$ 为 θ 的无偏估计量。

同样可以证明，样本平均数 $\bar{x}$ 作为总体平均数 $\bar{X}$ 的估计量，是符合无偏性要求的。

假设总体单位有 N 个，取值为 $X_1,X_2,\cdots,X_n$，则有

$$\bar{X}=\frac{\sum X}{N}$$

从该总体中抽取 n 个样本单位组成样本，其变量值为 $x_1,x_2,\cdots,x_n$，则有

$$\bar{x}=\frac{\sum x}{n}$$

$$E(\bar{x})=E\left[\frac{\sum x}{n}\right]=\frac{1}{n}[E(x_1)+E(x_2)+\cdots+E(x_n)]$$

由于 $x_1,x_2,\cdots,x_n$ 取自于 $X_1,X_2,\cdots,X_n$，它与总体同分布，故有

$$E(x_1)=E(x_2)=\cdots=E(x_n)=E(X)=\bar{X}$$

所以，$E(\bar{x})=\frac{1}{n}\underbrace{(\bar{X}+\bar{X}+\cdots\bar{X})}_{n个}=\bar{X}$，即估计量 $\bar{x}$ 对于 $\bar{X}$ 是无偏的。

2. 一致性

一致性是指当样本容量无限增加时，样本指标充分接近总体指标。就是说，当样本容量充分大时，样本指标和总体指标之差的绝对值小于任意小的正数，它的可能性趋近于必然性。

设 $\hat{\theta}$ 为 θ 的估计量，对于任意给定的 $\varepsilon>0$，如果当 $n\to\infty$ 时，恒有

$$\lim_{n\to\infty}p(|\hat{\theta}-\theta|<\varepsilon)=1$$

则称 $\hat{\theta}$ 为 θ 的一致估计量。

3. 有效性

在一般情况下，一个总体指标的无偏估计量，也可以有许多个，这就需要用这些无偏估计量方差的大小来衡量估计量的优良性。

设 $\hat{\theta}_1$ 与 $\hat{\theta}_2$ 均为总体未知指标 θ 的无偏估计量，即 $E(\hat{\theta}_1)=E(\hat{\theta}_2)=\theta$，若 $\sigma^2(\hat{\theta}_1)<\sigma^2(\hat{\theta}_2)$，则称估计量 $\hat{\theta}_1$ 比 $\hat{\theta}_2$ 更有效。

5.3.2 区间估计

区间估计(interval estimation)是把抽样指标与抽样误差结合起来去推断总体指标所在的可能范围,这个可能范围称作置信区间。

总体平均数的置信区间为:

$$\bar{x}-\Delta_{\bar{x}} \leqslant \bar{X} \leqslant \bar{x}+\Delta_{\bar{x}}$$

总体成数的置信区间为:

$$p-\Delta_{p} \leqslant P \leqslant p+\Delta_{p}$$

通过公式可以得知,决定置信区间大小的有 3 个因素:一是抽样指标,即 $\bar{x}$ 或 p;二是抽样平均误差,即 $\mu_{\bar{x}}$ 或 μ_p;三是抽样平均误差的倍数,即概率度 t。

【例 5.3】某企业生产某种产品的工人有 1 000 人,某日采取不重复抽样从中随机抽取 100 人调查他们的当日产量,样本人均产量为 35 件,产量样本标准差为4.5 件,试以 95.45%的置信度估计平均产量的置信区间。

解:由题意知,$\bar{x}=35$ 件,$S=4.5$ 件。

$\mu_{\bar{x}}=\sqrt{\frac{S^{2}}{n}\left(1-\frac{n}{N}\right)}=\sqrt{\frac{4.5^{2}}{100}\left(1-\frac{100}{1\,000}\right)} \approx 0.43$(件)

又已知 $F(t)=0.954\,5$,查概率表得 $t=2$ 。

则 $\Delta_{\bar{x}}=t\mu_{\bar{x}}=2 \times 0.43=0.86$(件)

总体人均产量的置信区间为 $35-0.86 \leqslant \bar{X} \leqslant 35+0.86$,即 34.14~35.86 件。

【例 5.4】某厂对一批产品的质量进行抽样检验,采用重复抽样抽取样品 100 件,样本合格率为 95%,试计算当概率保证程度为 95%时,合格品率的置信区间。

解:由题意知,$n=100$,$p=0.95$,$F(t)=0.95$,查概率表得 $t=1.96$ 。

$\mu_{p}=\sqrt{\frac{P(1-P)}{n}}=\sqrt{\frac{0.95 \times(1-0.95)}{100}}=0.022$

$\Delta_{p}=t\mu_{p}=1.96 \times 0.022=0.043$

总体合格品率的置信区间为 $0.95-0.043 \leqslant P \leqslant 0.95+0.043$,即 90.7%~99.3% 。

5.3.3　总量指标的推算

进行抽样调查不仅可以利用抽样平均数推断全及总体平均数，利用抽样成数推断全及总体成数，而且还可以利用抽样资料推算全及总体的总量指标。前面解决了对全及平均数和成数的推断，下面研究对全及总体总量指标的推算方法。

根据抽样调查的具体任务，推算全及总体总量指标的方法，分为直接推算法和修正系数法两种。

1. 直接推算法

直接推算法是用样本指标值或总体指标的区间估计值乘以总体单位数来推算总体总量指标的方法。

样本指标值乘以总体单位数即 $\bar{x}N$ ，pN 是总体总量指标的点估计值。

总体指标的区间估计值乘以总体单位数，即$[(\bar{x}-\Delta_{\bar{x}})N,(\bar{x}+\Delta_{\bar{x}})N]$，$[(p-\Delta_p)N,(p+\Delta_p)N]$是总体总量指标的区间估计值。

【例 5.5】从某企业 1 000 名工人中随机不重复抽取 100 名工人进行调查，得到的资料如表 5.1 所示，要求以 95.45％的可靠程度推算该企业工人月工资的可能范围。又知月工资在 700 元以下的为低工资水平，试推算该企业低工资水平的工人数的可能范围。

表 5.1　某企业工人月工资资料

按月工资分组/元	工人数 f	组中值 x	xf	$x-\bar{x}$	$(x-\bar{x})^2f$
400～500	10	450	4 500	－185	342 250
500～600	25	550	13 750	－85	180 625
600～700	40	650	26 000	15	9 000
700～800	20	750	15 000	115	264 500
800～900	5	850	4 250	215	231 125
合　计	100	—	63 500	—	1 027 500

解：(1)样本平均数 $\bar{x}=\dfrac{\sum xf}{\sum f}=\dfrac{63\ 500}{100}=635$(元)

样本标准差 $S=\sqrt{\dfrac{\sum(x-\bar{x})^2f}{\sum f}}=\sqrt{\dfrac{1\ 027\ 500}{100}}=101.37$(元)

抽样平均误差 $\mu_{\bar{x}}=\sqrt{\dfrac{S^2}{n}\left(1-\dfrac{n}{N}\right)}=\sqrt{\dfrac{10\ 275}{100}\left(1-\dfrac{100}{1\ 000}\right)}=9.62$(元)

$F(t)=0.9545$，查概率表得 $t=2$，所以

$\Delta_{\bar{x}}=t\mu_{\bar{x}}=2\times 9.62=19.24$(元)

该企业工人月平均工资的可能范围为 $635-19.24\leqslant \bar{x}\leqslant 635+19.24$，即 $615.76\leqslant \bar{x}\leqslant 654.24$。

该企业工人工资总额$=N_{\bar{x}}$，所以

$615.76\times 1\,000\leqslant N_{\bar{x}}\leqslant 654.24\times 1\,000$

即该企业工人月工资总额的可能范围为[615 760,654 240]，在这个区间内的概率为95.45%。

(2)推断该企业低水平工资的工人人数

由表中资料可知 $p=\frac{75}{100}=0.75$

成数抽样平均误差

$$\mu_p=\sqrt{\frac{p(1-p)}{n}\left(1-\frac{n}{N}\right)}=\sqrt{\frac{0.75\times(1-0.75)}{100}\left(1-\frac{100}{1\,000}\right)}=0.041$$

成数极限误差为：

$\Delta_p=t\mu_p=2\times 0.041=0.082$

则该企业低水平工资工人所占比重的可能范围为：

$0.75-0.082\leqslant P\leqslant 0.75+0.082$，即 $0.668\leqslant P\leqslant 0.832$

该企业低水平工资工人人数的可能范围为：

$0.668\times 1\,000\leqslant P_N\leqslant 0.832\times 1\,000$

$668\leqslant P_N\leqslant 832$

2.修正系数法

为了检查全面调查的质量，提高其准确性，有时要求按抽样推断的方法抽取部分单位，用抽查的结果来修正和补充全面调查资料。其中最常用的方法是将抽样资料和全面调查资料对比，确定差额的百分数，用以补充和修正全面调查资料的方法，采用这种方法首先需要计算一个修正系数。

【例5.6】某市人口普查为125 000人，经抽查5 500人中漏报出生数30人，漏查死亡数25人，试用抽样调查资料修正全面普查资料。

解：漏报率$=\frac{30}{5\,500}\times 100\%=0.55\%$

重报率$=\frac{25}{5\,500}\times 100\%=0.45\%$

该市人口普查数应为：

$125\ 000\times[1+(0.55\%-0.45\%)]=125\ 125$

例中的0.55%及0.45%均为修正系数。

5.4　样本容量的确定

前面所有内容的分析，都是在假定样本容量 n 为已知的条件下进行的。实际上，在进行抽样调查时，面临的第一个问题就是确定样本容量，即在全及总体中应该抽多少个单位组成样本。合理确定必要的样本容量，以取得较好的抽样推断效果，是组织抽样调查的一个重要问题。

样本容量的多少直接影响到抽样误差的大小。抽取的单位数越多，样本的代表性越强，抽样误差越小，抽样推断越可靠。但是，从另一个角度讲，样本单位多，调查的工作量大，耗费的时间和经费太多，体现不出抽样调查的优越性。反之，如果样本容量小，虽然耗费少，但抽样误差太大，抽样推断就会失去价值。所以，抽样调查中的一个重要内容就是确定必要的样本单位数。所谓必要的样本单位数，是指为了使抽样误差不超过给定的允许范围至少应抽取的样本单位数目。根据这个定义，可通过抽样极限误差与抽样数目的关系来确定必要的抽样数目。

5.4.1　必要样本容量的确定

下面我们只介绍简单随机抽样时必要样本容量的确定。

1. 关于平均数必要样本容量的确定

(1)重复抽样

因为
$$\Delta_{\bar{x}}=t\mu_{\bar{x}}=t\sqrt{\frac{\sigma^2}{n}}$$

所以
$$n=\frac{t^2\sigma^2}{\Delta_{\bar{x}}^2} \tag{5.12}$$

即样本容量与概率度的平方、方差成正比，与极限误差的平方成反比。

(2)不重复抽样

因为
$$\Delta_{\bar{x}}=t\mu_{\bar{x}}=t\sqrt{\frac{\sigma^2}{n}\left(1-\frac{n}{N}\right)}$$

所以
$$n=\frac{Nt^2\sigma^2}{N\Delta_{\bar{x}}^2+t^2\sigma^2} \tag{5.13}$$

【例 5.7】某公司欲对某种型号的 10 000 个电子元件的耐用时间进行检查，根据以往资料可知该型号电子元件耐用时间的标准差为 800 h，要求概率为 95.45%，抽样误差范围不超过 200 h，需要抽选多少个电子元件检查？

解：由题意知 $N=10\ 000$，$\sigma_{\bar{x}}=800$，$F(t)=95.45\%$，$t=2$，$\Delta_{\bar{x}}=200$

(1)重复抽样

$$n=\frac{t^2\sigma_{\bar{x}}^2}{\Delta_{\bar{x}}^2}=\frac{2^2\times 800^2}{200^2}=64(\text{个})$$

(2)不重复抽样

$$n=\frac{Nt^2\sigma_{\bar{x}}^2}{N\Delta_{\bar{x}}^2+t^2\sigma_{\bar{x}}^2}=\frac{10\ 000\times 2^2\times 800^2}{10\ 000\times 200^2+2^2\times 800^2}=63(\text{个})$$

2. 关于成数必要样本容量的确定

(1)重复抽样

因为
$$\Delta_p=t\mu_p=t\sqrt{\frac{P(1-P)}{n}}$$

所以
$$n=\frac{t^2P(1-P)}{\Delta_p^2} \tag{5.14}$$

(2)不重复抽样

因为
$$\Delta_p=t\mu_p=t\sqrt{\frac{P(1-P)}{n}\left(1-\frac{n}{N}\right)}$$

所以
$$n=\frac{Nt^2P(1-P)}{N\Delta_p^2+t^2P(1-P)} \tag{5.15}$$

【例 5.8】某企业对 10 000 只灯泡进行检查，从中抽取 200 只，发现不合格灯泡 10 只，若要求有 95.45%的概率保证程度，不合格率估计的最大允许误差为 1%，至少应抽取多少样本单位？

解：由题意知，$P=\frac{10}{200}=5\%$，$P(1-P)=5\%\times 95\%=4.75\%$，$F(t)=0.954\ 5$，$t=2$，$\Delta_p=1\%$

(1)重复抽样

$$n=\frac{t^2P(1-P)}{\Delta_p^2}=\frac{2^2\times 5\%\times(1-5\%)}{1\%^2}=1\ 900(\text{只})$$

(2)不重复抽样

$$n=\frac{Nt^2P(1-P)}{N\Delta_p^2+t^2P(1-P)}=\frac{10\ 000\times 2^2\times 5\%\times(1-5\%)}{10\ 000\times 1\%^2+2^2\times 5\%\times(1-5\%)}\approx 1\ 597(\text{只})$$

5.4.2　影响样本容量的因素

要确定必要的样本容量,就必须分析影响样本容量的因素,影响样本容量的因素主要有:

(1)总体被研究标志的变异程度,即总体方差。在其他条件不变的情况下,如果标志的变异程度大,确定的样本数就多;反之,标志的变异程度小,则样本单位数就相应减少。

(2)抽样极限误差,即允许误差的大小。这是确定样本容量的最主要依据。一般来说,允许误差越小,即精确度越高,则要求样本容量越大;反之,则越小。样本容量与允许误差成反比关系。

(3)抽样推断的置信度,即概率 $F(t)$ 的大小。在其他条件不变的情况下,要求的可靠程度越高,所必需的样本容量就越多;反之,可靠程度越低,所必需的样本容量就越少。

(4)抽样方法和抽样组织形式。在其他条件不变的前提下,由于重复抽样比不重复抽样的抽样误差大一些,重复抽样的必要抽样单位数要比不重复抽样的必要抽样单位数多一些。

抽样的不同方式对必要的抽样单位数也会有影响。这主要是因为不同的抽样方式对抽样误差的影响是不同的。如类型抽样和等距抽样比简单随机抽样的抽样误差小一些,所以可以少抽一些单位。

在实际工作中确定必要的样本单位数,需要综合考虑以上几个因素。

5.5　抽样调查的组织形式

抽样调查的组织形式是影响抽样平均误差的重要因素之一,也是确定样本容量和提高抽样效果时应考虑的重要问题。常用的抽样组织形式有简单随机抽样、机械抽样、类型抽样、整群抽样和阶段抽样。关于阶段抽样,将在下节专门述及,故本节只介绍前四种抽样的组织形式。

5.5.1　简单随机抽样

简单随机抽样(simple random sampling)又称纯随机抽样,是抽样调查最基本的抽样组织方式,它对总体单位不进行任何划分或排队,完全随机地直接从总体中抽取样本单位,使每个总体单位都有完全均等的机会被抽中。它只需对总体单位进行编号,而不需要事先掌握更多的总体信息。这种抽样方法简单,易于掌握,但也有局限性。进行比较大规模的抽样调查时,其抽样组织工作不宜开展。

简单随机抽样样本单位的抽取方法有抽签法和随机数字法两种。

抽签法适用于总体单位数不多的总体。具体做法是,首先对总体各单位进行编号,并做成签(竹签、纸签或小球等),混合放置后,用手工随机摸取或用机械摇出号码,确定样本单位,依次反复,直到抽满所需要的样本单位为止。该方法适合于单位数不多的总体。若总体单位数太多,编号做签的工作量很大,很难掺和均匀,甚至无法实施。

随机数字法适用于总体单位数较大的情况。它是利用事先编制好的随机数表来抽取样本单位。具体做法是先对全及总体所有单位加以编号,根据编号的位数确定使用若干栏数字;然后可以从任意一行或任意一栏的数字开始,可以向任何方向取值,碰到属于编号范围内的数码就确定为样本单位。否则,废弃。如果是不重复抽样,则重复数码废弃。如此下去,直到抽够样本容量为止。

采用简单随机抽样的平均误差和极限误差的公式,前面已经述及,在此不再赘述。

5.5.2 机械抽样

机械抽样(mechanical sampling)又称等距抽样,是在全部单位已排有一定顺序的总体中,每隔相等的距离抽取一个单位组成样本的方法。具体做法是假如总体有 N 个单位,要从中抽取 n 个样本单位,可先将总体单位依次排队,计算出抽样间隔距离 $K=N/n$,再从第一个至第 K 个单位的范围内确定抽样起点,之后每隔 K 个单位抽取一个样本单位。

机械抽样是不重复抽样,通常可以保证被抽选的单位在总体中均匀分布,缩小各单位之间的差异程度,提高样本的代表性。

按照总体单位的排列顺序,机械抽样可分为无序等距抽样和有序等距抽样。

无序等距抽样是指总体单位的排列顺序与所调查的主要标志无关。这种抽样法操作比较简单,在实际中经常采用。例如,在居民家庭生活调查中,将居民按姓氏笔画排列,而居民的生活水平是与姓氏笔画无关的。

有序等距抽样是指总体单位采用与调查项目有关的标志进行排队的。例如,在居民家庭生活调查中,按居民家庭人口、工资收入等排列。

采用机械抽样方法抽取样本单位,应注意间隔和现象本身的周期循环相重合的问题,以避免影响抽样总体的代表性,发生系统性误差。

采用等距抽样的抽样平均误差的计算，按无序等距抽样的抽样误差的计算与简单随机抽样误差公式相同；按有序等距抽样的抽样误差的计算与类型抽样的抽样误差的计算相同。

【例 5.9】某地区调查农民家庭年人均收入，按每个家庭的编号每隔 10 号选一个家庭，统计其年人均收入，试以 95.45%可靠性估计该地区农民家庭人均收入，推算年人均收入在 2 200 元以下的家庭所占比重的可能范围，有关资料如表 5.2 所示。

表 5.2　某地区农民家庭年人均收入资料

年人均收入/元	农民家庭数 f/户	组中值 x	xf
1 000～1 400	10	1 200	12 000
1 400～1 800	20	1 600	32 000
1 800～2 200	35	2 000	70 000
2 200～2 600	20	2 400	48 000
2 600 以上	15	2 800	42 000
合　计	100	—	204 000

解：本例题显然是按无关标志排队的机械抽样。

$$\frac{n}{N}=\frac{1}{10}=10\%,n=100,N=100\div 10\%=1\ 000$$

(1)抽样平均数估计

样本平均数 $\bar{x}=\dfrac{\sum xf}{\sum f}=\dfrac{204\ 000}{100}=2\ 040$(元)

$$S_x^2=\frac{\sum(x-\bar{x})^2 f}{\sum f}=222\ 400(\text{元})$$

所以 $\mu_{\bar{x}}=\sqrt{\dfrac{S_x^2}{n}\left(1-\dfrac{n}{N}\right)}=\sqrt{\dfrac{222\ 400}{100}(1-10\%)}=44.74$(元)

由于 $F(t)=0.954\ 5$，$t=2$

有 $\Delta_{\bar{x}}=t\mu_{\bar{x}}=2\times 44.74=89.48$(元)

则该地区农民的年人均收入的可能范围为[1 950.52,2 129.48]。

(2)抽样成数估计

根据表 5.2，年人均收入在 2 200 元以下的家庭有 65 户，则有

$$p=\frac{65}{100}=65\%$$

$$\mu_p = \sqrt{\frac{P(1-P)}{n}\left(1-\frac{n}{N}\right)} = \sqrt{\frac{0.65\times(1-0.65)}{100}(1-10\%)} = 0.045$$

$$\Delta_p = t\mu_p = 2\times 0.045 = 0.09$$

即农民家庭年人均收入在 2 200 元以下的农民家庭所占比重的范围为[56%，74%]。

5.5.3 类型抽样

类型抽样(type sampling)又称分层抽样，它是先将总体各单位按某个标志分成若干个类型(或称组)，然后在各类型(组)中按随机原则抽取样本单位，再由各类型(组)的样本单位组成一个样本。类型抽样通过分组把总体中标志值比较接近的单位归为一组，使各单位的分布比较均匀，并且能保证每组有同等被抽选的机会，从而使样本的结构与总体的结构相似，提高所选样本的代表性，以获得较好的抽样效果。

采用类型抽样首先要确定各层的抽样数目，各层的抽样比例可以相等也可以不等，于是分层抽样可分为等比例分层抽样和不等比例分层抽样。实际中常常采用等比例分层抽样，即

$$\frac{n_i}{N_i} = \frac{n}{N} \qquad (i = 1,2,\cdots,m)$$

关于类型抽样中抽样误差的计算，首先取决于各层内的抽样误差，而各层的抽样误差又取决于各层内部的方差和抽样数目，所以，分层抽样的抽样平均误差表示如下。

重复抽样条件下的抽样平均误差为：

$$\mu(\bar{x}) = \frac{1}{N}\sqrt{\sum_{i=1}^{k} N_i^2 \frac{\sigma_i^2}{n_i}}$$

不重复抽样条件下的抽样平均误差为：

$$\mu(\bar{x}) = \frac{1}{N}\sqrt{\sum_{i=1}^{k} N_i^2 \frac{\sigma_i^2}{n_i}\left(1-\frac{n_i}{N_i}\right)}$$

对于等比例分层抽样，其抽样平均误差的计算公式为：

$$\mu(\bar{x}) = \sqrt{\frac{\overline{\sigma^2}}{n}}$$

式中：σ^2 为层(组)内方差平均数，即用各层的总体单位数 N_i 对各层方差 σ^2 加权平

均；$\bar{x}$ 为样本平均数，它是各层的样本单位数 n_i 对各层平均数 $\bar{x}_i$ 加权平均：

$$\bar{\sigma}^2=\frac{\sum\sigma_i^2 N_i}{\sum N_i}, \bar{x}=\frac{\sum n_i\bar{x}_i}{n}$$

由于总体各层的方差 σ^2 通常是未知的，一般用各层的样本方差代替，并以各子样本单位数 n_i 为权数。

【例 5.10】某地区对居民在 1 年内用于某类消费的支出进行了等比例分层抽样，调查结果如表 5.3 所示。要求以 95.45%的置信度估计该地区平均每户支出的区间。

表 5.3　某地区居民的某类消费支出资料

区域	调查户数	平均支出/元	方差
城镇	40	350	2 209
农村	80	260	2 916

解：样本平均数 $\bar{x}=\frac{\sum n_i\bar{x}_i}{n}=\frac{350\times 40+260\times 80}{40+80}=290$(元)

层内方差平均数 $\bar{\sigma}^2=\frac{\sum\sigma_i^2 N_i}{\sum N_i}=\frac{\sum\sigma_i^2 n_i}{n}$

$$=\frac{2\ 209\times 40+2\ 916\times 80}{40+80}=2\ 680.33(\text{元})$$

抽样平均误差 $\mu(\bar{x})=\sqrt{\frac{\bar{\sigma}^2}{n}}=\sqrt{\frac{2\ 680.33}{120}}=4.73$(元)

$F(t)=0.954\ 5, t=2$

抽样极限误差 $\Delta(\bar{x})=t\mu(\bar{x})=2\times 4.73=9.46$(元)

平均每户支出额的置信区间为 $290-9.46\leqslant\bar{X}\leqslant 290+9.46$，即该地区平均每户支出额为 280.54～299.46 元。

5.5.4　整群抽样

整群抽样(cluster sampling)又称为集团抽样，它是将总体全部单位分为若干部分(每一部分称为一个群体，简称群)，然后按随机原则从中抽取一部分群体，抽中群体的所有单位构成样本。整群抽样对抽中群体内的所有单位进行全面调查，而未抽中群体的单位一概不调查。例如，对人口进行抽样调查，常常以一个乡(或村)的所有住户或所有人口为一群，并对抽中乡(或村)的住户或人口进行全面调查。整群抽样是一种简单、方便又节省人力、物力、财力和时间的抽样组织方式，实践中应用十分广泛。但也应注意到，由于样本单位比较集中，样本单位在总体中的分布不够均匀，在其他条件相同的情况下，整群抽样的样本代表性可能较差。反之，为了保证样本有足够的代表性，就要适当地多抽一些样本。

整群抽样对所抽中群中的每一个单位都要进行调查，其可靠程度取决于各群间变量值的变异程度，群体之间差异程度越大，抽样的结果越不精确，群体之间的差异程度越小，抽样的结果越精确。如果群体之间没有差异，则抽样的结果完全能代表总体，抽样误差为0，可见，整群抽样的抽样误差取决于群间差异程度的大小，而不受各群体内部差异程度的影响。所以，为了保证整群抽样的结果更为准确，群的划分应尽可能地使群内变异程度较大，使群间的变异程度较小，以使每个群都具有足够的代表性。

关于整群抽样的抽样平均误差的计算，采用如下公式。

设把总体分成 R 群，随机地从中抽取 r 群组成样本，假设各群包含单位数相等，均为 m，第 i 群中第 j 个单位为 x_{ij}，则第 i 群的样本平均数为：

$$\bar{x}_i = \frac{\sum_{i=1}^{m} x_{ij}}{m}$$

所有样本群的样本平均数为：

$$\bar{x}_{\mathrm{CL}} = \frac{1}{mr}\sum_{i=1}^{r}\sum_{j=1}^{m} x_{ij} = \frac{1}{r}\sum \bar{x}_i$$

平均数的群间方差为：

$$\sigma_x^2 = \frac{\sum_{i=1}^{R}(\bar{X}_i - \bar{X})^2}{R}$$

由于 σ_x^2 为总体群间方差，而总体群间方差未知，所以要用样本群间方差 S_x^2 代替。

$$S_x^2 = \frac{\sum_{i=1}^{R}(\bar{x}_i - \bar{x}_{\mathrm{CL}})^2}{r}$$

由于整群抽样样本群的抽取是按简单随机原则抽取的，故整群抽样平均数的抽样平均误差为：

$$\mu_x = \sqrt{\frac{\sigma_x^2}{r}}\ (\text{重复抽样})$$

$$\mu_x = \sqrt{\frac{\sigma_x^2}{r}\left(1-\frac{r}{R}\right)}\ (\text{不重复抽样})$$

【例 5.11】某工厂有工人 500 名，分为 50 组，每组 10 人，现随机抽取 10 组检查每个工人的日加工零件数，测得这 10 组工人的平均日加工零件数分别为：15，20，18，25，30，24，10，15，24，12 个。要求推断这些工人的平均日加工零件数的区间（置信度为 95%）。

解：$\bar{x}_{CL} = \frac{1}{r}\sum \bar{x}_i = \frac{15+20+\cdots+24+12}{10} = 19.3(\text{个})$

$$S_x^2 = \frac{\sum_{i=1}^{R}(\bar{x}_i - \bar{x}_{CL})^2}{r} = \frac{(15-19.3)^2+(20-19.3)^2+\cdots+(12-19.3)^2}{10}$$

$$= 37.01(\text{个})$$

$$\mu_x = \sqrt{\frac{\sigma_x^2}{r}\left(1-\frac{r}{R}\right)} = \sqrt{\frac{37.01}{10}\left(1-\frac{10}{50}\right)} = 1.72(\text{个})$$

对于给定的置信度 95%，查概率表得 $t=1.96$，从而可推断该工厂工人平均日加工零件数的置信区间为[15.93，22.67]。

以上 4 种抽样方式各有不同的特点和前提条件。在实际工作中应根据调查对象的性质、特点，调查的目的和要求选择适当的抽样方式。它们可以单独使用，也可以结合使用。

5.6　多阶段抽样

当我们面对的总体单元数很庞大，而且分布范围很广时，如果使用前面所学习的单阶段抽样方法，不仅工作量大，而且在精度上很难把握，此时如果改用多阶段抽样方法，就会避免上述困难，从而达到理想的抽样效果。

5.6.1　多阶段抽样的概念

多阶段抽样是指在抽样时把总体划分成多个级别的抽样单元，每一级别的抽样单元由若干下一级别的抽样单元组成，抽样时先对一级单元抽样，再在中选的一级单元中对二级单元抽样，以此类推，这种抽样方法称为多阶段抽样。多阶段抽样实施方便,调查费用比较低。例如,在进行职工生活收入与消费支出调查时,第一阶段抽选调查城市,第二阶段从中选城市的各个部门中抽选调查单位,第三阶段再从中选调查单位中抽选职工等。

5.6.2 多阶段抽样的特征

(1)便于组织抽样。当总体单元数目很大,分布很广时,若采用简单随机抽样,那么,编制全体总体单元的抽样框和现场实施随机抽样,都是相当困难的;如果是采用等距抽样,则须将全部总体单元进行有序排列并等距抽取,也是很困难的;若采用分层抽样,则为提高估计效率,需掌握全部总体单元的有关资料,按照分层的原则进行分层,然后到各层中去抽取,这一分层和大范围抽样的工作是很繁重的;若采用单级整群抽样,也需掌握全部总体单元的有关资料,按分群的原则分群,并在抽中的群内作全面调查,这一分群和在群内作全面调查的工作也是很庞大的。采用多阶段抽样,就可以避免上述抽样技术中的困难。

(2)抽样方式灵活,有利于提高抽样的估计效率。多阶段抽样中,各阶段可以采用同一种抽样方法,也可以根据各阶单元的分布情况,采用不同的抽样方法。同时,还可以根据各阶单元分布情况的不同,安排不同的抽样比。

(3)多阶段抽样对基本调查单元的抽样不是一步到位的。多阶段抽样至少要经过两步抽样,这也是多阶段抽样与单阶抽样的区别所在。因此,多阶段抽样的随机性体现在每一阶单元的抽样上。而在各阶段可以充分利用辅助信息来增加效率。但在现实中各阶单元大小相等的情形又几乎不存在,所以对于各阶单元大小不等的多阶段抽样,如何保证每个基本单元都有相同的可能性被抽中,是一个较为复杂的问题,有待进一步探讨。

(4)多阶段抽样实质上是分层抽样与整群抽样的有机结合。以两阶段抽样为例,从总体上所有一阶单元中抽取一部分单元,相当于从总体所有群中抽取部分群的整群抽样;而在每个抽中的一阶单元中分别抽取部分二阶单元,就相当于分层抽样。即先整群,后分层。因此,二阶段抽样从技术上看是整群抽样与分层抽样的综合。

(5)多阶段抽样在抽样时并不需要二阶或更低阶单元的抽样框。对于第一阶抽样,初级单元的抽样框是必要的。在以后的各阶抽样中,仅仅需对那些已抽中的单元准备下一级单元的抽样框。

5.6.3 多阶段抽样误差的计算

从多阶段抽样的概念中可以看出，前几个阶段的抽样类似于整群抽样，最后一个阶段类似于类型抽样和等距抽样。每个阶段抽样都会存在抽样误差，因此多阶段抽样的误差是各阶段抽样误差之和。现以两阶段抽样为例，说明多阶段抽样误差计算的一般原理。

先将总体划分为 R 群，每群包含单位数为 m_i，则总体单位数 $N=m_1+m_2+\cdots+m_R$。抽样时先从 R 群中抽取 r 群，第二阶段中从 r 群中分别又随机地抽取 m_r 个单位，这样便构成一个容量为 $n=m_1+m_2+\cdots+m_r$ 的样本总体，实质上两阶段抽样是整群抽样和类型抽样的结合。

设每群中所包含的单位都相等，为 m，从总体 R 群中抽取 r 群，则整个样本的容量即为 $n=rm$。样本平均数为：

$$\bar{x}_i=\frac{1}{m}\sum x_{ij}\text{（第一阶段）}$$

$$\bar{x}_{\text{second}}=\frac{1}{r}\sum_{i=1}^{r}\bar{x}_i=\frac{1}{rm}\sum_{i=1}^{r}\sum_{j=1}^{m}x_{ij}\text{（第二阶段）}$$

两阶段抽样的平均误差由两部分组成，第一部分是第一阶段总体中抽取 r 群所产生的群间方差，第二部分是由第二阶段在中选群中抽取部分单位所产生的组内平均误差。

第一部分的群间方差为：

$$\sigma_x^2=\frac{\sum_{i=1}^{R}(X_i-\bar{X})^2}{R}$$

或 $$S_x^2=\frac{\sum_{i=1}^{r}(\bar{x}_i-\bar{x})^2}{r}$$

第二部分的平均群内方差为：

$$\sigma_i^2=\frac{\sum_{j=1}^{m}(x_{ij}-\bar{x}_i)^2}{m}$$

$$\sigma_r^2=\frac{\sum_{i=1}^{r}\sigma_i^2}{r}$$

则抽样平均误差为：

$$\mu_x = \sqrt{\frac{\sigma_x^2}{r}\left(\frac{R-r}{R-1}\right)+\frac{\sigma_r^2}{rm}\left(\frac{M-m}{m-1}\right)}$$

【例 5.12】对某村的家庭收入进行抽样调查。将 100 个家庭等数分为 10 群，每群 10 个家庭。现采用阶段抽样的方法，先从 10 群中抽选 10 个家庭，并从 10 个家庭中选取 50％组成样本进行研究，样本资料如表 5.4 所示。

表 5.4 阶段抽样资料表

群别	家庭收入/元	样本平均数 $\overline{x}_i$	离差 $x_i-\overline{x}_i$	离差平方 $(x_i-\overline{x}_i)^2$
Ⅰ	100	120	−20	400
	105		−15	225
	120		0	0
	135		15	225
	140		20	400
Ⅱ	160	202	−42	1 764
	180		−22	484
	200		−2	4
	230		28	784
	240		38	1 444
Ⅲ	250	284	−34	1 156
	270		−14	196
	280		−4	16
	300		16	256
	320		36	1 296
Ⅳ	350	404	−54	2 971
	380		−24	576
	400		−4	16
	420		16	256
	470		36	4 356
Ⅴ	500	570	−70	4 900
	540		−30	900
	570		0	0
	600		30	900
	640		70	4 900
合计	—	316	—	

解：抽样平均数 $\bar{x}=\sum\frac{\bar{x}_i}{r}=\frac{120+202+284+404+570}{5}=316$(元)

各样本群的群内方差为：

$$\sigma_1^2=\frac{400+225+0+225+400}{5}=250$$

$$\sigma_2^2=\frac{1\ 764+484+4+784+1\ 444}{5}=896$$

$$\sigma_3^2=\frac{1\ 156+196+16+256+1\ 296}{5}=584$$

$$\sigma_4^2=\frac{2\ 916+576+16+256+4\ 356}{5}=1\ 624$$

$$\sigma_5^2=\frac{4\ 900+900+0+900+4\ 900}{5}=2\ 320$$

$$\bar{\sigma}_r^2=\frac{250+896+584+1\ 624+2\ 320}{5}=1\ 134.8$$

各群间方差为：

$$\sigma_x^2=\frac{(120-316)^2+(202-316)^2+(284-316)^2+(404-316)^2+(570-316)^2}{5}$$

$$=24\ 939.2$$

在不重复抽样的条件下有

$$\mu_x=\sqrt{\frac{\sigma_x^2}{r}\left(\frac{R-r}{R-1}\right)+\frac{\bar{\sigma}_r^2}{rm}\left(\frac{M-m}{m-1}\right)}$$

$$=\sqrt{\frac{24\ 939.2}{5}\left(\frac{10-5}{10-1}\right)+\frac{1\ 134.8}{5\times5}\left(\frac{100-5}{5-1}\right)}=62.04$$

$\Delta_x=t\mu_x=2\times62.04=124.08$(元)

如果概率为95.45%，则该村家庭月收入可能范围为：

$316-124.08\leqslant\bar{X}\leqslant316+124.08$

即 $191.92\leqslant\bar{X}\leqslant440.08$

5.7 用 SPSS 和 Excel 进行抽样推断估计

【例 5.13】某高校经贸系 50 名学生高等数学考试成绩如下：

75 68 84 82 90 62 76 93 56 83 73 79 88 74 60 90 71
59 86 75 61 65 75 87 74 62 95 78 63 72 66 78 82 75
94 77 69 74 76 77 79 62 67 97 78 85 76 65 75 72

根据样本数据对 50 名学生高等数学成绩的平均数进行估计（置信区间为 95.45%）。

方法一：采用 SPSS 对单一总体平均数的参数估计

步骤：点击 Analyze-Descriptive Statistics-Explore，进入 Explore 对话框，把学生成绩变量[xscj] 输入到 Dpendent List 中，再点击 Statistics，进入 Explore：Statistics 对话框，见图 5.1。Statistics 对话框中 Descriptives 的有关指标是固定的，默认的置信系数为 95%，把该值改为 95.45%，点击 Continue 按钮，回到 Explore 对话框，然后点击 OK 按钮，可以得到学生考试成绩的描述性分析及区间估计的结果，结果见表 5.5。

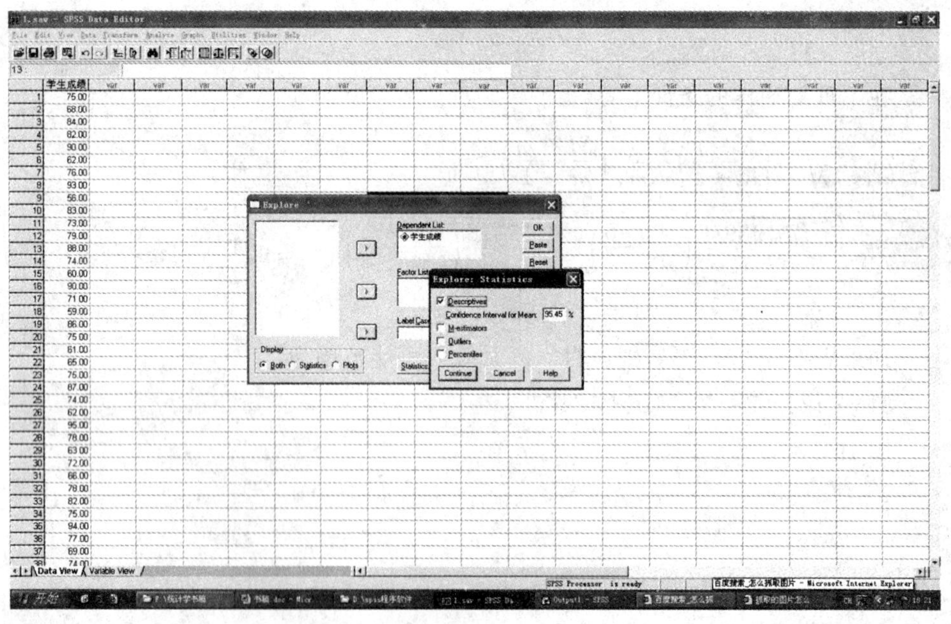

图 5.1 Explore：Statistics 对话框

从表5.5中可以看出，学生考试成绩平均数的点估计值为75.6，95.45%的置信区间为[72.67，78.53]。

表5.5　学生考试成绩的描述性分析及区间估计结果

			Statistics	Std. Error
学生成绩	Mean		75.600 0	1.429 71
	95.45% Confidence	Lower Bound	72.665 8	0.665 8
	Interval for Mean	Upper Bound	78.534 2	78.534 2
	5% Trimmed Mean		75.466 7	
	Median		75.000 0	
	Variance		102.204	
	Std. Deviation		10.109 60	
	Minimum		56.00	
	Maximum		97.00	
	Range		41.00	
	Interquartile Range		14.50	
	Skewness		0.168	0.337
	Kurtosis		−0.506	0.662

方法二：采用Excel进行估计

步骤：先输入数据，点击“工具”菜单，选择“数据分析”选项，在对话框中选择“描述统计”。点击“确定”即可。结果与方法一一致。

复习思考题

一、选择题

1. 抽样推断的特点是(　　)。

A. 按随机原则抽取样本　　B. 按随意原则抽取样本

C. 由部分推断总体　　D. 误差可以事先计算并控制

E. 缺乏科学性和可靠性

2. 产生工作误差的主要原因(　　)。

A. 计量误差　　B. 记录误差

C. 计算误差　　D. 观察误差

E. 抽样误差

3. 影响抽样误差的因素有(　　)。

A. 抽样数目的多少　　B. 总体标志变异程度的大小

C. 不同的抽样组织方式　　D. 抽样周期的长短

E. 不同的抽样方法

4.在简单重复随机抽样条件下，欲使误差范围缩小1/2，其他要求保持不变，则样本容量必须( )。

A.增加2倍　　B.增加3倍

C.增加到4倍　　D.减少2倍

E.减少3倍

5.当抽样极限误差扩大时( )。

A.抽样推断的把握程度随之提高　　B.抽样推断的把握程度随之降低

C.抽样推断的精确度提高　　D.抽样推断的精确度降低

E.抽样推断的把握程度和精确度均保持不变

6.作为最优估计量的几个标准分别是( )。

A.无偏性　　B.有效性

C.差异性　　D.一致性

7.在区间估计中，如果其他条件保持不变，概率保证程度与精确度之间存在下列关系( )。

A.前者愈低，后者愈低　　B.前者愈高，后者愈高

C.前者愈低，后者愈高　　D.前者愈高，后者愈低

E.两者呈相反方向变化

8.要提高抽样推断的精确度可采用的方法有( )。

A.增加样本数目　　B.减少样本数目

C.缩小总体被研究标志的变异程度　　D.改善抽样的组织方式

E.改善抽样的方式

9.影响抽样单位数目的因素有( )。

A.总体方差(或标准差)　　B.概率保证程度

C.抽样方法　　D.允许误差范围

E.抽样组织方式

10.按抽样组织方式不同，抽样调查有( )。

A.简单随机抽样　　B.等距抽样

C.类型抽样　　D.整群抽样

E.重复抽样　　F.不重复抽样

二、简答题

1.抽样推断的概念和特点是什么？

2.影响抽样平均误差的因素是什么？

3.确定样本容量的意义，影响样本容量的因素是什么？

4. 简述抽样调查的组织形式。

5. 多阶段抽样的特征是什么?

三、计算题

1. 一批零件共10 000个,随机抽取100个,发现有5个不合格,计算合格品的抽样平均误差。

2. 有5名工人的日产量分别为(单位:件):6,8,10,12,14。从中抽取2名工人的日产量,用以代表这5名工人的总体水平。

要求:(1)分别计算重复及不重复抽样的平均误差。

(2)计算可靠程度为0.954 5($t=2$)时的抽样极限误差。

3. 某地有8家银行,从全体职工中重复抽取600人进行调查,得知其中的486人在银行里有个人储蓄存款,存款金额平均每人3 400元,标准差500元,试以95.45%的可靠性推断:

(1)全体职工中有储蓄存款者所占比率的区间范围。

(2)平均每人存款金额的区间范围。

4. 对生产某种规格的灯泡5 000只进行使用寿命检验,根据以往正常生产的经验,灯泡使用寿命标准差$\sigma=0.4$ h,现在95.45%的概率保证下,抽样平均使用寿命的极限误差不超过0.08 h,问必要的抽样数目应为多大?

5. 某企业对职工用于某类消费的支出进行了等比例分层抽样,调查结果如下:

类别	职工人数	调查人数	平均支出/元	标准差/元
青年职工	2 400	120	230	60
中老年职工	1 600	80	140	47

试以95.45%的概率估计该企业职工平均支出的置信区间。

复习思考题答案

一、选择题

1. ACD　2. ABCD　3. ABCE　4. BC　5. AD

6. ABD　7. CDE　8. ACDE　9. ABCDE　10. ABCD

二、简答题

(略)

三、计算题

1. 解:合格品成数 $P=\dfrac{100-5}{100}=0.95$

重复抽样

$$\mu_p=\sqrt{\frac{P(1-P)}{n}}=\sqrt{\frac{0.95\times(1-0.95)}{100}}=0.021\ 8$$

不重复抽样

$$\mu_p=\sqrt{\frac{P(1-P)}{n}\left(1-\frac{n}{N}\right)}=\sqrt{\frac{0.95\times(1-0.95)}{100}\left(1-\frac{100}{10\ 000}\right)}=0.021\ 7$$

2. 解：由题意知，$N=5,n=2$

$$\bar{X}=\frac{6+8+10+12+14}{5}=10(件)$$

$$\sigma^2=\frac{\sum(X-\bar{X})^2}{N}=\frac{(6-10)^2+(8-10)^2+(10-10)^2+(12-10)^2+(14-10)^2}{5}$$

$=8$(件)

重复抽样

$$\mu_{\bar{x}}=\sqrt{\frac{\sigma^2}{n}}=\sqrt{\frac{8}{2}}=2(件)$$

不重复抽样

$$\mu_{\bar{x}}=\sqrt{\frac{\sigma^2}{n}\left(1-\frac{n}{N}\right)}=\sqrt{\frac{8}{2}\left(1-\frac{2}{5}\right)}=1.549(件)$$

已知 $F(t)=0.954\ 5,t=2$

重复抽样

$$\Delta_{\bar{x}}=t\mu_{\bar{x}}=t\sqrt{\frac{\sigma^2}{n}}=2\times2=4(件)$$

不重复抽样

$$\Delta_{\bar{x}}=t\mu_{\bar{x}}=t\sqrt{\frac{\sigma^2}{n}\left(1-\frac{n}{N}\right)}=2\times1.549=3.198(件)$$

3. 解：由题意知：$n=600,p=\frac{486}{600}=0.81,\bar{x}=3\ 400,\sigma=500,F(t)=0.954\ 5,t=2$

(1) $\mu_P=\sqrt{\frac{P(1-P)}{n}}=\sqrt{\frac{0.81\times(1-0.81)}{600}}=0.016$

$\Delta_p = t\mu_p = 2 \times 0.016 = 0.032$

全体职工中有储蓄存款者所占比率的区间范围为 $0.81 - 0.032 \leqslant P \leqslant 0.81 + 0.032$，即 77.8%～84.2%。

(2) $\mu_{\bar{x}} = \sqrt{\dfrac{\sigma^2}{n}} = \sqrt{\dfrac{500^2}{600}} = 20.412$(元)

$\Delta_{\bar{x}} = t\mu_{\bar{x}} = 2 \times 20.412 = 40.824$(元)

平均每人存款金额的区间范围为 $3\,400 - 40.824 \leqslant \overline{X} \leqslant 3\,400 + 40.824$，即 3 359.176～3 440.824 元。

4. 解：由题意知：$\sigma = 0.4$，$\Delta_{\bar{x}} = 0.08$，$F(t) = 0.954\,5$，$t = 2$

重复抽样

$$n = \frac{t^2\sigma^2}{\Delta_{\bar{x}}^2} = \frac{2^2 \times 0.4^2}{0.08^2} = 100(\text{只})$$

不重复抽样

$$n = \frac{Nt^2\sigma^2}{N\Delta_{\bar{x}}^2 + t^2\sigma^2} = \frac{5\,000 \times 2^2 \times 0.4^2}{5\,000 \times 0.08^2 + 2^2 \times 0.4^2} = \frac{3\,200}{32.64} \approx 98(\text{只})$$

5. 解：样本平均数 $\bar{x} = \dfrac{\sum n_i \bar{x}_i}{n} = \dfrac{120 \times 230 + 80 \times 140}{120 + 80} = 194$(元)

层内方差平均数 $\sigma^2 = \dfrac{\sum \sigma_i^2 N_i}{\sum N_i} = \dfrac{\sum \sigma_i^2 n_i}{n}$

$$= \frac{60^2 \times 120 + 47^2 \times 80}{120 + 80} = 3\,043.6(\text{元})$$

抽样平均误差 $\sigma(\bar{x}) = \sqrt{\dfrac{\sigma^2}{n}} = \sqrt{\dfrac{3\,043.6}{200}} = 3.901$(元)

$F(t) = 0.954\,5$，$t = 2$

抽样极限误差 $\Delta(\bar{x}) = t\sigma(\bar{x}) = 2 \times 3.901 = 7.802$(元)

职工平均支出的置信区间为 $194 - 7.802 \leqslant \overline{X} \leqslant 194 + 7.802$，即该企业职工平均支出为 186.198～201.802 元。

第6章　假设检验

教学目的与要求：通过本章的学习，理解显著性检验的基本思想；掌握显著性检验的基本步骤和可能产生的两类错误，会对实际问题作假设检验；熟悉总体参数的检验法。

在科研、生产和各种管理活动中，我们通常要对很多的问题作出一定的论断和猜测，这就是假设。为了验证所建立的假设是否成立，我们需要抽取一定的样本资料，构造适当的统计量，并根据试验结果来判定被检验的统计量之间的偏差是由抽样误差造成的，还是由于总体参数不同所造成的，这个过程称为假设检验(hypothesis test)，又称显著性检验(significance test)。本章在介绍了假设检验的基本思想及其一般步骤之后，重点介绍总体参数检验的重要方法。

6.1　假设检验的基本思想

进行检验的基本思想是带有概率性质的反证法思想，其依据是小概率事件的原理，在假设A事件是一个小概率事件成立的条件下，只做一次试验，A事件却发生了，则自然有理由认为原来的假设不成立。样本统计量之间或样本统计量与总体参数之间一般是存在偏差的。若该偏差由抽样误差造成的可能性很小的话(习惯上用$P \leqslant 0.05$表示)，就可认为是由于总体参数不同造成的；反之，则可认为是由抽样误差引起的，仍属同总体。

下面我们通过一个例子，来进行更为详细的解释。

【例6.1】设某种零件的尺寸服从正态分布，方差为$\sigma^2=1.21$，对一批这种零件随机抽取6件进行检验，取得尺寸数据(mm)为32.56，29.66，31.64，30.00，31.87，31.03。取$\alpha=0.05$时，问这批零件的平均尺寸能否认为是30.50 mm。

这类问题就属于假设检验的问题。通常我们假设X为这种零件的测量值，认为这批零件的平均尺寸是30.50 mm，也就是假设“$\overline{X}=30.50$”正确，这种零件的平均尺寸$\overline{X} \sim N\left(30.50, \frac{1.1^2}{6}\right)$，所以在给定的显著性水平$\alpha$下，应该有

$$p\left(\frac{|\bar{x}-30.50|}{\frac{1.1}{\sqrt{6}}}>t_{1-\frac{\alpha}{2}}\right)=\alpha$$

若 α 很小(通常 $\alpha=0.05$)，则事件“$\frac{|\bar{x}-30.50|}{\frac{1.1}{\sqrt{6}}}>t_{1-\frac{\alpha}{2}}$”发生的概率就很小。即当 $\alpha=0.05$ 时，$t=1.96$，事件“$\frac{|\bar{x}-30.50|}{\frac{1.1}{\sqrt{6}}}>t_{1-\frac{\alpha}{2}}$”发生的概率只有 0.05，即事件 $|\bar{x}-30.50|>\frac{1.1}{\sqrt{6}}\cdot 1.96=0.880\ 18$ 发生的概率只有 0.05，一般来说，小概率事件在一次试验中不会发生。但是由于 $\bar{x}=31.126\ 67$，得 $|\bar{x}-30.50|=0.626\ 7<0.880\ 18$。这样的结果符合小概率事件的基本思想，我们没有理由拒绝“$\bar{X}=30.50$”这个假设，因此，需要接受这一假设。反过来，假如算得 $|\bar{x}-30.50|>0.880\ 18$，本来概率很小的事件，在一次试验中却发生了，这只能使我们对前提假设“$\bar{X}=30.50$”产生怀疑，从而拒绝这一假设。

因此，假设检验的基本思想是根据所获样本，运用统计分析方法，对总体 X 的某种假设做出接受或拒绝的判断。

6.2　假设检验的一般步骤

从这个例可看出，拒绝或接受“$\bar{X}=30.50$”是根据事件“$\frac{|\bar{x}-30.50|}{\frac{1.1}{\sqrt{6}}}>t_{1-\frac{\alpha}{2}}$”是否发生而定的，因此，对于取定的一个样本，是作出拒绝假设还是接受假设的结论，在一定程度上要依赖于 α 的大小。因此，根据假设检验的基本思想，我们可以将假设检验的验证步骤归结如下：

1. 建立零假设 H_0 和备择假设 H_1

通常情况下，设总体 X 的分布函数为 $F(x)$，$F(x)$ 一般完全或部分未知，对未知的总体分布所作假设称为一个统计假设。当总体分布的类型已知，对分布的一个或几个未知参数的值作出假设，或者对总体分布函数的类型或某些特征提出某种假设，这种假设称为待检假设、原假设或零假设(null hypothesis)，一般用 H_0 表示。事实上，当我们提出了零假设时，也同时给出了另外一个假设，即提供给我们选择的备择假设(alternative hypothesis)，记为 H_1。H_0 与 H_1 是互不相容的，也就是如果零假设被拒绝了，就等于接受了备择假设。

如例 6.1 中，零假设和备择假设分别为：

$H_0:\overline{X}=30.50$，$H_1:\overline{X}\neq 30.50$

需要注意的是，备择假设比零假设还重要，这要由实际问题来确定，一般把期望出现的结论作为备择假设。若零假设为 $H_0:\overline{X}=\overline{x}$ 时，可能的备择假设有下面3种情况：

H_1：(1)$\overline{X}\neq\overline{x}$；(2)$\overline{X}<\overline{x}$；(3)$\overline{X}>\overline{x}$

一般情况下 H_1 常选择(1)，这时称为双侧检验(two tailed test)；若选择(2)或(3)称为单侧检验(one tailed test)。如所考虑总体的均值越大越好时，H_1 可选择(3)。对此，我们在后面将进一步说明。

2. 选取并计算检验统计量

假设检验过程中所用的统计量称为检验统计量，零假设和备择假设确定之后，我们要构造一个统计量来决定是"接受零假设，拒绝备择假设"，还是"拒绝零假设，接受备择假设"。对不同的问题，要选择不同的检验统计量，其通常和零假设的内容及样本指标有关。要求在 H_0 为真时，统计量的分布是确定和已知的。

在常用检验统计量的计算中，一般情况下可以采用如下公式：

$$\text{检验统计量}=\frac{\text{样本统计量}-\text{参数的假定值}}{\text{样本统计量的标准差}}$$

3. 确定显著性水平 α 和拒绝域 W

显著性水平(significance level)亦称检验水平，符号为 α。从假设检验的原理可以看出，显著性水平 α 越小，则拒绝原假设就越有说服力，因此，确定 α 关系到检验结论是否有说服力的问题，通常取 0.01，0.05 或 0.1 等。

检验统计量确定后，就要利用该统计的分布以及由实际问题中所确定的显著性水平，来进一步确定检验统计量拒绝零假设的取值范围，即拒绝域(region of rejection)，也就是使与检验统计量相关联的概率等于 α 的事件发生的样本点(一组样本观测值)的全体。拒绝域一般写成 $W=\{(x_1,x_2,\cdots,x_n)$：使与检验统计量相关联的概率等于 α 的事件$\}$。

4. 作出检验结论

用计算得到的统计量与相应的界值作比较，确定 P 值。P 值是指在由 H_0 所规定的总体中随机抽样，获得等于及大于(或等于及小于)现有统计量的概率。根据 P 值大小作出拒绝或不拒绝 H_0 的检验结论，如果统计量的值 P 落在拒绝域内，

则拒绝 H_0，否则接受 H_0。

在给定显著性水平下作出判断时会犯错误，要允许犯错误，我们的任务是控制犯错误的概率。在假设检验中，错误有两类：

第一类错误（拒真错误）　原假设 H_0 为真，但由于抽样的随机性，样本落在拒绝域 W 内，从而导致拒绝 H_0，其发生概率记为 $P((x_1, x_2, \cdots, x_n) \in W \mid H_0) = \alpha$，又称为显著性水平；

第二类错误（取伪错误）　原假设 H_0 不真，但由于抽样的随机性，样本未落在 W 内，从而导致接受 H_0，其发生概率为 $P((x_1, x_2, \cdots, x_n) \notin W \mid H_0) = \beta$。

我们知道，若 α 越小，则拒绝原假设的说服力越强。但当 α 过小时，本来应该拒绝的原假设也容易被接受下来，从而增大了犯第二类错误的可能，此时，β 就要增大；同样，若要减少 β，则必然会使 α 增大。犯两类错误的概率当然是越小越好，为了尽可能同时把 α，β 都减到很小，只有增加样本容量的大小。

【例 6.2】某厂在正常情况下生产的合金强度服从正态分布，其中：方差 $\sigma^2 = 16$，$\overline{X} = 110(\text{Pa})$。某天随机抽取 25 块合金，测得它们的强度均值 $\overline{x} = 108(\text{Pa})$。试问当日生产是否正常？（显著性水平 $\alpha = 0.05$）

解：(1)建立零假设 H_0 和备择假设 H_1。

$H_0: \overline{X} = 110, H_1: \overline{X} \neq 110$

(2)选取并计算检验统计量。

$$\frac{\overline{x} - \overline{X}}{\sqrt{\frac{\sigma^2}{n}}} = \frac{\overline{x} - 110}{\frac{4}{5}}$$

(3)确定拒绝域。

给定的显著性水平 $\alpha = 0.05$，由于是双侧检验，两边拒绝区间的概率各为 $\frac{\alpha}{2}$，因此接受区间的概率 $1 - \alpha = 0.95$，所以 $t = 1.96$。拒绝域为：

$$W = \left\{(x_1, x_2, \cdots, x_n): |\overline{x} - 110| > 1.96 \times \frac{4}{5} = 1.568\right\}$$

(4)作出检验结论。

由于 $P = |\overline{x} - 110| = |108 - 110| = 2 > 1.568$

即样本观测值落入拒绝域，因此，应当拒绝原假设 H_0，接受备择假设 H_1，即在显著性水平 $\alpha = 0.05$ 时可认为当日生产不正常。

6.3 总体参数检验

假设检验为统计推断的重要内容之一，一般分为两大类：一类是参数检验，需要已知变量的分布形式时才能用，如 μ 检验、t 检验、F 检验等；另一类是非参数检验，在未知变量分布的情况下也能用，如秩和检验、符号检验等。本节主要介绍总体参数检验。

6.3.1 单侧检验与双侧检验

在上一节介绍的假设检验步骤中，我们看到，通过确定的检验统计量，事先给出的显著性水平，可以找出一个临界值，将统计量的取值范围划分成接受区域与拒绝区域两部分。拒绝区域是检验统计量取值的小概率区域，我们可以将这个小概率区域安排在检验统计量分布的两端，也可以安排在分布的一侧，分别称作双侧检验与单侧检验。单侧检验又按拒绝域在左侧还是在右侧而分为左侧检验与右侧检验两种，如图 6.1 所示。

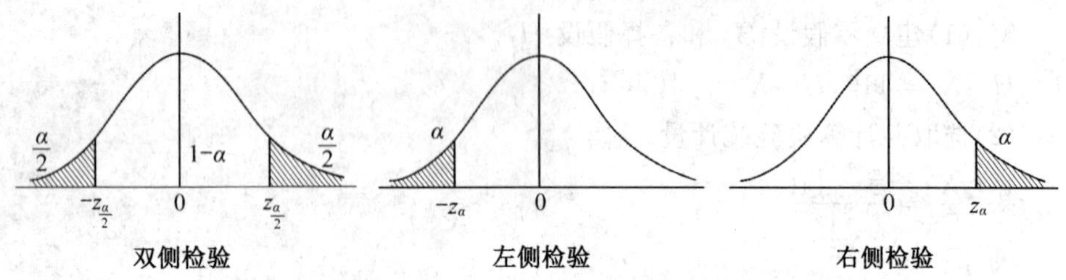

图 6.1 双侧、单侧检验的拒绝域分配

一个假设检验究竟是使用双侧检验还是使用单侧检验，单侧检验时，是使用左侧检验还是使用右侧检验，这取决于备择假设的性质。比如，当总体标准差已知时，我们对正态总体的均值进行检验，使用的检验统计量是

$$z=\frac{\overline{x}-\overline{X}}{\frac{\sigma}{\sqrt{n}}}$$

按备择假设的不同，存在 3 种情况：

(1) $H_0: \overline{X}=\overline{x}$, $H_1: \overline{X}\neq\overline{x}$

备择假设是总体均值不等于一个给定的 μ_0，检验统计量取极端值，不论是在极端大的右侧取值，还是在极端小的左侧取值，都有利于拒绝原假设，接受备择假

设。因此拒绝原假设的拒绝域被安排在左右两侧，使用的是双侧检验。

(2) $H_0: \overline{X} = \overline{x}$，$H_1: \overline{X} < \overline{x}$

备择假设是总体均值小于一个确定的 μ_0，检验统计量越在极端大的右侧取值，越有利于说明总体的均值较大，这对备择假设是不利的。因此，拒绝域不宜安排在右侧，安排到左侧比较合适，使用左侧检验。

(3) $H_0: \overline{X} = \overline{x}$，$H_1: \overline{X} > \overline{x}$

备择假设是总体均值大于一个确定的 μ_0，检验统计量在极端小的左侧取值时，对备择假设是不利的。因此拒绝原假设的拒绝域被安排在右侧，而使用单侧检验中的右侧检验。

最后我们可以归纳结论：用单侧检验还是双侧检验，使用左侧检验还是右侧检验，决定于备择假设中的不等式形式与方向。与“不相等”对应的是双侧检验，与“小于”相对应的是左侧检验，与“大于”相对应的是右侧检验。

【例 6.3】某银行的储户，月储蓄额服从正态分布，正常情况下，月平均储蓄额 $\overline{X} = 55$ 元，$\sigma = 25$ 元。现提高存款利率后。随机抽查了 36 户，发现月平均储蓄额 $\overline{x} = 65$ 元。问能否以 0.05 的显著性水平说明平均月储蓄额有所提高。

解：由题意可知，月储蓄额 $X \sim N(\mu, 25^2)$

(1)建立零假设 H_0 和备择假设 H_1。

$H_0: \overline{X} \leqslant 55, H_1: \overline{X} > 55$

(2)选取并计算检验统计量。

$$\frac{\overline{x} - \overline{X}}{\sqrt{\frac{\sigma^2}{n}}} = \frac{\overline{x} - 55}{\sqrt{\frac{25^2}{36}}}$$

(3)确定拒绝域。

给定的显著性水平 $\alpha = 0.05$，由于是单侧检验，而正态概率分布表是双侧检验，把它换算成双侧的概率应该为 $2 \times 0.05 = 0.1$，通过查表得到 $t = 1.645$。所以拒绝域为：

$$W = \left\{ (x_1, x_2, \cdots, x_n): |\overline{x} - 55| > 1.645 \times \frac{25}{6} = 6.854 \right\}$$

(4)作出检验结论。

由于 $P = |\overline{x} - 55| = |65 - 55| = 10 > 6.854$，即样本观测值落入拒绝域，因此，应当拒绝原假设 H_0，接受备择假设 H_1，即在显著性水平 $\alpha = 0.05$ 时，提高存款利率后，平均月储蓄额将有所提高。

6.3.2 总体平均数的检验

1. 总体标准差 σ 已知的情形

下面我们通过一个实例来解释一下总体标准差已知的情形。

【例 6.4】消费者协会接到消费者投诉，指控品牌纸包装饮料存在容量不足，有欺骗消费者的嫌疑。包装上标明的容量是 250 mL。消费者协会从市场上随机抽取 50 盒该品牌纸包装饮料，测试发现平均含量为 248 mL。设按历史资料，总体的标准差是 4 mL。我们通过检验总体均值是否等于 250 mL 来判断饮料厂商是否欺骗了消费者。程序如下：

(1)建立零假设 H_0 和备择假设 H_1。

$H_0:\overline{X}=250, H_1:\overline{X}<250$

以上的备择假设是总体均值小于 250 mL，因为消费者协会希望通过样本数据推断出厂商的欺骗行为(大于 250 mL 一般不会发生)。因此，使用左侧检验。

(2)选取并计算检验统计量。

我们知道，如果总体的标准差已知，则正态总体(正常情况下，生产饮料的容量服从正态分布)的抽样平均数，也服从正态分布，对它进行标准化变换，可得：

$$z=\frac{\bar{x}-\overline{X}}{\frac{\sigma}{\sqrt{n}}}\sim N(0,1)$$

可用 z 作为检验统计量。

(3)确定显著性水平和拒绝域。

显著性水平由实际问题确定，我们这里取 $\alpha=0.05$，使用左侧检验，拒绝域在左边，查标准正态分布表得临界值：$z_\alpha=-1.645$，拒绝域是 $z<-1.645$。

(4)作出检验结论。

样本平均数 $\bar{x}=248, n=50$，代入检验统计量得：

$$z=\frac{\bar{x}-\overline{X}}{\frac{\sigma}{\sqrt{n}}}=\frac{248-250}{\frac{4}{\sqrt{50}}}=-3.54<-1.645$$

检验统计量的样本取值落入拒绝域。拒绝原假设，接受备择假设，认为有足够的证据说明该种纸包饮料的平均容量小于包装盒上注明的 250 mL，厂商有欺骗行为。

2. 总体标准差未知的情形

我们在区间估计时已知，当总体的标准差或方差未知时可相应地用样本的标

准差与方差代替它们。但这时检验统计量不服从标准正态分布了。事实上这时的检验统计量是

$$t=\frac{\overline{x}-\overline{X}}{\frac{\sigma}{\sqrt{n}}}\sim t(n-1)$$

式中:检验统计量服从的是自由度为 $n-1$ 的 t 分布。这里用 t 作为检验总体均值的统计量,称为 t 检验统计量(t-test statistic)。但是,在大样本场合(样本容量 n 大于 30 时),t-统计量与标准正态分布统计量近似,通常用 z 检验代替 t 检验。

【例 6.5】某厂采用自动包装机分装产品,假定每包产品的重量服从正态分布,每包标准重量为 1 000 g,某日随机抽查 9 包,测得样本平均重量为 986 g,样本标准差是 24 g。试问在 $\alpha=0.05$ 的显著性水平上,能否认为这天自动包装机工作正常。

解:(1)建立零假设 H_0 和备择假设 H_1。

$H_0:\overline{X}=1\ 000$, $H_1:\overline{X}\neq 1\ 000$

以上的备择假设是总体均值不等于 1 000 g,因为只要均值偏离 1 000 g,都说明包装机工作不正常。因此使用双侧检验。

(2)选取检验统计量。

由于总体标准差未知,用样本标准差代替,相应检验统计量是 t。

(3)确定显著性水平和拒绝域。

$\alpha=0.05$,查 t-分布表(自由度 $n-1=8$),得临界值是 $t_{\frac{\alpha}{2}}(n-1)=t_{0.025}(8)=2.306$,拒绝域是 $|t|\geqslant 2.306$。

(4)作出检验结论。

样本平均数 $\overline{x}=986$,$n=9$,$S=24$ 代替 σ 代入 t 检验统计量得:

$$t=\frac{\overline{x}-\overline{X}}{\frac{\sigma}{\sqrt{n}}}=\frac{986-1\ 000}{\frac{24}{\sqrt{9}}}=-1.75$$

由于 $|t|<2.306$,检验统计量的样本取值落入接受区域,所以接受 H_0。样本数据说明这天的自动包装机工作正常。

我们不难发现,t 检验与正态检验十分相似,不同之处只是在确定临界值时,查的分布表不同,而且,在大样本场合两者检验过程可完全相同。

6.3.3　总体成数的检验

我们知道,样本成数是一个特殊的平均数,当样本容量较大时,下列统计量服

从标准正态分布：

$$z=\frac{p-P}{\sqrt{\frac{P(1-P)}{n}}}$$

式中：p 代表样本的成数，P 代表总体的成数。

以上的 z 统计量可以用作总体成数检验的检验统计量。

【例 6.6】某企业声明有 30%以上的消费者对其产品质量满意。如果随机调查 600 名消费者，表示对该企业产品满意的有 220 人。试在显著性水平 $\alpha=0.05$ 下，检验调查结果是否支持企业的自我声明。

解：(1)建立零假设 H_0 和备择假设 H_1。

$H_0:P=30\%,H_1:P>30\%$。

以上的备择假设是企业自我声明的结论，我们希望该企业说的是实话。因此使用右侧检验。

(2)选取 z 作为检验统计量。

(3)确定拒绝域。

显著水平 $\alpha=0.05$，查标准正态分布表得临界值：$z_\alpha=1.645$，拒绝域是 $z>1.645$。

(4)样本成数 $p=220\div600=0.37$，总体假设的成数 $P=0.3$，代入 z 检验统计量得：

$$z=\frac{p-P}{\sqrt{\frac{P(1-P)}{n}}}=\frac{0.37-0.3}{\sqrt{\frac{0.3(1-0.3)}{600}}}=3.5$$

检验统计量的样本取值 $z=3.5>1.645$，落入拒绝域。拒绝原假设，接受备选假设，认为样本数据证明该企业声明属实。

6.3.4 p 值检验

p 值检验是国际上流行的检验格式。该检验格式是通过计算 p 值，再将它与显著性水平 α 作比较，决定拒绝还是接受原假设。所谓 p 值就是拒绝原假设所需的最低显著性水平。p 值判断的原则是：如果 p 值小于给定的显著性水平 α，则拒绝原假设；否则，接受原假设。或者，更加直观的原则是：如果 p 值很小，拒绝 H_0，p 值很大，接受 H_0。p 值检验无须针对不同的显著性水平，先查分布表确定临界值，然后才能进行检验判断。p 值检验可直接把计算机计算出来的 p 值与显著性水平进行比较，立刻作出统计决策。Excel 等统计分析软件都直接给出了 p 值。

请大家注意的是这里的 p 值是指概率，不要与前面的成数指标相混淆。

p 值实际上是检验统计量超过(大于或小于)由样本数据所得数值的概率。因此，p 值与检验统计量的分布是双侧检验还是单侧检验，是左侧还是右侧检验都有关系。

1. z 检验的 p 值

z 检验统计量服从正态分布，可利用标准正态分布表计算 p 值。先看总体的均值检验的 p 值计算公式，以 z_0 表示检验统计量的抽样数据，则 p 值的计算方法如下：

如果 $H_1: \bar{x} \neq \bar{X}$，$p$ 值 $= 2p(z > |z_0|)$

如果 $H_1: \bar{x} \geqslant \bar{X}$，$p$ 值 $= p(z > z_0)$

如果 $H_1: \bar{x} \leqslant \bar{X}$，$p$ 值 $= p(z < z_0)$

总体成数检验的 p 值计算公式，与上述三式完全相同，只需将总体均值换成总体成数就行了。

【例 6.7】利用 p 值检验重新检验例 6.4。

解：(1)(2)与例 6.4 完全相同，故省略。

(3)计算样本统计量的数值。

样本平均数 $\bar{x}=248, n=50$，代入检验统计量得：

$$z = \frac{\bar{x}-\bar{X}}{\frac{\sigma}{\sqrt{n}}} = \frac{248-250}{\frac{4}{\sqrt{50}}} = -3.54$$

(4)作出检验结论。

使用左侧检验，p 值$=p(z<z_0)$。查标准正态分布表得：

$$p\text{ 值} = p(z < z_0) = p(z < -3.54) = 1 - p(z > -3.54)$$
$$= 1 - 0.999\,8 = 0.000\,2$$

p 值小于给出的显著性水平(0.05)，拒绝原假设，接受备择假设，与例 6.4 的结论相同。

【例 6.8】某国总统选举中，有位候选人几个月前的支持率是 60%。近期的一项调查，访问了 500 人，发现他的支持率变成了 55%。显著性水平取 0.05，试用 p 值方法，检验他的支持率是否下降了？

解：(1)建立原假设与备择假设。

$H_0: P=60\%, H_1: P<60\%$。

(2)选取 z 作为检验统计量。

(3)计算检验统计量的数值。

$p=55\%$，代入检验统计量中得：

$$z=\frac{p-P}{\sqrt{\frac{P(1-P)}{n}}}=\frac{0.55-0.6}{\sqrt{\frac{0.6(1-0.6)}{500}}}=-2.28$$

(4)计算 p 值，做出检验结论。

由于是左侧检验，p 值计算为：

$$\begin{aligned} p\text{ 值} &= p(z < z_0) = p(z < -2.28) = 1 - p(z > -2.28) \\ &= 1 - 0.988\,696 = 0.011\,304 \end{aligned}$$

p 值小于显著性水平 0.05，拒绝原假设，接受备择假设，有足够的证据证明该候选人的支持率已经下降了。

2. t 检验的 p 值

进行 t 检验时，p 值的计算与 z 检验的 p 值计算方法相同，两者的区别在于：进行 t 检验其 p 值不是查标准正态分布表，而是查 t 分布表，自由度是 $n-1$。在大样本场合，这个差别可以不存在，因为这时 t 分布与标准正态分布近似。由中心极限定理我们还可知道，在大样本场合，检验统计的分布还不受总体分布的正态性限制。

我们可以归纳 p 值检验的步骤如下：

(1)建立原假设与备择假设。

(2)确定检验统计量及其分布。

(3)将样本观测值代入检验统计量计算出其样本数值。

(4)计算 p 值。

(5)将 p 值与显著性水平 α 相比较，作出判断。

6.3.5 总体方差 σ^2 的检验

设样本 $x_1, x_2, \cdots, x_n$ 来自正态总体 $X \sim N(\mu, \sigma^2)$，均值 μ 未知。

建立原假设和备择假设 $H_0: \sigma^2=\sigma_0^2$，$H_1: \sigma^2 \neq \sigma_0^2$（$\sigma_0^2$ 为已知常数）。

由前可知，样本方差 $S^2=\frac{1}{n-1}\sum_{i=1}^{n}(x_i-\bar{x})^2$ 是总体方差 σ^2 的无偏估计，故当 H_0 为真时，样本方差 S^2 的值应在 σ^2 的附近。这时我们取检验统计量为：

$$\chi^2=\frac{(n-1)S^2}{{\sigma_0}^2} \sim \chi^2(n-1)$$

其拒绝域应具有以下形式：

$$W=\left\{(x_1,x_2,\cdots,x_n):\frac{(n-1)S^2}{\sigma_0^2}\leqslant k_1\text{ 或 }\frac{(n-1)S^2}{\sigma_0^2}\geqslant k_2\right\}$$

此处 k_1,k_2 由下式确定：

$$P\{\text{拒绝 } H_0 \mid H_0 \text{ 为真}\}=P_{\sigma_0^2}\left\{\left(\frac{(n-1)S^2}{\sigma_0^2}\leqslant k_1\right)\right\}\cup\left\{\left(\frac{(n-1)S^2}{\sigma_0^2}\right)\geqslant k_2\right\}=\alpha$$

为了计算方便起见，习惯上取

$$P_{\sigma_0{}^2}=\left\{\left(\frac{(n-1)S^2}{\sigma_0^2}\leqslant k_1\right)\right\}=\frac{\alpha}{2},P_{\sigma_0^2}=\left\{\left(\frac{(n-1)S^2}{\sigma_0^2}\right)\geqslant k_2\right\}=\frac{\alpha}{2}$$

故得 $k_1=\chi^2_{1-\frac{\alpha}{2}}(n-1),k_2=\chi^2_{\frac{\alpha}{2}}(n-1)$，因此拒绝域为：

$$W=\left\{(x_1,x_2,\cdots,x_n):\frac{(n-1)S^2}{\sigma_0^2}\leqslant\chi^2_{\frac{\alpha}{2}}(n-1)\text{或}\frac{(n-1)S^2}{\sigma_0^2}\geqslant\chi^2_{\frac{\alpha}{2}}(n-1)\right\}$$

上述检验法称为 χ^2 检验法。从以上的构造过程可知，k_1,k_2 的取法可以不唯一，我们这样取完全在于方便计算，并且对于具有对称分布的检验统计量，这种取法具有优越性。

当 $\overline{X}$ 已知时，通常取检验统计量为：

$$\chi^2=\frac{\sum_{i=1}^{n}(x_i-\overline{X})^2}{\sigma_0^2}$$

在 H_0 为真时，有

$$\chi^2=\frac{\sum_{i=1}^{n}(x_i-\overline{X})^2}{\sigma_0^2}\sim\chi^2(n-1)$$

这时可得拒绝域为：

$$W=\left\{\begin{array}{l}(x_1,x_2,\cdots,x_n):\chi^2=\dfrac{\sum_{i=1}^{n}(x_i-\overline{X})^2}{\sigma_0^2}\leqslant\chi^2_{\frac{\alpha}{2}}(n-1)\\ \text{或 }\chi^2=\dfrac{\sum_{i=1}^{n}(x_i-\overline{X})^2}{\sigma_0^2}\geqslant\chi^2_{\frac{\alpha}{2}}(n-1)\end{array}\right\}$$

但在 $\overline{X}$ 已知时，也可用 $\overline{X}$ 未知时的 χ^2 检验法，两者比较，后者的拒绝域比前者有较小的犯第二类错误的概率，因而更有效一些。

【例 6.9】某厂生产的铜丝，质量一向比较稳定，今从中随机地抽出 10 根检查其折断力，测得数据(单位:kg)如下：

575　576　570　569　582　577　580　571　585　572

设铜丝的折断力服从正态分布 $N(\mu,\sigma^2)$，检验水平为 $\alpha=0.05$。试问：是否可以相信该厂的铜丝的折断力的方差为 64?

解：由题意可知，建立原假设和备择假设。

$H_0:\sigma^2=\sigma_0^2, H_1:\sigma^2\neq\sigma_0^2$($\sigma_0^2$ 为已知常数)。

因为 μ 未知，故检验统计量为：

$$\chi^2=\frac{(n-1)S^2}{{\sigma_0}^2}\sim\chi^2(n-1)$$

这里 $n=10$，$\alpha=0.05$，$\chi^2_{\frac{\alpha}{2}}(n-1)=\chi^2_{0.025}(9)=19.02$，及 $\chi^2_{1-\frac{\alpha}{2}}(n-1)=\chi^2_{0.975}(9)=2.70$，

由样本算得：

$\bar{x}=575.7$，$(n-1)S^2=260.1$

由此可算得：

$$\chi^2=\frac{\sum_{i=1}^{n}(x_i-\overline{X})^2}{\sigma_0^2}=\frac{260.1}{64}\approx 4.06$$

因为 $2.70<4.06<19.02$，根据 χ^2 检验法应接受 H_0，即认为这批铜丝的折断力的方差为 64。

【例 6.10】在进行工艺改革时，如果方差显著增大，则改革需要朝着相反方向进行以减少方差；若方差变化不显著，需试行别的改革方案。现在加工 25 个活塞，对某项工艺进行改革，在新工艺下对加工好的 25 个活塞的直径进行测量，并由测量值算得样本方差 $S^2=0.000\ 66$。已知在工艺改革前活塞直径的方差为 0.000 40，问进一步改革的方向又如何？($\alpha=0.05$)

解：设测量值 X 服从正态分布 $N(\mu,\sigma^2)$。已知工艺改革前方差 $\sigma^2=0.000\ 40$，现要确定下一步改革的方向，由题意可知，需考察改革后的活塞直径的方差 σ^2 是否不大于改革前的方差。因此，建立原假设和备择假设。

$H_0:\sigma^2 \leqslant 0.000\,40,\ H_1:\sigma^2 > 0.000\,40$

这是一个复合假设，由前面的讨论可知，拒绝域为：

$$W = \left\{(x_1, x_2, \cdots, x_n): \frac{(n-1)S^2}{\sigma_0^2} > \chi_\alpha^2(n-1)\right\}$$

这里 $n=25$，$S^2=0.000\,66$，由 $\alpha=0.05$ 查 χ^2 分布表得：

$$\chi_\alpha^2(n-1) = \chi_{0.05}^2(24) = 36.415$$

$$\frac{(n-1)S^2}{\sigma_0^2} = \frac{24 \times 0.000\,66}{0.000\,40} = 39.60 > 36.415$$

故应拒绝 H_0，即改革后的方差显著大于改革前的方差，因此，下一步改革应朝相反方向进行。

6.4　用 Excel 进行参数检验

Excel 中参数检验可利用有关的函数进行，下面通过一个例子加以说明。

【例 6.11】某城镇 2008 年居民家庭平均每人每月生活费支出 275 元。根据抽样调查，今年该城镇 50 户居民家庭平均每人每月生活费支出如下所示：

367	322	294	273	237	398	327	298	276	246	311	355	240
275	296	324	382	229	264	288	235	271	291	319	360	226
262	286	309	352	337	222	260	284	304	343	217	259	283
303	200	253	281	301	329	212	257	281	303	332		

试问该城镇居民家庭平均每人每月生活费支出今年与去年比较是否明显提高？（$\alpha=0.05$）

解：设 2009 年该城镇各居民家庭平均每人每月生活费支出用 X 表示，其总体平均数为 μ，可建立如下假设：

$H_0:\mu = 275, H_1:\mu > 275$。

分析步骤如下：

(1)数据。在 A2:A51 单元格中存变量 X 的数据，变量名称“X”放在 A1 单元格。

(2)t 检验统计量。t 检验统计量的计算公式为：

$$t = \frac{\overline{X} - \mu_0}{\frac{S}{\sqrt{n}}}$$

在任一空单元格中，输入公式：

=(AVERAGE(X)-275)/(STDEV(X))/SQRT(COUNT(X))

输出结果为 0.044 7，如图 6.2 所示。

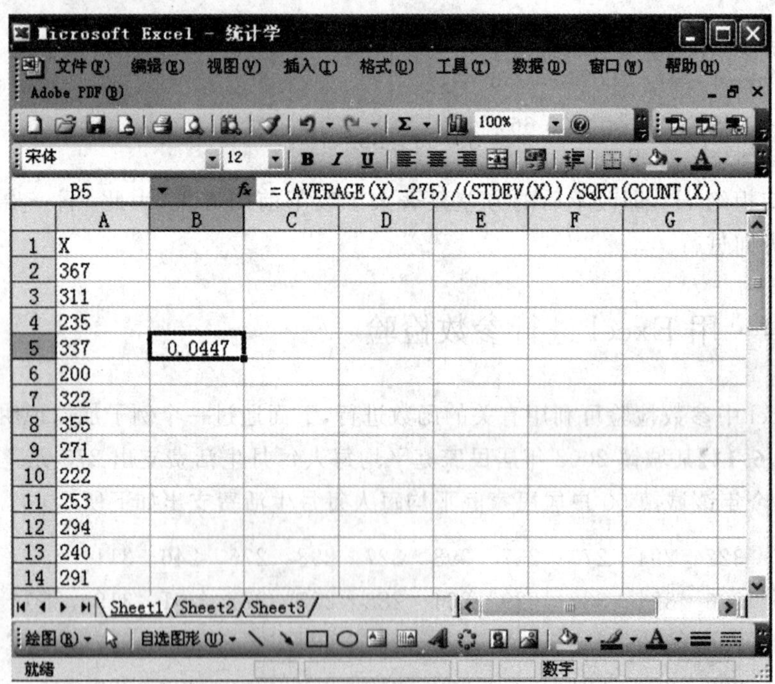

图 6.2 *t* 检验统计量公式输入及输出结果

(3)单侧临界值。在另一个空单元格内，输入如下公式：

=TINV(2×0.05,COUNT(X)-1)

输出结果为 1.676 6，如图 6.3 所示。

(4)据上述计算结果作出判断。

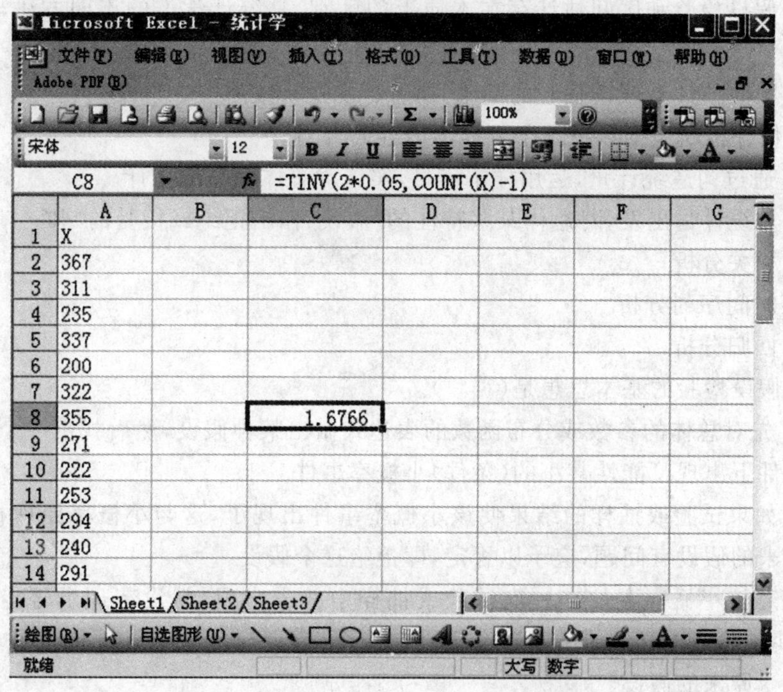

图 6.3　单侧临界值公式输入及输出结果

复习思考题

一、选择题

1. 显著性水平与拒绝域之间的关系是(　　)。

A. 显著性水平提高,意味着拒绝域缩小

B. 显著性水平降低,意味着拒绝域扩大

C. 显著性水平提高,意味着拒绝域扩大

D. 显著性水平降低,意味着拒绝域缩小

2. 关于正态分布 $N(\mu,\sigma^2)$,设方差 σ^2。已知,设原假设 $H_0:\mu=\mu_0$,显著性水平为 α。从中看出假设检验与区间估计的关系的以下结论中正确的是(　　)。

A. $P(|z|>z_{\frac{\alpha}{2}})=\alpha \Leftrightarrow P(|z|<z_{\frac{\alpha}{2}})=1-\alpha$

B. H_0 的接受域是 $\left(\overline{X}-Z_{\frac{\alpha}{2}}\ \frac{\sigma}{\sqrt{N}},\overline{X}+Z_{\frac{\alpha}{2}}\ \frac{\sigma}{\sqrt{N}}\right)$,等价于 $1-\alpha$ 的置信区间

C. 假设检验和区间估计从不同角度回答同一个问题

D.假设检验和区间估计存在本质上的区别,是统计学上的不同方法,必须严格区分

E.区间估计是假设检验的基础,二者存在逻辑关系

3.估计推断包括以下几个方面的内容(　　)。

A.通过构造统计量,运用样本信息,实施对总体参数的估计

B.从统计量出发,对总体某些特性的"假设"作出拒绝或接受的判断

C.相关分析

D.时间序列分析

E.回归分析

4.假设检验的基本思想是(　　)。

A.先对总体的参数或分布函数的表达式做出某种假设,然后找出一个在假设成立条件下出现可能性甚小的(条件)小概率事件

B.如果试验或抽样的结果使该小概率事件出现了,这与小概率原理相违背,表明原来的假设有问题,应予以否定,即拒绝这个假设

C.若该小概率事件在一次试验或抽样中并未出现,就没有理由否定这个假设,表明试验或抽样结果支持这个假设,这时称假设与实验结果是相容的,或者说可以接受原来的假设

D.如果试验或抽样的结果使该小概率事件出现了,则不能否认这个假设

E.若该小概率事件在一次试验或抽样中并未出现,则否定这个假设

5.假设检验的具体步骤包括(　　)。

A.根据实际问题的要求,提出原假设及备择假设

B.确定检验统计量,并找出在假设成立条件下,该统计量所服从的概率分布

C.根据所要求的显著性水平和所选取的统计量,查概率分布临界值表,确定临界值与否定域

D.将样本观察值代入所构造的检验统计量中,计算出该统计量的值

E.判断计算出的统计量的值是否落入否定域,如落入否定域,则拒绝原假设,否则接受原假设

6.总体 $X \sim N(\mu,\sigma^2)$,σ^2 未知,$x_1,x_2,\cdots,x_n$ 为来自总体 X 样本观测值,现对 μ 进行假设检验。若在显著水平 $\alpha=0.05$ 下接受了 $H_0:\mu=\mu_0$,则当显著性水平改为 $\alpha=0.01$ 时,则下列说法正确的是(　　)。

A.必接受 H_0　　　　B.必拒绝 H_0

C.可能接受也可能拒绝 H_0　　　　D.犯第二类错误的概率必减少

7.总体 $X \sim N(\mu,\sigma^2)$,μ 未知,$x_1,x_2,\cdots,x_n$ 为来自总体 X 的样本观测值,记 $\bar{x}$

为样本均值，S^2 为样本方差，对假设检验 $H_0: \sigma \geqslant 2; H_1: \sigma < 2$ 应取检验统计量 χ^2 为(　　)。

A. $\frac{(n-1)S^2}{8}$　　B. $\frac{(n-1)S^2}{6}$

C. $\frac{(n-1)S^2}{4}$　　D. $\frac{(n-1)S^2}{2}$

8. 假设检验中，H_0 表示原假设，H_1 表示备择假设，则犯第一类错误的情况为(　　)。

A. H_1 真，接受 H_1　　B. H_1 不真，接受 H_1

C. H_1 真，拒绝 H_1　　D. H_1 不真，拒绝 H_1

9. 总体 $X \sim N(\mu, \sigma^2)$，σ^2 未知，$x_1, x_2, \cdots, x_n$ 为来自总体 X 样本观测值，记 $\overline{x}$ 为样本均值，S^2 为样本方差，对假设检验 $H_0: \sigma \geqslant \mu_0; H_1: \sigma < \mu$，取检验统计量 $t = \frac{\overline{x}-\mu}{S}\sqrt{n}$，则在显著性水平 α 下拒绝域为(　　)。

A. $\{|t| > t_{\frac{\alpha}{2}}(n-1)\}$　　B. $\{|t| \leqslant t_{\frac{\alpha}{2}}(n-1)\}$

C. $\{|t| \geqslant t_{\frac{\alpha}{2}}(n-1)\}$　　D. $\{|t| < t_{\frac{\alpha}{2}}(n-1)\}$

10. 总体 $X \sim N(\mu, \sigma^2)$，σ^2 已知，$x_1, x_2, \cdots, x_n$ 为来自总体 X 的样本，检验假设 $H_0: \mu = \mu_0; H_1: \mu = \mu_1 > \mu_0$，则当检验水平为 α 时犯第二类错误的概率为(　　)。

A. $\Phi\left(\frac{\mu_0 - \mu_1}{\frac{\sigma_0}{\sqrt{n}}} + z_\alpha\right)$　　B. $\Phi\left(\frac{\mu_0 - \mu_1}{\frac{\sigma_0}{\sqrt{n}}} + z_{\frac{\alpha}{2}}\right)$

C. $1 - \Phi\left(\frac{\mu_0 - \mu_1}{\frac{\sigma_0}{\sqrt{n}}} + z_\alpha\right)$　　D. $\Phi\left(\frac{\mu_1 - \mu_0}{\frac{\sigma_0}{\sqrt{n}}} + z_\alpha\right)$

二、问答题

1. 理解原假设与备择假设的含义，并归纳常见的几种建立原假设与备择假设的规则。

2. 什么是统计意义上的显著性？为什么说在“统计上是显著的”并不等于就有实际意义？

3. 在假设检验中，当不拒绝原假设时，为什么不采取“接受原假设”的表示方式？

4. 某生产厂家声称，它们的产品合格率在 99% 以上。某销售商准备购进一批该厂生产的产品，但需要一份质检证明报告证明其合格率在 99% 以上。

(1) 如果是生产厂家自己出示一份质检报告，会提出怎样的备择假设？试说明理由。

(2)如果是销售商亲自抽检,会提出怎样的备择假设?

5.为什么说用假设检验不能证明原假设正确?

三、计算题

1.2007年,某个航线往返机票的平均折扣费是258元。2008年,随机抽取了16个往返机票的折扣作为一个简单随机样本,结果得到下面的数据:

265	280	290	240	285	250	260	245
310	260	265	255	300	310	230	263

(1)取显著性水平 $\alpha=0.05$,检验2008年往返机票的平均折扣额是否有显著增加?

(2)在上述检验中,你的基本假定是什么?

(3)根据上述样本数据计算出的检验的 $P=0.000\,2$,解释这个 P 值的具体含义。

注:$z_{\frac{\alpha}{2}}=z_{0.025}=1.96$,$t_{\frac{\alpha}{2}}(n-1)=t_{0.025}(16-1)=2.131$

2.某种袋装食品采用自动打包机包装,每袋标准重量为100 g。现从某天生产的一批产品中随机抽取16包,测得每包重量(单位:g)如下:

101	97	96	102	100	104	95	94
95	103	102	96	97	96	102	96

已知食品包重量服从正态分布。

(1)确定该种食品平均重量的95%的置信区间。

(2)检验该批食品符合标准的要求。($\alpha=0.05$)

注:$t_{\frac{\alpha}{2}}(n-1)=t_{0.025}(16-1)=2.131$

3.为了估计每个网络用户每天上网的平均时间是多少,随机抽取了225个网络用户的简单随机样本,其中年龄在20岁以下的用户为108个。

(1)以95%的置信水平,建立年龄在20岁以下的网络用户比例的置信区间。

(2)取显著性水平 $\alpha=0.05$,检验网络用户中年龄在20岁以下的用户是否超过50%。

注:$z_{0.025}=1.96$

4.一家房地产开发公司准备购进一批灯泡,公司打算在两个供货商之间选择一家购买,两家供货商生产的灯泡使用寿命的方差大小基本相同,价格也很相近,房地产公司购进灯泡时考虑的主要因素就是使用寿命。其中一家供货商声称其生产的灯泡平均使用寿命在1 500 h以上。如果在1 500 h以上,在房地产公司就考虑购买。由36只灯泡组成的随机样本表明,平均使用寿命为1 510 h,标准差为193 h。

(1)如果是房地产开发公司进行检验，会提出怎样的假设？请说明理由。

(2)如果是灯泡供应商进行检验，会提出怎样的假设？请说明理由。

(3)在 $\alpha=0.05$ 的显著性水平下，检验房地产开发公司所提出的假设。

注：$z_{0.025}=1.96, z_{0.05}=1.645, t_{0.025}=2.34, t_{0.05}=2.03$

5. 某企业生产的袋装食品采用自动打包机包装，每袋标准重量为 100 g。现从某天生产的一批产品中按重复抽样随机抽取 50 包进行检查，测得每包重量如下：

每包重量/g	包数
96～98	2
99～100	3
101～102	34
103～104	7
105～106	4
合　计	50

(1)取显性水平 $\alpha=0.01$，检验该批食品的重量是否符合标准要求？

(2)如果规定食品重量低于 100 g 属于不合格，检验该批食品合格率是否在 95%以上？

注：$z_{0.005}=2.58, z_{0.01}=2.33$

复习思考题答案

一、选择题

1. CD　2. ABCE　3. AB　4. ABC　5. ABCDE

6. C　7. C　8. C　9. B　10. D

二、简答题

(略)

三、计算题

1. (1)依题意提出检验的假设 $H_0:\overline{X}\leqslant 258; H_1:\overline{X}>258$。

根据样本数据计算得：

$$\bar{x}=\frac{\sum_{i=1}^{n}x_i}{n}=\frac{4\ 308}{16}=269.25$$

$$S=\sqrt{\frac{\sum_{i=1}^{n}(x_i-\overline{X})^2}{n-1}}=\sqrt{\frac{8\ 865}{16-1}}=24.31$$

由于 $n=16$ 为小样本，且总体标准差未知，所以使用 t 检验，统计量为：

$$t=\frac{\bar{x}-\bar{X}}{\frac{S}{\sqrt{n}}}=\frac{269.25-258}{\frac{24.31}{\sqrt{16}}}=1.851$$

由于 $t=1.851<2.131$，接受 H_0，表明 2008 年往返机票的折扣额与 2007 年相比没有显著增加。

(2)假定机票折扣额服从正态分布。

(3) $P=0.0002$ 的实际含义是：如果往返机票的平均折扣额没有显著增加，抽到目前这个样本的概率只有 0.000 2。或者说，如果往返机票的平均折扣额没有显著增加，得出往返机票的平均折扣额有显著增加的结论，犯错误的实际概率仅为 0.000 2。

2.(1)根据样本数据计算得：

$$\bar{x}=\frac{\sum_{i=1}^{n}x_i}{n}=\frac{1\,576}{16}=98.5$$

$$S=\sqrt{\frac{\sum_{i=1}^{n}(x_i-\bar{X})^2}{n-1}}=\sqrt{\frac{170}{16-1}}=3.367$$

由于总体方差未知时，由小样本的区间估计公式得：

$$\bar{x}\pm t_{\frac{\alpha}{2}}\frac{S}{\sqrt{n}}=98.5\pm2.131\times\frac{3.367}{\sqrt{16}}=98.5\pm1.79$$

即该种食品平均重量的 95%的置信区间为 96.71 g 到 100.29 g。

(2)依题意提出检验的假设 $H_0:\bar{X}=100;H_1:\bar{X}\neq100$。

由于 $n=16$ 为小样本，且总体标准差未知，所以使用 t 检验，统计量为：

$$t=\frac{\bar{x}-\mu_0}{\frac{S}{\sqrt{n}}}=\frac{98.5-100}{\frac{3.367}{\sqrt{16}}}=-1.782$$

由于 $|t|=1.782<2.131$，接受 H_0，表明该批食品的重量符合标准要求。

3.(1)由样本数据可得 $p=\frac{108}{225}=0.48$

总体比例的置信区间为：

$$p\pm z_{\frac{\alpha}{2}}\sqrt{\frac{p(1-p)}{n}}=0.48\pm1.96\times\sqrt{\frac{0.48(1-0.48)}{225}}=0.48\pm0.065\,3$$

年龄在 20 岁以下的网络用户比例的 95%的置信区间为 41.47%到 54.53%。

(2)依题意提出检验的假设 $H_0:P\leqslant 0.5;H_1:P>0.5$。

检验统计量为：

$$z=\frac{p-P}{\sqrt{\frac{P(1-P)}{n}}}=\frac{0.48-0.5}{\sqrt{\frac{0.5\times(1-0.5)}{225}}}=-0.6$$

由于 $z=-0.6<1.96$，接受 H_0，表明年龄在20岁以下的网络用户的比例不超过50%。

4.(1)房地产开发公司进行检验，提出的假设应为 $H_0:\overline{X}\geqslant 1\ 500;H_1:\overline{X}<1\ 500$。因为房地产开发公司相信灯泡供应商的说法是真的，它也就不会进行检验了。既然要进行检验，表明房地产开发公司是怀疑灯泡供应商的说法是不真实的，即灯泡使用寿命达不到1 500 h。

(2)灯泡供应商进行检验，提出的假设应为 $H_0:\overline{X}\leqslant 1\ 500;H_1:\overline{X}>1\ 500$。因为灯泡供应商是想找到证据证明自己的说法是真实的，也就是证明灯泡的使用寿命在1 500 h以上。

(3)由于 $n=36$ 为大样本，所以使用正态分布进行检验，统计量为：

$$z=\left|\frac{\overline{x}-\overline{X}}{\frac{S}{\sqrt{n}}}\right|=\left|\frac{1\ 500-1\ 510}{\frac{193}{\sqrt{36}}}\right|=|-0.310\ 9|=0.310\ 9$$

由于 $z=0.310\ 9<1.96$，拒绝 H_0，表明灯泡的平均使用寿命在1 500 h以下。

5.(1)依题意提出假设 $H_0:\overline{X}=100;H_1:\overline{X}\neq 100$。

根据样本数据计算得：

$$\overline{x}=\frac{\sum_{i=1}^{n}M_i f_i}{n}=\frac{5\ 066}{50}=101.32$$

$$S=\sqrt{\frac{\sum_{i=1}^{k}(M_i-\overline{x})^2 f_i}{n-1}}=\sqrt{\frac{130.88}{49}}=1.634$$

由于是大样本，检验统计量为：

$$z=\frac{\overline{x}-\overline{X}}{\frac{S}{\sqrt{n}}}=\frac{101.32-100}{\frac{1.634}{\sqrt{50}}}=5.712$$

由于 $z=5.712>z_{\frac{0.01}{2}}=2.58$，拒绝原假设，该批食品的重量不符合标准要求。

(2)依题意提出假设 $H_0: P \leqslant 0.95; H_1: P > 0.95$。

根据样本数据计算得:

$$p = \frac{45}{50} = 0.9$$

统计量为

$$z = \frac{p - P}{\sqrt{\frac{P(1-P)}{n}}} = \frac{0.9 - 0.95}{\sqrt{\frac{0.95(1-0.95)}{50}}} = -1.622$$

由于 $z = -1.622 < 2.58$,拒绝备择假设,没有证据表明该批食品的合格率在95%以上。

第 7 章　方差分析

教学目的与要求：本章对多个总体的均值是否相等采用方差分析的方法进行检验，目的是让学生掌握单因素、多水平和多因素、多水平的方差分析方法，并能把多总体均值检验的方法应用于社会经济实践，学会用理论方法解决现实问题。

在第 6 章所学的假设检验主要讨论两个总体均值是否相等的显著性检验问题，但是，当总体增加到 3 个甚至更多时，用假设检验对总体均值进行显著性检验，不仅工作量大，而且影响估计精度，此时就需采用方差分析。

方差分析是 20 世纪 20 年代发展起来的一种统计分析方法，被广泛用于分析心理学、生物学、工程和医药试验数据。从形式上看，方差分析能够解决多个均值是否相等的检验问题。而本质上，它所研究的是变量之间的关系。

7.1　方差分析的基本问题

方差分析不仅可以提高检验的效率，同时它将所有的样本信息结合在一起，增加了分析的可靠性。比如，要检验 4 个总体的均值是否相等，如果按照第 6 章的检验方法，需要两两分别比较，总共需要 6 次检验。如果 $\alpha = 0.05$，每次检验犯第Ⅰ类错误的概率都是 0.05，则做多次检验会使犯第Ⅰ类错误的概率相应增加。检验完成时，犯第Ⅰ类错误的概率就会大于 0.05，而置信水平会降低到 $0.95^6 = 0.735$。但方差分析同时考虑所有样本，排除了错误累积的概率，从而避免拒绝一个真实的原假设。

7.1.1　方差分析的概念及其有关术语

方差分析(analysis of variance，ANOVA)就是检验多个总体均值是否相等，以此来判断分类型的自变量对数值型因变量是否有显著影响的统计方法。

在方差分析中，所要检验的对象称为因素或因子(factor)，因素的不同表现称为水平(level)或者处理(treatment)。每个因子水平下得到的样本数据称为观测值。如果在试验中只有一个因素在变化，其他可控制的条件不变，称为单因素方差分析；若试验中变化的因素有两个或两个以上，则称为双因素或多因素分析。

方差分析具有两个优点：一是节省时间；二是由于进行分析时是将所有的样本资料结合在一起，因而增加了稳定性。

7.1.2 方差分析的内容

方差分析是对多个总体均值是否相等这一假设进行检验。根据检验结果，找出有显著作用的因素，以及在怎样的水平和条件下能使指标最优，这就是方差分析所要解决的问题。下面通过一个例子来说明方差分析的内容。

【例 7.1】某月在 4 个不同地区（地理位置相似、经营规模相仿）用 3 种不同包装方式销售某种食品，获得的销售量如表 7.1 所示。

表 7.1 不同地区各种包装方式所获得的销售量

不同地区（B_i）	不同包装（A_j）		
	A_1	A_2	A_3
B_1	368	386	351
B_2	349	383	348
B_3	351	370	336
B_4	342	357	331

检验不同的包装方法对该食品的销售量是否有显著影响（$\alpha=0.05$）。

从表 7.1 可以看到，12 个数据各不相同。造成这种差异的原因可能有两个：一是销售地区的影响，一是包装形式的影响。不同的销售地区，由于地理位置相似、经营规模相仿，可以把不同地区产品销售量的差异看作是随机因素的影响。而在同一个地区不同包装形式的食品，即使它们的味道、价格等方面因素都一样，但是销量也不同。这种不同有可能是抽样的随机性造成的，也可能是由于顾客对不同的包装有所偏爱。因此根据问题，我们要检验不同的包装方法对该食品的销售量是否有显著影响。设 3 种不同包装形式的食品销售均值分别为 μ_1,μ_2,μ_3。如果检验结果为 μ_1,μ_2,μ_3 不相等，则意味着不同包装形式的样本来自不同总体，说明食品包装对销售量产生了影响；反之，如果检验结果为 μ_1,μ_2,μ_3 相等，说明不存在显著差异，则可以认为食品的包装对销售量没有影响。

在此例中，食品的包装 A 就是一个因素，也就是方差分析研究的对象。因素中的水平也就是食品的不同包装形式 A_1，A_2，A_3。本例题只要求针对包装这一个因素进行分析，称为单因素方差分析。如果针对包装和地区两个因素进行分析就是双因素分析。

7.1.3 方差分析的原理

方差分析的目的就是要检验各个水平的均值 $\mu_1,\mu_2,\cdots,\mu_r$ 是否相等，实现这个目的的手段是通过方差的比较。事实上，检验 n 个总体的均值是否相等，n 个样本的均值愈接近，我们就愈有证据得出结论：总体均值相等。反之，若 n 个样本均值的差异愈大，我们就得出结论：总体均值不相等。

进行方差分析就是通过对观测值误差来源的分析判断，不同总体的均值是否相等，进而分析自变量对因变量是否有影响。而观测值之间的差异来源于两个方面：一方面是由因素中的不同水平造成的，例如，食品的不同包装造成不同的销售量，这种由系统性因素造成的误差，我们称之为系统性误差；另一个方面是由于抽取样本的随机性产生的差异，例如，相同包装的食品在不同地区的销售量也不同，这种由于随机因素影响造成的误差，我们称之为随机误差。

观测值的误差用平方和(sum of squares)来表示。这个误差可以用两个误差来计量。衡量因素的同一水平(同一总体)下样本数据的误差，称为组内(within classes)误差(组内方差)，例如，相同包装水平下，4 个地区的销售量之间的误差。衡量因素的不同水平(不同总体)下各样本之间的误差，称为组间(between classes)误差(组间方差)，例如，3 种不同包装之间销售量的误差。组内误差只包含随机误差，而组间误差既包含随机误差，也包含系统误差。如果不同的水平对结果没有影响，比如食品包装对销售量不产生影响，那么在组间误差中，就只有随机误差，没有系统误差。这时，组间误差与组内误差经过平均后的数值就应该很接近，两个误差比值就接近于 1。反之，如果不同水平对结果产生影响，组间方差就不仅包含随机误差，也包含系统误差。这时，组间方差平均后的数值就会大于组内方差，两个方差的比值就会大于 1。当这个比值达到某种程度，或者说达到某临界点，就可以说因素的不同水平之间存在着显著差异，也就是自变量对因变量有影响。因此，判断不同包装是否对销售量有显著影响这一问题，实际上就是检验销售量的差异主要是由于什么原因引起的。如果这种差异主要是系统性误差，则不同包装对销售量有显著影响。这就检验出 3 种包装形式的销售量的均值是否相等。

7.1.4 方差分析的基本假定

用方差分析来检验假设有 3 个假定：

(1)正态性　各个水平的观察数据必须服从正态分布，即对于因素的每一个水平，其观测值是来自正态分布总体的简单随机样本。

(2)同方差性　即各组观测数据都是从具有相同方差的正态总体中抽取的。

(3)随机性　即各观测值相互独立。

不过在实际应用中，不可能严格地满足这些假定，即使对于正态性和同方差性都存在很大背离的数据，方差分析仍不失为一种提供有用的近似信息的方法。

7.1.5 *F* 分布

组间方差和组内方差之比是一个统计量,数理统计证明,这个统计量服从 F 分布。

$$F=\frac{\text{组间方差}}{\text{组内方差}}$$

其特征如下:

(1)F 统计量是大于零的正数。

(2)F 分布曲线为正偏态,它的尾端以横轴为渐近线趋于无穷。

(3)F 分布是一种连续的概率分布,不同的自由度组合有不同的 F 分布曲线。随着分子和分母自由度的增加,F 分布以对称的正态分布为极限(图 7.1)。

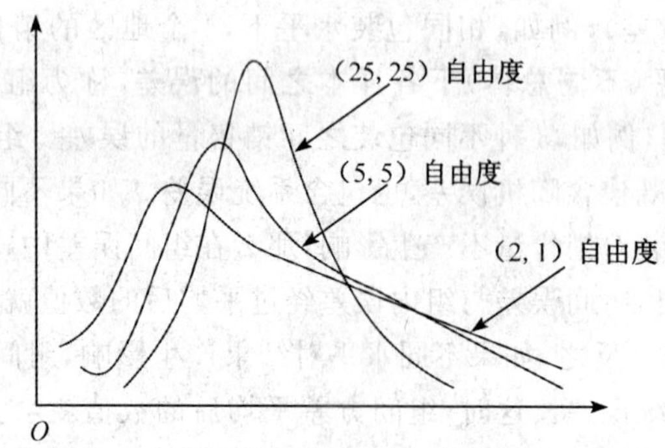

图 7.1 不同自由度下 *F* 分布曲线

7.2 单因素方差分析

当方差分析中只涉及一个分类型自变量时,称为单因素方差分析(one-way analysis of variance)。

单因素方差分析的目的是检验水平均值 $\mu_i(i=1,2,\cdots,r)$是否相等,如果相等,则我们说该因素对因变量不产生影响,反之,就认为该因素对因变量存在影响。

7.2.1 单因素方差分析的统计模型和数据结构

1. 单因素方差分析的统计模型

$$x_{ij}=\overline{x}_i+\varepsilon_{ij},\quad i=1,2,\cdots,r;j=1,2,\cdots,n_i$$

其中：$\overline{x}_i$ 是因素 A 的第 i 个水平的均值，是待估参数；ε_{ij} 是因素 A 的第 i 个水平下第 j 次试验误差，而且独立同分布。

利用普通最小二乘法得到的参数估计量是

$$\overline{x}_i = \frac{1}{n_i}(x_{i1} + x_{i2} + \cdots + x_{in_i}), i = 1,2,\cdots,r$$

2. 单因素方差分析的数据结构

进行单因素方差分析时，我们用 A 表示因素，因素的 n 个水平分别用 A_1，A_2，…，A_r 表示，每个观测值用 $x_{ij}(i=1,2,\cdots,r;j=1,2,\cdots,n)$，即 x_{ij} 表示第 i 个水平的第 j 个观测值。从不同水平中所抽取的样本容量可以相等，也可以不等。所需要的数据结构如表 7.2 所示。

表 7.2　单因素方差分析数据结构

观测值	因素（A_i）			
j	A_1	A_2	…	A_r
1	x_{11}	x_{12}	…	x_{1r}
2	x_{21}	x_{22}	…	x_{2r}
⋮	⋮	⋮		⋮
n	x_{n1}	x_{n2}	…	x_{nr}

7.2.2　单因素方差分析的步骤

利用表 7.1 的数据，结合表 7.2 的结构说明单因素方差分析的步骤。

1. 建立假设(hypothesis)

设因素 A 有 r 个不同水平。单因素方差分析就是在方差相等情况下对多个正态均值是否彼此相等的假设进行检验的问题。所涉及的一对假设如下：

$H_0:\mu_1 = \mu_2 = \cdots = \mu_r$

$H_1:\mu_i(i = 1,2,\cdots,r)$　　　不全相等

若在显著性水平 α 上拒绝 H_0，则称因素 A 在水平 α 上是显著的，简称因素 A 显著，也就是自变量对因变量有显著影响。否则称因素 A 不显著。需要注意的是，拒绝原假设 H_0 时，只是表明至少有两个总体的均值不相等，并不意味着所有的均值都不相等。

【例 7.2】以表 7.1 数据为例，说明食品包装对销售量的影响。

针对我们关心的问题提出原假设和备择假设。

$H_0:\mu_1 = \mu_2 = \mu_3$　　　包装对销售量没有影响

$H_1: \mu_1, \mu_2, \mu_3$ 不全相等　　　包装对销售量有影响

2. 计算水平均值

(1)计算因素各水平的均值。

令 $\bar{x}_i$ 表示第 i 种水平的样本均值，则

$$\bar{x}_i = \frac{\sum_{j=1}^{n_i} x_{ij}}{n_i} \qquad (i = 1, 2, \cdots, r)$$

式中：x_{ij} 表示第 i 个水平的第 j 个观测值；n_i 表示第 i 种水平的观察值个数。

根据表 7.1 的数据，计算包装 A_1 的平均销售量(样本均值)为：

$$\bar{x}_i = \frac{\sum_{j=1}^{4} x_{1j}}{n_1} = \frac{368 + 349 + 351 + 342}{4} = 352.5$$

同理可以得到包装 A_2，A_3 的平均销售量，结果如表 7.3 所示。

表 7.3　不同地区各种包装形式商品的销售量及其均值

销售地区(B_j)	包装方法(A_i)		
	A_1	A_2	A_3
B_1	368	386	351
B_2	349	383	348
B_3	351	370	336
B_4	342	357	331
样本均值 $\bar{x}_i$	$\bar{x}_1 = 352.5$	$\bar{x}_2 = 374$	$\bar{x}_3 = 341.5$
样本容量 n_i	$n_1 = 4$	$n_2 = 4$	$n_3 = 4$
总均值 $\bar{\bar{x}}$	356	—	—

(2)计算总均值。

总均值是所有观察值的总和除以观察值的总个数。其一般表达式为：

$$\bar{\bar{x}} = \frac{\sum_{i=1}^{r} \sum_{j=1}^{n_i} x_{ij}}{n}$$

其中：$n = n_1 + n_2 + \cdots + n_r$。

根据表 7.1 的数据，计算得到总体均值为 356。

3. 计算误差平方和

在单因素方差分析中，误差平方和有 3 个，它们分别是总误差平方和，误差项

平方和以及水平项误差平方和。

(1)总误差平方和(sum of squares for total,SST)

$$SST = \sum_{i=1}^{r}\sum_{j=1}^{n_i}(x_{ij}-\overline{\overline{x}})^2$$

它是全部观测值 x_{ij} 与总均值 $\overline{\overline{x}}$ 的误差平方和,反映了全部数据的离散状况。

根据表 7.3 的数据,计算得到总误差平方和为:

$SST = (368-356)^2+(349-356)^2+\cdots+(331-356)^2 = 3\ 354$

(2)误差项平方和(sum of squares for error, SSE)

$$SSE = \sum_{i=1}^{r}\left[\sum_{j=1}^{n_i}(x_{ij}-\overline{x}_i)^2\right]$$

又称为组内平方和或残差平方和,SSE 反映的是水平内部,或组内观察值的离散状况,实质上反映了随机因素带来的影响。

根据表 7.3 的数据,计算 3 种包装的误差平方和为:

$$SSE = \sum_{j=1}^{4}(x_{1j}-\overline{x}_1)^2+\sum_{j=1}^{4}(x_{2j}-\overline{x}_2)^2+\sum_{j=1}^{4}(x_{3j}-\overline{x}_3)^2$$
$$= 365+530+273 = 1\ 168$$

(3)水平项误差平方和(sum of squares for factor A,SSA)

又称组间平方和,若把单因素方差分析中的因素称为 A,则水平项离差平方和可以用 SSA 表示为:

$$SSA = \sum_{i=1}^{r}\sum_{j=1}^{n_i}(\overline{x}_i-\overline{\overline{x}})^2 = \sum_{i=1}^{r}n_i(\overline{x}_i-\overline{\overline{x}})^2$$

说明用各组均值 $\overline{x}_i$ 减去总均值 $\overline{\overline{x}}$ 的离差的平方,乘以各组观察值个数 n_i,然后加总,即可得到 SSA,它表现的是组间差异,即包括随机因素,也包括系统因素。

根据表 7.3 的数据,计算得:

$$SSA = \sum_{i=1}^{3}n_i(\overline{x}_i-\overline{\overline{x}})^2$$
$$=4\times(352.5-356)^2+4\times(374-356)^2+4\times(341.5-356)^2=2\ 186$$

SST,SSE,SSA 之间的关系为:

$$SST = SSE + SSA$$

证明：

$$\sum_{i=1}^{r}\sum_{j=1}^{n_i}(x_{ij}-\bar{\bar{x}})^2 = \sum\sum\left[(x_{ij}-\bar{x}_i)+(\bar{x}_i-\bar{\bar{x}})\right]^2$$

$$= \sum\sum(\bar{x}_{ij}-\bar{x}_i)^2+\sum\sum(\bar{x}_i-\bar{\bar{x}})^2+$$

$$2\sum\sum(\bar{x}_{ij}-\bar{x}_i)(\bar{x}_i-\bar{\bar{x}})$$

在各组同为正态分布，等方差条件下，等式右边最后一项为零。则有

$$SST = SSE + SSA$$

通过以上例题的计算结果也可以验证这一点：3 354 = 2 186 + 1 168

本例中，组内误差 SSE 表现的是样本数据与其组平均值 $\bar{x}_i$ 的差异，如相同包装的食品在不同地区销售量有差别，这种差别是由于抽样的随机性引起的。组间误差 SSA 所表现的是组平均数 $\bar{x}_i$ 与总平均数 $\bar{\bar{x}}$ 的差异，如本例中不同包装造成的销售量的差别，造成这种差别的原因既有抽样的随机性，也可能包含系统因素的影响。如果食品的包装对销售量没有影响，SSA 中就只有随机误差，SSE 和 SSA 就应相差不大。如果 SSA 显著地大于 SSE，就说明各组均值之间不仅有随机误差，还有系统误差。那么它们之间的差异大到何种程度，才能表明有系统误差存在呢？要检验这种差异，就需要构造一个用于检验的统计量。

4. 构造 F 统计量

由于各误差平方和的大小与观测值的多少有关，为了消除观测值多少对误差平方和大小的影响，需要将其平均，也就是用各平方和除以它们所对应的自由度，这一结果称为平均平方，简称均方。

对 SST 来说，其自由度为 $n-1$（n 为全部观测值的个数），因为它只有一个约束条件，即

$$\sum_{i=1}^{r}\sum_{j=1}^{n_j}(x_{ij}-\bar{\bar{x}})^2 = 0$$

对 SSA 来说，其自由度为 $r-1$，这里 r 表示水平的个数。它也只有一个约束条件，即

$$\sum_{i=1}^{r}n_i(\bar{x}_i-\bar{\bar{x}})^2 = 0$$

对 SSE 来说，其自由度为 $n-r$，因为对每一种水平而言，其观察值个数为 n_i，

该种水平下的自由度为 n_i-1，总共有 r 个水平，因此自由度为 $r(n_i-1)=n-r$。

SST，SSE，SSA 之间的自由度也存在着如下的关系：

$$n-1=(n-r)+(r-1)$$

由于我们主要比较组间均方和组内均方之间的差异，所以，通常只计算 SSA 的均方和 SSE 的均方。

对于 SSA，其均方 MSA 为：

$$MSA=\frac{SSA}{r-1}$$

对于 SSE，其均方 MSE 为：

$$MSE=\frac{SSE}{n-r}$$

根据上例计算：

$MSA=\frac{2\ 186}{2}=1\ 093$；$MSE=\frac{1\ 168}{9}=129.78$

由公式 7.1 可得 F 统计量：

$$F=\frac{\text{组间均方}}{\text{组内均方}}=\frac{MSA}{MSE}$$

若原假设成立，组间和组内两个均方和之比服从 F 分布，即

$$F=\frac{MSA}{MSE}\sim F(r-1,n-r)$$

本例中，$F=\frac{1\ 093}{129.78}=8.42$

5. 统计决策

要作出对原假设 H_0 的决策，就要把 F 值与给定显著性水平 α 的临界值 F_α 值比较，图 7.2 描述了 F 统计量的分布以及在显著性水平 α 下的拒绝域。

临界值 $F_\alpha(r-1,n-r)$ 在 F 分布表中查找第一自由度 $r-1$、第二自由度 $n-r$ 得到。

若 $F>F_\alpha$，拒绝原假设 H_0，即认为各正态均值间有显著差异；

若 $F<F_\alpha$，不能拒绝原假设 H_0。因为没有足够的理由认为各均值 μ_1，μ_2，…，μ_r 间有显著的差异。

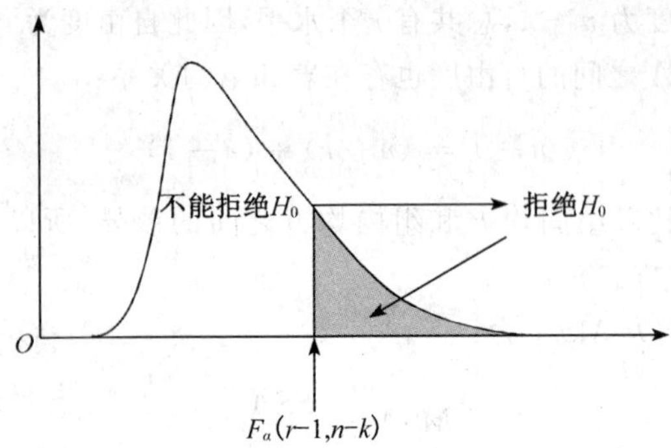

图 7.2 F 分布及其拒绝域

根据上面计算结果，计算出 $F=8.42$，在显著性水平 $\alpha=0.05$ 下，临界值 $F_{0.05}(2,9)=4.256$。由于 $F>F_\alpha$，因而拒绝原假设 H_0，说明 μ_1,μ_2,μ_3 之间有显著差异，即包装对销售量影响显著。

6. *方差分析表*

把上述计算过程的内容列成表格的形式，称为方差分析表(表 7.4)。

表 7.4 方差分析表的一般形式

误差来源	平方和 SS	自由度 df	均方 MS	F 值	P 值	F 临界值
组间	$SSA=\sum_{i=1}^{r}n_i(\bar{x}_i-\bar{\bar{x}})^2$	$r-1$	$MSA=\dfrac{SSA}{r-1}$	$F=\dfrac{MSA}{MSE}$	—	—
组内	$SSE=\sum_{i=1}^{r}\left[\sum_{j=1}^{n_i}(x_{ij}-\bar{x}_i)^2\right]$	$n-r$	$MSE=\dfrac{SSE}{n-r}$	—	—	—
总误差	$SST=\sum_{i=1}^{r}\sum_{j=1}^{n_i}(x_{ij}-\bar{\bar{x}})^2$	$n-1$	—	—	—	—

将上述计算结果列成方差分析表如表 7.5 所示。

表 7.5 根据表 7.1 数据计算的方差分析表

误差来源	SS	df	MS	F 值	P 值	F 临界值
组间	2 186	2	1 093.00	8.42	0.008 679	4.256
组内	1 168	9	129.78	—	—	—
总误差	3 354	11	—	—	—	—

7.2.3　多重比较

方差分析可以检验若干平均值是否同时相等，如果拒绝原假设，只能说明接受检验的这几个均值不全相等。如果要进一步了解哪些水平均值间确有显著差异，哪些水平均值间无显著差异，这就要进行多重比较。

同时比较任意两个水平间有无显著差异的问题称为多重比较（multiple comparison procedures）。

例如，$r=3$ 时，同时检验如下 3 个假设：

$H_0^{12}:\mu_1=\mu_2, H_0^{13}:\mu_1=\mu_3, H_0^{23}:\mu_2=\mu_3$。

这样的检验问题就是多重比较问题的一个例子。

检验的关键是"同时"两字，要同时检验 C_r^2 个假设。

多重比较的检验方法很多，常用的方法有 LSD 法、T 法、S 法等。本节只介绍 LSD 法（最小显著差异法，least significant different）。

LSD 方法是对检验两个总体均值是否相等的 t 检验方法的总体方差估计加以修正（用 MSE 来代替）而得到的。

假设因子 A 的 r 个水平均值，每个水平下的重复数分别为 $n_1,n_2,\cdots,n_r$，总的实验次数 $n=n_1+n_2+\cdots+n_r$。LSD 法的基本步骤为：

（1）提出原假设：$H_0^{ij}:\mu_i=\mu_j$。

（2）计算检验统计量：$\bar{x}_i-\bar{x}_j$。

（3）计算 LSD，其公式为：

$$LSD=t_{\frac{\alpha}{2}}\sqrt{\left(\frac{1}{n_i}+\frac{1}{n_j}\right)MSE}$$

式中：$t_{\frac{\alpha}{2}}$ 为 t 分布的临界值，通过查 t 分布表得到，其自由度为（$n-r$），r 为因素中水平的个数；MSE 为组内均方；n_i 和 n_j 是第 i 个样本和第 j 个样本的容量。

如果设计是平衡的，则 $n_1=n_2=\cdots=n_r=m$

$$LSD=t_{\frac{\alpha}{2}}\sqrt{\frac{2MSE}{m}}$$

（4）进行检验。根据显著性水平计算 LSD 的临界值，将每一对平均值的差与对应的 LSD 临界值比较。如果 $|\bar{x}_i-\bar{x}_j|>LSD$，拒绝原假设 H_0，说明均值之间有显著的差异；反之，不能拒绝原假设。

【例 7.3】根据例 7.2 和表 7.3 的数据，我们对食品销售量的均值做多重比较（$\alpha=0.05$）。

(1)提出假设。

$H_0^{12}:\mu_1=\mu_2, H_1^{12}:\mu_1\neq\mu_2$

$H_0^{13}:\mu_1=\mu_3, H_1^{13}:\mu_1\neq\mu_3$

$H_0^{23}:\mu_2=\mu_3, H_1^{23}:\mu_2\neq\mu_3$

(2)计算检验统计量。

$|\bar{x}_1-\bar{x}_2|=|352.5-374|=21.5$

$|\bar{x}_1-\bar{x}_3|=|352.5-341.5|=11$

$|\bar{x}_2-\bar{x}_3|=|374-341.5|=32.5$

(3)计算 LSD 。

根据例 7.2 结果,已知 $MSE=129.78$ 。查 t 分布表得 $t_{\frac{\alpha}{2}}=t_{0.025}(12-3)=2.262$,由于 3 种包装的样本容量相同,因此 3 个假设的 LSD 值相等,利用公式 $LSD=t_{\frac{\alpha}{2}}\sqrt{\frac{2MSE}{m}}=2.262\times\sqrt{\frac{2\times129.78}{4}}=18.22$ 。

(4)作出决策。

$|\bar{x}_1-\bar{x}_2|=21.5>18.22$,拒绝 H_0^{12},说明包装一与包装二之间有显著差异;

$|\bar{x}_1-\bar{x}_3|=11<18.22$,不能拒绝 H_0^{13},说明包装一与包装三之间没有显著差异;

$|\bar{x}_2-\bar{x}_3|=32.5>18.22$,拒绝 H_0^{23},说明包装二与包装三之间有显著差异。

7.3 双因素方差分析

如果方差分析同时针对两个因素进行,则称为双因素分析。如前面讲的例子,我们除了关心食品不同包装对销售量的影响之外,还想了解不同销售地区对销售量的影响,即同时分析包装(因素 A)和销售地区(因素 B)这两个因素对销售量的影响,这就属于双因素方差分析。双因素方差分析的内容是对两个影响因素进行检验,分析究竟一个因素在起作用,还是两个因素都起作用,或是两个因素的影响都不显著。

7.3.1 双因素方差分析的类型

双因素方差分析类型有两种:一是无交互作用的双因素方差分析(two-factor without replication),它假定因素 A 和因素 B 的效应之间是相互独立的,不存在相互关系;二是有交互作用的双因素方差分析(two-factor with replication),它假定因素 A 和因素 B 的结合会产生一种新的效应。例如,假定不同地区的消费者对某种包装有与其他地区消费者不同的特殊偏好,这就是两个因素结合之后产生的新效应，即有交互作用。

7.3.2 无交互作用双因素方差分析

1. 数据结构

表7.6中，因素 A 位于列的位置，称为列因素，共有 r 个水平，$\bar{x}_{.i}$ 是列因素的第 i 个水平下的各观测数据的均值；因素 B 位于行的位置，称为行因素，共有 k 个水平，$\bar{x}_{j.}$ 是行因素的第 j 个水平下各观测值的均值。每一个观测值 x_{ij}（$i=1,2,\cdots,r;j=1,2,\cdots,k$）可以看作由行因素的 k 个水平和列因素的 r 个水平所组成的 $r\times k$ 个总体中抽取样本容量为1的独立随机样本。这 $r\times k$ 个样本总体中的每一个样本总体均服从正态分布，且具有相同的方差。$\bar{\bar{x}}$ 是全部样本数据的总均值。

表7.6 无交互作用双因素方差分析数据结构

行因素 B_j	列因素（A_i）				平均值
	A_1	A_2	…	A_r	$\bar{x}_{j.}$
B_1	x_{11}	x_{12}	…	x_{1r}	$\bar{x}_{1.}$
B_2	x_{21}	x_{22}	…	x_{2r}	$\bar{x}_{2.}$
⋮	⋮	⋮		⋮	$\bar{x}_{3.}$
B_k	x_{k1}	x_{k2}	…	x_{kr}	$\bar{x}_{k.}$
平均值 $\bar{x}_{.i}$	$\bar{x}_{.1}$	$\bar{x}_{.2}$	$\bar{x}_{.3}$	$\bar{x}_{.r}$	$\bar{\bar{x}}$

2. 分析步骤

(1)提出假设。

对于列因素 A：

$H_0:\mu_1=\mu_2=\cdots=\mu_j=\cdots=\mu_r$，列因素（自变量）对因变量没有显著影响

$H_1:\mu_i(i=1,2,\cdots,r)$不全相等，列因素（自变量）对因变量有显著影响

对于行因素 B：

$H_0:\mu_1=\mu_2=\cdots=\mu_i=\cdots=\mu_k$，行因素（自变量）对因变量没有显著影响

$H_1:\mu_j(j=1,2,\cdots,k)$不全相等，行因素（自变量）对因变量有显著影响

(2)构造检验统计量。

双因素方差分析构造统计量的方法与单因素方差分析构造统计量方法一样，也需要从总误差平方和 SST 的分解入手。

$$
\begin{aligned}
SST &= \sum_{j=1}^{k}\sum_{i=1}^{r}(x_{ij}-\bar{\bar{x}})^2 \\
&= \sum_{j=1}^{k}\sum_{i=1}^{r}(\bar{x}_{j.}-\bar{\bar{x}})^2+\sum_{j=1}^{k}\sum_{i=1}^{r}(\bar{x}_{.i}-\bar{\bar{x}})^2+\sum_{j=1}^{k}\sum_{i=1}^{r}(x_{ij}-\bar{x}_{j.}-\bar{x}_{.i}+\bar{\bar{x}})^2
\end{aligned}
$$

SST 分解为 3 个组成部分，即 SSR，SSC 和 SSE。

其中，分解后等式右边的第一项是行因素所产生的误差平方和，记为：

$$SSR = \sum_{j=1}^{k}\sum_{i=1}^{r}(\bar{x}_{j.} - \bar{\bar{x}})^2$$

第二项是列因素所产生的误差平方和，记为：

$$SSC = \sum_{j=1}^{k}\sum_{i=1}^{r}(\bar{x}_{.i} - \bar{\bar{x}})^2$$

第三项是由于随机因素影响产生的随机误差项平方和，记为：

$$SSE = \sum_{j=1}^{k}\sum_{i=1}^{r}(x_{ij} - \bar{x}_{j.} - \bar{x}_{.i} + \bar{\bar{x}})^2$$

因此 $SST = SSR + SSC + SSE$

各误差平方和对应的自由度：

SST 的自由度为 $kr-1$

SSR 的自由度为 $k-1$

SSC 的自由度为 $r-1$

SSE 的自由度为 $(k-1)(r-1)$

由各误差平方和与自由度可计算出各均方差：

行因素 B 的均方 $MSR = \dfrac{SSR}{k-1}$

列因素 A 的均方 $MSC = \dfrac{SSC}{r-1}$

随机误差项的均方 $MSE = \dfrac{SSE}{n-r-k+1}$

检验行因素对因变量有没有显著影响，采用统计量：

$$F_{R} = \frac{MSR}{MSE} \sim F(k-1,(k-1)(r-1))$$

检验列因素对因变量有没有显著影响，采用统计量：

$$F_{C} = \frac{MSC}{MSE} \sim F(r-1,(k-1)(r-1))$$

(3)作出决策。

将计算出的统计量与给定显著性水平 α 和 F 临界值 F_α 进行比较：

若 $F_R > F_\alpha$，则拒绝原假设 H_0，说明 $\mu_j(j = 1,2,\cdots,k)$ 之间有显著差异，也就是说，行因素对因变量影响显著。

若 $F_C > F_\alpha$，则拒绝原假设 H_0，说明 $\mu_i(i = 1,2,\cdots,r)$ 之间有显著差异，也就是说，列因素对因变量影响显著。

由上述内容，可编制出双因素方差分析表的一般形式(表7.7)。

表7.7　无交互作用的双因素方差分析表

误差来源	误差平方和 SS	自由度 df	均方 MS	F 值	P 值	F 临界值
B 因素	SSR	$k-1$	$MSR=\frac{SSR}{k-1}$	$F_R=\frac{MSR}{MSE}$	—	—
A 因素	SSC	$r-1$	$MSC=\frac{SSC}{r-1}$	$F_C=\frac{MSC}{MSE}$	—	—
误差	SSE	$(k-1)(r-1)$	$MSE=\frac{SSE}{n-r-k+1}$	—	—	—
总误差和	SST	$kr-1$	—	—	—	—

【例7.4】利用表7.1的数据，假设地区和包装都不相同，分析地区和包装这两个因素对销售量是否有显著影响？($\alpha = 0.05$)

首先，提出假设：

行因素(地区)

$H_0: \mu_1 = \mu_2 = \mu_3 = \mu_4$　　销售地区对销售量没有显著影响

$H_1: \mu_j(j=1,2,3,4)$不全相等　　销售地区对销售量有显著影响

列因素(包装)

$H_0: \mu_1 = \mu_2 = \mu_3$　　包装对销售量没有显著影响

$H_1: \mu_i(i=1,2,3)$不全相等　　包装对销售量有显著影响

利用以上所述步骤，整理出无交互作用的双因素方差分析表(表7.8)。

表7.8　根据表7.1数据计算的双因素方差分析表

误差来源	误差平方和 SS	自由度 df	均方 MS	F 值	P 值	F 临界值
B 因素	1 026	3	342	14.450 7	0.003 7	4.757 1
A 因素	2 186	2	1 093	46.183 098	0.000 2	5.143 3
误差	142	6	23.666 7	—	—	—
总误差和	3 354	11	—	—	—	—

在显著性水平 $\alpha=0.05$ 下,由于 $F_R=14.4507>F_\alpha(3,6)=4.76$,因而拒绝行因素的原假设 H_0,说明 μ_1,μ_2,μ_3,μ_4 之间有显著差异,即销售地区对销售量影响显著。$F_C=46.183>F_\alpha(2,6)=5.14$,因而拒绝列因素的原假设 H_0,说明 μ_1,μ_2,μ_3 之间有显著差异,即包装对销售量影响显著。

7.3.3 有交互作用双因素方差分析

有交互作用的双因素方差分析也要利用观测值数据,提出假设、构造检验统计量、决策等步骤。提出假设时,要针对行变量、列变量和交互作用分别提出假设,方法与前述无交互作用双因素分析方法类似。其数据结构与表 7.10 类似。设行变量有 k 个水平;列变量有 r 个水平;行变量中每一个水平的行数为 m ;观测数据总数为 n。建立样本数据的方差分析恒等式为:

$$SSE = SST - SSR - SSC - SSRC$$

其中: 总平方和 $SST = \sum_{i=1}^{r}\sum_{j=1}^{k}\sum_{h=1}^{m}(x_{ijh} - \overline{\overline{x}})^2$

行变量平方和 $SSR = rm\sum_{j=1}^{k}(\overline{x}_{j.} - \overline{\overline{x}})^2$

列变量平方和 $SSC = km\sum_{i=1}^{r}(\overline{x}_{.i} - \overline{\overline{x}})^2$

交互作用平方和 $SSRC = m\sum_{j=1}^{k}\sum_{i=1}^{r}(\overline{x}_{ij} - \overline{x}_{j.} - \overline{x}_{.i} + \overline{\overline{x}})^2$

误差项平方和 $SSE = SST - SSR - SSC - SSRC$

式中:x_{ijh} 为对应于行因素的第 j 个水平和列因素的第 i 个水平的第 h 行的观察值;$\overline{x}_{j.}$ 为行因素的第 j 个水平的样本均值;$\overline{x}_{.i}$ 为列因素的第 i 个水平的样本均值;$\overline{x}_{ij}$ 为对应于行因素的第 j 个水平和列因素的第 i 个水平组合的样本均值;$\overline{\overline{x}}$ 为全部 n 个观测值得总均值。

整理出有交互作用的双因素方差分析表的一般形式如表 7.9 所示。

其中,统计量:

$$F_R = \frac{MSR}{MSE} \sim F_\alpha[k-1, kr(m-1)]$$

$$F_C = \frac{MSC}{MSE} \sim F_\alpha[r-1, kr(m-1)]$$

$$F_{RC}=\frac{MSRC}{MSE}\sim F_{\varepsilon}[(r-1)(k-1),kr(m-1)]$$

表 7.9　有交互作用的双因素方差分析表

误差来源	误差平方和 SS	自由度 df	均方 MS	F 值	P 值	F 临界值
行因素	SSR	$k-1$	$MSR=\frac{SSR}{k-1}$	$F_R=\frac{MSR}{MSE}$	—	—
列因素	SSC	$r-1$	$MSC=\frac{SSC}{r-1}$	$F_C=\frac{MSC}{MSE}$	—	—
交互作用	$SSRC$	$(r-1)(k-1)$	$MSRC=\frac{SSRC}{(r-1)(k-1)}$	$F_{RC}=\frac{MSRC}{MSE}$	—	—
误差	SSE	$kr(m-1)$	$MSE=\frac{SSE}{kr(m-1)}$	—	—	—
总误差和	SST	$n-1$	—	—	—	—

【例 7.5】为了研究小麦品种和施肥方式对小麦的产量影响，分别选取两种不同小麦品种，并选择甲、乙两种施肥方式，通过实验共获得 20 块小麦产量的数据，如表 7.10 所示。试分析小麦品种、施肥方式以及品种和施肥方式的交互作用对小麦产量的影响。($\alpha=0.05$)

表 7.10　不同品种和不同施肥方式的小麦产量　kg/块

行因素(小麦品种)	列因素(施肥方式)	
	甲	乙
品种 1	71	77
	72	81
	72	77
	66	73
	72	79
品种 2	76	89
	79	87
	77	84
	76	87
	78	87

首先，提出假设。

行因素(小麦品种)

H_0^R:小麦品种对产量没有显著影响

H_1^R:小麦品种对产量有显著影响

列因素(施肥方式)

H_0^C:施肥方式对产量没有显著影响

H_1^C:施肥方式对产量有显著影响

交互作用

H_0^{RC}:小麦品种与施肥方式没有交互作用

H_1^{RC}:小麦品种与施肥方式应有交互作用

计算整理出有交互作用的双因素方差分析表的分析结果(表 7.11)。

表 7.11 有交互作用的双因素方差分析表的分析结果

误差来源	误差平方和 SS	自由度 df	均方 MS	F 值	P 值	F 临界值
行因素	320.0	1	320.000	62.439	6.51E-07	4.494
列因素	336.2	1	336.200	65.600	4.72E-07	4.494
交互作用	9.8	1	9.800	1.912	0.185 716	4.494
误差	82.0	16	5.125	—	—	—
总误差和	748.0	19	—	—	—	—

由表 7.11 的结果可知:$F_R = 62.439 > F_{0.05}(1,16) = 4.494$,拒绝原假设,说明小麦品种对产量有显著影响;$F_C = 65.6 > F_{0.05}(1,16) = 4.494$,拒绝原假设,说明施肥方式对产量有显著影响;$F_{RC} = 1.912 < F_{0.05}(1,16) = 4.494$,不能拒绝原假设,说明小麦品种与施肥方式没有交互作用。

7.4 用 SPSS 进行方差分析

7.4.1 用 SPSS 进行单因素方差分析

某家电制造公司准备购进一批 7# 电池,现有 A_1,A_2,A_3 3 家电池生产企业愿意供货,为比较他们生产的电池质量,从每个企业各随机抽取 5 只电池,经试验得其寿命数据如表 7.12 所示。

步骤:

首先将数据输入 SPSS Data View 窗口(图 7.3),依次选中 Analyze→Compare Means→One-Way ANOVA,打开 One-Way ANOVA 主对话框(图7.4)。

表 7.12　3 个企业的电池寿命试验数据　h

试验号	电池生产企业		
	A_1	A_2	A_3
1	50	32	45
2	50	28	42
3	43	30	38
4	40	34	48
5	39	26	40

	生产企业	电池寿命	var
1	1.00	50.00	
2	1.00	50.00	
3	1.00	43.00	
4	1.00	40.00	
5	1.00	39.00	
6	2.00	32.00	
7	2.00	28.00	
8	2.00	30.00	
9	2.00	34.00	
10	2.00	26.00	
11	3.00	45.00	
12	3.00	42.00	
13	3.00	38.00	
14	3.00	48.00	
15	3.00	40.00	
16			

图 7.3　数据输入界面图

图 7.4　单因素方差分析过程图

图 7.5 左侧为源变量框，选中变量“电池寿命”，单击向右箭头按钮使因变量“电池寿命”进入 Dependent List 框中。选中变量“生产企业”进入 Factor 框。

在主对话框中单击 Options... 按钮，打开对话框如图 7.6 所示。此对话框共包括 3 组选项：

Statistics 复选框组，用于选择输出统计量。

Descriptive(输出描述统计量，选择此项输出观测量数目、均值、标准差、标准误、最小值、最大值、各组中每个因变量的 95%置信区间)。

Fixed and random effects(固定和随机效应)。

Homogeneity of variance(要求进行方差齐次性检验,并输出检验的结果)。

Brown-Forsythe(Brown-Forsythe 统计量)。

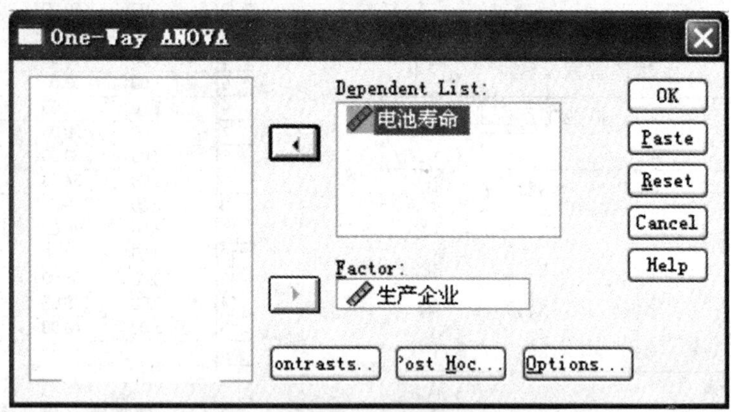

图 7.5　单因素方差分析主对话框

One-Way ANOVA: Options
Statistics
Descriptive
Fixed and random effects
Homogeneity of variance
Brown-Forsythe
Welch
Continue
Cancel
Help
Means plot
Missing Values
Exclude cases analysis by analysis
Exclude cases listwise

图 7.6　单因素方差分析选项对话框

Welch(Welch 统计量)。

Means plot,均值图。

Missing Values 栏,选择缺失值的处理方法:

Exclude cases analysis by analysis(被选择参与分析的变量含缺失值的观测量,从分析中剔除),Exclude cases listwise(对含有缺失值的观测量,从所有分析中剔除)。

本例中选中"Descriptive","Homogeneity of variance","Exclude cases analysis by analysis”单击 Continue 返回主对话框。

在主对话框中单击 Post Hoc…，打开如图 7.7 所示的对话框，选择进行多重比较的项。

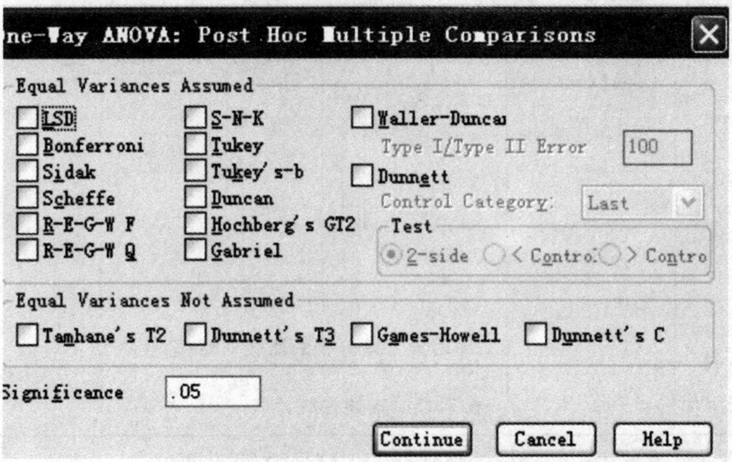

图 7.7　单因素方差分析的多重比较对话框

此对话框共包括 3 组选项：

Equal Variances Assumed（方差具有齐次性时，即方差相等），该框中有很多方法供选择。本例选择“LSD（Least-significant difference）”最小显著差异法（用 t 检验完成各组均值间的配对比较）、“Scheffe”（对所有可能的组合进行同步进入的配对比较）。默认的显著性水平（Significance level）为 0.05，也可以由用户自己选择，单击 Continue 返回主对话框。

在主对话框中单击 Contrasts…按钮，将打开如图 7.8 所示的对话框。该对话框用于设置均值的多项式比较。

本例子不做多项式比较的选择，单击 Continue 返回主对话框。

单击 OK 完成。

输出结果与分析：

表 7.13 为描述性统计表，描述了不同因素水平的测量个数、平均数、标准差和平均数的标准误差、平均值的 95%的置信区间、最小值、最大值。

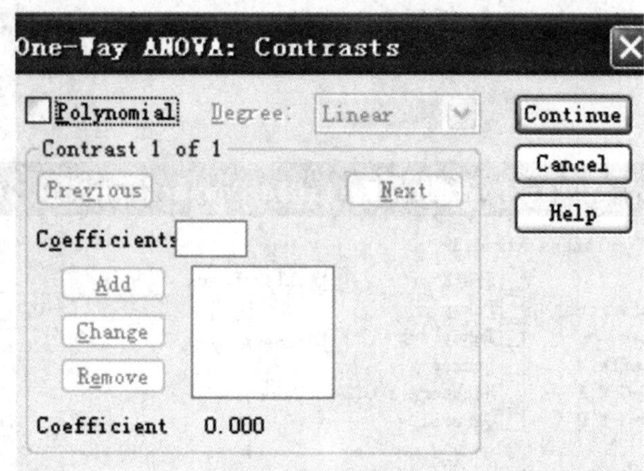

图 7.8 单因素方差分析的比较对话框

表 7.13 描述性统计表

	N	Mean	Std. Deviation	Std. Error	95% Confidence Interval for Mean		Minimum	Maximum
					Lower Bound	Upper Bound		
1.00	5	44.400 0	5.319 77	2.379 08	37.794 6	51.005 4	39.00	50.00
2.00	5	30.000 0	3.162 28	1.414 21	26.073 5	33.926 5	26.00	34.00
3.00	5	42.600 0	3.974 92	1.777 64	37.664 5	47.535 5	38.00	48.00
Total	15	39.000 0	7.708 99	1.990 45	34.730 9	43.269 1	26.00	50.00

表 7.14 为方差齐性检验表。从检验的结果来看，*Sig.* =0.218，不能拒绝原假设，即 3 个生产企业生产的电池寿命方差间无显著差异。

表 7.14 方差齐性检验表

Levance Statistic	df_1	df_2	*Sig.*
1.735	2	12	0.218

表 7.15 为单因素方差分析表，因素(组间)平方和为 615. 6，误差(组内)平方和为 216.4，总的离差平方和为 832，它们的自由度分别为 2，12，14，$F=17.068$，*Sig.* =0.000，显著性水平为 0.05 时，3 个生产企业生产的电池寿命有显著的差异。

表 7.16 是多重比较的结果，均值之间具有 0.05 水平上有显著性差异，在平均数差值上用“ * ”号表明。从图中可以看出，Scheffe 检验、LSD 法进行多重比较的

结果均是:生产企业 A_1 与 A_2,以及 A_2 与 A_3 之间的差异是非常显著的。

表 7.15　单因素方差分析表

	Sum of Squares	*df*	Mean Square	*F*	*Sig.*
Between Groups	615.600	2	307.800	17.068	0.000
Within Groups	216.400	12	18.033		
Total	832.000	14			

表 7.16　多重比较的结果表

	(I) 生产企业	(J) 生产企业	Mean Difference(I-J)	Std. Error	*Sig.*	95% Confidence Interval	
						Lower Bound	Upper Bound
Scheffe	1.00	2.00	14.400 00*	2.685 76	0.001	6.913 2	21.8868
		3.00	1.800 00	2.685 76	0.802	−5.686 8	9.286 8
	2.00	1.00	−14.400 00*	2.685 76	0.001	−21.886 8	−6.913 2
		3.00	−12.600 00*	2.685 76	0.002	−20.086 8	−5.113 2
	3.00	1.00	−1.800 00	2.685 76	0.802	−9.286 8	5.686 8
		2.00	12.600 00*	2.685 76	0.002	5.113 2	20.086 8
LSD	1.00	2.00	14.400 00*	2.685 76	0.000	8.548 2	20.251 8
		3.00	1.800 00	2.685 76	0.515	−4.051 8	7.651 8
	2.00	1.00	−14.400 00*	2.685 76	0.000	−20.251 8	−8.548 2
		3.00	−12.600 00*	2.685 76	0.001	−18.451 8	−6.748 2
	3.00	1.00	−1.800 00	2.685 76	0.515	−7.651 8	4.051 8
		2.00	12.600 00*	2.685 76	0.001	6.748 2	18.451 8

* The mean difference is significant at the 0.05 level

7.4.2　用 SPSS 进行无交互作用双因素方差分析

以表 7.1 数据为例,用 SPSS 进行无交互作用双因素方差分析。

具体的操作步骤为:

(1)首先将数据输入 SPSS Data Editor 窗口如图 7.9 所示。

(2)单击 Analyze→General linear Model→Univariate,打开 Univariate 主对话框,如图 7.10 所示。

选择要分析的变量“销售量”进入 Dependent Variable 框中,选择因素变量“包装”和“地区”进入 Fixed Factor(s)框中。

*Untitled2 [DataSet2] - SPSS Data Edit

File Edit View Data Transform Analyze Graphs Ut

6 :

	包装	地区	销售量
1	1.00	1.00	368.00
2	2.00	1.00	386.00
3	3.00	1.00	351.00
4	1.00	2.00	349.00
5	2.00	2.00	383.00
6	3.00	2.00	348.00
7	1.00	3.00	351.00
8	2.00	3.00	370.00
9	3.00	3.00	336.00
10	1.00	4.00	342.00
11	2.00	4.00	357.00
12	3.00	4.00	331.00
13			

图 7.9 数据输入界面图

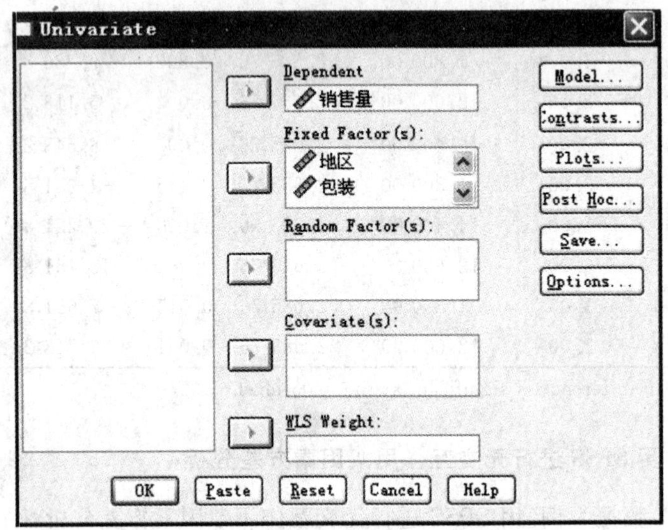

图 7.10 多重方差分析 Univariate 主对话框

(3)单击 Model…按钮选择分析模型,得到 Model 对话框。如图 7.11 所示,在 Specify Model 框中,指定模型类型。

Full Factorial 选项为系统默认项,建立全模型,全模型中包括因素之间的交互作用。如果选择分析两个因素的交互作用,则必须在每种水平组合下,取得两个以上的实验数据,才能实现两个因素的交互作用的分析结果。如果不考虑因素间的交互作用时,应当选择自定义模型。Custom 选项为自定义模型,本例选择此项并激活下面的各项操作。

先从左边框中选择因素变量进入 Model 框中，然后选择效应类型。在 Build Term(s)下面的小菜单完成选项，一般不考虑交互作用时，选择 Main(主效应)，考虑交互作用时，选择 Interaction(交互作用)，如果所有因素有交互作用，选择 All n-way。在 Sum of Square 中选择分解平方和的方法，共有4个选项：TypeⅠ(型Ⅰ平方和，或逐次平方和)，TypeⅡ(型Ⅱ平方和)，TypeⅢ(型Ⅲ平方和)，TypeⅣ(型Ⅳ平方和)。一般选取默认项 TypeⅢ。Include interception in model(模型中包括截距项)，系统默认值是包括截距项。

本例中将包装和地区选入 Model 框中，选择 Main effect，而且模型中包括截距项。单击 Continue 返回在主对话框。

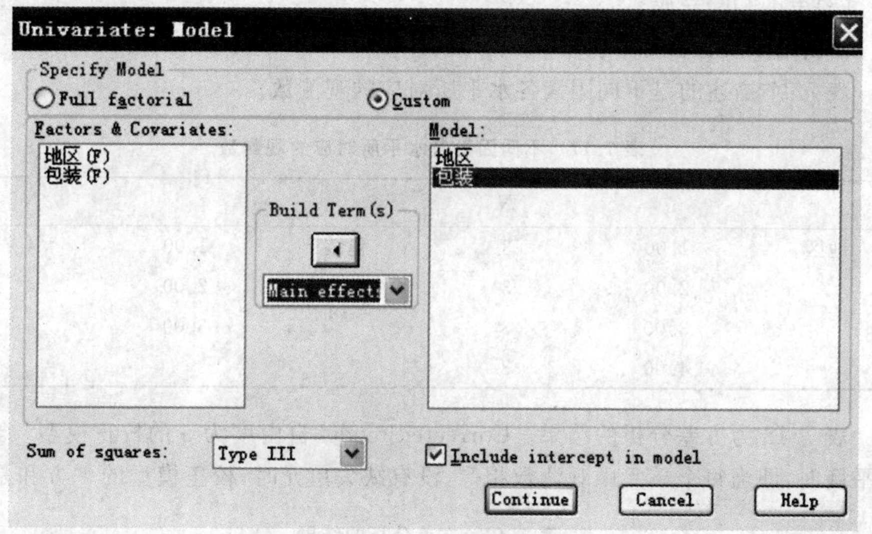

图7.11 多重方差分析的 Model 对话框

(4)如果需要进行特定的两水平间的均值比较，在主对话框可单击 Contrast…。

(5)如果需要进行图形展示，在主对话框可单击 Plots…按钮，选择作均值轮廓图(Profile)的参数。

(6)如需要将包装方法的各水平间均值进行两两比较，在主对话框上单击 Post Hoc…按钮，打开 Post Hoc Multiple 多重比较对话框。

(7)在主对话框可单击 Options…按钮，可以进入 Option 对话框，此对话框共有3组选项：

Estimated Marginal Means(估计边际平均数)。

Display(显示框)，包括：Descriptive statistics(输出描述统计量，选择此项输出观测量数目、均值、标准差)；Estimates of effect size(效应和参数的估计值的净相关 Eta 平方值；Observed power(观测检验能力，可以找出组间没有产生差异的原因)；Parameter estimates(参数估计值，可以显示每个因素的参数估计值、标准误、T 检验、置信区间和显著性检验)；Contrast coefficient matrix (对比系数矩阵)；Homogeneity test(要求进行方差齐次性检验，并输出检验的结果)；Spread vs. level plot(离散对水平图)；Residual plot(残差图)，Lack of fit(缺适性，检验模型是否合适)；General estimate function(一般可估函数，可以建立自定的假设检验)。

Significance level(显著性水平)，一般默认的水平为 0.05。

本例对(4)，(5)，(6)，(7)均不做选择。

(8)单击 OK 完成。

输出结果及分析如下。

表 7.17 描述的是不同因素各水平所对应的观测数。

表 7.17 不同因素各水平所对应的观测数

		N			N
地区	1.00	3	包装	1.00	4
	2.00	3		2.00	4
	3.00	3		3.00	4
	4.00	3			

表 7.18 为方差分析的结果。Corrected model 自由度为 5 的校正模型。当设计平衡时，即当每个单元中观测数相等，没有缺失单元时，校正模型的平方和是主

表 7.18 方差分析的结果

Source	Type Ⅲ Sum of Squares	df	Mean Square	F	$Sig.$
Corrected Model	3 212.000[a]	5	642.400	27.144	0.000
Intercept	1 520 832.000	1	1 520 832.000	64 260.507	0.000
地区	1 026.000	3	342.000	14.451	0.004
包装	2 186.000	2	1 093.000	46.183	0.000
Error	142.000	6	23.667		
Total	1 524 186.000	12			
Corrected Total	3 354.000	11			

a. R Squared＝0.958 (Adjusted R Squared＝0.922)

效应和交互效应的平方和之和。Intercept 是方差分析中的截距项检验总均值是否为零。截距的检验意义不是很大。从区组和包装方法的 F 统计量的值及 *Sig.* 的值 0.000 0 来看，可以看出不同的包装方法及不同的区组之间有显著的差异。Corrected Total 的平方和是校正模型和误差项的平方和之和。

7.4.3　用 SPSS 进行有交互作用双因素方差分析

以表 7.10 的数据为例说明有交互作用的双因素分析。

(1)输入数据，如图 7.12 所示。

	r	施肥方式	品种	产量	va
1	1.00	1.00	1.00	71.00	
2	2.00	1.00	1.00	72.00	
3	3.00	1.00	1.00	72.00	
4	4.00	1.00	1.00	66.00	
5	5.00	1.00	1.00	72.00	
6	1.00	2.00	1.00	77.00	
7	2.00	2.00	1.00	81.00	
8	3.00	2.00	1.00	77.00	
9	4.00	2.00	1.00	73.00	
10	5.00	2.00	1.00	79.00	
11	1.00	1.00	2.00	76.00	
12	2.00	1.00	2.00	79.00	
13	3.00	1.00	2.00	77.00	
14	4.00	1.00	2.00	76.00	
15	5.00	1.00	2.00	78.00	
16	1.00	2.00	2.00	89.00	
17	2.00	2.00	2.00	87.00	

\Data View λ Variable View /

图 7.12　数据输入界面图

(2)单击 Analyze→General linear Model→Univariate，打开 Univariate 主对话框。选择变量“产量”进入 Dependent Variable 框中，选择因素变量“施肥方式、品种”进入 Fixed Factor 框中。

(3)单击 Model…按钮选择分析模型，得到 Model 对话框。在 Specify Model 框中，指定模型类型。选择 Custom 选项，然后从左边框中选择因素变量“施肥方式、品种”进入 Model 框中，然后选择效应类型 Interaction，最后选取默认项 Type Ⅲ。模型中包括截距项。单击 Continue 返回主对话框。

(4)在主对话框中可单击 Plots…按钮，打开图形对话框如图 7.13 所示。选择作均值轮廓图(Profile)的参数。

本例中将因素变量“施肥方式”输入横坐标后，将另一个因素变量“品种”输入 Separate Lines 分线框中，然后单击 add 按钮。这样就可以输出反映两个因素变量的交互图。单击 Continue 返回主对话框。

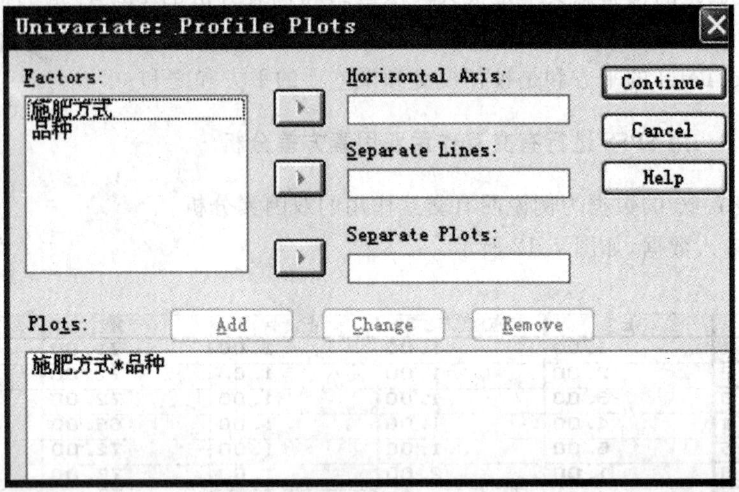

图 7.13 Profile Plots 主对话框

(5)在主对话框中可单击 Options…按钮，打开 Options 对话框如图 7.14 所示。

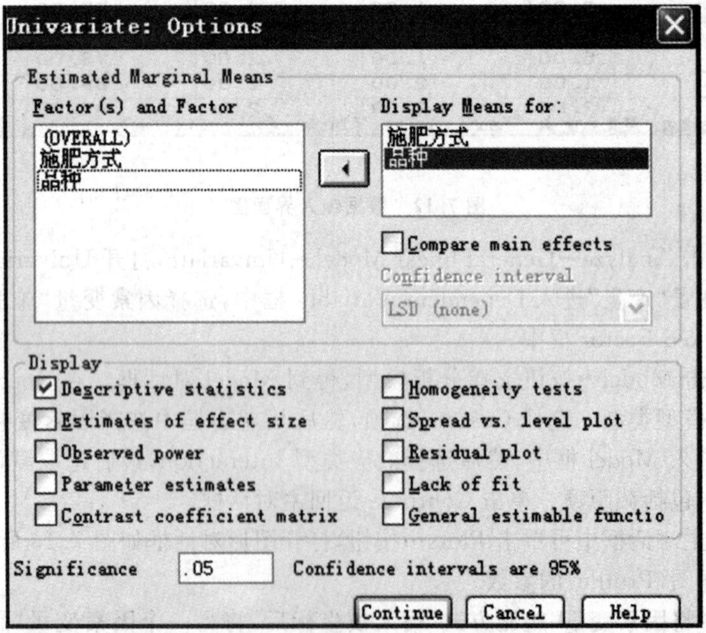

图 7.14 Options 对话框

将 a,b 选入 Display Means for 框中,在 Display 选项中选择 Descriptive statistics,显著性水平为默认的 0.05,单击 Continue 返回主对话框。

(6)单击 OK 完成。

输出结果及分析如下:

表 7.19 反映了施肥方式和品种两因素包含的水平数及各水平所对应的实验数据个数。

表 7.19 两因素水平对应的实验值

		N
施肥方式	1.00	10
	2.00	10
品种	1.00	10
	2.00	10

表 7.20 为描述统计结果,给出施肥方式和品种两个因素不同水平对应的均值、标准差及实验的数据个数。

表 7.20 描述统计结果

施肥方式	品种	Mean	Std. Deviation	N
1.00	1.00	70.600 0	2.607 68	5
	2.00	77.200 0	1.303 84	5
	Total	73.900 0	3.984 69	10
2.00	1.00	77.400 0	2.966 48	5
	2.00	86.800 0	1.788 85	5
	Total	82.100 0	5.466 06	10
Total	1.00	74.000 0	4.447 22	10
	2.00	82.000 0	5.270 46	10
	Total	78.000 0	6.274 43	20

表 7.21 为方差分析的结果,可以看出,两因素各水平之间有显著的差异。

表 7.21 方差分析结果

Source	Type Ⅲ Sum of Squares	*df*	Mean Square	*F*	*Sig.*
Corrected Model	656.200[a]	2	328.100	60.759	0.000
Intercept	121 680.000	1	121 680.000	22 533.333	0.000
施肥方式	336.200	1	336.200	62.259	0.000
品种	320.000	1	320.000	59.259	0.000
Error	91.800	17	5.400		
Total	122 428.000	20			
Corrected Total	748.000	19			

a. R Squared＝0.877 (Adjusted R Squared＝0.863)

图 7.15 是交互作用图，两条线平行，所以 A 和 B 之间不存在交互作用。

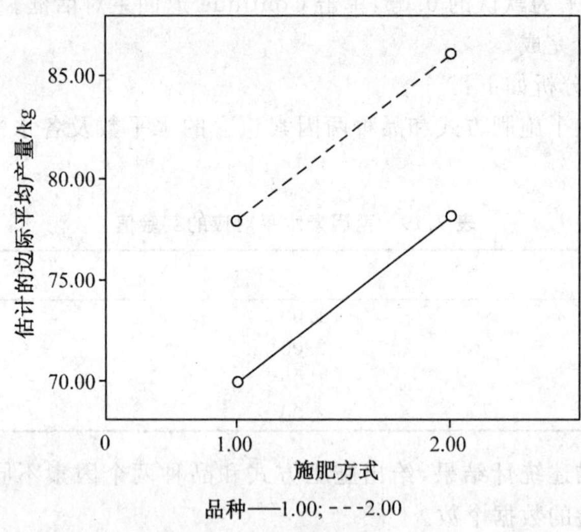

图 7.15 交互作用图

复习思考题

一、选择题

1. 在方差分析中，所要检验的对象称为（　　）。

A. 水平　　B. 因素

C. 因子　　D. 观测值

2. 衡量因素的同一水平下样本数据的误差，称为（　　）。

A. 组间误差　　B. 组内方差

C. 随机误差　　D. 组内误差

3. 下列说法正确的是（　　）。

A. $SST = SSE + SSA$

B. 三者自由度之间存在关系为 $n-1=(n-r)+(r-1)$

C. 若 $F>F_\alpha$，不能拒绝原假设，即认为各正态均值间有显著差异

D. $F=\dfrac{MSE}{MSA}$

4. 随机设计资料的方差分析中，必然有（　　）。

A. $SS_{组间} > SS_{组内}$　　B. $F=\dfrac{MSA}{MSE}$

C. $SS_{总} = SS_{组间} + SS_{组内}$　　D. $MS_{总} = MS_{组间} + MS_{组内}$

5. 如果进一步要了解哪些水平均值间确有显著差异，哪些水平均值间无显著差异，这就要进行多重比较，常选用方法有（　　）。

A. *LSD* 法　　B. *T* 法

C. 成组 t 检验法　　D. Bartlett 法

E. *S* 法

6. 如果进一步要了解哪些水平均值间确有显著差异，哪些水平均值间无显著差异，这就要进行（　　）。

A. 单因素方差分析　　B. 无交互作用的双因素方差分析

C. 多重比较　　D. 有交互作用的双因素方差分析

7. 无交互作用双因素方差分析的原假设为（　　）。

A. $H_0:\mu_1=\mu_2=\cdots=\mu_j=\cdots=\mu_r$，列因素对因变量没有显著影响

B. H_0：列因素对因变量有显著影响

C. $H_0:\mu_1=\mu_2=\cdots=\mu_i=\cdots=\mu_k$，行因素对因变量没有显著影响

D. H_0：列因素与行因素之间无显著影响

8. 下列关于无交互作用双因素方差分析的说法错误的是（　　）。

A. $F_R=\dfrac{MSR}{MSE}\sim F(r-1,n-k-r)$

B. 若 $F_R>F_\alpha$，则拒绝原假设 H_0，说明自变量对因变量影响显著

C. $MSE=\dfrac{SSE}{n-r-k}$

D. $SSE=SST-SSR-SSC-SSRC$

9. 有交互作用的双因素方差分析的原假设为（　　）。

A. $H_0:\mu_1=\mu_2=\cdots=\mu_j=\cdots=\mu_r$，列因素对因变量没有显著影响

B. H_0：列因素对因变量有显著影响

C. $H_0:\mu_1=\mu_2=\cdots=\mu_i=\cdots=\mu_k$，行因素对因变量没有显著影响

D. H_0：列因素与行因素之间无显著影响

10. 下列关于有交互作用的双因素分析的说法错误的是（　　）。

A. $SSE=SST-SSR-SSC-SSRC$

B. $MSE=\dfrac{SSE}{n-r-k}$

C. $F_C=\dfrac{MSC}{MSE}\sim F_\alpha[r-1,k-1]$

D. $F_{RC}=\dfrac{MSRC}{MSE}\sim F_\varepsilon[(r-1)(k-1),kr(m-1)]$

二、简答题

1. 什么是方差分析？方差分析的原理是什么？

2. 简述单因素方差分析中误差项平方和、总误差平方和、水平项误差平方和的含义和三者之间的关系。

3. 简述方差分析的基本步骤。

4. 简述如何用LSD法进行多重比较。

5. 解释无交互作用和有交互作用的双因素方差分析。

三、计算题

1. 某组织的各级管理者需要搜集一定的信息来开展他们各自的工作，一项调查研究了信息来源渠道对于信息传播效果的影响。在该研究中，信息来源分别为上级、同事和下属。下表列出了各种信息渠道的传播效果：数值越高表明信息传播效果越好。请检验信息来源对信息传播效果是否有显著影响。($\alpha=0.05$)

上级	8	5	4	6	6	7	5	5
同事	6	6	7	5	3	4	7	6
下属	6	5	7	4	3	5	7	5

2. 某调查公司调查了市场专业人员的公司伦理价值观。高分值代表较高程度的伦理价值观。对于$\alpha=0.05$，检验三类市场专业人员群体之间的观念有无显著差异。

市场管理人员	6	5	4	5	6	4
市场研究人员	5	5	4	4	5	4
广告人员	6	7	6	5	6	6

3. 从3个超市中抽取不同容量的某品牌灯泡，检验灯泡的使用寿命，得到下表资料，检验3个超市的灯泡使用寿命有无显著差异。

超市一	158	148	161	154	169
超市二	153	142	156	149	
超市三	169	158	180		

4. 营销公司为了检验广告媒体和广告方案对产品销售量的影响，分别选取3种广告方案和3种广告媒体，获得销售量数据如下表。检验不同广告方案和不同广告媒体对产品销售量是否有显著影响。

不同广告方案和不同广告媒体产品所获得的销售量

广告方案(B_i)	广告媒体(A_j)		
	A_1	A_2	A_3
B_1	45	75	30
B_2	50	50	40
B_3	35	65	50

5. 某种蔬菜的产量主要受温度和时间的影响，共采用 3 种施肥方式和 4 种水温进行试验，取得数据如下表所示。试分析温度和施肥方式两个因素各自以及两个因素的交互作用对蔬菜产量是否有显著影响。($\alpha=0.05$)

某种蔬菜采用不同施肥方式和不同水温的产量

施肥方式	水　温			
	A_1	A_2	A_3	A_4
B_1	53	68	63	56
	56	71	64	58
B_2	71	75	69	57
	68	77	70	59
B_3	75	72	68	56
	78	70	66	58

复习思考题答案

一、选择题

1. BC　2. BD　3. AB　4. BC　5. ABE

6. C　7. AC　8. AD　9. ACD　10. BC

二、简答题

(略)

三、计算题

1.

差异源	SS	df	MS	F	P 值	F 临界值
组间	1	2	0.5	0.269 231	0.766 564	3.466 8
组内	39	21	1.857 143	—	—	—
总计	40	23	—	—	—	—

$F=0.269<F_{\alpha}=3.4668$，不能拒绝原假设，说明信息来源对信息传播效果没有显著影响。

2.

差异源	*SS*	*df*	*MS*	*F*	*P* 值	*F* 临界值
组间	7	2	3.5	7	0.007 124	3.682 32
组内	7.5	15	0.5	—	—	—
总计	14.5	17	—	—	—	—

$F=7>F_\alpha=3.466\ 8$，拒绝原假设，说明3类市场专业人员群体之间的观念有显著差异。

3.

差异源	*SS*	*df*	*MS*	*F*	*P* 值	*F* 临界值
组间	618.916 7	2	309.458 30	4.657 4	0.040 877	4.256 495
组内	598	9	66.444 44	—	—	—
总计	1 216.917	11	—	—	—	—

$F=4.657\ 4>F_\alpha=4.256$，拒绝原假设，说明3个超市的灯泡使用寿命有显著差异。

4.

差异源	*SS*	*df*	*MS*	*F*	*P* 值	*F* 临界值
行	22.222 22	2	11.111 11	0.072 727	0.931 056	6.944 272
列	955.555 60	2	477.777 80	3.127 273	0.152 155	6.944 272
误差	611.111 10	4	152.777 80	—	—	—
总计	1 588.889 00	8	—	—	—	—

$F_R=0.072\ 727<F_\alpha=6.944\ 272$，不能拒绝原假设，说明不同广告方案对产品销售量没有显著影响。

$F_C=3.127\ 273<F_\alpha=6.944\ 272$，不能拒绝原假设，说明不同广告媒体对产品销售量没有显著影响。

5.

差异源	*SS*	*df*	*MS*	*F*	*P* 值	*F* 临界值
行	257.250 0	2	128.625 000	49.790 32	1.55E-06	3.885 294
列	684.166 7	3	228.055 600	88.279 57	1.91E-08	3.490 295
交互	332.083 3	6	55.347 220	21.424 73	9.32E-06	2.996 120
内部	31.000 0	12	2.583 333	—	—	—
总计	1 304.500 0	23	—	—	—	—

$F_R=49.790\ 32>F_\alpha=3.885\ 294$，拒绝原假设，说明施肥方式对蔬菜产量有显著影响。$F_C=88.279\ 57>F_\alpha=3.490\ 295$，拒绝原假设，说明温度对蔬菜产量有显著影响。$F_{RC}=21.424\ 73>F_\alpha=2.996\ 12$，拒绝原假设，温度和施肥方式的交互作用对蔬菜产量有显著影响。

第8章　相关与回归分析

教学目的与要求：通过本章的学习，掌握相关分析和回归分析的概念；掌握相关系数的计算和应用；掌握回归分析方法，特别是简单的一元直线回归，能够用最小平方法求回归方程，并正确计算估计标准误差；了解相关与回归的数据互推关系。

社会现象、经济现象和各种自然、生态现象都是在互相联系、互相制约中存在并不断发展变化的。一种现象的存在和发展，往往影响着其他现象的发生和发展；众多事物此消彼长的变化，又会影响一些事物特定的发展变化；现象整体的发展，受制于整体内部各个因素的彼此关联与变化，也受到整体外部环境及相关条件的制约与影响，这已是众所周知的事实。相关与回归分析正是研究和解释现象与现象、事物与事物彼此之间依存度、关联度和因果关系的统计方法。相关分析着重分析现象之间是否存在相关关系、相关关系的方向、形态以及相关关系的密切程度；回归分析则是对具有相关关系的现象之间数量变化的规律性进行测定，利用数学模型研究现象之间数量的变动关系。相关是回归的基础，只有现象存在一定程度的相关关系，才能配合回归方程进行回归分析。随着计算机科学的不断普及和进步，在现代管理科学、自然科学，特别是计量经济的研究中，相关与回归分析已经成为越来越重要、内容越来越丰富、方法越来越先进、计算操作越来越简便的现代统计分析方法。

8.1　相关与回归分析的基本概念

在自然界和社会经济活动中，许多事物或现象之间都存在着相互联系、相互制约的关系。一种现象的产生和发展往往受到其他现象的影响，并且这种现象也会影响其他现象的产生和发展。例如，在社会经济生活中，人们对某种商品的需求量会受到该种商品的价格、替代商品的价格等因素的影响，同时该种商品的需求量反过来又会影响到该商品价格和替代商品的价格等。

8.1.1　相关关系的概念和种类

1. 相关关系的概念

客观世界中的许多现象之间都存在着相互依存关系，这种关系大多数可以通过一定的数量关系反映出来。如果进一步对现象之间的相互联系进行分析，就可以发现现象之间的相互联系可以区分为两大类：一类是函数关系，另一类是相关关系。函数关系是指变量之间是完全确定性的关系，即一个变量的值能够被另外一个或几个变量的值按照一定的对应法则唯一确定。在函数关系中，作为变化原因的变量称为自变量，也可称为解释变量，常用 x 表示；随着自变量的变化而变化的变量称为因变量，也可称为被解释变量，常用 y 来表示。函数关系可用数学式 $y=f(x)$ 来反映。例如，一个保险公司承保汽车 5 万辆，平均每辆车的保费收入为 2 000元，则该保险公司汽车承保总收入为 10 000 万元。如果把承保总收入记为 y，承保汽车辆数计为 x，则 $y=2\ 000x$，由此看出 x 与 y 两个变量间完全表现为一种确定性关系，即函数关系。再如，银行的 1 年期定期存款利率为年息 2.25%，存入的本金用 x 表示，到期的本息用 y 表示，则 $y=x+0.022\ 5x$，y 与 x 两个变量也表现为一种直线函数关系。

尽管在经济现象中有很多函数关系的例子。然而，现实世界中还有不少情况是两事物之间有着密切的联系，但密切的程度并没有达到由一个可以完全确定另一个的程度，这就是下边重点描述的相关关系。

相关关系(correlation)是指变量之间确实存在的、但在数量上不确定的、不严格的相互依存关系，即当一个变量发生变化时，另外的变量也发生变化，但其值是不确定的，往往会出现几个不同的数值与之对应。也就是说，因变量的值不能由一个或几个自变量的值唯一确定。当一个或多个变量取一定值，与其相对应的另一变量的值虽然不确定，但它按一定的规律在一定范围内变化，这种不确定的关系就是相关关系。例如，表 8.1 中可支配收入与消费支出的关系，表 8.2 中学习时间与学习成绩的关系等。

表 8.1　消费支出与可支配收入表

可支配收入 x/元	消费支出 y/元
200	150
200	250
200	300

表 8.2　学习成绩与学习时间表

学习时间 x/h	学习成绩 y/分
15	80
15	59
15	95

理解相关关系要把握住两个要点：

第一，相关关系是指现象之间确实存在着数量上的相互依存关系。

两个现象之间，一个现象发生数量上的变化，另一个现象也会相应地发生数量上的变化。例如，一般来说家庭收入增加，其消费支出也会增多；劳动生产率的提高会相应地降低成本、增加利润等。在具有相互依存关系的两个变量中，通常作为根据的变量叫做自变量，自变量一般用 x 表示；把受自变量影响而相应变化的变量叫做因变量，一般用 y 表示。如研究学习成绩与学习时间之间的关系时，学习时间为自变量 x，学习成绩为因变量 y。研究消费支出与可支配收入的关系时，可支配收入为自变量 x，消费支出为因变量 y。

第二，现象之间数量依存关系的具体关系值不是固定的。

在相关关系中，对于变量 x 的每一数据，变量 y 可以有若干个数值与之相对应，且这些数值之间表现出一定的波动性，但又总是围绕着它们的平均值并遵循一定的规律而变化。

例如，某种高档消费品的销售量与城镇居民的收入是密切相关的。居民收入高了，这种消费品的销售量就大。但是由居民收入 x 并不能完全确定这种高档消费品的销售量 y。因为高档消费品的销售量还受人们的消费习惯、心理因素、其他商品的吸引程度及价格的高低等诸多因素的影响。

又如，粮食产量 y 与施肥量 x 之间有着密切的关系。在一定的范围内，施肥量越多，粮食产量就越高。但是，施肥量并不能完全确定粮食产量，因为粮食产量还与其他因素的影响有关，如降水量、田间管理水平等。因此，粮食产量 y 与施肥量 x 之间的确存在密切相关，但不存在确定的函数关系。

再如，表 8.1 中消费支出 y 与可支配收入 x 的关系，消费支出受到可支配收入的影响，但是在可支配收入相同的情况下，由于受到消费习惯、心理等因素的影响，各个消费者的消费支出是不尽相同的。表 8.2 中学习成绩与学习时间的关系也表现出相同的特征，在学习时间相同的条件下，学生的学习成绩有高有低。

还有，储蓄额与居民收入、广告费支出与商品销售额、保险利润与保险赔款、工业产值与用电量等，这方面的例子不胜枚举。

从以上的例子可以看出，变量之间具有密切关系，但表现为一种非确定性的关系。产生这种现象的原因，一是由于经济问题的复杂性以及人们认识水平和其他客观原因的局限，有许多的影响因素并没有包含在我们的研究范围内；二是由于试验误差、测量误差以及其他种种偶然因素的影响，使得另外一个或一些变量的取值带有一定的随机性。因而当一个或一些变量取定值后，另外一个或一些变量不能以确定值与之相对应，而是有若干个数值与之相对应，且这些数值之间表现出一定的波动性，但又总是围绕着它们的平均值并遵循一定的规律而变化，使得变量之间表现为相关关系。

相关关系和函数关系既有上述的区别，也有非常密切的联系。一方面，在实践中，有些函数关系往往由于观察误差、测量误差以及各种随机因素的干扰等原因，常常通过相关关系反映出来。从这个意义上说，研究相关关系具有更普遍的意义。

另一方面，在研究相关关系时，又常常要借助于函数关系的形式来表达，以便找到相关关系的具体数量表现形式。

2.相关关系的种类

现象之间的相互关系是很复杂的，它们各以不同的方向、不同的程度相互作用着，并表现出不同的类型和形态，相关关系按不同的标志划分，有不同的种类。

(1)按照相关关系涉及变量的多少，相关关系可以分为单相关、复相关和偏相关。

单相关(simple correlation)也叫简单相关，是指两个变量之间的相关关系，即一个变量与另一个变量之间的简单依存关系。在简单相关中只有两个变量。例如，只研究身高和体重之间的关系，销售量和销售价格之间的关系，居民消费支出与可支配收入的关系，都是单相关。

复相关(multiple correlation)是指3个或者3个以上的变量之间的相关关系。例如，研究农作物的产量与施肥量、浇水量、投入的劳动力人数、投入的资本等因素之间的相关，就是复相关。

偏相关(partial correlation)是指在一个变量与两个或两个以上变量相关的情况下，假定其他变量不变时，其中两个变量之间的相关关系。例如，需求量有很多的影响因素，假定影响需求量的其他因素不变时，研究需求量和价格之间的相关就是偏相关。

(2)按照变量间相互关系的表现形态不同，相关关系可以分为直线相关和曲线相关。

如果一个变量变动时，另一个变量也随之发生大致均等的变动，从图形上看，近似地表现为一条直线，则这种相关关系称为直线相关，又称线性相关(linear correlation)。

如果一个变量发生变动，另外的变量也随之变动，但是，其观察值分布近似的在一条曲线上，即变量之间的变化不是对等的，则变量之间的相关关系为非线性相关，或称曲线相关(curvilinear correlation)。曲线相关也有多种不同的类型，如抛物线、指数曲线、双曲线等。

(3)按照相关的变化方向不同，相关关系可以分为正相关和负相关。

正相关(direct correlation)是指如果自变量 x 的数值增加或减少，因变量 y 的数值也相应地增加或减少。如工人劳动生产率提高，产品产量也随之增加，工人劳动生产率和产品产量之间就是正相关关系；居民的消费水平随个人可支配收入的增加而增加，则居民的消费水平和个人可支配收入之间也存在着正相关的关系。

负相关(inverse correlation)是指如果自变量 x 的数值增加，因变量 y 的数值却相应地减少；或者自变量 x 的数值减少，因变量 y 的数值却相应地增加。如商品流转额越大，商品流通费用越低，则商品流转额和商品流通费用率之间是负相关的关系；利润随单位成本的降低而增加，则利润和单位成本之间是负相关的关系。劳动生产率提高，产品成本降低；商品价格降低，商品的销售量增加等，都是负相关的关系。

(4)按照相关程度的高低，相关关系可以分为完全相关、不完全相关和完全不相关。

完全相关是指一个变量的数量变化完全由另一个变量的数量变化所决定，这两个变量间的依存关系，就称为完全相关，在这种情况下，相关关系就是函数关系，例如 $S=\pi R^2$。因此也可以说函数关系是相关关系的一个特例。

完全不相关又称零相关，是指两个变量的数值之间不存在任何依存关系，各自独立，互不影响。例如，没有任何关系的甲、乙两人，甲的身高与乙的体重之间没有任何相关性。又如，一个国家军火的销售量与某商店衣服的销售量没有任何关系。

不完全相关是指两个变量之间的关系，介于完全相关与完全不相关之间。在统计学中，一般的相关关系指的就是不完全相关，它是相关分析研究的对象。不完全相关又可根据相关的密切程度不同分为微弱相关、低度相关、显著相关和高度相关。

8.1.2 回归分析的概念和种类

1. 回归分析的概念

“回归”的概念最早是由英国生物学家高尔顿(Francis Galton)提出的。根据遗传学的观点：父母身材高的，其子女一般也较高；父母身材矮的，其子女身材也较矮。依此推论，祖祖辈辈遗传下来，身高必然向两极分化，而事实上并非如此。高尔顿在研究大量有关遗传现象的资料中发现，父母身高与其成年子女的身高有一定的关系，身材高的父母其子女比身材矮的父母的子女的身高要高。但从平均数来看，父母身材高的，其子女不像父母那样高；父母身材矮的，其子女也不像父母那样矮。高尔顿将这种在遗传现象中身高趋向于一般平均身高的现象称为“回归”。虽然这种向中心回归的现象只是特定领域里的结论，并不具有普遍性，但从它所描述的关于自变量和不确定的因变量之间的关系看，和我们现在的回归含义是基本相同的。后来，这一概念逐渐被赋予了更加广泛的含义，并被广泛的应用于统计分析中。

在现代统计学中，回归分析已成为探索事物之间的联系及其形式，从而进行预测和控制的统计方法的专用名词。回归分析(regression analysis)就是对具有相关关系的多个变量之间的数量变化进行测定，配合一定的方程（模型），以便对因变量进行估计或预测的一种统计方法。其主要内容和步骤如下：首先依据经济学理论并且通过对问题的分析判断，将变量分为自变量和因变量，一般情况下，自变量表示原因，因变量表示结果；其次，设法找出合适的数学方程式（即回归模型）描述变量间的关系；接着要估计模型的参数，得出样本回归方程；由于涉及的变量具有不确定性，接着还要对回归模型进行统计检验、计量经济学检验和预测检验；当所有检验通过后，就可以应用回归模型进行预测了。根据回归分析方法得出的数学表达式称为回归方程，它可能是直线方程，也可能是曲线方程，视具体资料的性质而定。

2. 回归分析的种类

按照自变量的个数不同，回归可以分为一元回归和多元回归。只含有一个自变量的回归称为一元回归。含有两个或两个以上自变量的回归称为多元回归。

按照回归曲线形态的不同，回归可以分为线性（直线）回归和非线性（曲线）回归。实际分析时应根据客观现象的性质、特点、研究目的和任务选取回归分析的方法。

8.1.3 线性相关分析和线性回归分析的区别和联系

1. 区别

(1)在进行直线相关分析时，主要研究的是两个变量是否具有相关关系，而没必要定出谁是自变量、谁是因变量。因此，两个变量是对等的关系。

在进行回归分析时，两个变量不再是对等的关系，必须根据研究目的，具体确定哪个是自变量，哪个是因变量。

(2)如果两个变量之间呈现的是线性相关关系，则只有一个相关系数表示二者之间的相关程度大小和方向。由于两个变量的关系是对等的，改变二者的地位并不影响相关系数数值的大小，相关系数是唯一确定的。

在互为因果关系的两个变量 x 和 y 之间，无论哪个作为自变量其相关系数只有一个，但在进行回归分析时，可以求出两个回归方程。即一个是 x 作为自变量，y 为因变量，称 y 倚 x 的回归方程 $\hat{y}=a+bx$；另一个是 y 作为自变量，x 为因变量，称 x 倚 y 的方程 $\hat{x}=c+dy$。但在很多社会经济现象中，自变量和因变量是不能互换的，如施肥量和亩产量、商店的销售额和销售量等。

(3)在相关分析中所有的变量都必须是随机变量；而在回归分析中，自变量是确定的，因变量才是随机的，即将自变量的给定值代入回归方程后，所得到的因变量的估计值不是唯一确定的,而会表现出一定的随机波动性。

2.联系

相关分析是回归分析的基础和前提,回归分析则是相关分析的深入和继续。相关分析需要依靠回归分析来表现变量之间数量相关的具体形式,而回归分析则需要依靠相关分析来表现变量之间数量变化的相关程度。只有当变量之间存在高度相关时,进行回归分析寻求其相关的具体形式才有意义。如果在没有对变量之间是否相关以及相关方向和程度做出正确判断之前,就进行回归分析,很容易造成"虚假回归"。与此同时,相关分析只研究变量之间相关的方向和程度,不能推断变量之间相互关系的具体形式,也无法从一个变量的变化来推测另一个变量的变化情况,因此,在具体应用过程中,只有把相关分析和回归分析结合起来,才能达到研究和分析的目的。

需要指出的是,变量之间是否存在"真实相关",是由变量之间的内在联系所决定的。相关分析和回归分析只是定量分析的手段,通过相关分析和回归分析,虽然可以从数量上反映变量之间的联系形式及其密切程度,但是无法准确判断变量之间内在联系的存在与否,也无法判断变量之间的因果关系。因此,在具体应用过程中,一定要注意把定性分析和定量分析结合起来,在定性分析的基础上展开定量分析。

8.2 相关分析

相关分析(correlation analysis)就是研究相关关系的统计分析方法。具体地说,相关分析是研究一个变量 y 与另一个变量 x 或另一组变量($x_1,x_2,\cdots,x_k$)之间相关方向和相关密切程度的一种统计分析方法。研究现象之间的相关关系,一般先做定性分析,然后再做定量分析。

8.2.1 定性分析

定性分析就是依据研究者的理论知识、有关专业知识和实际工作经验,进行科学的分析研究,对客观现象之间是否存在相关关系,以及有何种相关关系做出初步判断。定性分析可以通过编制相关表和绘制相关图来判别两个变量之间是否存在着某种相关关系及相关的方向、形态和大致的密切程度。

1.简单相关表和相关图

相关表(correlation table)是一种统计表。对未曾分组的资料,将自变量的数值按照从小到大的顺序进行排列,并配合因变量的数值一一对应排列起来的统计表，叫做简单相关表。如表 8.3 所示。

表 8.3　1978—2006 年我国人均 GDP 和人均卫生费用相关表　元

年份	人均 GDP	人均卫生费用
1978	381	11.5
1979	419	12.9
1980	463	14.5
1981	492	16.0
1982	528	17.5
1983	583	20.1
1984	695	23.2
1985	858	26.4
1986	963	29.4
1987	1 112	34.7
1988	1 366	44.0
1989	1 519	54.6
1990	1 644	65.4
1991	1 893	77.1
1992	2 311	93.6
1993	2 998	116.3
1994	4 044	146.9
1995	5 046	177.9
1996	5 846	221.4
1997	6 420	258.6
1998	6 796	294.9
1999	7 159	321.8
2000	7 858	361.9
2001	8 622	393.8
2002	9 398	442.6
2003	10 542	512.5
2004	12 336	583.9
2005	14 103	662.3
2006	16 084	749.0
合计	132 479	5 784.7

资料来源：《中国统计年鉴 2007》；国家卫生部发布的“历年我国人均卫生总费用趋势”报告

从表 8.3 可以直观地看出，随着人均 GDP 的增加，人均卫生费用有上升的趋势，表明两个变量之间存在一定的正相关关系。

相关图(correlogram)又称为散点图，是用直角坐标系的 x 轴代表自变量，y 轴代表因变量，将两个变量相对应的变量值在坐标系中用点描绘出来，用以表明点分布状况的图形，即在直角坐标系中，将两个变量通过描点的方式表示出来，然后观察其变化轨迹。通过散点图可以比较直观地观察到两个变量的相关程度。根据表 8.3 资料绘制的相关图如图 8.1 所示。

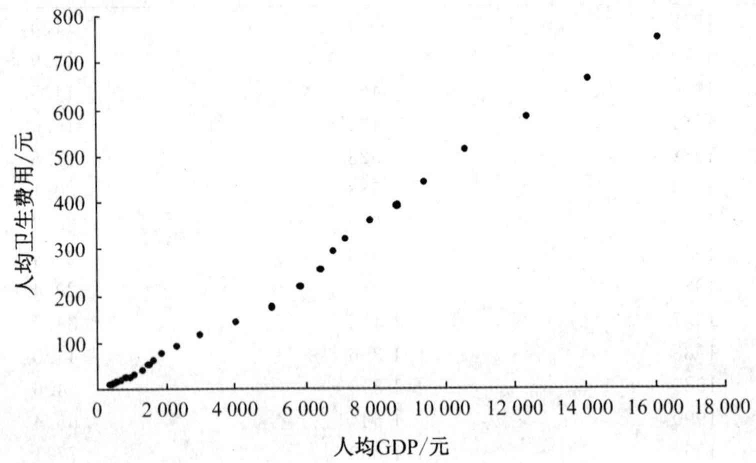

图 8.1　1978—2006 年我国人均 GDP 和人均卫生费用相关图

2. 分组相关表和相关图

如果原始资料很多，据此编制的简单表会很长，使用起来不方便。由于相关点太多，相关图也不好绘制，在这种情况下，可以编制分组相关表和相关图。

分组相关表就是将原始数据进行分组而编制的相关表。在具有相关关系的两个变量中，仅对一个变量进行分组，另一个变量不进行分组，只是计算出各组次数和各组的平均数，这种表叫做单变量分组相关表，如表 8.4 所示。对应的相关图如图 8.2 所示。

表 8.4　化肥施用量与某种农作物产量分组相关表

化肥施用量 x /(kg/hm^2)	田块数/块	每公顷产量 y /kg
300	2	3 750
450	4	4 650
600	5	5 400
750	6	6 225
900	5	7 170
1 050	5	8 025
1 200	3	8 820

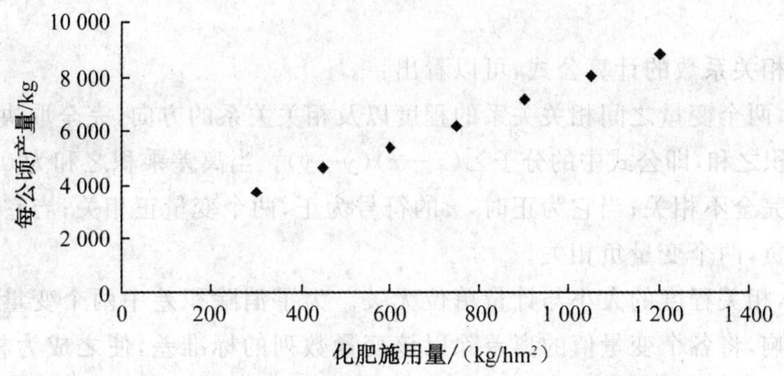

图 8.2 化肥施用量和平均每公顷产量的相关图

单变量分组表既可以是单项式的分组相关表，也可以是组距式的分组相关表，具体使用哪一种需要根据自变量自身的性质和特点决定。单变量分组表在实际工作中应用广泛，它能使资料简化，并且能反映出两个现象的相互依存关系。

在计算相关系数等指标的时候，单变量分组相关表与简单相关表不同的是要采用加权法，因为每个组代表的原始资料数目是不同的。

8.2.2 定量分析

变量之间相关关系的定量分析主要通过计算相关系数进行。在对现象进行相关分析时，相关表和相关图仅能初步直观判断两个变量之间的相互关系及其相关方向，但无法确切地表明两个变量之间相关的程度。如果要进一步了解现象间相关关系的确切情况，可以通过数学方法来进行相关分析，即计算相关系数。相关系数是在线性相关条件下用来说明两个变量之间相关关系密切程度的统计分析指标，是由英国著名统计学家卡尔·皮尔逊设计的。依据相关现象之间的不同特征，把反映两变量间线性相关关系的统计指标称为相关系数；把反映两变量间曲线相关关系的统计指标称为非线性相关系数、非线性判定系数；把反映多元线性相关关系的统计指标称为复相关系数、复判定系数等。这里只介绍相关系数。

1. 简单表相关系数的计算公式

计算相关系数的公式有很多表现形式，其中最基本的是积差法公式：

$$r=\frac{\sigma_{xy}}{\sigma_x\sigma_y}=\frac{\sum(x-\overline{x})(y-\overline{y})}{n\sigma_x\sigma_y} \tag{8.1}$$

式中：r 为相关系数；σ_{xy} 为自变量数列和因变量数列的协方差；σ_x 为变量数列 x 的标准差；σ_y 为变量数列 y 的标准差；$\overline{x}$ 为变量数列 x 的平均数；$\overline{y}$ 为变量数列 y 的

平均数。

分析相关系数的计算公式，可以看出：

第一，两个变量之间相关关系的程度以及相关关系的方向，完全取决于两个变量离差乘积之和，即公式中的分子$\sum(x-\bar{x})(y-\bar{y})$。当离差乘积之和为0时，$r=0$，两个变量完全不相关；当它为正时，$r$的符号为正，两个变量正相关；当它为负时，$r$的符号为负，两个变量负相关。

第二，相关程度的大小与计量单位无关。为了消除积差中两个变量原有计量单位的影响，将各个变量值的离差除以该变量数列的标准差，使之成为相对积差，即$\frac{(x-\bar{x})}{\sigma_x}\frac{(y-\bar{y})}{\sigma_y}$，然后将它们加总除以项数得出平均数，以消除数据多少的影响。正是由于相关系数是将各个相对的离差相乘来说明现象的相关程度的，这种计算相关系数的方法被称为“积差法”。

这一基本公式可以转化为依据平均值资料计算相关系数的公式：

$$r=\frac{\sum(x-\bar{x})(y-\bar{y})}{\sqrt{\sum(x-\bar{x})^2}\sqrt{\sum(y-\bar{y})^2}} \tag{8.2}$$

还可转化为依据原始资料计算相关系数的公式：

$$r=\frac{n\sum xy-\sum x\sum y}{\sqrt{n\sum x^2-(\sum x)^2}\sqrt{n\sum y^2-(\sum y)^2}} \tag{8.3}$$

在计算相关系数时，需要根据资料的特征来选择合适的公式。一般情况下，用公式8.3比较多一些。

另外，相关系数还可使用简捷表达式：

$$r=\frac{L_{xy}}{\sqrt{L_{xx}L_{yy}}} \tag{8.4}$$

其中：$L_{xy}=n\sigma_{xy}=\sum(x-\bar{x})(y-\bar{y})=\sum xy-\frac{1}{n}\sum x\sum y$

$$L_{xx}=n\sigma_x{}^2=\sum(x-\bar{x})^2=\sum x^2-\frac{1}{n}(\sum x)^2$$

$$L_{yy}=n\sigma_y{}^2=\sum(y-\bar{y})^2=\sum y^2-\frac{1}{n}(\sum y)^2$$

从上面一系列公式的推导过程可以看出，r的符号取正值或取负值取决于公式中的分子$\sum(x-\bar{x})(y-\bar{y})$，$r$的符号与公式中分子的符号相同。

2. 分组表相关系数的计算公式

根据单变量分组表计算相关系数时，要采用加权计算公式。

平均值公式：

$$r=\frac{\sum(x-\overline{x})(y-\overline{y})f}{\sqrt{\sum(x-\overline{x})^{2}f}\sqrt{\sum(y-\overline{y})^{2}f}} \tag{8.5}$$

原始资料公式：

$$r=\frac{\sum f\sum xyf-\sum xf\sum yf}{\sqrt{\sum f\sum x^{2}f-\left(\sum xf\right)^{2}}\sqrt{\sum f\sum y^{2}f-\left(\sum yf\right)^{2}}} \tag{8.6}$$

3. 相关系数的取值范围以及性质

(1)相关系数的取值范围。相关系数 r 表示两个变量 x 和 y 之间线性关系的密切程度，其值介于 -1 与 1 之间，即 $-1\leqslant r\leqslant 1$，或 $|r|\leqslant 1$。

(2)相关关系方向的判定。相关系数 r 的符号反映着相关关系的方向，当 $r>0$ 时，表示 x 与 y 为正相关；当 $r<0$ 时，表示 x 与 y 为负相关。

(3)相关关系密切程度的判定。

当 $r=0$ 时，说明 x 和 y 两变量之间没有直线相关关系。

当 $|r|=1$ 时，说明 x 和 y 两变量之间完全线性相关，即为函数相关；当 $r=1$ 时，称为完全正相关；$r=-1$ 时，称为完全负相关。

当 $0<|r|<1$ 时，表示变量 x 与 y 存在着一定程度的线性相关。$|r|$ 的数值愈大，愈接近 1，表示 x 与 y 的线性相关程度愈高；反之，$|r|$ 的数值愈小，愈接近于 0，表示 x 与 y 的线性相关程度越弱。

通常的判断标准：

$|r|<0.3$ 称为微弱相关。

$0.3\leqslant|r|<0.5$ 称为低度相关。

$0.5\leqslant|r|<0.8$ 称为显著相关。

$0.8\leqslant|r|<1$ 称为高度相关。

相关系数 r 仅表示两个变量 x 与 y 之间线性相关的密切程度，而不能衡量非线性相关关系的密切程度。即当 $r=0$ 时，仅表明 x 与 y 两个变量之间没有线性相关关系，但不能说明两变量之间不存在非线性相关关系。

4. 相关系数计算举例

【例 8.1】已知资料如表 8.3 所示，1978—2006 年我国人均 GDP 和人均卫生费用之间具有直线相关的特征，计算 1978—2006 年我国人均 GDP 和人均卫生费用之间的相关系数。

依据相关系数公式 8.2 来进行计算。

首先,计算出变量 x 和 y 的算术平均数。

人均 GDPx 的平均数:$\bar{x}=\dfrac{\sum x}{n}=\dfrac{132\ 479}{29}=4\ 568.24$(元)

人均卫生费用 y 的平均数:$\bar{y}=\dfrac{\sum y}{n}=\dfrac{5\ 784.7}{29}=199.47$(元)

其次,根据公式 8.2 所需资料,分别计算$(x-\bar{x})$,$(y-\bar{y})$,$(x-\bar{x})^2$,$(y-\bar{y})^2$,$(x-\bar{x})(y-\bar{y})$,其具体数值见表 8.5。

表 8.5 1978—2006 年我国人均 GDP 和人均卫生费用相关计算表

年份	人均 GDP x/元	人均卫生费用 y/元	$x-\bar{x}$	$y-\bar{y}$	$(x-\bar{x})^2$	$(y-\bar{y})^2$	$(x-\bar{x})(y-\bar{y})$
1978	381	11.5	−4 187.24	−187.97	17 532 978.82	35 332.72	787 075.50
1979	419	12.9	−4 149.24	−186.57	17 216 192.58	34 808.36	774 123.71
1980	463	14.5	−4 105.24	−184.97	16 852 995.46	34 213.90	759 346.24
1981	492	16.0	−4 076.24	−183.47	16 615 732.54	33 661.24	747 867.75
1982	528	17.5	−4 040.24	−181.97	16 323 539.26	33 113.08	735 202.47
1983	583	20.1	−3 985.24	−179.37	15 882 137.86	32 173.60	714 832.50
1984	695	23.2	−3 873.24	−176.27	15 001 988.10	31 071.11	682 736.01
1985	858	26.4	−3 710.24	−173.07	13 765 880.86	29 953.22	642 131.24
1986	963	29.4	−3 605.24	−170.07	12 997 755.46	28 923.80	613 143.17
1987	1 112	34.7	−3 456.24	−164.77	11 945 594.94	27 149.15	569 484.66
1988	1 366	44.0	−3 202.24	−155.47	10 254 341.02	24 170.92	497 852.25
1989	1 519	54.6	−3 049.24	−144.87	9 297 864.58	20 987.32	441 743.40
1990	1 644	65.4	−2 924.24	−134.07	8 551 179.58	17 974.76	392 052.86
1991	1 893	77.1	−2 675.24	−122.37	7 156 909.06	14 974.42	327 369.12
1992	2 311	93.6	−2 257.24	−105.87	5 095 132.42	11 208.46	238 974.00
1993	2 998	116.3	−1 570.24	−83.17	2 465 653.66	6 917.25	130 596.86
1994	4 044	146.9	−524.24	−52.57	274 827.58	2 763.61	27 559.30
1995	5 046	177.9	477.76	−21.57	228 254.62	465.26	−10 305.28
1996	5 846	221.4	1 277.76	21.93	1 632 670.62	480.92	28 021.28
1997	6 420	258.6	1851.76	59.13	3 429 015.10	3 496.36	109 494.57
1998	6 796	294.9	2 227.76	95.43	4 962 914.62	9 106.89	212 595.14
1999	7 159	321.8	2 590.76	122.33	6 712 037.38	14 964.63	316 927.67
2000	7 858	361.9	3 289.76	162.43	10 822 520.86	26 383.50	534 355.72
2001	8 622	393.8	4 053.76	194.33	16 432 970.14	37 764.15	787 767.18
2002	9 398	442.6	4 829.76	243.13	23 326 581.66	59 112.20	1 174 259.50

续表 8.5

年份	人均 GDP x/元	人均卫生费用 y/元	$x-\bar{x}$	$y-\bar{y}$	$(x-\bar{x})^2$	$(y-\bar{y})^2$	$(x-\bar{x})(y-\bar{y})$
2003	10 542	512.5	5 973.76	313.03	35 685 808.54	97 987.78	1 869 966.10
2004	12 336	583.9	7 767.76	384.43	60 338 095.42	147 786.40	2 986 160.00
2005	14 103	662.3	9 534.76	462.83	90 911 648.26	214 211.60	4 412 973.00
2006	16 084	749.0	11 515.76	549.53	132 612 728.40	301 983.20	6 328 255.60
合计	132 479	5 784.7	—	—	584 325 949.30	1 333 140.00	27 832 561.00

资料来源:《中国统计年鉴 2007》,北京:中国统计出版社,2007

最后,计算相关系数:

$$r=\frac{\sum(x-\bar{x})(y-\bar{y})}{\sqrt{\sum(x-\bar{x})^2}\sqrt{\sum(y-\bar{y})^2}}$$

$$=\frac{27\ 832\ 561}{\sqrt{584\ 325\ 949.3\times 1\ 333\ 140}}=0.997\ 2$$

计算结果表明,1978—2006 年我国人均 GDP 和人均卫生费用的相关系数为 0.997 2,二者之间具有高度的线性正相关关系。

为了便于比较,也为能更熟练地使用相关系数的计算公式,仍以这个例子,采用其他两个公式分别计算相关系数,相关数据计算如表 8.6 所示。

表 8.6　1978—2006 年我国人均 GDP 和人均卫生费用相关计算表

年份	人均 GDP x/元	人均卫生费用 y/元	x^2	y^2	xy
1978	381	11.5	145 161	132.25	4 381.5
1979	419	12.9	175 561	166.41	5 405.1
1980	463	14.5	214 369	210.25	6 713.5
1981	492	16.0	242 064	256.00	7 872.0
1982	528	17.5	278 784	306.25	9 240.0
1983	583	20.1	339 889	404.01	11 718.3
1984	695	23.2	483 025	538.24	16 124.0
1985	858	26.4	736 164	696.96	22 651.2
1986	963	29.4	927 369	864.36	28 312.2
1987	1 112	34.7	1 236 544	1 204.09	38 586.4
1988	1 366	44.0	1 865 956	1 936.00	60 104.0
1989	1 519	54.6	2 307 361	2 981.16	82 937.4
1990	1 644	65.4	2 702 736	4 277.16	107 517.6
1991	1 893	77.1	3 583 449	5 944.41	145 950.3
1992	2 311	93.6	5 340 721	8 760.96	216 309.6

续表 8.6

年份	人均 GDP x/元	人均卫生费用 y/元	x^2	y^2	xy
1993	2 998	116.3	8 988 004	13 525.69	348 667.4
1994	4 044	146.9	16 353 936	21 579.61	594 063.6
1995	5 046	177.9	25 462 116	31 648.41	897 683.4
1996	5 846	221.4	34 175 716	49 017.96	1 294 304.4
1997	6 420	258.6	41 216 400	66 873.96	1 660 212.0
1998	6 796	294.9	46 185 616	86 966.01	2 004 140.4
1999	7 159	321.8	51 251 281	103 555.24	2 303 766.2
2000	7 858	361.9	61 748 164	130 971.61	2 843 810.2
2001	8 622	393.8	74 338 884	155 078.44	3 395 343.6
2002	9 398	442.6	88 322 404	195 894.76	4 159 554.8
2003	10 542	512.5	111 133 764	262 656.25	5 402 775.0
2004	12 336	583.9	152 176 896	340 939.21	7 202 990.4
2005	14 103	662.3	198 894 609	438 641.29	9 340 416.9
2006	16 084	749.0	258 695 056	561 001.00	12 046 916.0
合计	132 479	5 784.7	1 189 521 999	2 487 028.00	54 258 467.0

资料来源:《中国统计年鉴 2007》,北京:中国统计出版社,2007

根据表 8.6 资料,运用公式 8.3 计算过程如下:

首先,计算原始资料中我国人均 GDP 和人均卫生费用的合计数,即

$\sum x = 132\ 479$; $\sum y = 5\ 784.7$

其次,根据公式 8.3 所需资料,分别计算出 xy, x^2, y^2,汇总得到

$\sum xy = 54\ 258\ 467$; $\sum x^2 = 1\ 189\ 521\ 999$; $\sum y^2 = 2\ 487\ 028$

最后,根据公式 8.3 计算相关系数:

$$r = \frac{n\sum xy - \sum x \sum y}{\sqrt{n\sum x^2 - \left(\sum x\right)^2}\sqrt{n\sum y^2 - \left(\sum y\right)^2}}$$

$$= \frac{29 \times 54\ 258\ 467 - 132\ 479 \times 5\ 784.7}{\sqrt{29 \times 1\ 189\ 521\ 999 - 132\ 479^2}\sqrt{29 \times 2\ 487\ 028 - 5\ 784.7^2}}$$

$$= 0.997\ 2$$

根据表 8.6 资料,运用简捷公式 8.4 的具体计算过程如下:

由表 8.6 中可知:

$\sum x = 132\ 479$; $\sum y = 5\ 784.7$

$$\sum xy = 54\ 258\ 467;\ \sum x^2 = 1\ 189\ 521\ 999;\ \sum y^2 = 2\ 487\ 028$$

$$L_{xy} = \sum xy - \frac{1}{n}\sum x \sum y = 54\ 258\ 467 - \frac{1}{29} \times 132\ 479 \times 5\ 784.7$$

$$= 27\ 832\ 561.49$$

$$L_{xx} = \sum x^2 - \frac{1}{n}\left(\sum x\right)^2 = 1\ 189\ 521\ 999 - \frac{1}{29} \times 132\ 479^2 = 584\ 325\ 949.3$$

$$L_{yy} = \sum y^2 - \frac{1}{n}\left(\sum y\right)^2 = 2\ 487\ 028 - \frac{1}{29} \times 5\ 784.7^2 = 1\ 333\ 139.878$$

$$r = \frac{L_{xy}}{\sqrt{L_{xx}L_{yy}}} = \frac{27\ 832\ 561.49}{\sqrt{584\ 325\ 949.3 \times 1\ 333\ 139.878}} = 0.997\ 2$$

由以上 3 种公式的计算过程可以看出：公式 8.2 需要计算两个变量各自的平均值，而平均数的计算有时可能会是一种近似计算值；公式 8.3 和公式 8.4 可以直接根据原始资料进行计算，计算过程相对比较简捷，同时又克服了计算平均数可能出现的近似结果，因而更加准确。在实际工作中，通常使用公式 8.3 和公式 8.4 来计算相关系数。

【例 8.2】2007 年全国各地区农村居民家庭人均纯收入和人均生活消费支出资料如表 8.7 所示，试判断两个变量间的相关性。

表 8.7　2007 年全国各地区农村居民家庭人均纯收入和人均生活消费支出表　元

地区	人均纯收入	人均生活消费支出
北京	9 439.63	6 399.27
天津	7 010.06	3 538.31
河北	4 293.43	2 786.77
山西	3 665.66	2 682.57
内蒙古	3 953.10	3 256.15
辽宁	4 773.43	3 368.16
吉林	4 191.34	3 065.44
黑龙江	4 132.29	3 117.44
上海	10 144.62	8 844.88
江苏	6 561.01	4 786.15
浙江	8 265.15	6 801.60
安徽	3 556.27	2 754.04
福建	5 467.08	4 053.47
江西	4 044.70	2 994.49
山东	4 985.34	3 621.57

续表 8.7

地区	人均纯收入	人均生活消费支出
河南	3 851.60	2 676.41
湖北	3 997.48	3 090.00
湖南	3 904.20	3 377.38
广东	5 624.04	4 202.32
广西	3 224.05	2 747.47
海南	3 791.37	2 556.56
重庆	3 509.29	2 526.70
四川	3 546.69	2 747.27
贵州	2 373.99	1 913.71
云南	2 634.09	2 637.18
西藏	2 788.20	2 217.62
陕西	2 644.69	2 559.59
甘肃	2 328.92	2 017.21
青海	2 683.78	2 446.50
宁夏	3 180.84	2 528.76
新疆	3 182.97	2 350.58

资料来源:《中国统计年鉴 2008》,北京:中国统计出版社,2008

首先,绘制 2007 年全国各地区农村居民家庭人均纯收入和人均生活消费支出两个变量的散点图,如图 8.3 所示。

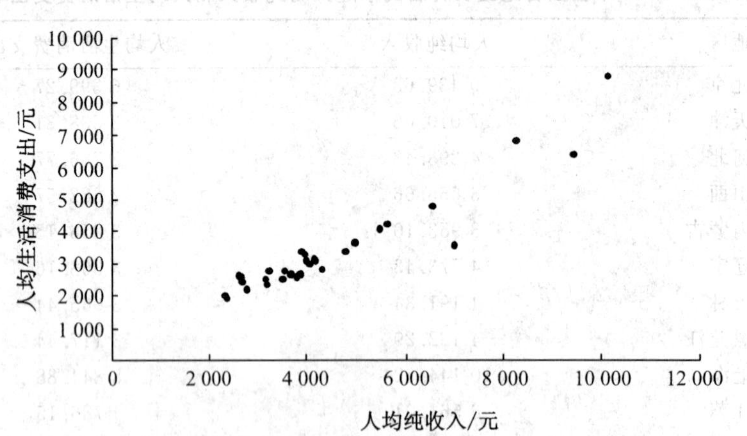

图 8.3　2007 年农村居民家庭人均纯收入和人均生活消费支出的散点图

从图 8.3 可以直观的看出,随着人均纯收入的增加,人均生活消费支出有上升的趋势,表明两个变量之间存在一定的正相关关系。

为了定量衡量两个变量间的相关性大小,计算两个变量间的相关系数 r。

根据公式 8.3 计算相关系数所需的数据，分别计算出 xy, x^2, y^2（表 8.8），汇总得到：

表 8.8　2007 年农村居民家庭人均纯收入和人均生活消费支出相关计算表　　元

地区	人均纯收入 x	人均生活消费 y	x^2	y^2	xy
北京	9 439.63	6 399.27	89 106 614.54	40 950 656.53	60 406 741.07
天津	7 010.06	3 538.31	49 140 941.20	12 519 637.66	24 803 765.40
河北	4 293.43	2 786.77	18 433 541.16	7 766 087.03	11 964 801.92
山西	3 665.66	2 682.57	13 437 063.24	7 196 181.81	9 833 389.55
内蒙古	3 953.10	3 256.15	15 626 999.61	10 602 512.82	12 871 886.57
辽宁	4 773.43	3 368.16	22 785 633.96	11 344 501.79	16 077 675.99
吉林	4 191.34	3 065.44	17 567 331.00	9 396 922.39	12 848 301.29
黑龙江	4 132.29	3 117.44	17 075 820.64	9 718 432.15	12 882 166.14
上海	10 144.62	8 844.88	102 913 314.90	78 231 902.21	89 727 946.55
江苏	6 561.01	4 786.15	43 046 852.22	22 907 231.82	31 401 978.01
浙江	8 265.15	6 801.60	68 312 704.52	46 261 762.56	56 216 244.24
安徽	3 556.27	2 754.04	12 647 056.31	7 584 736.32	9 794 109.83
福建	5 467.08	4 053.47	29 888 963.73	16 430 619.04	22 160 644.77
江西	4 044.70	2 994.49	16 359 598.09	8 966 970.36	12 111 813.70
山东	4 985.34	3 621.57	24 853 614.92	13 115 769.26	18 054 757.78
河南	3 851.60	2 676.41	14 834 822.56	7 163 170.49	10 308 460.76
湖北	3 997.48	3 090.00	15 979 846.35	9 548 100.00	12 352 213.20
湖南	3 904.20	3 377.38	15 242 777.64	11 406 695.66	13 185 967.00
广东	5 624.04	4 202.32	31 629 825.92	17 659 493.38	23 634 015.77
广西	3 224.05	2 747.47	10 394 498.40	7 548 591.40	8 857 980.65
海南	3 791.37	2 556.56	14 374 486.48	6 535 999.03	9 692 864.89
重庆	3 509.29	2 526.70	12 315 116.30	6 384 212.89	8 866 923.04
四川	3 546.69	2 747.27	12 579 009.96	7 547 492.45	9 743 715.04
贵州	2 373.99	1 913.71	5 635 828.52	3 662 285.96	4 543 128.40
云南	2 634.09	2 637.18	6 938 430.13	6 954 718.35	6 946 569.47
西藏	2 788.20	2 217.62	7 774 059.24	4 917 838.46	6 183 168.08
陕西	2 644.69	2 559.59	6 994 385.20	6 551 500.97	6 769 322.08
甘肃	2 328.92	2 017.21	5 423 868.37	4 069 136.18	4 697 920.71
青海	2 683.78	2 446.50	7 202 675.09	5 985 362.25	6 565 867.77
宁夏	3 180.84	2 528.76	10 117 743.11	6 394 627.14	8 043 580.96
新疆	3 182.97	2 350.58	10 131 298.02	5 525 226.34	7 481 825.62
合计	137 749.31	104 665.57	728 764 721.40	420 848 374.70	549 029 746.20

$\sum x = 137\ 749.31$；$\sum y = 104\ 665.57$；$\sum x^2 = 728\ 764\ 721.40$

$\sum y^2 = 420\ 848\ 374.70$；$\sum xy = 549\ 029\ 746.20$

把各数据带入公式 8.3，得到

$$r = \frac{n\sum xy - \sum x \sum y}{\sqrt{n\sum x^2 - \left(\sum x\right)^2} \cdot \sqrt{n\sum y^2 - \left(\sum y\right)^2}}$$

$$= \frac{31 \times 549\ 029\ 746.20 - 137\ 749.31 \times 104\ 665.57}{\sqrt{31 \times 728\ 764\ 721.40 - 137\ 749.31^2} \cdot \sqrt{31 \times 420\ 848\ 374.70 - 104\ 665.57^2}}$$

$$= 0.946\ 2$$

计算结果表明，2007 年全国各地区农村居民家庭人均生活消费支出和人均纯收入的相关系数为 0.946 2，两个变量之间具有高度的线性正相关关系。

8.3 一元线性回归分析

在对社会经济现象的研究中，运用相关分析方法，只能测定出变量之间的相关关系及其性质和密切程度，但它不能指出两个变量之间相互关系的具体形式，也无法从一个变量的数量变化来推测另一个变量的变化情况。另外，在相关分析中，一般不必区分自变量和因变量，它不能说明两个变量是主从关系还是因果关系。要完成预测估计以及控制等任务，仅仅依靠相关分析是不够的。通常还需要在相关分析的基础上，更进一步深入地研究变量与变量之间存在的数量关系形式，估计有关参数，建立数学模型。回归分析就是把两个或两个以上变量之间的变动关系，加以模型化，以便进行统计估算，这种方法在统计学中称为回归分析法。用回归分析的方法得出的数学表达式称为回归方程(回归模型)。

用回归方程来表明两个变量之间线性关系的方程式，称为简单线性回归方程(模型)，这种分析方法称为简单线性回归分析法。由于许多现象的非线性变化在较短时间内也近似于线性变化，简单线性回归分析法是回归分析的基本方法。

8.3.1 简单线性回归方程的确定

1. 简单直线回归方程的表达式

对于具有线性相关关系的两个变量，由于有随机因素的干扰，两变量的线性关系中应包括随机误差项 ε，故直线方程为：

$$Y = a + bX + \varepsilon \tag{8.7}$$

对于 X 某一确定的值，其对应的 Y 值虽然有波动，但随机误差的期望值为零，即 $E(\varepsilon)=0$，因此从平均意义上来说，总体线性回归方程为：

$$E(Y) = a + bX \tag{8.8}$$

式中：$E(Y)$ 为 Y 的数学期望值，即当自变量 X 给一确定值时因变量 Y 平均与 X 对应的值；a 为回归直线的截距项，即 X 为 0 时 Y 的值，从数学意义上理解，它表示在没有自变量 X 的影响时，其他各种因素对因变量 Y 的平均影响；b 为回归系数，即直线的斜率，表示自变量 X 每变动一个单位时，因变量 Y 平均变动 b 个单位。

我们可以通过样本观察值计算模型中的参数，即求样本回归方程，用它对总体回归方程进行估计。样本回归直线方程又称为一元线性回归方程，其表达式为：

$$\hat{y} = \hat{a} + \hat{b}x \tag{8.9}$$

式中：$\hat{y}$ 为因变量 y 的估计值，即回归的理论值；$\hat{a}$ 和 $\hat{b}$ 为待定参数 a 和 b 的估计值。

一元线性回归方程中的待定参数是根据样本数据资料估计确定的。确定回归方程就是要找出 a 与 b 的估计值 $\hat{a}$ 及 $\hat{b}$，使直线 $\hat{y} = \hat{a} + \hat{b}x$ 总体看来与所有的散点最接近，即确定最优的 $\hat{a}$ 与 $\hat{b}$，统计学上常采用最小二乘法（ordinary least squares estimation），亦称最小平方法。

2. 最小二乘法基本原理

以 y 倚 x 的回归方程 $\hat{y} = \hat{a} + \hat{b}x$ 为例，说明方程配置的基本原理。

进行回归分析时，配合回归直线的目的是要找出一条理想的直线 $\hat{y}$，用直线上的点来代表所有的相关点。而要找到理想的直线，必须首先计算出待定参数 $\hat{a}$ 和 $\hat{b}$ 的值。这就需要根据实际资料进行求解。一旦解出参数 $\hat{a}$ 和 $\hat{b}$ 的值，变量之间理想的直线关系就确定下来了。

怎样利用实际数据来确定待定参数 $\hat{a}$ 和 $\hat{b}$，即从各个相关点中配合一条合适的直线，使其能代表所有相关点的变动趋势，这是建立回归方程最关键的问题。参数估计的方法有很多，数学证明，最小平方法配合直线是最具有代表性、最理想的方法，也是在理论分析和实际工作中最常用的方法。

最小平方法的基本要求有以下两点：

(1) $\sum (y - \hat{y}) = 0$；

(2) $\sum(y-\hat{y})^2$ 为最小,要使回归直线与 n 个观察点的接近程度最好,必须使其离差的平方和为最小,即令 $Q=\sum(y-\hat{y})^2=\sum(y-\hat{a}-\hat{b}x)^2=$ 最小值。

根据微积分求极值的原理,分别对参数 $\hat{a}$ 和 $\hat{b}$ 求偏导数,并令其等于 0。

$$\begin{cases}\partial Q/\partial a=2\sum(y-\hat{a}-\hat{b}x)(-1)=0\\ \partial Q/\partial b=2\sum(y-\hat{a}-\hat{b}x)(-x)=0\end{cases}\tag{8.10}$$

整理得正规方程组:

$$\begin{cases}\sum y=na+b\sum x\\ \sum xy=a\sum x+b\sum x^2\end{cases}\tag{8.11}$$

根据方程组可以解出 $\hat{a}$ 和 $\hat{b}$ 两个参数:

$$\begin{cases}\hat{a}=\bar{y}-b\bar{x}\\ \hat{b}=\dfrac{n\sum xy-\sum x\sum y}{n\sum x^2-(\sum x)^2}\end{cases}\tag{8.12}$$

可以利用这两个公式算出 $\hat{a}$ 和 $\hat{b}$,从而得出 y 倚 x 的回归 $\hat{y}=\hat{a}+\hat{b}x$。

3. 简单直线回归计算举例

【例 8.3】某企业某种产品产量与生产费用的资料如表 8.9 所示,试建立产品产量与生产费用的简单直线回归方程。

表 8.9 某企业某种产品产量与生产费用计算表

序号	产量 x/千件	生产费用 y/万元	x^2	xy	$\hat{y}=\hat{a}+\hat{b}x$
1	2	146	4	292	150.42
2	3	216	9	648	214.70
3	4	284	16	1 136	278.97
4	3	219	9	657	214.70
5	4	276	16	1 104	278.97
6	5	340	25	1 700	343.24
合计	21	1 481	79	5 537	1 481.00

根据表 8.9 中 x 和 y 的原始资料,运用最小二乘法来计算 y 倚 x 的回归方程 $\hat{y}=\hat{a}+\hat{b}x$,需先计算出 x^2 和 xy 栏数值,依据公式 8.12 估计参数:

$$\hat{b}=\frac{n\sum xy-\sum x\sum y}{n\sum x^2-\left(\sum x\right)^2}=\frac{6\times5\ 537-21\times1\ 481}{6\times79-21^2}=64.273$$

$$\hat{a} = \bar{y} - b\bar{x} = \frac{\sum y}{n} - b\frac{\sum x}{n} = \frac{1\ 481}{6} - 64.273 \times \frac{21}{6} = 21.878$$

得到回归方程为：$\hat{y} = \hat{a} + \hat{b}x = 21.878 + 64.273x$

$\hat{a} = 21.878$ 是生产费用的起点值，或不变费用；$\hat{b} = 64.273$ 表明产量每增加(或减少)一个单位，即 1 000 件时，生产费用平均增加(或减少)64.273 万元。

$\hat{y}$ 栏是推算出来的直线上的理论值或估计值，如果该企业产量增加到 7 000 件，则根据方程推算生产费用为：

$\hat{y} = 21.878 + 64.273x = 21.878 + 64.273 \times 7 = 471.789$ (万元)

【例 8.4】某地区 1998—2007 年城镇居民家庭人均可支配收入 x 和家庭人均消费性支出 y 的资料如表 8.10 所示，拟建立一元线性回归方程，以便简单地预测 2008 年、2009 年的城镇居民家庭人均消费性支出(假设该地区居民收入以年 10% 增长)，具体计算数据资料如表 8.10 所示。

表 8.10　某地区 1998—2007 年城镇居民家庭人均可支配收入和人均消费性支出资料

元

年份	人均可支配收入 x	人均消费性支出 y	x^2	y^2	xy	$\hat{y} = \hat{a} + \hat{b}x$
1998	1 808	1 542	3 268 864	2 377 764	2 787 936	6.15
1999	1 962	1 609	3 849 444	2 588 881	3 156 858	−43.88
2000	2 619	2 155	6 859 161	4 644 025	5 643 945	2.83
2001	3 299	2 673	10 883 401	7 144 929	8 818 227	4.06
2002	3 755	3 009	14 100 025	9 054 081	11 298 795	−6.47
2003	4 093	3 378	16 752 649	11 410 884	13 826 154	105.66
2004	4 219	3 416	17 799 961	11 669 056	14 412 104	47.91
2005	4 532	3 498	20 539 024	12 236 004	15 852 936	−107.96
2006	4 766	3 830	22 714 756	14 668 900	18 253 780	46.22
2007	5 267	4 110	27 741 289	16 892 100	21 647 370	−54.52
合计	36 320	29 220	144 508 574	92 686 624	115 698 105	—

根据表 8.10 中 x 和 y 两列原始数据资料，运用最小二乘法中的参数求解公式 8.12 来计算城镇居民家庭人均消费支出倚人均可支配收入的回归方程 $\hat{y} = \hat{a} + \hat{b}x$ 中的参数 $\hat{a}$ 和 $\hat{b}$。

$$\hat{b} = \frac{n\sum xy - \sum x \sum y}{n\sum x^2 - \left(\sum x\right)^2}$$

$$= \frac{10 \times 115\ 698\ 105 - 36\ 320 \times 29\ 220}{10 \times 144\ 508\ 574 - 36\ 320^2} = \frac{95\ 710\ 650}{125\ 943\ 340} = 0.759\ 95$$

$$\hat{a} = \overline{y} - \hat{b}\overline{x} = \frac{\sum y}{n} - \hat{b}\frac{\sum x}{n} = \frac{29\ 220}{10} - 0.759\ 95 \times \frac{36\ 320}{10} = 161.861\ 6$$

故一元回归直线方程为：$\hat{y} = \hat{a} + \hat{b}x = 161.861\ 6 + 0.759\ 95x$

如果该地区城镇居民人均可支配收入以每年 10%增长，则 2008 年和 2009 年的居民可支配收入分别预计为：

$x_{2008} = 5\ 267 \times 110\% = 5\ 793.7$(元)

$x_{2009} = 5\ 793.7 \times 110\% = 6\ 373.07$(元)

代入回归方程预测得到 2008 年、2009 年该地区居民人均消费支出为：

$\hat{y}_{2008} = 161.861\ 6 + 0.759\ 95 \times 5\ 793.7 = 4\ 564.78$(元)

$\hat{y}_{2009} = 161.861\ 6 + 0.759\ 95 \times 6\ 373.07 = 5\ 005.08$(元)

即预测的 2008 年和 2009 年该地区人均消费支出分别为 4 564.78 元和 5 005.08 元。

【例 8.5】已知资料如表 8.3 所示，1978—2006 年我国人均 GDP 和人均卫生费用之间具有直线相关的特征，建立 1978—2006 年我国人均 GDP 和人均卫生费用之间的回归方程。

根据表 8.6 中 x 和 y 两列原始数据资料，运用最小二乘法中的参数求解公式 8.12，来计算 1978—2006 年我国人均 *GDP* 和人均卫生费用的回归方程 $\hat{y} = \hat{a} + \hat{b}x$ 中的参数 $\hat{a}$ 和 $\hat{b}$。

$$\hat{b} = \frac{n\sum xy - \sum x \sum y}{n\sum x^2 - \left(\sum x\right)^2} = \frac{29 \times 54\ 258\ 467 - 132\ 479 \times 5\ 784.7}{29 \times 1\ 189\ 521\ 999 - 132\ 479^2}$$

$$= \frac{807\ 144\ 271.7}{16\ 945\ 452\ 530} = 0.047\ 632$$

$$\hat{a} = \overline{y} - \hat{b}\overline{x} = \frac{\sum y}{n} - \hat{b}\frac{\sum x}{n} = \frac{5\ 784.7}{29} - 0.047\ 632 \times \frac{132\ 479}{29}$$

$$= -18.121\ 65$$

故一元回归直线方程为：$\hat{y} = \hat{a} + \hat{b}x = -18.121\ 65 + 0.047\ 632x$。

【例 8.6】对表 8.7 中 2007 年全国各地区农村居民家庭人均纯收入和人均生活消费支出数据资料建立回归方程。

根据表 8.8 中 x 和 y 两列原始数据资料，运用最小二乘法中的参数求解公式 8.12，来计算 2007 年全国各地区农村居民家庭人均纯收入和人均生活消费支出的回归方程 $\hat{y} = \hat{a} + \hat{b}x$ 中的参数 $\hat{a}$ 和 $\hat{b}$。

$$\hat{b} = \frac{n\sum xy - \sum x \sum y}{n\sum x^2 - \left(\sum x\right)^2} = \frac{31 \times 549\ 029\ 746.2 - 137\ 749.31 \times 104\ 665.57}{31 \times 728\ 764\ 721.4 - 137\ 749.31^2}$$

$$= \frac{2\ 602\ 312\ 085}{3\ 616\ 833\ 957} = 0.719\ 5$$

$$\hat{a} = \bar{y} - \hat{b}\bar{x} = \frac{\sum y}{n} - \hat{b}\frac{\sum x}{n} = \frac{104\ 665.57}{31} - 0.719\ 5 \times \frac{137\ 749.31}{31}$$

$$= 179.19$$

故一元回归直线方程为：$\hat{y}=\hat{a}+\hat{b}x=179.19+0.719\ 5x$。

4. 相关系数 r 与回归系数 b 的关系

从求解相关系数 r 的公式中知道，$r = \frac{L_{xy}}{\sqrt{L_{xx}L_{yy}}}$，则由此可导出以下关系式：

$$r = \frac{L_{xy}}{\sqrt{L_{xx}L_{yy}}} = \frac{L_{xy}}{L_{xx}}\frac{\sqrt{L_{xx}}}{\sqrt{L_{yy}}} = \frac{L_{xy}}{L_{xx}}\frac{\sqrt{\frac{L_{xx}}{n}}}{\sqrt{\frac{L_{yy}}{n}}} = \hat{b}\frac{\sigma_x}{\sigma_y} \tag{8.13}$$

所以，二者的关系为：

$$r = \frac{\hat{b}\sigma_x}{\sigma_y} \text{或} \hat{b} = \frac{r\sigma_y}{\sigma_x}$$

利用这一关系，一方面可由相关系数求回归系数，也可由回归系数求相关系数；另一方面还可看出由同一资料计算的 $\hat{b}$ 和 r 符号总是一致的，其符号都取决于两个变量的协方差。

8.3.2 回归估计标准差

1. 回归估计标准差的概念

根据直线回归方程，知道了自变量 x 的数值，就可以通过线性回归方程 $\hat{y} = a + bx$ 推算出因变量的估计值。但是，推算出来的因变量的估计值 $\hat{y}$ 并不是精确的数值，它是一个估计值，与实际值 y 之间存在着差异，即 y 与 $\hat{y}$ 之间存在或正或负的误差。两者之间误差的大小，可以用回归估计标准差这个综合指标来反映。回归估计标准差是衡量因变量 y 的实际值和估计值离差一般水平的分析指标。估计标准误差是衡量回归直线代表性大小的统计分析指标，它说明观察值围绕着回归直线的变化程度或分散程度。

2. 回归估计标准差的测定

(1)定义公式。

根据定义，用因变量实际值和估计值的离差来计算回归估计标准差。

计算公式如下：

$$S_y=\sqrt{\frac{\sum(y-\hat{y})^2}{n-2}} \tag{8.14}$$

式中：S_y 为回归估计标准差；y 为因变量数列的实际值；$\hat{y}$ 为因变量数列的估计值；$n-2$ 为自由度。

公式 8.14 中的分母除以（$n-2$），而不是除以 n，这是因为根据样本资料，采用最小平方法求参数 $\hat{a}$ 和 $\hat{b}$ 时，受正规方程组中两个方程的约束，失去了两个自由度。在大样本条件下，也可用简化公式：

$$S_y=\sqrt{\frac{\sum(y-\hat{y})^2}{n}} \tag{8.15}$$

回归估计标准差的计量单位与因变量的计量单位相同。计算原理与前面介绍的标准差是一致的，它们都是反映平均差异程度和表明代表性的指标。一般标准差反映的是各变量值与其平均数的平均变异程度，表明其平均数对各变量值的代表性强弱；回归估计标准差反映的是因变量各实际值与其估计值之间的平均差异程度，表明其估计值对各实际值的代表性强弱。回归估计标准差与回归方程代表性大小成反比例变化，其值越小，估计值 $\hat{y}$（或回归方程）的代表性越强，用回归方程估计或预测的结果越准确。

(2)实际计算公式和举例。

计算估计标准误差的公式 8.14 是用平均误差来表现的，但是计算比较麻烦，须计算出所有观察点的估计值。如果已经求出回归方程，即在参数 a 和 b 已知的前提条件下，则有一个比较简便的计算方法。

简捷计算公式：

$$S_y=\sqrt{\frac{\sum y^2-a\sum y-b\sum xy}{n-2}} \tag{8.16}$$

大样本条件下公式为：

$$S_y=\sqrt{\frac{\sum y^2-a\sum y-b\sum xy}{n}} \tag{8.17}$$

【例 8.7】某轻工公司所属 8 个厂的新增生产性固定资产和生产的增加值资料如表 8.11 所示，试计算估计标准误差。

表 8.11　某轻工公司所属 8 个厂的数据资料

工厂编号	新增生产性固定资产 x/万元	生产的增加值 y/万元	x^2	y^2	xy	$\hat{y}=a+bx$	$y-\hat{y}$	$(y-\hat{y})^2$
1	18	54	324	2 916	972	46.83	7.16	51.27
2	22	62	484	3 844	1 364	65.39	−3.39	11.49
3	25	70	625	4 900	1 750	79.31	−9.31	86.67
4	30	104	900	10 816	3 120	102.51	1.49	2.22
5	36	130	1 296	16 900	4 680	130.35	−0.35	0.12
6	40	160	1 600	25 600	6 400	148.91	11.09	122.99
7	47	170	2 209	28 900	7 990	181.39	−11.39	129.73
8	50	200	2 500	40 000	10 000	195.31	4.69	21.99
合计	268	950	9 938	133 876	36 276	950.00	0.00	426.74

首先，需先求出回归直线 $\hat{y}=a+bx$ 的参数 a 和 b。

$$b=\frac{n\sum xy-\sum x\sum y}{n\sum x^2-\left(\sum x\right)^2}=\frac{8\times 36\ 276-268\times 950}{8\times 9\ 938-268^2}=4.64$$

$$a=\bar{y}-b\bar{x}=\frac{950}{8}-4.64\times\frac{268}{8}=-36.69$$

从而得出回归直线：$\hat{y}=a+bx=-36.69+4.64x$

从表 8.11 中可知：

$$\sum x=268；\sum y=950；\sum xy=36\ 276；\sum y^2=133\ 876$$

$$S_y=\sqrt{\frac{\sum y^2-a\sum y-b\sum xy}{n-2}}$$

$$=\sqrt{\frac{133\ 876+36.69\times 950-4.64\times 36\ 276}{8-2}}=8.28\text{(万元)}$$

该直线的估计标准误差为 8.28 万元，表明实际的生产增加值与估计的生产增加值之间平均相差 8.28 万元。

【例 8.8】计算例 8.5 的估计标准误差。

$$S_y=\sqrt{\frac{\sum y^2-a\sum y-b\sum xy}{n-2}}$$

$$=\sqrt{\frac{2\ 487\ 028+18.12\ 165\times 5\ 784.7-0.047\ 632\times 54\ 258\ 467}{29-2}}$$

$$=16.58\text{(元)}$$

该直线的估计标准误差为 16.58 元，表明实际的人均卫生费用与估计的人均卫生费用之间平均相差 16.58 元。

【例 8.9】计算例 8.6 的估计标准误差。

$$S_y=\sqrt{\frac{\sum y^2-a\sum y-b\sum xy}{n-2}}$$

$$=\sqrt{\frac{420\ 848\ 374.7-179.19\times104\ 665.57-0.719\ 5\times549\ 029\ 746.2}{31-2}}$$

$$=493.62(元)$$

该直线的估计标准误差为 493.62 元，表明实际人均生活消费支出与估计的人均生活消费支出之间平均相差 493.62 元。

3. 回归估计标准差和相关系数的关系

回归分析表明，在自变量给定的条件下，因变量 y 的实际值有大有小，围绕其均值上下波动。对每一个观察值来说，波动的大小可用离差（$y-\bar{y}$）来表示，如图 8.4 所示。离差的产生有两个原因：一是受自变量 x 变动的影响；二是受其他因素的影响，包括观察或实验中产生的误差的影响。

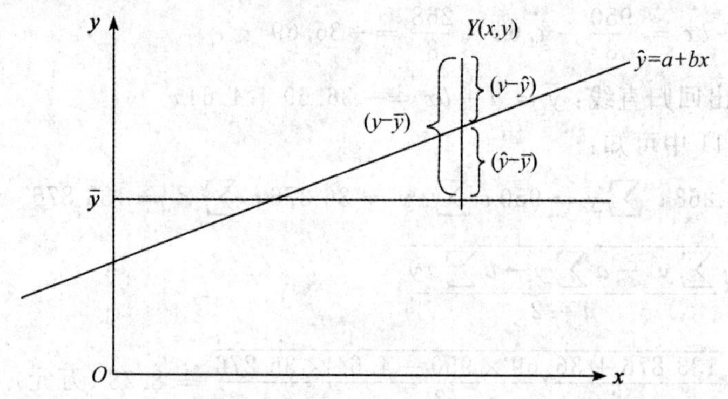

图 8.4 离差分解图

从图 8.4 中可以看出：每个观察点的离差可以分解为两部分，即

$$y-\bar{y}=(y-\hat{y})+(\hat{y}-\bar{y}) \tag{8.18}$$

式中：（$y-\hat{y}$）为剩余离差；（$\hat{y}-\bar{y}$）为回归离差。

将公式 8.18 两边平方，然后对所有的 n 个点求和，则有：

$$\sum(y-\bar{y})^2=\sum[(y-\hat{y})+(\hat{y}-\bar{y})]^2$$

$$=\sum(y-\hat{y})^2+2\sum(y-\hat{y})(\hat{y}-\bar{y})+\sum(\hat{y}-\bar{y})^2 \tag{8.19}$$

将 n 个观察值总的波动大小用总离差平方和 $\sum(y-\bar{y})^2$ 来表示。公式 8.19 中，交叉的乘积项 $\sum(y-\hat{y})(\hat{y}-\bar{y})$ 等于零，因而总离差平方和为：

$$\sum(y-\bar{y})^2=\sum(y-\hat{y})^2+\sum(\hat{y}-\bar{y})^2 \tag{8.20}$$

即　　　　　　　　总离差平方和＝剩余平方和＋回归平方和

剩余平方和又称残差平方和，它反映了自变量 x 对因变量 y 的线性影响之外的一切因素（包括 x 对 y 的非线性影响和测量误差等）对因变量 y 的作用。

回归平方和则表示在总离差平方和中，由于 x 与 y 的线性关系而引起因变量 y 变化的部分。

回归效果的好坏取决于回归平方和在总离差平方和中的比重。该比重越大，剩余平方和在总离差平方和中所占的比重则越小，此时所有观察点距离回归直线就越近，即 x 与 y 的线性相关程度越高，线性回归分析的效果越好；反之，在总离差平方和中若回归平方和所占比重小，剩余平方和所占比重就大，此时所有观察点离回归直线就远，x 与 y 的线性相关程度也就越低。因此，可以用回归平方和在总离差平方和中的比重大小来衡量两个变量之间相关关系大小和说明回归拟合的优劣程度。这个比重称为判定系数，记为 r^2。

$$r^2=\frac{\sum(\hat{y}-\bar{y})^2}{\sum(y-\bar{y})^2}=\frac{\sum(y-\bar{y})^2-\sum(y-\hat{y})^2}{\sum(y-\bar{y})^2}=1-\frac{\sum(y-\hat{y})^2}{\sum(y-\bar{y})^2} \tag{8.21}$$

判定系数 r^2 还可以用简化式计算：

$$r^2=\frac{a\sum y+b\sum xy-n\bar{y}^2}{\sum y^2-n\bar{y}^2}\quad 0\leqslant r^2\leqslant 1 \tag{8.22}$$

r^2 表示全部偏差中有百分之几的偏差可由 x 与 y 的回归关系来解释，用于判定回归方程的拟合优度，其值介于 0 与 1 之间。r^2 越接近 1，表示回归直线与样本点 (x_i,y_i) 拟合得越好，反之越差。$r^2=1$，说明全部样本观察值都在估计的回归直线上，样本观察值 y 与回归值 $\hat{y}$ 完全拟合，即 y 的变动全部都可以由 x 来解释。$r^2=0$，说明样本观察值 y 与回归值 $\hat{y}$ 完全不拟合，即 y 的变动完全不能由 x 来解释。

【例 8.10】根据表 8.11 的资料，再借用回归分析中已确定的 a 和 b 值，即

$\sum y=950$；$\sum xy=36\ 276$；$\sum y^2=133\ 876$；

$n=8$；$a=-36.69$；$b=4.64$；$\bar{y}=118.75$；

代入公式 8.22 得：

$$r^2=\frac{-36.69\times 950+4.64\times 36\ 276-8\times 118.75^2}{133\ 876-8\times 118.75^2}=0.98$$

判定系数 r^2 为 0.98,表明在生产的增加值 y 的变化中,有 98%可以由新增生产性固定资产的变化来解释。

为了表明结果的准确性和一致性,可根据计算相关系数的简捷公式 8.4 进行验证。

将公式 8.21 开方即可得到相关系数,即相关系数又可以表示为:

$$r=\sqrt{1-\frac{\sum(y-\hat{y})^2}{\sum(y-\bar{y})^2}} \tag{8.23}$$

在大样本条件下,有:

$\sum(y-\bar{y})^2=n\sigma_y^2$;$\sum(y-\hat{y})^2=nS_y^2$

因此,回归估计标准差和相关系数这两个指标之间有如下数量关系:

$$r=\sqrt{\frac{\sigma_y^2-S_y^2}{\sigma_y^2}}=\sqrt{1-\frac{S_y^2}{\sigma_y^2}} \tag{8.24}$$

这也是相关系数的一种计算方法,但是这种计算方法一般并不使用,因为它要求先配合回归直线,解出直线回归方程,计算出估计标准误差,然后才能进行这种推算。而从认识的一般程序来讲,首先要知道现象间关系是否密切,如果关系不密切,配合回归直线的价值不大,则不必进行下一步的计算。只有证明了相关关系比较密切,回归直线有使用价值,才配合回归直线,并用它来进行估计或预测。这样计算出来的 r,才能判断现象之间是正相关还是负相关。所以实际工作中常常采用另一种推算方法,即根据相关系数 r 去推算估计标准误差 S_y。

由于 $r=\sqrt{1-\frac{S_y^2}{\sigma_y^2}}$,$r^2=1-\frac{S_y^2}{\sigma_y^2}$,则 $S_y^2=\sigma_y^2(1-r^2)$,因此

$$S_y=\sigma_y\sqrt{1-r^2} \tag{8.25}$$

公式 8.25 反映出相关系数和回归估计标准差之间的相互关系。在数值的大小上其二者表现为相反的关系,即 r 值越大,S_y 值越小。

r 值越大,说明相关程度越密切,这时 S_y 值越小,也就是相关点距离回归直线比较近。当 r 值大到 $r=\pm 1$ 时,即完全相关的时候,则 $S_y=\sigma_y\sqrt{1-r^2}=0$,即估计标准误差等于 0。从相关图上看,就是说所有的相关点全在回归直线上,这也就是完全相关。r 值越小,S_y 值越大。r 值越小,说明相关程度越不密切,这时 S_y 值越大,也就是相关点距离回归直线比较远。当 r 值小到 $r=0$ 时,即完全不相关的时候,则 $S_y=\sigma_y\sqrt{1-r^2}=\sigma_y$,即估计标准误差等于 y 数列的标准差。这说明相关

点与回归直线的距离和相关点与 y 数列的平均线的距离一样，也就是说，回归直线和 y 数列的平均线是同一条线。在这种情况下，相关点的 x 值不管怎样变化，$\hat{y}$ 的值始终不变，永远等于 y 数列的平均值，这当然就是不相关了。

总之，相关系数和回归估计标准差都可以从不同的角度来说明相关关系密切与否。相关系数是说明现象间相关关系紧密程度的指标，同时也从另一方面间接反映了回归估计标准差的大小，反映了回归估计的精确度；回归估计标准差这个指标，直接说明了回归估计误差的大小，即回归估计的精确度，同时又从另一方面间接反映了现象间相关关系的紧密程度。

8.3.3　线性回归方程的显著性检验

在回归分析中，要检验因变量 y 与自变量 x 之间到底有无真正的线性关系，可以通过回归系数的显著性检验（t 检验）或回归方程的显著性检验（F 检验）来判断。在一元线性回归中，两种检验的效果是一致的。但在多元线性回归中，两种检验说明的问题不同，作用不同，即回归系数的显著性检验是检验每一个自变量和因变量之间的关系是否显著；而回归方程的显著性检验是检验所有的自变量和因变量之间的关系是否显著，即回归方程的解释能力如何。

1. 回归系数的显著性检验（t 检验）

回归系数显著性检验的目的在于通过检验回归系数 b 的值与 0 是否存在显著的差异，来判断因变量 y 与自变量 x 之间是否有显著的线性关系。若 $b=0$，则回归方程中的 y 不随 x 变动而变动，因此，变量 y 与 x 之间并不存在线性关系；若 $b\neq 0$，说明变量 y 与 x 之间存在显著的线性关系。

回归系数显著性检验的步骤如下：

(1)提出零(原)假设和备择假设 $H_0: b=0$；$H_1: b\neq 0$。

(2)可以证明，当零假设成立时，统计量 t 服从自由度为 $n-2$ 的 t 分布。

$$t=\frac{b}{S(b)}\sim t(n-2) \tag{8.26}$$

式中：$S(b)$ 为 b 的样本方差。

$$S(b)=S_y\sqrt{\frac{1}{\sum(x-\overline{x})^2}} \tag{8.27}$$

(3)对于给定的显著性水平 α，查 t 分布表取得临界值 $t_{\frac{\alpha}{2}}(n-2)$，将 t 值与临界值进行比较：

若 $|t|<t_{\frac{\alpha}{2}}(n-2)$，接受 H_0，说明变量 y 与 x 之间不存在线性关系；

若 $|t|\geqslant t_{\frac{\alpha}{2}}(n-2)$，拒绝 H_0，接受 H_1，说明变量 y 与 x 之间存在显著的线性

关系。

2.回归方程的显著性检验(方差分析"F检验")

检验两个变量之间是否真正线性相关的另一种方法是方差分析,它是建立在对总离差平方和分解的基础上的。在介绍回归估计标准差的时候对总离差平方和进行过分解。其分解式为:

$$\sum(y-\bar{y})^2=\sum(y-\hat{y})^2+\sum(\hat{y}-\bar{y})^2$$

即总离差平方和=剩余平方和+回归平方和,每个平方和都有一个自由度同它相联系,总离差平方和的自由度也等于剩余平方和的自由度与回归平方和的自由度之和。

在总离差平方和中,剩余平方和大就意味着回归平方和小,表示变量间线性相关性越低,当且仅当 $b=0$ 时,回归平方和是最小的。可见要检验两变量间是否真正线性相关,可以检验回归系数 b 是否等于零。其步骤可参考 t 检验,但选取的统计量则为 F 统计量。

这种把总离差平方和及其自由度进行分解,利用 F 统计量检验两个变量间线性相关显著性的方法称为方差分析法。通常方差分析的所有结果可以归纳在方差分析表中(表 8.12)。

表 8.12 一元线性回归的方差分析表

离差来源	平方和	自由度	F 值
回归平方和	$\sum(\hat{y}-\bar{y})^2$	1	$F=\dfrac{\dfrac{\sum(\hat{y}-\bar{y})^2}{1}}{\dfrac{\sum(y-\hat{y})^2}{(n-2)}}$
剩余平方和	$\sum(y-\hat{y})^2$	$n-2$	
总 计	$\sum(y-\bar{y})^2$	$n-1$	—

对于两变量线性相关与回归的显著性检验,无论是 t 检验还是 F 检验,对于同一样本资料检验的结论是完全一致的。

3.样本决定系数(R^2)

由回归平方和与剩余平方和的意义我们知道,在总的离差平方和中,回归平方和所占的比重越大,则线性回归效果越好;如果残差平方和所占的比重大,则回归直线与样本观测值拟合得就不理想。这里把回归平方和与总离差平方和之比定义为样本决定系数,记作 R^2。

$$R^2 = \frac{\sum(\hat{y}-\bar{y})^2}{\sum(y-\bar{y})^2} = \frac{bL_{xy}}{L_{yy}}$$

而 $\frac{bL_{xy}}{L_{yy}}$ 正是相关系数 r 的平方(证明略)。决定系数 R^2 是一个回归直线与样本观测值拟合优度判定的指标，R^2 的值总在 0 和 1 之间。如果一个线性回归模型充分利用了 x 的信息，则 R^2 越大，拟合优度就越好；反之，如 R^2 越小，说明模型中给出的 x 对 y 的信息还不够充分，应进行修改，使 x 对 y 的信息得到充分利用。

8.4　多元线性回归分析

在对许多实际问题的观察和分析中，经常会遇到一个变量与另一组变量的相关关系问题。这种问题可采用多元回归分析的方法来解决。在统计上，把建立某一变量与另一组变量之间的关系形式所使用的方法及过程称为多元回归分析。

与一元线性回归分析相比，多元线性回归分析涉及的自变量更多，回归模型和方程式更复杂，计算量更大，但是两者所采用的回归分析原理和方法是相似的。

8.4.1　多元线性回归方程

多元线性回归方程是表达一个因变量与两个或两个以上的自变量之间的线性依存关系的一种多元线性回归模型的估计式。

多元线性回归模型的一般表达式为：

$$y = b_0 + b_1 x_1 + b_2 x_2 + \cdots + b_k x_k + \varepsilon \tag{8.28}$$

式中：b_0 为截距；$b_1, b_2, \cdots, b_k$ 为与 k 个自变量相联系的斜率(或称为偏回归系数)；ε 为剩余残差项或称为随机扰动项。

建立多元线性回归模型时，为了保证回归模型具有优良的解释能力和预测效果，应首先注意自变量的选择，其准则如下：

(1)自变量对因变量必须有显著的影响，并呈密切的线性相关。

(2)自变量与因变量之间的线性相关必须是真实的，而不是形式上的。

(3)自变量之间应有一定的互斥性，即自变量之间的相关程度不应高于自变量与因变量的相关程度。

(4)自变量应具有完整的统计数据，其预测值容易确定。

对于有两个自变量的总体二元线性回归模型，其一般表达式为：

$$y = b_0 + b_1 x_1 + b_2 x_2 + \varepsilon \tag{8.29}$$

为便于叙述，以下仅以二元线性回归模型为例来说明。如果遇到多元线性回归模型时，应使用统计软件进行计算。

二元线性回归模型由两部分组成，一部分是 y 的线性函数 $b_0+b_1x_1+b_2x_2$；另一部分是 ε 所代表的随机误差。这里也必须对模型作出同一元线性回归模型中相同的几项重要假定；同时，由于多元回归模型有两个或两个以上的自变量，还必须假定这些自变量相互之间不存在显著相关。

实际的统计研究中，由于总体回归方程的参数是未知的，需要通过抽样，根据样本数据计算 b_0,b_1,b_2，通过样本回归方程来估计总体回归方程，由此得到样本的二元线性回归方程为：

$$\hat{y}=b_0+b_1x_1+b_2x_2 \tag{8.30}$$

一元线性回归方程表明的是自变量 x 与因变量 y 的平均变动关系，二元线性回归方程则是表明自变量 x_1,x_2 与因变量 y 平均变动的关系。二元或其他多元线性回归模型的基本性质同一元线性回归模型相同。因此，多元线性回归分析可以看作是一元线性回归分析的扩展。当掌握了自变量 x_1,x_2 和因变量 y 的实际资料后，只要求得 b_0,b_1,b_2，便可确定二元线性回归方程。显然，只有能够满足实际值 y 与估计值 $\hat{y}$ 的离差平方和即 $\sum(y-\hat{y})^2$ 等于最小这一要求，回归方程才具有代表性。因此，可以用最小平方法来求解参数，把 $\hat{y}=b_0+b_1x_1+b_2x_2$ 代入 $\sum(y-\hat{y})^2$ 中，即 $\sum(y-b_0-b_1x_1-b_2x_2)^2$，对 b_0,b_1,b_2 分别求偏导数并令其为零，便可求得如下正规方程组：

$$\begin{cases}\sum y=nb_0+b_1\sum x_1+b_2\sum x_2\\ \sum x_1y=b_0\sum x_1+b_1\sum x_1^2+b_2\sum x_1x_2\\ \sum x_2y=b_0\sum x_2+b_1\sum x_1x_2+b_2\sum x_2^2\end{cases} \tag{8.31}$$

解此联立方程便可求得 b_0,b_1,b_2。

【例 8.11】苏安达快递服务公司的人事经理对用一个自变量（投递行程距离）来估计雇员工作时间的结果并不满意。因为还有别的重要因素被忽视了。经过分析，他认为雇员承担的业务次数可能对工作时间有影响，于是，引进了业务次数作为第二个自变量，建立了二元线性回归方程。按照公式 8.31，将求解 b_0,b_1,b_2 所需的数据列成计算表（表 8.13）。

将表 8.13 中的有关数据代入公式 8.31 中得：

$$\begin{cases} 67 = 10b_0 + 800b_1 + 29b_2 \\ 5\ 594 = 800b_0 + 67\ 450b_1 + 2\ 345b_2 \\ 202.2 = 29b_0 + 2\ 345b_1 + 91b_2 \end{cases}$$

解联立方程得：

$b_0 = -0.868\ 7$，$b_1 = 0.061\ 1$，$b_2 = 0.923\ 4$

表 8.13 二元回归方程计算表

雇员编号	工作时间 y	行驶距离 x_1	业务次数 x_2	x_1^2	x_2^2	x_1x_2	x_1y	x_2y
1	9.3	100	4	10 000	16	400	930	37.2
2	4.8	50	3	2 500	9	150	240	14.4
3	8.9	100	4	10 000	16	400	890	35.6
4	6.5	100	2	10 000	4	200	650	13.0
5	4.2	50	2	2 500	4	100	210	8.4
6	6.2	80	2	6 400	4	160	496	12.4
7	7.4	75	3	5 625	9	225	555	22.2
8	6.0	65	4	4 225	16	260	390	24.0
9	7.6	90	3	8 100	9	270	684	22.8
10	6.1	90	2	8 100	4	180	549	12.2
合计	67.0	800	29	67 450	91	2 345	5 594	202.2

于是，确定二元线性回归方程为：

$\hat{y} = -0.868\ 7 + 0.061\ 1x_1 + 0.923\ 4x_2$

b_1 表示在业务次数固定时，行程距离每增加 1 000 m，工作时间平均增加 0.061 1 h；b_2 表示在行程距离固定时，业务次数每增加 1 次，工作时间平均增加 0.923 4 h。

8.4.2 多元线性回归模型的估计标准误差

同一元线性回归方程一样，对已确定的二元线性回归方程，可以用判定系数和估计标准误差从正反两方面测定它的拟合优度。

二元线性回归方程的估计标准误差是在给定 x_1，x_2 时 y 的实际值同估计值 $\hat{y}$ 的平均离差，记作 $S_{y(x_1,x_2)}$，计算公式为：

$$S_{y(x_1,x_2)} = \sqrt{\frac{\sum(y-\hat{y})^2}{n-3}} \tag{8.32}$$

这里，自由度为 $n-3$，因为二元回归模型有 3 个参数 b_0，b_1，b_2，求解该回归方程时失去 3 个自由度。

将 $\hat{y}=b_0+b_1x_1+b_2x_2$ 代入，经过代数变换，可得到下列简捷计算公式：

$$S_{y(x_1,x_2)}=\sqrt{\frac{\sum y^2-b_0\sum y-b_1\sum x_1y-b_2\sum x_2y}{n-3}} \tag{8.33}$$

将例 8.11 中的有关数据代入，得到

$$S_{y(x_1,x_2)}=\sqrt{\frac{272.8-(-0.868\,7)\times 67-0.061\,1\times 5\,594-0.923\,4\times 202.2}{n-3}}$$

$$=0.573\,1\,(\text{h})$$

即平均工作时间的估计标准误差为 0.573 1 h，表明实际的工作时间和估计的工作时间之间平均相差 0.573 1 h。

8.4.3 多元回归模型中的相关分析

多元回归模型中的两个或多个自变量，它们组合在一起同因变量发生一定的依存关系，引起因变量的变化。同时，各个自变量又是相对独立的，它们同因变量的依存关系的性质和密切程度也是不同的。例如，雇员工作时间的变化是由于行驶距离和业务次数这两个因素共同变化引起的。但是，它也可能在行驶距离固定不变时受到业务次数变化的影响，或者在业务次数不变时受到行驶距离变化的影响。如果再引入雇员的工龄、汽车新旧程度等因素，这些因素也都可能在不同方向、不同程度上对雇员工作时间产生影响。哪些因素是主要的、哪些是次要的，要解决这些问题，就需要对已建立的多元回归模型进行相关分析，包括复相关和偏相关分析。

所谓复相关，是指一个因变量同多个自变量之间的相关关系。所有自变量共同变动时，因变量随之而变动，其相关程度，就可用复相关系数来测定。如果把模型中所有的自变量作为一个独立的数列，则复相关系数就是测定一个因变量与一个独立数列的相关程度。

偏相关是指多元回归模型中各个自变量在其他自变量固定不变时，单个自变量同因变量的相关关系，其相关程度用偏相关系数测定。

8.4.4 应用多元回归方程进行估计

应用已确定的多元回归方程，在符合或大致符合模型赖以确定的各种假定的情况下，通过给定自变量的值可以对因变量作出点估计和区间估计。

在例 8.11 中，苏安达公司的人事经理要估计业务次数为 2，行程距离为 60 km 的雇员工作时间，利用二元回归方程计算：

$\hat{y} = -0.869 + 0.0611 \times 60 + 0.9234 \times 2 = 4.463\,(\mathrm{h})$

即当日均业务次数为2，行程距离为60 km时，雇员的工作时间大致是4.46 h，这是点估计。区间估计也可分为因变量均值的置信区间和特定值的置信区间两种。这两种方法涉及许多数理统计的内容，这里不再详细论述。

8.5　非线性回归分析

在对社会经济现象的研究中，所研究现象之间的关系是多种多样十分复杂的，常常不能够全部用直线方程加以表现。如果通过图形来观察，其散点的分布近似地表现为各种不同的非直线形式，如双曲线、指数曲线、对数曲线、幂函数曲线、S形曲线等，这种相关关系称为非线性相关，也称曲线相关。在这种情况下，就需要根据相关关系的不同情况用不同的曲线方程来加以表现和分析。非线性回归按自变量的个数多少也可分为一元非线性回归和多元非线性回归。其中，较常见的是一元非线性回归。

在进行曲线回归分析时，应首先通过散点图判断、选择合适的回归曲线类型，然后用变量代换把曲线模型化为一元或多元线性模型，最后用最小平方法计算回归模型的参数并进行相关性检验。

8.5.1　非线性回归分析的步骤

(1)确定自变量 x 与因变量 y 之间函数关系的基本类型。除了从理论上判断或根据实际经验来确定两个变量之间的函数关系外，可以在平面直角坐标系上绘制出变量每对数据的坐标位置，对其散点图构成的分布形状及其趋势特征作出分析，选择最适合的回归曲线来加以拟合。

(2)将曲线关系变换为一元线性回归模型后，按线性回归模型的方法估计参数，以寻求最优模型。估计待拟合回归方程式中的未知参数。对于通过变量变换能化为直线的回归方程，用最小二乘法估计其函数关系变换后的参数，建立模型。

(3)根据建立的回归模型进行预测。

8.5.2　几种常见的曲线回归模型

对于非线性相关的变量，选择恰当的曲线类型，是正确进行回归分析的关键问题。下面将社会经济现象中一些常用的曲线类型及相应的线性变换公式列举如下：

双曲线

$\frac{1}{y}=a+b\frac{1}{x}$，令 $y'=\frac{1}{y}$，$x'=\frac{1}{x}$，则有 $y'=a'+b'x$

幂函数曲线

$y=a\cdot x^b$，令 $y'=\lg y, x'=\lg x, a'=\lg a$，则有 $y'=a'+bx'$

对数曲线

$y=a+b\lg x$，令 $x'=\lg x$，则有 $y=a+bx'$

罗辑斯蒂曲线（也称 S 形曲线）

$$y=\frac{1}{a+b\cdot e^{-x}}，令 y'=\frac{1}{y}, x'=e^{-x}，则有 y'=a+bx$$

上述 4 种曲线回归方程均可以直接或间接地化为线性回归方程，又称为可线性化的曲线回归方程。由此可以看出，许多的非线性曲线通过不同的设置假定，最后能够变换成线性的基本形式，从而用最小二乘法求解参数来达到目的，并运用直线回归的一系列检测方法来进行最优模型的拟合。

8.5.3 非线性判定系数与相关系数

在非线性回归分析中，可用非线性判定系数 r^2，或它的平方根 r 来度量两变量之间非线性相关关系的密切程度。r^2 的变化范围在 0 与 1 之间，r^2 值越接近 1，表明变量间的非线性相关程度越强，所配合的曲线效果越好；r^2 值越接近 0，表明变量间的非线性相关程度越弱，所配合的曲线效果越差。

8.5.4 相关与回归分析中应注意的问题

1. 定性分析和定量分析相结合

判断社会经济现象是否存在相关关系是进行相关和回归分析的基础，也是必须解决的首要问题，而相关和回归数量分析方法本身并不能直接判断现象之间是否确实地、客观地存在相关关系。如我国人口增长与钢产量增长之间的关系，如果单纯地计算相关系数，会发现两者相关程度很高，似乎给人一种错觉，只要人口增长，钢产量就一定同步地增长。很显然这一结论缺乏理论依据，也难以令人信服，究其原因是两者之间根本不存在相关关系。因此，判断现象之间是否存在相关关系，是什么样的相关关系，首先要依靠定性分析，然后把定性分析和定量分析结合起来。否则，如果把没有关系的现象当作相关现象进行分析，就会发生“虚假相关”现象，从而导致认识上的错误。

2. 相关分析与回归分析结合运用

相关分析和回归分析是研究现象之间相关关系的两种基本方法。相关分析与回归分析虽然在研究目的和方法上有明显区别，但它们又有密切的联系。相关分析是回归分析的基础和前提，回归分析则是相关分析的深入和继续。它们不仅具有共同的研究对象，而且在具体应用时，常常相互补充。相关分析需要依靠回归分析来表明现象间数量相关的具体形式，而回归分析则需要依靠相关分析来表明现象数量变化的相关程度。只有当变量之间存在着高度相关时，进行回归分析寻求其相关的具体形式才有意义，即先有相关，后有回归。只有把相关分析和回归分析结合起来运用，才能对数据进行更深入透彻的分析。正因如此，把相关分析和回归分析合称为相关关系分析或广义的相关分析。

3. 在实际运用中，应选择误差最小的回归方程

在研究实际问题时，有些现象并不是十分明显地表现出直线或曲线的趋势。此时，为了保证分析结果的准确性，在进行回归分析时，对于同一资料可以配合多种回归方程，如直线方程、曲线方程等，分别计算各个回归方程的估计标准误差，比较各个方程的估计标准误差，误差最小的方程就是最合适的方程。

8.6　用 Excel 和 SPSS 进行相关与回归分析

随着计算机技术的发展和微机的普及，我们进行数据分析时，可以省去烦琐的手工计算，利用现在流行的统计分析软件，包括最普及的 Excel 和 SPSS 等软件都能很容易地计算出结果。我们需要做的只要掌握各项指标的意义，能够对软件处理结果进行正确的解释和判断就可以了。本节我们将利用前面例题的数据，讲解在 Excel 和 SPSS 软件中进行相关分析和回归分析的具体操作。

8.6.1　用 Excel 进行相关与回归分析

1. 用 Excel 进行相关分析

在 Excel 中，有两种方式可以表达简单相关：一种是绘制数据的 xy 散点图；另一种是计算相关系数，下面分别予以介绍。

(1)相关图的绘制。

相关图又称为散点图，xy 散点图是用来显示当 x 轴数据变动时，y 轴数据的相应变化程度。x 轴数据表示自变量，y 轴数据表示因变量。通过散点图可以比较直观的观察到两个数值变量的相关程度。将表 8.3 的我国 1978—2006 年人均 GDP 和人均卫生费用的资料建立 Excel 工作表，如图 8.5 所示。

利用 Excel 制作散点图的步骤如下：

第一步：选择 B1：C30 区域；

第二步：点击 Excel 图表向导，出现“图表向导”，如图 8.6 所示。

	A	B	C
1	年份	人均GDP(元)	人均卫生费用(元)
2	1978	381	11.5
3	1979	419	12.9
4	1980	463	14.5
5	1981	492	16
6	1982	528	17.5
7	1983	583	20.1
8	1984	695	23.2
9	1985	858	26.4
10	1986	963	29.4
11	1987	1112	34.7
12	1988	1366	44
13	1989	1519	54.6
14	1990	1644	65.4
15	1991	1893	77.1
16	1992	2311	93.6
17	1993	2998	116.3
18	1994	4044	146.9
19	1995	5046	177.9
20	1996	5846	221.4
21	1997	6420	258.6
22	1998	6796	294.9
23	1999	7159	321.8
24	2000	7858	361.9
25	2001	8622	393.8
26	2002	9398	442.6
27	2003	10542	512.5
28	2004	12336	583.9
29	2005	14103	662.3
30	2006	16084	749

图 8.5　表 8.3 的 Excel 工作表

图 8.6　图表向导

第三步：在“图表类型”中选择“XY 散点图”，如图 8.7 所示。

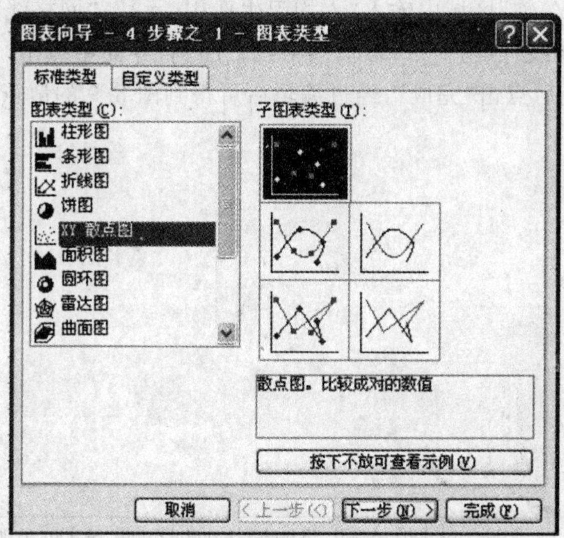

图 8.7　散点图类型

第四步：在“子图表类型”中选择第一种散点图，并点击“下一步”，如图 8.8 所示。

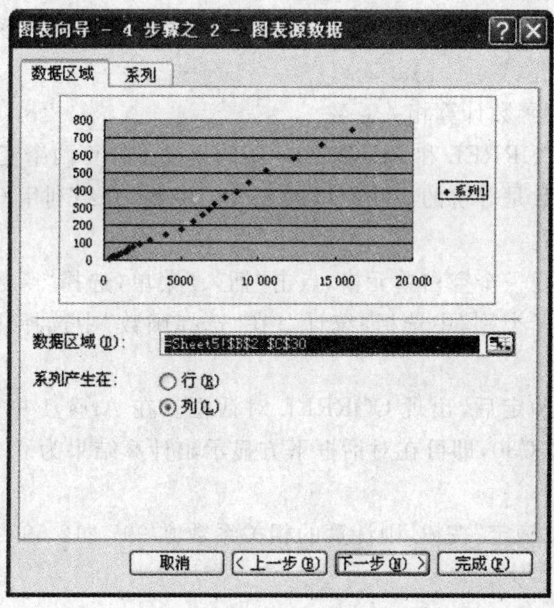

图 8.8　散点图的制作

第五步:点击“下一步”,在“标题”界面下“数值(X)轴”区域内输入“人均 GDP(元)”;在“数值(Y)轴”区域内输入“人均卫生费用(元)”;“网格线”界面中把“数值(Y)轴”“主要网格线”点击一下,取消网格线;“图例”界面中点击“显示图例”,不显示图例,设置完成后点击“完成”,经过编辑后可得到图 8.9 的散点图。

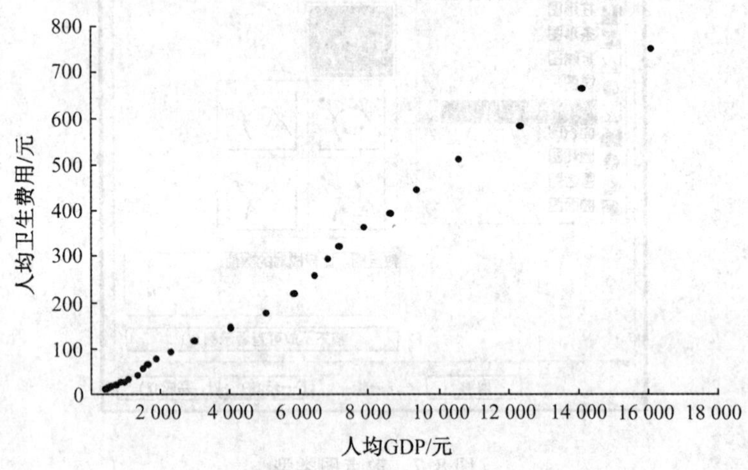

图 8.9 表 8.3 的散点图

(2)相关系数的计算。

在 Excel 中,有两种计算相关系数的方式:一种是相关系数函数方式;另一种是相关系数宏方式。

①用相关系数函数计算相关系数。

在 Excel 中,CORREL 和 PEARSON 函数提供了计算两个变量之间相关系数的方法,这两个函数是等价的。我们以表 8.3 的资料,介绍利用 CORREL 函数计算相关系数的步骤。

第一步:单击任一个空白单元格,点击“插入”菜单,选择“函数”,打开“插入函数”对话框,在“选择类别”中选择“统计”;在“选择函数”中选择“CORREL”,如图 8.10 所示。

第二步:单击确定后,出现 CORREL 对话框。在 Array1 中输入 B2:B30,在 Array2 中输入 C2:C30,即可在对话框下方显示出计算结果为 0.997 212 593。如图 8.11 所示。

第三步:点击“确定”按钮,则计算的相关系数 0.997 212 593 显示在指定的单元格中。

插入函数

搜索函数(S):

请输入一条简短的说明来描述您想做什么，然后单击“转到”

转到(G)

或选择类别(C): 统计

选择函数(N):

BINOMDIST
CHIDIST
CHIINV
CHITEST
CONFIDENCE
CORREL
COUNT

CORREL(array1, array2)
返回两组数值的相关系数。

有关该函数的帮助　确定　取消

图 8.10　插入函数对话框

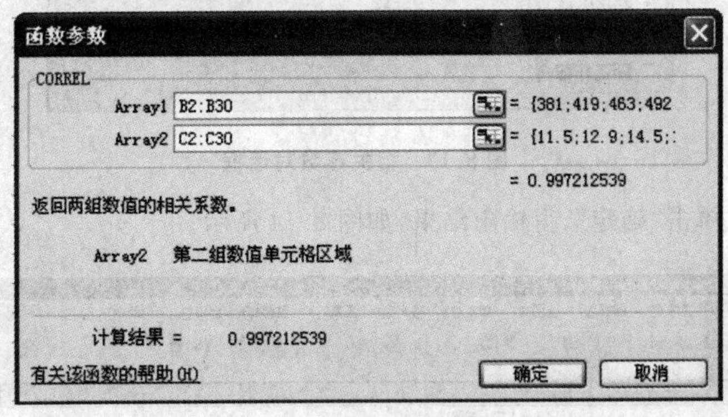

图 8.11　CORREL 对话框及输入结果

②用相关系数宏计算相关系数。

第一步：单击“工具”菜单，选择“数据分析”项，在“数据分析”项中选择“相关系数”，如图 8.12 所示。

第二步：在弹出的“相关系数”对话框中，在“输入区域”输入 \$B\$1：\$C\$30；“分组方式”选择“逐列”；选择“标志位于第一行”；在“输出区域”中输入 \$E\$2，如图 8.13 所示。

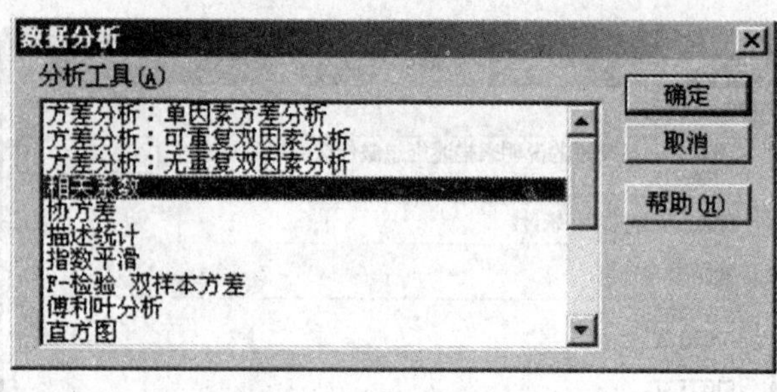

图 8.12 数据分析对话框

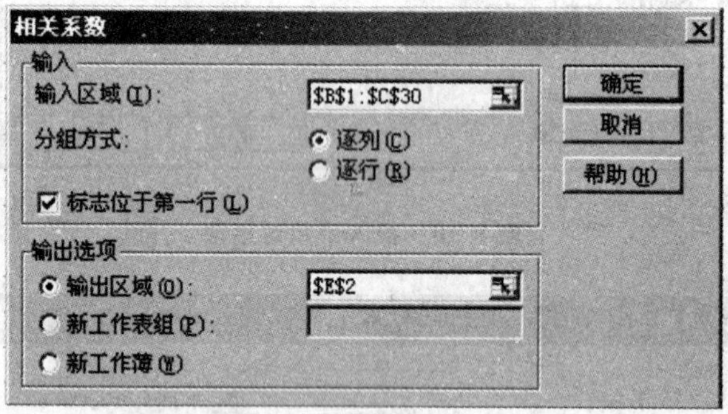

相关系数

输入

输入区域(I)： $B$1:$C$30

分组方式： ⊙逐列(C) ○逐行(R)

☑标志位于第一行(L)

输出选项

⊙输出区域(O)： $E$2

○新工作表组(P)：

○新工作薄(W)

确定 取消 帮助(H)

图 8.13 相关系数对话框

第三步：单击“确定”，得输出结果，如图 8.14 所示。

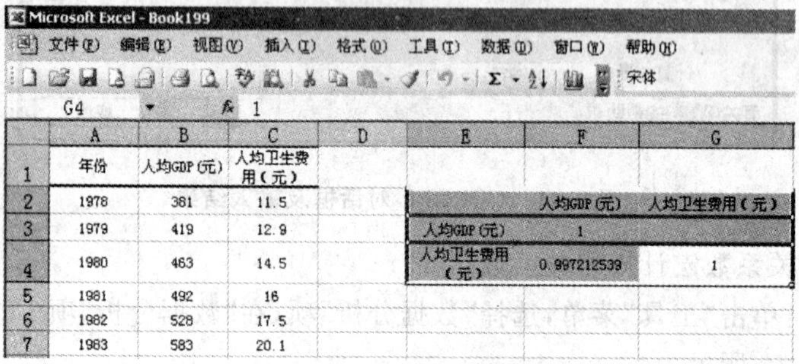

Microsoft Excel - Book199

文件(F) 编辑(E) 视图(V) 插入(I) 格式(O) 工具(T) 数据(D) 窗口(W) 帮助(H)

G4 fx 1

	A	B	C	D	E	F	G
1	年份	人均GDP(元)	人均卫生费用(元)				
2	1978	381	11.5			人均GDP(元)	人均卫生费用(元)
3	1979	419	12.9		人均GDP(元)	1	
4	1980	463	14.5		人均卫生费用(元)	0.997212539	1
5	1981	492	16				
6	1982	528	17.5				
7	1983	583	20.1				

图 8.14 相关分析输出结果

人均 GDP 和人均卫生费用的自相关系数均为 1，人均 GDP 和人均卫生费用的相关系数为 0.997 212 539，与用函数计算的结果完全相同。

2. 用 Excel 进行回归分析

Excel 系统提供了回归函数和回归分析宏两种进行回归分析的方式。

Excel 提供的 9 个用于建立回归模型和预测的函数分别是

INTERCEPT	计算线性回归模型的截距
SLOPE	计算线性回归模型的斜率
RSQ	计算线性回归模型的判定系数
FORECAST	计算一元线性回归模型的预测值
STEYX	计算估计的标准误差
TREND	计算线性回归线的趋势值
GROWTH	计算指数曲线的趋势值
LINEST	计算线性回归模型的参数
LOGEST	计算指数曲线模型的参数

在 Excel 软件中使用函数进行回归分析比较麻烦，这里介绍使用回归分析宏进行回归分析的步骤。

第一步：单击“工具”菜单，选择“数据分析”选项，出现“数据分析”对话框，在分析工具中选择“回归”，如图 8.15 所示。

图 8.15　数据分析对话框

第二步：单击“确定”按钮，弹出“回归”对话框，在“Y 值输入区域”输入 $C$1:$C$30；在“X 值输入区域”输入 $B$1:$B$30，在“输出选项”选择“新工作表组”，如图 8.16 所示。

第三步：单击“确定”按钮，得回归分析结果如图 8.17 所示。

在输出结果中，第一部分为汇总统计，Multiple R 指复相关系数，R Square 指判定系数，Adjusted 指调整的判定系数，标准误差指估计的标准误差，观测值指样本容量;第二部分为方差分析,df 指自由度,SS 指平方和,MS 指均方,F 指 F 统计量,Significance F 指 p 值;第三部分包括 Intercept 截距、Coefficient 回归系数、t 统计量以及 95%的置信区间。

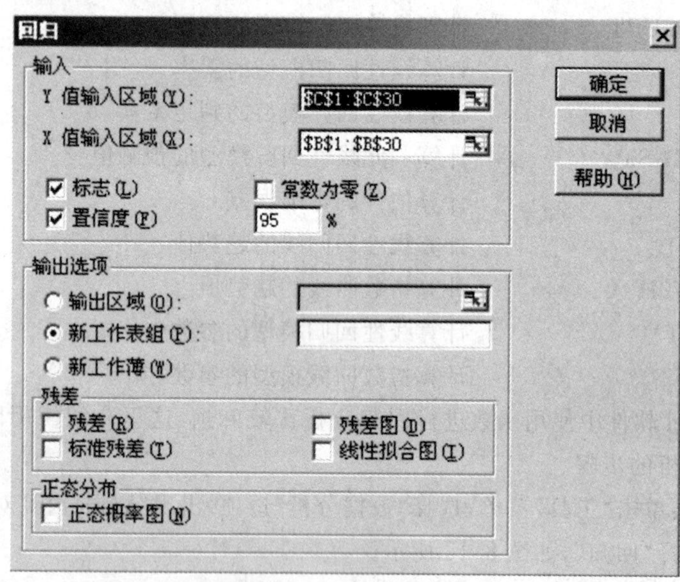

图 8.16 回归对话框

Microsoft Excel - Book199

	A	B	C	D	E	F	G	H	I
1	SUMMARY OUTPUT								
2									
3	回归统计								
4	Multiple R	0.9972125							
5	R Square	0.9944328							
6	Adjusted R Square	0.9942267							
7	标准误差	16.579541							
8	观测值	29							
9									
10	方差分析								
11		df	SS	MS	F	Significance F			
12	回归分析	1	1325718.1	1325718	4822.877	5.61581E-32			
13	残差	27	7421.7917	274.8812					
14	总计	28	1333139.9						
15									
16		Coefficient	标准误差	t Stat	P-value	Lower 95%	Upper 95%	下限 95.0%	上限 95.0%
17	Intercept	-18.12165	4.3927061	-4.1254	0.0003174	-27.13474049	-9.108564	-27.13474	-9.108564
18	人均GDP(元)	0.0476319	0.0006859	69.44694	5.616E-32	0.046224612	0.0490392	0.04622461	0.0490392

图 8.17 Excel 回归分析结果

8.6.2　用 SPSS 进行相关与回归分析

1. 用 SPSS 进行相关分析

在 SPSS 软件中，也有两种方式进行相关分析：一种是绘制数据的 xy 散点图；另一种是计算相关系数，下面分别予以介绍。

(1)相关图的绘制。

在 SPSS 中提供了 4 种散点图，分别是简单散点图(simple)、重叠散点图(overlay)、矩阵散点图(matrix)和三维散点图(3-D)。简单散点图一般是用来显示一对变量之间的散点图。重叠散点图则是在同一坐标轴上显示多对变量的散点图。矩阵散点图则是以方矩阵格子的样式，在多个坐标轴上显示多对变量的散点图。其中，行列上的格子数是相等的。正对角线的格子中显示参加绘图的若干个变量的名称。三维散点图是以立体图的形式展现多对变量的散点图。下面以表 8.3 资料使用 SPSS 软件绘制散点图。

第一步：在 Graphs 菜单中选择 Scatter/Dot，出现如图 8.18 所示的窗口。

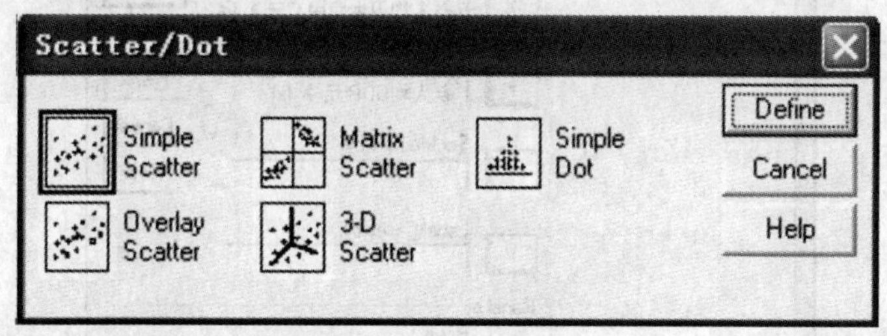

图 8.18　Scatter/Dot 窗口

点击 Define 按钮可对不同散点图作具体定义。不同散点图具体的定义选项稍有差别。

对于简单散点图主要需要定义：

指定散点图中 y 轴的变量名到 Y Axis 框中。指定散点图中 x 轴的变量名到 X Axis 框中。

指定分组变量到 Set Marker 框中。该项可以省略。如果指定了该选项，SPSS 按分组变量的不同取值，将个案分成几组，然后以不同颜色分别绘制散点图。指定标记变量到 Label Case 框中。该项可以省略。如果指定了该选项，在散点图中的每个点上会标出该个案的相应标记变量的值。

对于重叠散点图主要需要定义：

同时指定两个变量为一对，其中第一个变量的值表示在 y 轴上，另一个表示在 x 轴上。还可以通过按 Swap Pair 按钮调换 y 轴和 x 轴上的变量。因为重叠散点图可以同时展示多对变量，所以这里可以指定多对变量。

对于矩阵散点图主要需要定义：

定义参加绘图的几个变量到 Matrix 框中。这里应注意：选择变量的先后顺序，决定了矩阵正对角线上变量的排列顺序。

对于三维散点图主要需要定义：

指定散点图的 y 轴上的变量名到 Y Axis 框中。指定散点图的 x 轴上的变量名到 X Axis 框中。指定散点图的 z 轴上的变量名到 Z Axis 框中。

第二步：选择散点图的类型 Simple Scatter，点击 Define 按钮，出现简单散点图定义对话框，选择变量“人均卫生费用”到 Y Axis 框中，“人均 GDP”到 X Axis 框中，如图 8.19 所示。

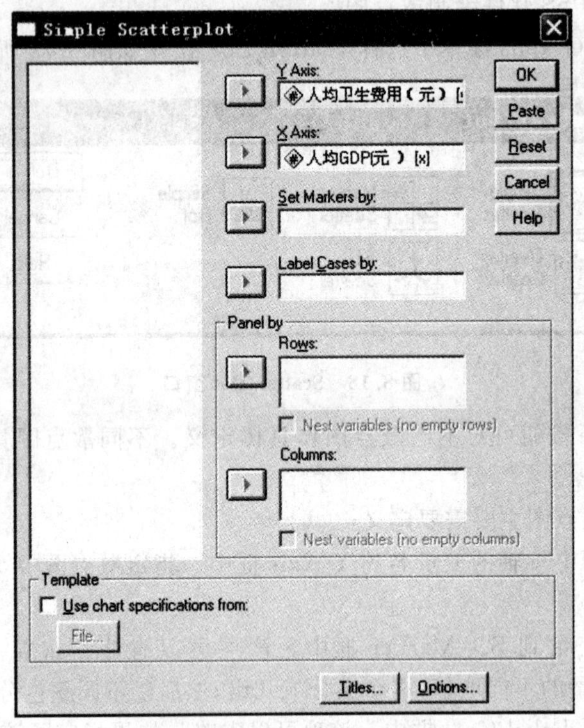

图 8.19 简单散点图对话框

第三步：点击 OK 键，得到如图 8.20 所示的散点图。

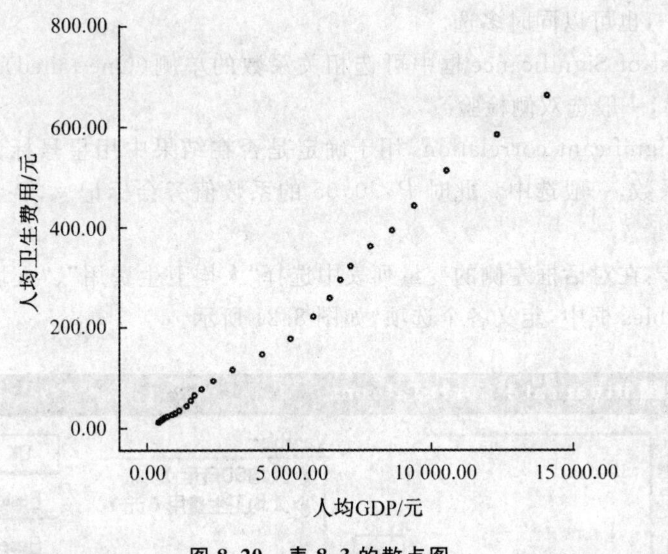

图 8.20　表 8.3 的散点图

(2)相关系数的计算。

SPSS 的相关分析是借助于 Analyze 菜单中的 Correlate 和 Partial 过程完成的。

Correlate 过程的主要功能是对变量进行相关关系的分析，计算有关的统计指标，以判断变量之间相互关系的密切程度。调用该命令时允许同时输入两个或两个以上变量，当输入两个以上变量时系统输出的是两两变量间的相关系数。

Partial 过程可对变量进行偏相关分析。在偏相关分析中，系统可按用户的要求对两相关变量之外的某一或某些影响相关的其他变量进行控制，输出控制其他变量影响后的相关系数。下面我们主要讲解使用 Correlate 过程进行相关分析的步骤。

第一步：激活 Analyze 菜单，选择 Correlate 中的 Bivariate…命令项，弹出 Bivariate Correlations 对话框。

Variables 框用于选入需要进行相关分析的变量，至少要选入两个，也可以多选。

Correlation Coefficients 复选框组用于选择相关系数的类型，共有 3 种：Pearson 复选框，即计算通常所指的相关系数 r，进行积差相关分析，计算连续变量或等间隔测度变量间的相关系数。Kendall's tau-b 复选框，计算 Kendall's 等级相关系数，用于计算非参数资料的相关系数。Spearman 复选框，计算 Spearman 相关系数，为非正态分布资料的 Pearson 相关系数替代值。以上 3 种相关分析可以选择其中之一,也可以同时多选。

在 Test of Significance 框中可选相关系数的单侧(One-tailed)或双侧(Two-tailed)检验,一般选双侧检验。

Flag significant correlations 用于确定是否在结果中用星号标记有统计学意义的相关系数,一般选中。此时 $P<0.05$ 的系数值旁会标记 *,$P<0.01$ 的则标记 **。

第二步:在对话框左侧的变量列表中选择“人均卫生费用”、“人均 GDP”,使之进入 Variables 框中,定义各个选项,如图 8.21 所示。

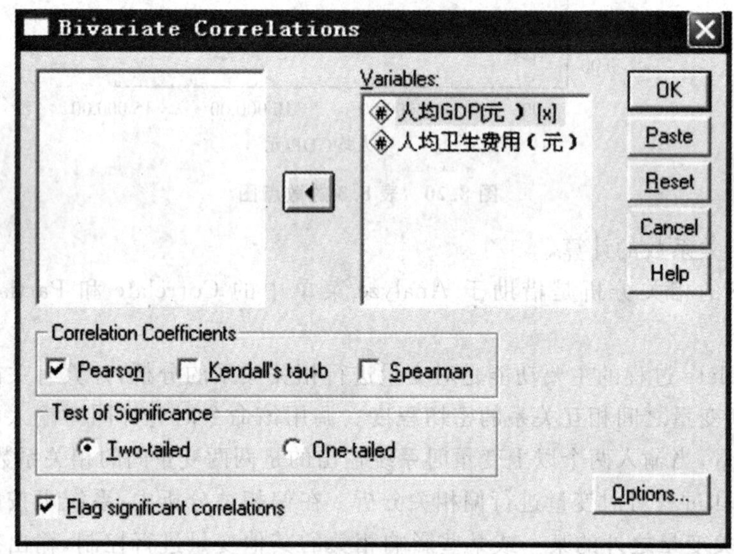

图 8.21 相关分析定义对话框

第三步:点击 Options…按钮,弹出 Bivariate Correlations:Options 对话框,如图 8.22 所示。

Statistics 复选框组,可选的描述统计量是

Means and standard deviations 每个变量的均数和标准差。

Cross-product deviations and covariances 各对变量的交叉积和以及协方差阵。

Missing Values 单选框组,定义分析中对缺失值的处理方法:①具体分析用到的两个变量有缺失值才去除该记录(Exclude cases pairwise)。②只要该记录中进行相关分析的变量有缺失值(无论具体分析的两个变量是否均有缺失值),则在所有

分析中均将该记录去除(Exclude cases listwise)。默认为前者,以充分利用数据。

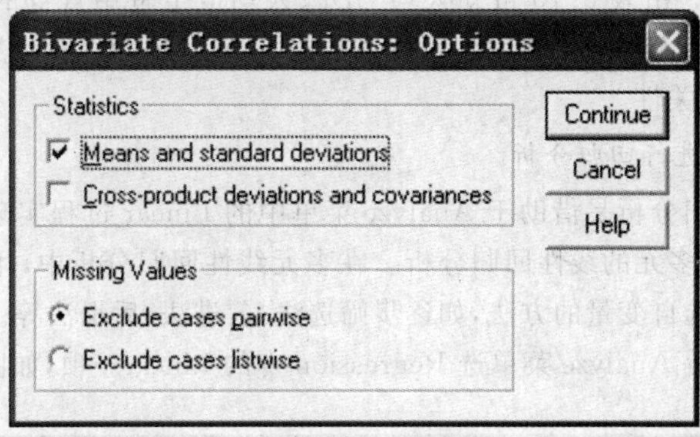

图 8.22　选项对话框

第四步:如要求输出 X,Y 的均数与标准差,可选择 Means and standard deviations 项。而后点击 Continue 按钮返回 Bivariate Correlations 对话框,再点击 OK 按钮即可。结果如表 8.14 所示。

表 8.14　描述统计结果资料　元

	Mean	Std. Deviation	N
人均 GDP	4 568.241 4	4 568.236 41	29
人均卫生费用	199.472 4	218.202 06	29

在表 8.14 和表 8.15 结果输出窗口中看到如下统计数据:变量 x,y 的平均数与标准差,样本数;xy 两两对应的相关系数及其双侧检验的概率,本例 $r=0.997$,$P=0.000$。变量间两两的相关系数是用方阵的形式给出的。每一行和每一列的两个变量对应的单元格中就是这两个变量相关分析结果,单元格中共分为 3 行,

表 8.15　相关分析结果资料　元

		人均 GDP	人均卫生费用
人均 GDP	Pearson Correlation	1	0.997**
	Sig. (2-tailed)		0.000
	N	29	29
人均卫生费用	Pearson Correlation	0.997**	1
	Sig. (2-tailed)	0.000	
	N	29	29

** Correlation is significant at the 0.01 level (2-tailed)

分别是相关系数、P 值和样本数。由于这里只分析了两个变量，因此给出的是 2×2 的方阵。由表 8.15 可知人均 GDP、人均卫生费用自身的相关系数均为 1，而人均 GDP 和人均卫生费用的相关系数为 0.997，$P<0.000$，表明两个变量具有高度的线性相关性。

2. 用 SPSS 进行回归分析

SPSS 的回归分析是借助于 Analyze 菜单中的 Linear 过程实现的。Linear 过程可完成二元或多元的线性回归分析。在多元线性回归分析中，用户还可根据需要，选用不同筛选自变量的方法，如逐步筛选法、前进法、后退法等。

第一步：激活 Analyze 菜单选 Regression 中的 Linear…项，如图 8.23 所示。

a19.sav - SPSS Data Editor

File Edit View Data Transform Analyze Graphs Utilities Window Help

Analyze: Reports, Descriptive Statistics, Tables, Compare Means, General Linear Model, Mixed Models, Correlate, Regression, Loglinear, Classify, Data Reduction, Scale, Nonparametric Tests, Time Series, Survival, Multiple Response, Missing Value Analysis..., Complex Samples

Regression: Linear..., Curve Estimation..., Binary Logistic..., Multinomial Logistic..., Ordinal..., Probit..., Nonlinear..., Weight Estimation..., 2-Stage Least Squares..., Optimal Scaling...

	x	y
2	419.00	12.90
3	463.00	14.50
4	492.00	16.00
5	528.00	17.50
6	583.00	20.10
7	695.00	23.20
8	858.00	26.40
9	963.00	29.40
10	1112.00	34.70
11	1366.00	44.00
12	1519.00	54.60
13	1644.00	65.40
14	1893.00	77.10
15	2311.00	93.60
16	2998.00	116.30
17	4044.00	146.90
18	5046.00	177.90
19	5846.00	221.40

图 8.23 选择线性回归分析过程

弹出的 Linear Regression 对话框，如图 8.24 所示。

Dependent 框用于选入回归分析的因变量，Block 按钮组由 Previous 和 Next 两个按钮组成，用于将下面 Independent 框中选入的自变量分组。由于多元回归分析中自变量的选入方式有前进法、后退法、逐步法等方法，如果对不同的自变量选入的方法不同，则用该按钮组将自变量分组选入即可。

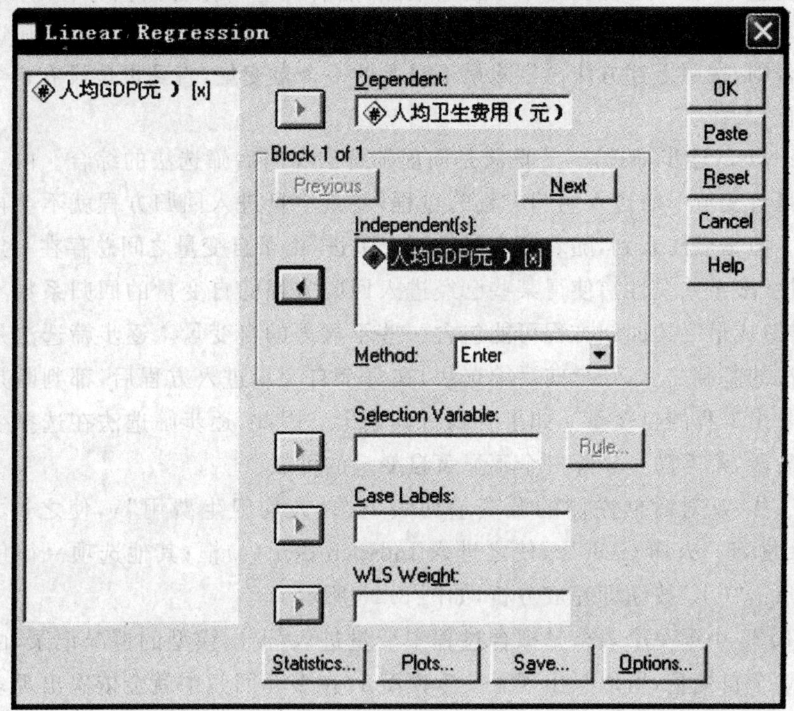

图 8.24　线性回归分析定义对话框

Independent 框用于选入回归分析的自变量，一元回归时为一个变量；多元回归时可输入多个变量。

Method 下拉列表用于选择对自变量的选入方法，有 Enter（强行进入法）、Stepwise（逐步筛选法）、Remove（强制剔除法）、Backward（后退法）、Forward（前进法）5 种。该选项对当前 Independent 框中的所有变量均有效。其中 3 种基本方法为：

Forward（前进法）　该法是变量不断进入回归方程的过程。首先选择与因变量具有最高相关系数的自变量进入方程，并对它进行回归系数显著性检验。然后，在剩余的变量中寻找与因变量偏相关系数最高并通过检验的自变量进入回归方程，并对方程中所有的自变量进行显著性检验。这样一直下去，直到再也没有可进入方程的变量为止。

Backward（后退法）　该法是变量不断剔除回归方程的过程。首先将所有变量全部引入回归方程。然后,进行回归系数显著性检验,在一个或多个 t 检验值不显著的变量中,将 t 值最小的那个变量剔除,然后再重新拟合回归方程,并进行各种检验。如果新方程中所有变量的回归系数的 t 值都是显著的,则变量筛选过程结束。否则,按照上述方法再剔除最不显著的一个自变量,直到再也没有自变量可剔除为止。

Stepwise(逐步筛选法) 该法是向前筛选法和向后筛选法的综合。由于向前筛选法是自变量不断进入回归方程的过程,变量一旦进入回归方程就不会再被剔除出去。但是应注意到,随着自变量的逐个引进,由于自变量之间总存在一定程度的相关性(多重共线性),使得某些已经进入回归方程的自变量的回归系数不再显著,这样造成最终的回归方程可能包含一些不显著的自变量。逐步筛选法是在向前筛选法的基础之上,结合向后筛选法,在每个自变量进入方程后,都判断是否存在应剔除出方程的自变量。如果有则将其剔出。因此,逐步筛选法在选择变量的每一个阶段,都考虑了剔除一个不显著自变量的可能。

第二步:从对话框左侧的源变量列表中选“人均卫生费用”y,使之进入 Dependent 框,选“人均 GDP”x,使之进入 Indepentdent(s)框;其他选项一律使用默认值。点击“OK”按钮即完成分析,如图 8.25 所示。

图 8.25 中第一个表格是拟合过程中变量进入/退出模型的情况记录,由于只引入了一个自变量,所以只出现了一个模型 1(在多元回归中就会依次出现多个回归模型),该模型中人均 GDP 为进入模型的变量,没有移出的变量,选组变量的方法为 Enter。

第二个表格为所拟合模型的情况简报,显示在模型 1 中相关系数 R 为 0.997,而决定系数 R^2 为 0.994,校正的决定系数为 0.994。

第三个表格是模型的检验结果,是一个标准的方差分析表。从表中可见回归模型 F 值为 4 822.877,P 值为 0.000,因此我们得到的这个回归模型整体上线性关系是显著的,可以继续看系数分别检验的结果。

第四个表格给出了包括常数项在内的所有系数的检验结果,用的是 t 检验,同时还给出了标准化和非标准化的回归系数,以及常数项的 t 检验统计量值以及 P 值检验的概率值等统计量。回归系数 Coefficients 的检验中常数项的 t 检验值为 -4.125,$P=0.000$;自变量人均 GDP 的 t 检验值为 69.447,$P=0.000$,回归方程的方差分析和回归系数的检验均具有极显著水平,表明常数项和人均 GDP 都是显著的,由此,可得到回归方程为:$y=-18.122+0.048x$。

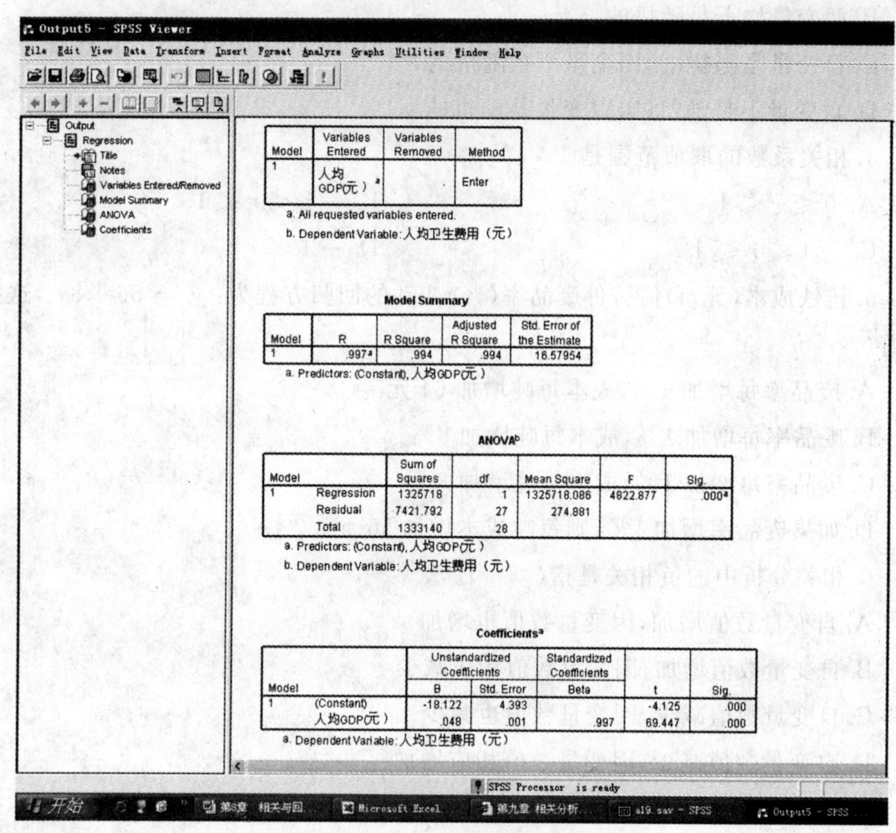

Model	Variables Entered	Variables Removed	Method
1	人均GDP(元)[a]	.	Enter

a. All requested variables entered.
b. Dependent Variable: 人均卫生费用（元）

Model Summary

Model	R	R Square	Adjusted R Square	Std. Error of the Estimate
1	.997[a]	.994	.994	16.57954

a. Predictors: (Constant), 人均GDP(元)

ANOVA[b]

Model		Sum of Squares	df	Mean Square	F	Sig.
1	Regression	1325718	1	1325718.086	4822.877	.000[a]
	Residual	7421.792	27	274.881		
	Total	1333140	28			

a. Predictors: (Constant), 人均GDP(元)
b. Dependent Variable: 人均卫生费用（元）

Coefficients[a]

Model		Unstandardized Coefficients B	Unstandardized Coefficients Std. Error	Standardized Coefficients Beta	t	Sig.
1	(Constant)	-18.122	4.393		-4.125	.000
	人均GDP(元)	.048	.001	.997	69.447	.000

a. Dependent Variable: 人均卫生费用（元）

图 8.25　回归分析结果

复习思考题

一、选择题

1. 相关分析是(　　)。

A. 研究变量之间的变动关系　　B. 研究变量之间的数量关系

C. 研究变量之间相互关系的密切程度　　D. 研究变量之间的因果关系

2. 两个变量之间的相关关系叫(　　)。

A. 单相关　　B. 复相关

C. 正相关　　D. 负相关

3. 相关分析对资料的要求是(　　)。

A. 两变量均是随机变量

B. 两变量均不是随机的

C. 自变量是随机的,因变量不是随机的

D. 自变量不是随机的,因变量是随机的

4. 相关系数的取值范围是(　　)。

A. $0 \leqslant r \leqslant 1$　　B. $-1 < r < 1$

C. $-1 \leqslant r \leqslant 1$　　D. $-1 \leqslant r \leqslant 0$

5. 铸铁成本(元/t)倚铸件废品率(%)变动的回归方程为:$y_c = 56 + 8x$,这意味着(　　)。

A. 废品率每增加1%,成本每吨增加64元

B. 废品率每增加1%,成本每吨增加8%

C. 废品率每增加1%,成本每吨增加8元

D. 如果废品率增加1%,则每吨成本增加56元

6. 相关分析中的负相关是指(　　)。

A. 自变量数值增加,因变量数值也增加

B. 自变量数值增加,因变量数值相应减少

C. 自变量数值减少,因变量数值也减少

D. 自变量数值减少,因变量数值相应增加

7. 配合回归方程对资料的要求是(　　)。

A. 因变量是给定的数值,自变量是随机的

B. 自变量是给定的数值,因变量是随机的

C. 自变量和因变量都是随机的

D. 自变量和因变量不是对等的关系

8. 计算估计标准误差的意义在于(　　)。

A. 说明回归估计值的准确程度　　B. 从另一方面说明变量的相关程度

C. 说明回归方程的代表性程度　　D. 反映线性相关的方向

9. 由最小二乘法得到的回归直线,要求满足因变量(　　)。

A. 平均值与其估计值的离差平方和最小

B. 实际值与其平均值的离差平方和最小

C. 实际值与其估计值的离差和为0

D. 实际值与其估计值的离差平方和最小

10. 进出口总额 Y 与国内生产总值 GDP 回归的 Excel 估计结果说明(　　)。

	Coefficients	标准误差	T Stat	P-value
Intercept	−5 112.75	2 074.878	−2.464 12	0.024 693
GDP Variable 1	0.516 208	0.033 56	15.381 78	2.08E-11

A. GDP 对进出口总值的影响不显著

B. 进出口总值对 GDP 的影响不显著

C. GDP 对进出口总值的影响显著

D. 进出口总值对 GDP 的影响显著

二、简答题

1. 什么是相关关系？它和函数关系有什么不同？

2. 相关关系的种类有哪些？

3. 什么叫做相关系数？如何根据相关系数的大小判定变量之间的关系？

4. 在一元线性回归方程中，参数 a 和 b 的统计意义是什么？如何确定 a 和 b 的值？

5. 简述回归分析应注意的问题。

三、计算题

1. 已知 $n=12$，$\sum x^2 = 665$，$\sum x = 87$，$\sum xy = 606.2$，$\sum y = 86$，$\sum y^2 = 628.76$，求 x 与 y 的相关程度。

2. 若机床使用年限和维修费用有关，如下表所示，试计算相关系数，并判断其相关程度。

机床使用年限	2	2	3	4	5	5
维修费用	40	54	52	64	60	80

3. 某企业某产品产量与单位成本资料如下：

月份	1	2	3	4	5	6
产量/千件	2	3	4	3	4	5
单位成本/(元/件)	73	72	71	73	69	68

计算相关系数，说明产量与单位成本相关关系的密切程度。

4. 利用第 3 题资料，配合单位成本倚产量的直线回归方程，并解释参数 a 和 b 的经济含义。当产量为 6 000 件时，试问单位成本为多少元？

5. 利用第 3 题资料,计算估计标准误差。

复习思考题答案

一、选择题

1. C 2. A 3. A 4. C 5. C 6. BD 7. BD 8. ABC 9. D 10. C

二、简答题

(略)

三、计算题

1. 相关系数 $r=-0.839$,变量 x 与 y 高度线性负相关。

2. 相关系数 $r=0.81$,相关程度为高度线性正相关。

3. 相关系数 $r=-0.909$ 表明产量与单位成本之间存在着高度线性负相关。

4. 单位成本倚产量的直线回归方程为:

$\hat{y}=77.37-1.82x$

(1)直线的起点值,即不变费用;

(2)回归系数,它表示当产量每增加 1 000 件时,单位成本平均降低 1.82 元/件。

当产量为 6 000 件时,则单位成本为:

$\hat{y}=77.37-1.82x=77.37-1.82\times 6=66.45$(元/件)

5. $S_y=0.977$(元/件),表明实际的单位成本和估计的单位成本之间平均每件相差 0.977 元。

第 9 章　时间序列分析

教学目的与要求：通过本章的学习，了解时间数列的含义、种类及其编制原则；掌握时间数列的分析指标（水平和速度指标）及各种分析指标的适用条件及计算方法；掌握长期趋势的含义和测定方法，特别是最小平方法的应用；了解季节变动的含义及主要测定方法。通过以上几方面内容的把握进而能利用各种动态分析指标和方法对现实经济问题进行分析。

时间序列（time series）分析是统计分析的重要方法之一，是研究季节变动常期趋势、循环变动和进行统计预测的基础。

9.1　时间序列的概念和分类

时间序列的概念和分类是进行时间序列分析的基础。本节主要介绍时间序列的概念和分类。

9.1.1　时间序列的概念和作用

时间序列也称动态数列、时间数列，是指将某一统计指标在不同时间上的数值，按时间先后顺序加以排列后形成的统计数列。例如，将我国 2000—2006 年的国内生产总值、年底总人口、人均国内生产总值、职工平均货币工资按时间先后顺序进行排列就形成了时间序列，如表 9.1 所示。

可见，时间序列有两个基本要素构成：一个是现象所属的时间，如表 9.1 所示的年份；另一个是反映客观现象的指标数值，如表 9.1 所示 4 个指标各年的数值。

编制时间序列是计算动态分析指标的基础，是分析社会经济现象发展变化过程及规律的基础。具体讲编制时间序列的作用：一是可以反映社会经济现象在不同时间的规模和水平；二是可以反映社会经济现象随着时间推移发展变化的过程和趋势；三是可用于探索某些社会经济现象发展变化的规律性；四是根据社会经济现象发展变化的规律，建立数学模型，预测未来，这是统计预测方法的一个重要内容。

表 9.1 2000—2006 年我国国内生产总值、年底总人口、职工平均货币工资

年份	国内生产总值/亿元	年底总人口/万人	人均国内生产总值/(元/人)	职工平均货币工资/元
2000	99 214.6	126 743	7 828	9 371
2001	109 655.2	127 627	8 592	10 870
2002	120 332.7	128 453	9 368	12 422
2003	135 822.8	129 227	10 510	14 040
2004	159 878.3	129 988	12 299	16 024
2005	183 867.9	130 756	14 062	18 364
2006	210 871.0	131 448	16 042	21 001

资料来源:《中国统计年鉴 2007》,北京:中国统计出版社,2007

9.1.2 时间序列的分类

时间序列可以从不同角度进行分类,通常按所列指标的表现形式分为绝对数时间序列、相对数时间序列和平均数时间序列 3 种。其中绝对数时间序列是基本数列,相对数时间序列和平均数时间序列是派生数列。

1. 绝对数时间序列

把总量指标在不同时间上的数值按时间先后顺序加以排列就形成了绝对数时间序列。它用以反映现象在一段时间内达到的规模、水平和工作总量。绝对数时间序列可划分为时期数列(period time series)和时点数列(time point series)两种。

(1)时期数列。在绝对数时间序列中,所列总量指标都是反映社会经济现象在一段时间内发展过程的总量,则这种数列称为时期数列。如表 9.1 所示我国各年国内生产总值就是时期数列。时期数列有如下几个特点:①可相加性,即时期数列中各指标数值可以相加。因为构成时期数列的每一个指标数值都是反映社会经济现象在一段时期内发展过程的总量,所以各指标数值相加后可反映更长时间社会经济发展过程的总量。如 1 个季度的产值是由 3 个月的产值加总得到的,1 年的产值是由 12 个月的产值加总得到的。②直接相关性,即时期数列中各指标数值的大小与所包含时期的长短有直接关系。时期数列中,每一个指标数值所包含的时间长度,称为“时期”。时期可以是日、月、季、年,或者更长时间。具体研究时,时期长短可以根据研究目的确定。如表 9.1 所示,时期就是年。一般讲,时期越长,指标数值越大;时期越短,指标数值越小。③连续性,即时期数列中各个指标数值是由连续不断的登记取得的。由于时期数列中的指标数值都是反映现象在一段时间内发展过程的总量,因此必须在这段时间内随着现象发展变化不断地对现象的数

量进行登记，然后进行加总。

(2)时点数列。在绝对数时间序列中，所列总量指标是反映社会经济现象在某一时刻(或瞬间)上的总量，则这种数列称为时点数列。如表9.1所示我国各年年底人口数就是时点数列。与时期数列相比时点数列有如下几个特点：①不可相加性，即时点数列中的各项指标数值不具有可加性。时点数列中每个指标值都是反映某一时点上社会经济现象的数量状况，指标的部分数值又包含在以后统计的指标值中。如表9.1所示我国2001年底的人口数很大一部分又包含在2002年以后的年底人口数中。所以时点数列中指标值相加后无法准确说明该数值到底是哪个时点上现象的数量，使得各指标值加总没有实际意义。②无直接相关性，即时点数列中各指标值的大小与其时间间隔无直接关系。间隔是指相邻的两个时点指标值之间的时间距离。时点数列各指标的数值只反映现象在某一瞬间上的数量，因而数值的大小与时间间隔的长短没有直接关系。如年末的人口数、库存量就不一定比年内各月末的数值大。③一次性，即时间序列中的各指标值一般是通过一次性登记取得的。时点数列各指标值是现象在某一瞬间的数量，因此只要在某一时点上进行统计即可满足研究的需要，不必连续进行登记。

2. 相对数时间序列

把相对指标在不同时间上的数值按时间先后顺序加以排列所形成的相对数时间序列。它用以反映社会经济现象之间相互联系的发展过程。相对数时间序列可以是两个时期数、两个时点数或者一个时期数与一个时点数对比而成。如表9.1所示，我国各年人均国内生产总值相对数时间序列就是国内生产总值这个时期数与年末人口数这个时点数对比而成的。在相对数时间序列中，各个指标数值是不能相加的。

3. 平均数时间序列

把平均指标在不同时间上的数值按时间先后顺序加以排列就形成了平均数时间序列。它用以反映社会经济现象总体各单位某一数量标志值一般水平的发展变化趋势。如表9.1所示职工平均货币工资就是这种数列。平均数时间序列中各个指标数值也是不能相加的。

9.1.3　时间序列的编制原则

为了使编制的时间序列能够正确地反映被研究现象的发展变化过程和规律性，就必须保证数列的每个指标具有可比性。指标的可比性是编制时间序列要遵守的基本原则，具体地说，可比性的具体表现如下：

(1)时期长短应该相等。在时期数列中各个指标值的大小与时期长短有直接关系。一般时期越长，数值越大，反之就越小，所以时期数列各指标所属时期的长短应该相等。否则时期不同，长短不一，就很难做出判断和比较。但在特殊研究目的下，也可编制时期不等的时间序列。例如，把我国几个重要时期的钢产量资料(表 9.2)编制成时期不等的时间序列，可以更清晰地反映新中国成立以来我国钢铁工业取得的伟大成就。

表 9.2 我国几个重要时期的钢产量 万 t

年份	1900—1949	1953—1957	1981—1985	1986—1990	1991—1995	1996—2000
钢产量	776	1 667	20 304	27 372	42 478	73 407

对于时点数列来说，其指标数值的大小与时点间隔的长短无直接关系，所以各指标数值之间的间隔是否相等可根据实际情况和需要而定。但为了便于比较分析，各指标数值之间的间隔也最好相等。

(2)指标的经济内容必须相同。一般来说，只有同质的现象才能进行动态对比，才能表明现象发展变化的过程及规律性。因此，保证时间序列各指标经济内容的一致性就十分必要。即使名称相同的指标，经济内容不同或发生改变，也是不能直接比较的。例如，农业总产值指标在 1993 年前后对于副业的处理就不同，使用时应注意调整指标经济内容，保持前后口径的一致性。

(3)指标值所属的总体范围应该一致。要研究某一地区的经济发展情况，要注意该地区行政区划是否发生过变更，如发生过变更，则需要对变更前后的数据资料进行调整，在保证总体范围一致后才能直接比较分析。

(4)指标的计算方法和计量单位必须统一。在时间序列中各个指标的计算方法、计量单位应该一致，保持不变。例如，要研究企业劳动生产率，产量用实物量还是价值量，人数用从业人员数还是工人(含学徒工)人数，前后要统一。再如，研究工农业生产情况时，产值指标有不变价格和现行价格之分，使用时前后也要一致。指标数值的计量单位也要一致，如农业机械总动力，曾用马力、千瓦作计量单位，使用时应进行换算，一致后才能使用。

9.2 时间序列的常用指标

为了利用时间序列研究社会经济现象的发展过程和发展规律性，就需要根据时间序列计算一系列的动态分析指标。动态分析指标包括两类：一类是根据时间序列计算的基本分析指标，有发展水平、增长量、发展速度、增长速度和增长 1%的绝对值等；另一类是把研究的时间序列看作一个整体计算的平均指标，有平均发展水平、平均增长量、平均发展速度和平均增长速度等。本节先介绍时间序列的常用指标，时间序列的平均指标放到下一节再讲。

9.2.1　发展水平和增长量

1. 发展水平

发展水平是时间序列中的每个指标数值，它具体反映社会经济现象在不同时期或时点所达到的总量。它可以表现为总量指标，如工资总额、年末人口数等；也可以表现为相对指标或平均指标，如人口出生率、男性人口数所占比重、职工平均工资等。

按发展水平在时间序列中的位置不同，分为最初水平、最末水平和中间发展水平。最初水平就是时间序列的第一项指标数值；最末水平就是时间序列的最后一项指标数值；除去最初水平和最末水平，时间序列的其余各项发展水平就是中间发展水平。如用符号 $a_0, a_1, a_2, \cdots, a_{n-1}, a_n$ 代表时间序列的各个时期发展水平，则 a_0 就是最初水平，a_n 就是最末水平，其余就是中间发展水平。

根据发展水平在动态分析中的作用不同，通常将所研究的那个时期水平叫做报告期水平（或计算期水平），用来比较的基础时期水平叫做基期水平。

2. 增长量

增长量是报告期水平与基期水平之差，反映某一现象在不同时期增减变化的绝对量。增长量可以是正数，代表现象的增加量；也可以是负数，代表现象的减少量。其计算公式为：

$$增长量=报告期水平-基期水平 \tag{9.1}$$

由于采用的基期不同，增长量分为累计增长量和逐期增长量两种。累计增长量是报告期水平与某一固定基期水平（常用最初水平）之差，用来反映现象在某一较长时期增减变化的绝对量。逐期增长量是报告期水平与前一时期水平之差，用来反映现象在相邻时期增减变化的绝对量。用符号表示的公式为：

累计增长量：$a_1-a_0, a_2-a_0, \cdots, a_{n-1}-a_0, a_n-a_0$

逐期增长量：$a_1-a_0, a_2-a_1 \cdots, a_{n-1}-a_{n-2}, a_n-a_{n-1}$

从上述公式中可以看出，累计增长量与逐期增长量之间具有一定的等式关系，即累计增长量等于相应各期的逐期增长量之和，用公式表示为：

$$a_n - a_0 = (a_1 - a_0) + (a_2 - a_1) + \cdots + (a_{n-1} - a_{n-2}) + (a_n - a_{n-1}) \quad (9.2)$$

【例 9.1】根据表 9.1 中我国各年的国内生产总值可计算出不同年份的累计增长量、逐期增长量，如表 9.3 所示。

表 9.3 我国 2000—2006 年国内生产总值常用动态指标计算表

年份		2000	2001	2002	2003	2004	2005	2006
国内生产总值/亿元		99 215	109 655	120 333	135 823	159 878	183 868	210 871
增长量/亿元	累计	—	10 440	21 118	36 608	60 663	84 653	111 656
	逐期	—	10 440	10 678	15 490	24 055	23 990	27 003
发展速度/%	定基	100.0	110.5	121.3	136.9	161.1	185.3	212.5
	环比	—	110.5	109.7	112.9	117.7	115.0	113.6
增长速度/%	定基	—	10.5	21.3	36.9	61.1	85.3	112.5
	环比	—	10.5	9.7	12.9	17.7	15.0	13.6
增长 1%的绝对值/亿元		—	992.1	1096.5	1203.3	1358.2	1598.8	1838.7

资料来源：《中国统计年鉴 2007》，北京：中国统计出版社，2007

在实际工作中，常计算年距增长量，它是报告期水平与上年同期水平之差，其计算公式为：

$$\text{年距增长量} = \text{报告期发展水平} - \text{上年同期发展水平} \quad (9.3)$$

计算年距增长量可以消除季节变动的影响，表明报告期水平比上年同期水平增减变化的绝对量。

9.2.2 发展速度和增长速度

1. 发展速度

发展速度是两个不同时期发展水平对比所得的动态相对指标，用来反映社会经济现象发展变化的相对程度。该指标说明了报告期水平已发展为(或增加到)基期水平的百分之几或若干倍，计算公式为：

$$\text{发展速度} = \frac{\text{报告期水平}}{\text{基期水平}} \quad (9.4)$$

由于采用的基期不同，发展速度分为定基发展速度和环比发展速度两种。定基发展速度也称总发展速度，是报告期水平与某一固定基期水平(常用最初水平)之比，用来反映社会经济现象在某一较长时期内发展的总速度；环比发展速度是报告期水平与前一时期水平之比，用来反映社会经济现象在相邻时期发展的相对程度。用符号表示为：

$$\text{定基发展速度：}\frac{a_1}{a_0},\frac{a_2}{a_0},\cdots,\frac{a_{n-1}}{a_0},\frac{a_n}{a_0} \tag{9.5}$$

$$\text{环比发展速度：}\frac{a_1}{a_0},\frac{a_2}{a_1},\cdots,\frac{a_{n-1}}{a_{n-2}},\frac{a_n}{a_{n-1}} \tag{9.6}$$

【例 9.2】根据表 9.1 中我国各年的国内生产总值可计算出不同年份的定基发展速度和环比发展速度，如表 9.3 所示。

从上述公式中可以看出定基发展速度和环比发展速度之间具有一定的等式关系，即定基发展速度等于相应各期环比发展速度的连乘积，用公式表示为：

$$\frac{a_n}{a_0}=\frac{a_1}{a_0}\times\frac{a_2}{a_1}\times\cdots\times\frac{a_{n-1}}{a_{n-2}}\times\frac{a_n}{a_{n-1}} \tag{9.7}$$

在实际工作中，常计算年距发展速度，它是报告期发展水平与上年同期发展水平之比，在消除季节变动影响的情况下，现象本期比上年同期相对发展的程度。计算公式为：

$$\text{年距发展速度}=\frac{\text{报告期发展水平}}{\text{上年同期发展水平}} \tag{9.8}$$

2. 增长速度

增长速度是增长量与基期水平对比所得的动态相对数，用来反映社会经济现象增长变化的相对程度。该指标说明了报告期水平比基期水平增加(或提高)了百分之几或若干倍，计算公式为：

$$\text{增长速度}=\frac{\text{增长量}}{\text{基期水平}} \tag{9.9}$$

$$\text{或}\quad\text{增长速度}=\frac{\text{报告期水平}-\text{基期水平}}{\text{基期水平}}=\text{发展速度}-1(\text{或}100\%) \tag{9.10}$$

由于采用的基期不同，增长速度可以分为定基增长速度和环比增长速度两种。定基增长速度也称总增长速度，是累计增长量与某一固定基期水平之比，反映社会经济现象在某一较长时期内增长的总速度；环比增长速度是逐期增长量与前一时期水平之比，反映社会经济现象在相邻时期增长的相对程度。用符号表示的公式为：

定基增长速度：

$$\frac{a_1-a_0}{a_0},\frac{a_2-a_0}{a_0},\cdots,\frac{a_{n-1}-a_0}{a_0},\frac{a_n-a_0}{a_0} \tag{9.11}$$

$$或\quad \frac{a_1}{a_0}-1,\frac{a_2}{a_0}-1,\cdots,\frac{a_{n-1}}{a_0}-1,\frac{a_n}{a_0}-1 \tag{9.12}$$

环比增长速度：

$$\frac{a_1-a_0}{a_0},\frac{a_2-a_1}{a_1},\cdots,\frac{a_{n-1}-a_{n-2}}{a_{n-2}},\frac{a_n-a_{n-1}}{a_{n-1}} \tag{9.13}$$

$$或\quad \frac{a_1}{a_0}-1,\frac{a_2}{a_1}-1,\cdots,\frac{a_{n-1}}{a_{n-2}}-1,\frac{a_n}{a_{n-1}}-1 \tag{9.14}$$

【例 9.3】根据表 9.1 中我国各年的国内生产总值可计算出 2001—2006 年的定基增长速度和环比增长速度，如表 9.3 所示。

发展速度是计算增长速度的基本指标。但从指标的实际意义看，增长速度的重要性远远超过发展速度。一般地讲，发展速度大于 1，则增长速度为正值，表示现象增长的程度；反之，则表示现象下降的程度。

值得注意的是：由于增长速度只反映增长部分的相对程度，环比增长速度的连乘积不等于定基增长速度。如果要由环比增长速度求定基增长速度，必须将环比增长速度加 1 再连乘，然后将所得结果再减 1。

在实际工作中，有时也计算年距增长速度，它是年距增长量与上年同期水平之比。计算公式为：

$$年距增长速度=\frac{年距增长量}{上年同期发展水平}=年距发展速度-1(或 100\%) \tag{9.15}$$

9.2.3 增长 1%的绝对值

根据绝对数与相对数相结合的原则，在对社会经济现象进行动态研究和分析时，应当把速度与增长量结合起来，以免高速度可能掩盖低水平，而低速度也有可能掩盖高水平。增长 1%的绝对值是前期水平除以 100，表明现象每增长 1%而增加的绝对量。计算公式为：

$$增长 1\%的绝对值=\frac{逐期增长量}{环比增长速度(\%)}=\frac{前期发展水平}{100} \tag{9.16}$$

表 9.3 最后一行即我国 2001—2006 年各年国内生产总值增长 1%的绝对值。

9.3　时间序列的平均指标

时间序列的平均指标是反映社会经济现象在某一段时间内的一般水平或平均速度的动态指标，也称为序时平均数。这种指标包括平均发展水平、平均增长量、平均发展速度和平均增长速度 4 种。

9.3.1　平均发展水平

平均发展水平是根据时间序列中各期发展水平加以平均得到的平均数，用于说明现象在不同时间上发展变化的一般水平。该指标是将指标值按时间顺序加以排列后计算的平均数，所以又称为序时平均数或动态平均数。

序时平均数与一般平均数（静态平均数）具有相同之处，也有差别。其相同点都是将各个变量值差异抽象化，概括地反映现象的一般水平。其差异为：序时平均数是将现象总体在不同时期上的数量差异抽象化，从动态上说明现象在一段时期内发展的一般水平，是根据时间序列计算的；一般平均数是将同一时间总体各单位某一数量标志值的差异抽象化，从静态上表明现象在具体条件下的一般水平，是根据变量数列计算的。

由于时间序列的种类不同，序时平均数可以用绝对数时间序列计算，也可以用相对数或平均数时间序列计算。其中，由绝对数时间序列计算序时平均数是最基本的。

1. 绝对数时间序列计算序时平均数

绝对数时间序列分为时期数列和时点数列，由于两种数列的特点不同，计算序时平均数的方法也不同。

（1）由时期数列计算序时平均数。

时期数列各指标数值具有可加性，所以由时期数列计算序时平均数可采用简单算术平均法，即各时期指标值相加再除以时期项数。其计算公式为：

$$\bar{a}=\frac{a_1+a_2+\cdots+a_{n-1}+a_n}{n}=\frac{\sum a}{n} \tag{9.17}$$

式中：$\bar{a}$ 为序时平均数；a 为各期发展水平；n 为时期项数。

【例 9.4】根据表 9.1 计算 2000—2006 年我国年平均国内生产总值为：

$$\bar{a}=\frac{\sum a}{n}=\frac{89\ 468+109\ 655+120\ 333+135\ 823+159\ 878+183\ 868+209\ 407}{7}$$

$$=\frac{1\ 008\ 432}{7}=144\ 061.7(\text{亿元})$$

(2)由时点数列计算序时平均数。

时点数列是社会经济现象在某一时刻的总量，因此它一般都是不连续数列。但在实际应用中，为便于操作，可把逐日记录、逐日排列得到的时点数列视为连续时点数列。

①连续时点数列计算序时平均数。

连续时点数列有间隔相等连续时点数列和间隔连续时点数列不等两种情况。

间隔相等连续时点数列：时点数列资料是逐日登记、排列得到的，可采用简单算术平均数计算，即用各时点指标数值相加除以时点项数。计算公式为：

$$\bar{a}=\frac{a_1+a_2+\cdots+a_{n-1}+a_n}{n}=\frac{\sum a}{n} \tag{9.18}$$

如掌握了1个月中每天的职工人数，要计算该月每日的平均职工人数，可将每天人数相加除以该月的日历天数。

间隔不等连续时点数列：时点数列资料不是逐日登记排列，而是当数据变动时加以登记所得到的，可用数据每次变动持续的间隔长度(f)作权数计算加权算术平均数。计算公式为：

$$\bar{a}=\frac{\sum af}{\sum f} \tag{9.19}$$

【例9.5】某工业企业某年6月份的职工人数变动情况如表9.4所示。

表9.4 某企业某年6月份职工人数变动资料 人

日期	1～10日	11～25日	26～30日
职工人数	1 000	1 050	1 045

根据表9.4资料，计算该企业6月份日平均职工人数为：

$$\bar{a}=\frac{\sum af}{\sum f}=\frac{1\ 000\times10+1\ 050\times15+1\ 045\times5}{10+15+5}=1\ 032.5(\text{人})$$

②间断时点数列计算序时平均数。

间断时点序列有两种登记方式：一种是每隔一定的时间登记一次，每次登记的间隔相等，即间隔相等的间断时点数列；另一种是每隔一定的时间登记一次，每次登记的间隔不相等，即间隔不等的间断时点数列。

间隔相等的间断时点数列：当掌握的资料是研究时期的几个时点数据，且间隔相等时，可将相邻的两个时点数据先计算出序时平均数，然后再用简单算术平均法求整个研究时期的序时平均数。这种计算方法也可以简化为：时点数列的首尾两项数值折半，加上中间各项数值，再除以项数减 1，此方法称"首尾折半"法。计算公式为：

$$\bar{a}=\frac{\frac{a_1+a_2}{2}+\frac{a_2+a_3}{2}+\cdots+\frac{a_{n-1}+a_n}{2}}{n-1}=\frac{\frac{1}{2}a_1+a_2+\cdots+a_{n-1}+\frac{1}{2}a_n}{n-1} \quad (9.20)$$

【例 9.6】根据表 9.5 资料，计算我国 2002—2006 年年平均货币供应量。

表 9.5　我国 2002—2006 年各年末货币供应量年底余额变化情况　亿元

年份	2002	2003	2004	2005	2006
货币供应量年底余额	53 147.2	59 871.6	70 881.8	84 118.6	95 970.8

资料来源：《中国统计年鉴 2007》，北京：中国统计出版社，2007

解决这一问题的思路是首先求出各年的平均货币供应量余额，然后再对各年平均货币供应量余额计算平均数。求各年平均货币供应量余额时，按理应该计算该年内平均每天的货币供应量余额，但由于没有掌握该年内每日的货币供应量余额资料，只能在一定的假定条件下推算。即把本年末的货币供应量余额看成是下年初的货币供应量余额，并假定各年内货币供应量余额的变动是均匀的。

根据表 9.5 资料，计算我国 2002—2006 年年平均货币供应量余额为：

$$\bar{a}=\frac{\frac{1}{2}\times 53\,147.2+59\,871.6+70\,881.8+84\,118.6+\frac{1}{2}\times 95\,970.8}{5-1}$$

$$=72\,357.75(\text{亿元})$$

间隔不等的间断时点数列：如果掌握的资料是研究时期的几个时点数值，且间隔不等，序时平均数的计算可用间隔长度作权数计算加权算术平均数。计算公式为：

$$\bar{a}=\frac{\frac{a_1+a_2}{2}f_1+\frac{a_2+a_3}{2}f_2+\cdots+\frac{a_{n-1}+a_n}{2}f_{n-1}}{f_1+f_2+\cdots+f_{n-1}} \tag{9.21}$$

【例 9.7】根据表 9.6 的资料，计算该企业年平均职工人数。

表 9.6 某企业 2007 年职工人数变动表 人

时间	1 月 1 日	3 月 1 日	7 月 1 日	10 月 1 日	12 月 31 日
职工人数	900	600	700	1 000	800

根据表 9.6 资料，计算该企业 2007 年平均职工人数为：

$$\bar{a}=\frac{\frac{900+600}{2}\times 2+\frac{600+700}{2}\times 4+\frac{700+1\,000}{2}\times 3+\frac{1\,000+800}{2}\times 3}{2+4+3+3}$$

$$=779(\text{人})$$

根据间断时点数列计算的序时平均数都具有一定的假定性。因为其计算前提是假定研究现象在相邻两个时点之间的变动是均匀的，实际上现象的变动都是不均匀的。因此，为使计算结果尽可能接近实际，搜集资料的时点间隔不宜过长。

2. 相对数时间序列计算序时平均数

相对数时间序列是由两个相互联系的绝对数时间序列对比构成的，所以由相对数时间序列计算序时平均数的基本思路是首先计算出构成相对数时间序列的分子项与分母项两个绝对数时间序列的序时平均数，然后把这两个序时平均数进行对比，就可得到相对数时间序列的序时平均数。其计算公式为：

$$\bar{c}=\frac{\bar{a}}{\bar{b}} \tag{9.22}$$

式中：$\bar{a}$ 为分子数列的序时平均数；$\bar{b}$ 为分母数列的序时平均数；$\bar{c}$ 为相对数时间序列的序时平均数。

相对数时间序列可以由两个时期数列构成，也可以由两个时点数列或一个时期数列与一个时点数列构成。下面分 3 种情况介绍其序时平均数的计算方法。

(1)由两个时期数列构成的相对数时间序列计算序时平均数。

【例 9.8】某企业 2007 年第二季度各月工业增加值计划完成程度，如表 9.7 所示。

根据表 9.7 资料，计算该企业 2007 年第二季度月平均工业增加值计划完成程度为：

$$\bar{c}=\frac{\bar{a}}{\bar{b}}=\frac{\frac{(1\,000+1\,224+1\,736)}{3}}{\frac{(1\,000+1\,200+1\,400)}{3}}=\frac{1\,320}{1\,200}=1.1(\text{或}\ 110\%)$$

表9.7 某企业2007年第二季度各月工业增加值计划完成程度

项 目	7月	8月	9月
实际工业增加值 a /万元	1 000	1 224	1 736
计划工业增加值 b /万元	1 000	1 200	1 400
增加值计划完成程度 c /%	100	102	124

用符号表示，其计算公式为：

$$\bar{c}=\frac{\bar{a}}{\bar{b}}=\frac{\sum a}{n}:\frac{\sum b}{n}=\frac{\sum a}{\sum b} \tag{9.23}$$

由于 $c_i=\frac{a_i}{b_i}$，则 $a_i=b_ic_i$，将 $a_i=b_ic_i$ 代入式9.23，可得一个加权算术平均数形式的计算公式：

$$\bar{c}=\frac{\sum a}{\sum b}=\frac{\sum bc}{\sum b} \tag{9.24}$$

同理，将 $b_i=\frac{a_i}{c_i}$ 代入式9.23，可得一个加权调和平均数形式的计算公式：

$$\bar{c}=\frac{\sum a}{\sum b}=\frac{\sum a}{\sum \frac{a}{c}} \tag{9.25}$$

上述3个公式在实际应用时计算结果完全相同，具体用哪一个公式应根据掌握的资料来确定。如掌握的资料是 a 和 b 时用基本公式；掌握的资料是 b 和 c 时用加权算术平均数公式；掌握的资料是 a 和 c 时用加权调和平均数公式。

(2)由两个时点数列构成的相对数时间序列计算序时平均数。

时点数列序时平均数的计算公式有4种，实际工作中常见的是间隔相等的间断时点数列计算的形式。基于相对数时间序列计算序时平均数的基本公式得到计算公式为：

$$\bar{c}=\frac{\bar{a}}{\bar{b}}=\frac{\dfrac{\dfrac{a_1}{2}+a_2+a_3+\cdots+a_{n-1}+\dfrac{a_n}{2}}{n-1}}{\dfrac{\dfrac{b_1}{2}+b_2+b_3+\cdots+b_{n-1}+\dfrac{b_n}{2}}{n-1}}=\frac{\dfrac{a_1}{2}+a_2+a_3+\cdots+a_{n-1}+\dfrac{a_n}{2}}{\dfrac{b_1}{2}+b_2+b_3+\cdots+b_{n-1}+\dfrac{b_n}{2}} \quad (9.26)$$

【例 9.9】某企业某年第三季度各月末职工人数资料如表 9.8 所示，试计算该企业第三季度生产工人占全部职工的平均比重。

表 9.8 某企业某年第三季度各月末职工人数统计表

项　目	6 月末	7 月末	8 月末	9 月末
生产工人数 a/人	725	754	760	780
职工人数 b/人	860	863	865	868
生产工人占全部职工的比重 c/%	84.3	87.4	87.9	89.9

由表 9.8 资料，计算该企业第三季度生产工人占全部职工的平均比重为：

$$\bar{c}=\frac{\dfrac{a_1}{2}+a_2+a_3+\cdots+a_{n-1}+\dfrac{a_n}{2}}{\dfrac{b_1}{2}+b_2+b_3+\cdots+b_{n-1}+\dfrac{b_n}{2}}=\frac{\dfrac{725}{2}+754+760+\dfrac{780}{2}}{\dfrac{860}{2}+863+865+\dfrac{868}{2}}\times 100\%=87.44\%$$

(3)由一个时期数列和一个时点数列构成的相对数时间序列计算序时平均数。

这时计算序时平均数应考虑分子、分母是时期数列还是时点数列，间隔是否相等。时期数列用时期数列计算的方法，时点数列用时点数列计算的方法进行处理。

【例 9.10】某企业某年第四季度商品销售、库存和商品流转资料如表 9.9 所示，试计算该企业第四季度平均商品流转次数。

表 9.9 某企业某年第四季度商品流转统计表

项　目	9 月	10 月	11 月	12 月
商品销售额 a/万元	—	2 800	3 080	3 466
月末库存额 b/万元	981	1 173	1 393	1 175
商品流转次数 c/次	—	2.6	2.4	2.7

表 9.9 资料中，分子是时期数列，分母是间隔相等的时点数列，因此，得到相对数时间序列平均数的计算公式为：

$$\bar{c}=\frac{\bar{a}}{\bar{b}}=\frac{\dfrac{(a_1+a_2+a_3+\cdots+a_{n-1}+a_n)}{n}}{\dfrac{\left(\dfrac{b_1}{2}+b_2+b_3+\cdots+b_n+\dfrac{b_{n+1}}{2}\right)}{n}}=\frac{\sum a}{\dfrac{b_1}{2}+b_2+b_3+\cdots+b_n+\dfrac{b_{n+1}}{2}} \quad (9.27)$$

则该企业第四季度平均商品流转次数为：

$$\bar{c}=\frac{\sum a}{\dfrac{b_1}{2}+b_2+b_3+\cdots+b_n+\dfrac{b_{n+1}}{2}}=\frac{2\,800+3\,080+3\,466}{\dfrac{981}{2}+1\,173+1\,393+\dfrac{1\,175}{2}}=2.56(\text{次})$$

3. 平均数时间序列计算序时平均数

平均数时间序列分为两种：一种是由一般平均数构成的；另一种是由序时平均数构成的。由一般平均数构成的平均数时间序列计算序时平均数的基本思路与相对数时间序列计算序时平均数相同。由序时平均数构成的平均数时间序列计算序时平均数，由于各个指标值本身已是按序时平均法计算的结果，如果数列中各个指标数值的间隔相等，可采用简单算术平均法计算；如果间隔不相等，可用间隔长度作权数计算加权算术平均数。

应当注意的是，由相对数时间序列计算序时平均数时，如果所掌握的分子数列或分母数列本身就是序时平均数数列，则应当按上述第二类平均数时间序列的要求计算其序时平均数。

9.3.2　平均增长量

平均增长量是一定时期内逐期增长量的序时平均数，用来说明社会经济现象在一段时期内平均增加的绝对数量。其计算公式为：

$$\text{平均增长量}=\frac{\text{逐期增长量之和}}{\text{逐期增长量个数}}=\frac{\text{累计增长量}}{\text{时间序列项数}-1} \quad (9.28)$$

【例 9.11】根据表 9.3 资料，计算 2001—2006 年我国国内生产总值的年平均增长量。

$$\text{国内生产总值年平均增长量}=\frac{20\,187+10\,678+15\,490+24\,055+23\,990+25\,539}{6}$$

$$=\frac{119\,939}{7-1}=\frac{119\,939}{6}=19\,989.83(\text{亿元})$$

9.3.3 平均发展速度和平均增长速度

1.平均速度指标的意义

平均速度指标可以分为平均发展速度和平均增长速度两种。平均发展速度是各期环比发展速度的序时平均数,用来表明现象在一段时期内逐期发展的平均速度;平均增长速度是各期环比增长速度的序时平均数,用来表明现象在一段时期内逐期增长的平均速度。

平均增长速度不能根据各个环比增长速度直接求得,而要依据与平均发展速度的等式关系进行计算。平均增长速度与平均发展速度的等式关系为:

$$平均增长速度=平均发展速度-1(或100\%) \tag{9.29}$$

2.平均发展速度的计算方法

由于平均发展速度是根据现象在各个时期对比得到的动态相对数进行计算的,不能直接应用前述序时平均数的计算方法。在实际统计工作中,平均发展速度的计算方法有水平法和累计法两种。

(1)水平法。

水平法又称几何平均法。现象发展的总速度不等于各期环比发展速度之和,而等于各期环比发展速度的连乘积,因此计算平均发展速度要用水平法。平均发展速度的几何平均法隐含着一个假设:从最初水平(a_0)出发,按平均发展速度($\bar{x}$)发展,n期之后,正好达到实际最末水平(a_n)。由于掌握资料不同,平均发展速度可用不同公式计算。

如掌握的资料是各期的环比发展速度,平均发展速度的计算公式为:

$$\bar{x}=\sqrt[n]{x_1\cdot x_2\cdot x_3\cdot\cdots\cdot x_n}=\sqrt[n]{\prod x} \tag{9.30}$$

式中:x_i为各期环比发展速度;n为环比发展速度的个数;$\prod$为连乘符号。

如掌握的资料是最后一期的定基发展速度,式9.30可以简化为式9.31:

$$\bar{x}=\sqrt[n]{\frac{a_1}{a_0}\cdot\frac{a_2}{a_1}\cdot\frac{a_3}{a_2}\cdot\cdots\cdot\frac{a_n}{a_{n-1}}}=\sqrt[n]{\frac{a_n}{a_0}} \tag{9.31}$$

如直接掌握整个研究时期的总发展速度R,式9.30又可以简化为式9.32:

$$\bar{x}=\sqrt[n]{R} \tag{9.32}$$

在实际工作中,根据水平法计算平均发展速度,用电子计算器计算比较方便,也可以用平均增长速度查对表查表计算。

【例 9.12】已知某省 2001 年社会消费品零售总额为 852.06 亿元，如果 2007 年达到了 1 778.26 亿元，计算平均发展速度：

$$\bar{x}=\sqrt[n]{\frac{a_n}{a_0}}=\sqrt[6]{\frac{1\ 778.26}{852.06}}=\sqrt[6]{2.087}=1.130\ 5\ (\text{或}\ 113.05\%)$$

平均增长速度=113.05%−100%=13.05%

(2)累计法。

累计法也称高次方程法。它是以各期发展水平之和与基期水平为基础计算平均发展速度的一种方法。这种计算方法的实质是：从最初水平(a_0)出发，按平均发展速度($\bar{x}$)发展，n 期之后，各计算期的发展水平之和与各期实际发展水平的总和相等。根据此等式列出方程式为：

$$\bar{x}^n+\bar{x}^{n-1}+\cdots+\bar{x}^2+\bar{x}-\frac{\sum a}{a_0}=0 \tag{9.33}$$

求解这个高次方程，得到的正根就是平均发展速度。但是求解这个方程是比较复杂的。在实际统计工作中，都是根据平均增长速度查对表查表计算，如表9.10所示。

表 9.10　平均增长速度查对表(累计法)　　%

年平均增长率	各年发展水平总和占基期的百分比				
	1 年	2 年	3 年	4 年	5 年
⋮	⋮	⋮	⋮	⋮	⋮
10.7	110.70	233.24	368.89	519.05	685.28
10.8	110.80	233.57	369.60	520.32	687.32
10.9	110.90	233.89	370.29	521.56	689.32
⋮	⋮	⋮	⋮	⋮	⋮

【例 9.13】表 9.11 列出了某省 2002—2007 年各年的国有房地产开发固定资产投资总额资料，结合表 9.10 来说明累计法平均增长速度的计算方法。

表 9.11　某省 2002—2007 年国有房地产开发固定资产投资总额　　亿元

年份	2002	2003	2004	2005	2006	2007
固定资产投资总额	25.42	24.57	26.91	35.68	43.93	43.76

第一步，计算各年发展水平之和占最初水平的百分数：

$$\frac{a_1+a_2+\cdots+a_n}{a_0}=\frac{24.57+26.91+35.68+43.93+43.76}{25.42}$$

$$=\frac{174.85}{25.42}=687.84\%$$

第二步，判断资料的增减类型：

如果 $\frac{a_1+a_2+\cdots+a_n}{a_0}\cdot\frac{1}{n}>1$（或 100%）时，表明现象是递增型，应在累计法查对表的递增部分查找；如果 $\frac{a_1+a_2+\cdots+a_n}{a_0}\cdot\frac{1}{n}<1$ 或 100%时，表明现象是递减型，应在累计法查对表的递减部分查找。

若表中没有确切的平均增长速度与 $\frac{a_1+a_2+\cdots+a_n}{a_0}$ 相对应，则找出 $\frac{a_1+a_2+\cdots+a_n}{a_0}$ 的上、下界所对应的平均增长速度，然后按比例推算出 $\frac{a_1+a_2+\cdots+a_n}{a_0}$ 所对应的平均增长速度。

例 9.13 中，$\frac{a_1+a_2+\cdots+a_n}{a_0}\cdot\frac{1}{n}=\frac{687.84\%}{5}=137.57\%>100\%$，所以资料属于递增类型。

第三步，查表。如表 9.10 所示，在平均增长速度查对表中的 $n=5$ 栏内，找到接近 687.84%的数字 687.32%，再查到该数同行的第一栏内平均每年增长速度为 10.8%，即为所求的平均增长速度。根据平均增长速度可求出平均发展速度。

国有房地产开发固定资产投资总额平均发展速度＝100%＋10.8%＝110.8%

3. 水平法与累计法的比较

由以上对水平法与累计法两种计算方法的介绍可以看出，这两种计算方法各有侧重，其应用条件也有差异。水平法侧重考察现象的期末发展水平，而不反映中间各项水平的变化，所以在计算平均发展速度时，必须对各期的发展水平进行分析，只有在现象发展情况比较稳定时才能运用这种方法；方程法（累计法）则侧重考察现象整个研究时期中各年发展水平的总和，因此，利用方程法计算出的平均发展速度不决定于最初与最末水平的变化情况，而受整个研究时期内各期发展水平的影响。

水平法和累计法在使用时应根据研究对象的不同特点分别采用。水平法考察的重点是最末一年所达到水平的现象，如工农业生产、运输与邮电及商业、劳动工资等现象；而累计法则比较适宜检查现象在较长时间内累计达到的总量的情况，如基本建设投资、地质勘探、垦荒造林等现象。比较而言，水平法计算简单，在实际应用中较为常用。

在运用平均速度指标时还要注意，为全面说明现象的发展过程和发展趋势，应把这种指标与各期的发展水平、环比速度、定基速度等常用指标结合应用。有时为了比较准确地反映较长历史时期的现象平均速度，也可计算分段平均速度来补充说明总平均速度。

9.4　时间序列的长期趋势分析

编制时间数列、进行时间序列分析，除了考察现象发展过程中的水平和速度之外还需用数学模型来对时间序列作一些定性认识基础上的定量分析，找出制约现象发展的基本因素或主要原因。

9.4.1　测定长期趋势的意义

社会经济现象随着时间推移不断地发生变化，有时呈现上升或增加态势，有时又表现为下降或减少态势。影响现象发展变化的因素很复杂，既有长期起作用的基本因素，也有短期或偶然起作用的偶然因素。归纳起来可大体分为4类：长期趋势(secular trend,T)，季节变动(seasonal variation,S)，循环波动(cyclical fluctuation,C)，不规则变动(irregular variation,I)。

长期趋势是指现象在一段较长时期内所呈现的持续向上增长或向下降低的态势。影响现象长期趋势的主要因素是具有普遍性的、持续性的、决定性的基本因素。例如，新中国成立以来，由于技术进步，我国国民经济基本处于持续、稳定上升的发展状态，人民生活也不断改善；而人口死亡率则呈现下降的趋势。

季节变动是指某些社会经济现象随着季节的更换而发生的有规律的变动。引起季节变动的因素既有自然因素的影响，也有人为因素的影响。季节变动的影响周期可长可短，可以是年，也可以是月、周、日等。

循环波动是指现象发生周期在一年以上的，涨落起伏的有规律变动。循环波动与季节变动相比，一是它发生的周期较长，常在一年以上，甚至七八年，十多年；二是影响因素不是气候变化的影响，而是多种因素交织影响的结果；三是它变化的幅度和周期一般不规则。在我国很多经济活动，如国民经济发展、基本建设投资等现象都具有循环波动。

不规则变动通常分为突然变动和随机变动。所谓突然变动是指战争、自然灾害或是其他社会因素等意外事件引起的变动。随机变动是指由于大量的随机因素产生的宏观影响。根据中心极限定理,通常认为随机变动近似服从正态分布。

通过对现象长期趋势的测定及分析,可以客观地认识社会经济现象在发展变化过程中的统计规律,为有关部门科学的预测与决策提供依据;也可以在测定长期趋势的基础上,消除长期趋势影响,更好地进行季节变动的研究。

9.4.2 时间序列分析的基本原理

时间序列(Y)的发展变化一般是由长期趋势(T)、季节变动(S)、循环波动(C)和不规则变动(I)4种因素共同作用的结果。这四种因素对现象变动的影响通常有两种假定,并相应构成了两种分析模型。

一种假定是T,S,C,I 4种因素对时间序列Y的影响是可加的,并且是相互独立的,则时间序列是各因素相加的总和,这样就得到时间序列分析的加法模型,即

$$Y = T + S + C + I \tag{9.34}$$

按照加法模型,如要测定某种因素变动的影响,可用Y减去其余因素即可。如时间序列为年度资料,就不存在季节变动的影响,则模型可变成$Y=T+C+I$。

另一种假定是T,S,C,I 4种因素之间存在某些相互影响关系,则时间序列是各因素的乘积,这样就得到时间序列分析的乘法模型,即

$$Y = T \times S \times C \times I \tag{9.35}$$

按照乘法模型,如要测定某种因素变动的影响,可用Y除以其余因素即可。如测出长期趋势T后,用$Y \div T = S \times C \times I$,即可测出不含长期趋势影响的派生时间序列;如再测出季节变动S,即可得不含长期趋势和季节变动影响的新时间序列,即

$$Y \div T \div S = C \times I \tag{9.36}$$

在实际统计工作中,应用哪一种模型进行分析,需根据研究的目的、研究对象的性质及所掌握的资料来确定。相对而言,乘法模型应用较普遍。

9.4.3　长期趋势的测定方法

测定长期趋势的方法很多，较为常用的有：时距扩大法、移动平均法、半数平均法和最小平方法。

1. 时距扩大法

这是测定现象长期趋势的一种最简单方法。它是通过把原时间序列各个时期的数值加以合并，扩大研究时期，消除偶然因素影响，使扩大时距后的时间序列能明显地反映现象发展的长期趋势。

【例 9.14】根据表 9.12 资料，说明时距扩大法修匀时间序列的方法。

表 9.12　我国 1987—2006 年各年的粮食产量资料　万 t

年份	产量	年份	产量	年份	产量	年份	产量
1987	40 473.3	1992	44 265.8	1997	49 417.1	2002	45 705.8
1988	39 408.0	1993	45 648.8	1998	51 229.5	2003	43 069.5
1989	40 754.9	1994	44 510.1	1999	50 838.6	2004	46 946.9
1990	44 624.0	1995	46 661.8	2000	46 217.5	2005	48 402.2
1991	43 529.0	1996	50 453.5	2001	45 263.7	2006	49 000.0

资料来源：《中国统计年鉴 2007》，北京：中国统计出版社，2007

从表 9.12 中可以看出，自 1987 年以来我国的粮食产量基本呈上升趋势。但各年之间，有升降交替的现象。如果把研究的时距从 1 年扩大到 5 年，则可整理出如表 9.13 所示的一个新时间序列。从修匀后的时间序列看，2001 年前我国的粮食总产量呈现明显的上升趋势，2001 年以后略有下降。

表 9.13　我国几个五年计划时期的粮食总产量　万 t

年　份	总产量	平均年产量
1987—1991	208 789.2	41 757.8
1992—1996	231 540.0	46 308.0
1997—2001	242 966.4	48 593.3
2002—2006	233 124.4	46 624.9

运用时距扩大法修匀时间序列，要求所扩大的时距要相等，以便于互相比较，观察现象的变动趋势。在确定时距时，时距大小要适中。如时距过小，不能消除现象变动中的偶然因素；反之，时距过长，修匀后的时间序列数值太少，则会掩盖现象发展的具体趋势。

2.移动平均法

移动平均法(moving average method)是时距扩大法的改良。它是在时距扩大的基础上,通过逐项移动,计算得出一个由序时平均数构成的新时间序列,并用新时间序列把现象发展的趋势明显表现出来。通过这种修匀的方法,也可以消除偶然因素对时间序列的影响,使现象发展的长期趋势明显地呈现出来。

设时间序列为:$a_1,a_2,\cdots,a_n$,移动时距为 k。如 k 为奇数,则移动平均形成的新的时间序列为 $\bar{a}_i$,其计算公式为:

$$\bar{a}_i=\frac{a_i+a_{i+1}+\cdots+a_{i+k-1}}{k} \tag{9.37}$$

若 k 为偶数,则需进行两次移动平均。第一次移动平均的方法与奇数项移动的方法一样,只是得到的新时间序列的各个数值与原数列中各数值都错了半格;第二次移动是对第一次移动的结果进行中心化处理,即再做两项移动平均,中心化处理后的各个数值与原时间序列的数值正好对齐。

【例 9.15】某工厂 2007 年各月生产机器台数资料,如表 9.14 所示。

表 9.14 某工厂 2007 年各月生产机器台数资料 台

月份	机器台数	三项移动平均值	四项移动平均值	
			一次移动	中心化处理
1	41	—	—	—
2	42	45.0	44.5	—
3	52	45.7	45.5	45.0
4	43	46.7	47.8	46.6
5	45	46.3	48.0	47.9
6	51	49.7	47.3	47.6
7	53	48.0	48.8	48.0
8	40	48.0	48.3	48.5
9	51	46.7	49.0	48.6
10	49	52.0	52.5	50.8
11	56	53.0	—	—
12	54	—	—	—

从表 9.14 中可以看出,经过移动平均后所得到的序时平均数时间序列的项数比原时间序列要少,但对现象长期趋势的表现较清晰。在使用移动平均法时应注意以下几个问题:

(1)移动时距的选择。移动时距越长,现象长期趋势表现得越明显,但数列保留的项数越少;反之亦然,如图 9.1 所示。在实际统计研究中,移动时距的选择应根据掌握资料的性质确定。如掌握的是日资料,采用 7 项移动;如是月度资料,采用 12 项移动;如是季度资料,采用 4 项移动;如现象有明显的周期波动,采用周期波动的长度移动平均。一般来说,奇数项移动平均所形成的新数列,头尾各减少 $\frac{(n-1)}{2}$ 项;偶数项移动平均所形成的新数列,头尾各减少 $\frac{n}{2}$ 项。

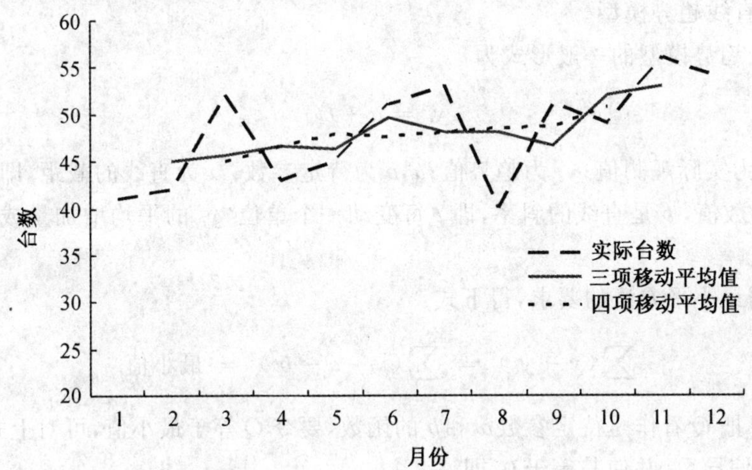

图 9.1　某工厂 2007 年各月生产机器台数移动平均法趋势图

(2)此方法不能直接用于预测。因为移动平均后得到的新时间序列前后项数已不再完整,所以不能直接用于预测。如要进行预测,需对移动后的时间序列进行加工处理。

(3)移动平均法是通过移动平均来平滑时间序列,但由于平均数易受异常数值的影响,为避免这种情况,可以用各中位数来代替平均数,这就是移动中位数法,也称为中位数扫描法。

3. 最小平方法

最小平方法(least squares method)又称最小二乘法。这是测定现象长期趋势比较常用的方法。其基本思路是:利用数学方法,配合一条较为理想的趋势线。这条趋势线必须满足两个条件:一是实际观测值与趋势值的离差平方和为最小;二是实际观测值与趋势值的离差之和等于 0。

在最小平方法配合趋势线之前,首先要对趋势线的形状进行判断,其方法是:把原时间序列中的各个数值绘制到直角坐标图中,观察散点图的形状,如呈现直线变动,配合直线;如呈现曲线变动,配合曲线。有时也可以用近似方法判断:若观察值的一次差(逐期增长量)大体相同,可配合直线;若二次差大体相同,可配合二次曲线;若各观察值对数的一次差大体相同,可配合指数曲线;若各观察值一次差的环比值大体相同,可配合修正指数曲线;若各观察值对数一次差的环比值大体相同,可配合 Gompertz 曲线;若各观察值倒数一次差的环比值大体相同,可配合 Logistic 曲线。如果对同一时间序列有几种趋势线可供选择,以估计标准误差最小者为宜。在这里我们只介绍几种比较简单的趋势线。

(1)直线趋势模型。

直线趋势模型的一般形式为:

$$y_c = a + bt \tag{9.38}$$

式中:y 为实际观测值;y_c 为趋势值;a,b 为待定参数;a 为直线的截距,即当 $t=0$ 时,y_c的数值,b 是直线的斜率,即 t 每变动一个单位,y_c 的平均增加量或减少量;t 为时间。

根据最小平方法的要求,得下式:

$$\sum(y-y_c)^2 = \sum(y-a-bt)^2 = \text{最小值}$$

如果把 Q 看作是待定参数 a 和 b 的函数,要令 Q 等于最小值,可对上式的 a 和 b 分别求偏导数,并使其等于 0,即

$$\frac{\partial Q}{\partial a} = 2\sum(y-a-bt)(-1) = 0$$

$$\frac{\partial Q}{\partial b} = 2\sum(y-a-bt)(-t) = 0$$

经整理,可得到两个标准方程式:

$$\begin{cases} \sum y = na + b\sum t \\ \sum ty = a\sum t + b\sum t^2 \end{cases} \tag{9.39}$$

式中:n 为时间序列项数。

解标准方程式,求得待定参数 a,b 的计算公式为:

$$b = \frac{n\sum ty - \sum t\sum y}{n\sum t^2 - (\sum t)^2}$$

$$a = \bar{y} - b\bar{t} \tag{9.40}$$

【例 9.16】根据某地区 2002—2007 年的洗衣机产量(表 9.15),配合直线趋势方程,并预测 2009 年洗衣机的产量。

表 9.15　某地区 2002—2007 年的洗衣机产量　千台

年份	2002	2003	2004	2005	2006	2007
产量	68	71	75	79	84	88

根据表 9.15 的资料,介绍用最小平方法配合直线趋势方程的过程。

第一步,将计算所用数据列入计算表,如表 9.16 所示。

表 9.16　最小平方法计算表　千台

年份	产量	标准方程式法				简化计算法			
		t	t^2	ty	y_c	t	t^2	ty	y_c
2002	68	1	1	68	67.29	−5	25	−340	67.29
2003	71	2	4	142	71.37	−3	9	−213	71.37
2004	75	3	9	225	75.46	−1	1	−75	75.46
2005	79	4	16	316	79.54	1	1	79	79.54
2006	84	5	25	420	83.63	3	9	252	83.63
2007	88	6	36	528	87.71	5	25	440	87.71
合计	465	21	91	1 699	465.00	0	70	143	465.00

第二步,根据表 9.16 中的数据,得标准方程式为:

$$\begin{cases} 465=6a+21b \\ 1\ 699=21a+91b \end{cases}$$

解方程组,得:

$$b=\frac{6\times 1\ 699-21\times 465}{6\times 91-21^2}=\frac{429}{105}=4.085\ 7$$

$$a=\frac{465}{6}-4.085\ 7\times\frac{21}{6}=63.20$$

则直线趋势方程为:

$$y_c=63.2+4.085\ 7t$$

第三步,预测。2009 年的 $t=8$,则 2009 年家用洗衣机的产量为:

$$y_c=63.20+4.085\ 7\times 8=95.89(\text{千台})$$

将各年的 t 值代入所求方程式,可以得到各年洗衣机产量的趋势值(表 9.16)。可以验证实际观测值和趋势值的离差之和等于零。

例 9.16 中,从 t 的取值可以看出,直线趋势方程的原点取在时间序列的前一年,即 2001 年。如果把原点移到数列的正中间,求解 a,b 的标准方程式中,

$\sum t = 0$，则标准方程式可以简化为：

$$\begin{cases} \sum y = na \\ \sum ty = b\sum t^2 \end{cases} \tag{9.41}$$

同样，a，b 的计算公式也可简化为：

$$a = \frac{\sum y}{n},\ b = \frac{\sum ty}{t^2} \tag{9.42}$$

值得注意的是，在利用上述简化计算方法时，时间序列如是奇数项，t 的取值为…，−3，−2，−1，0，1，2，3，…如是偶数项，t 的取值为…，−5，−3，−1，1，3，5，…

【例 9.17】仍用例 9.16 资料，介绍简化计算方法。

第一步，将计算所用数据列入计算表，如表 9.16 所示。

第二步，根据表 9.16 中的计算数据，直接求解 a，b 得：

$a=\frac{465}{6}=77.5$，$b=\frac{143}{70}=2.042\ 9$

则直线趋势方程为：

$y_c=77.5+2.042\ 9t$

第三步，预测。2009 年的 $t=9$，则 2009 年家用洗衣机的产量为：

$y_c=77.5+2.042\ 9\times 9=95.89$（千台）

(2)曲线趋势模型。

曲线趋势的研究思路与直线趋势基本一样，可以用标准方程式求解，也可以用简化计算法求解。现实生活中，曲线类型很多，下面仅选择二次曲线和指数曲线进行讨论。

①二次曲线。

二次曲线的一般方程式为：

$$y_c = a + bt + ct^2 \tag{9.43}$$

二次曲线方程式中，有 a，b，c 3 个待定参数，根据最小平方法的要求，同样用求偏导数的方法，导出以下 3 个标准方程式：

$$\begin{cases} \sum y = na + bt + c\sum t^2 \\ \sum ty = a\sum t + b\sum t^2 + c\sum t^3 \\ \sum t^2 y = a\sum t^2 + b\sum t^3 + c\sum t^4 \end{cases} \tag{9.44}$$

同样，可以把坐标原点取在时间序列的正中间，使 $\sum t = 0$，$\sum t^3 = 0$，上述标准方程式可以简化为：

$$\begin{cases} \sum y = na + c\sum t^2 \\ \sum ty = b\sum t^2 \\ \sum t^2 y = a\sum t^2 + c\sum t^4 \end{cases} \tag{9.45}$$

【例 9.18】设某企业历年洗衣机产量资料表 9.17，其二次差大体相同，试配合二次曲线，并预测 2010 年企业的产量。

表 9.17　某企业 1999—2007 年的洗衣机产量　　万件

年份	1999	2000	2001	2002	2003	2004	2005	2006	2007
产量	988	1 012	1 043	1 080	1 126	1 179	1 239	1 307	1 382

根据上述资料，利用简化计算法列计算表 9.18。

表 9.18　最小平方法计算表　　万件

年份	产量	t	ty	t^2	t^2y	t^4	y_c
1999	988	−4	−3 952	16	15 808	256	986.27
2000	1 012	−3	−3 036	9	9 108	81	1 010.14
2001	1 043	−2	−2 086	4	4 172	16	1 041.39
2002	1 080	−1	−1 080	1	1 080	1	1 080.02
2003	1 126	0	0	0	0	0	1 126.03
2004	1 179	1	1 179	1	1 179	1	1 179.42
2005	1 239	2	2 478	4	4 956	16	1 240.19
2006	1 307	3	3 921	9	11 763	81	1 308.34
2007	1 382	4	5 528	16	22 112	256	1 383.87
合计	10 356	0	2 952	60	70 178	708	10 355.67

得到联立方程组为：

$$\begin{cases} 10\ 356 = 9 + 60c \\ 2\ 952 = 60b \\ 70\ 178 = 60a + 708c \end{cases}$$

解得：$a=1\ 126.03$，$b=49.2$，$c = 3.69$

二次曲线方程为：

$$y_c = 1\ 126.03 + 49.2t + 3.69t^2$$

将 $t=7$ 代入上述方程式,预测 2010 年的产量为:

$y_c = 1\,126.03 + 49.2 \times 7 + 3.69 \times 7^2 = 1\,651.24$(万件)

②指数曲线。

指数曲线方程式的一般形式为:

$$y_c = ab^t \tag{9.46}$$

将此方程式两边取对数化为直线形式,得:

$$\lg y_c = \lg a + t\lg b \tag{9.47}$$

令 $y' = \lg y_c, A = \lg a, B = \lg b$

则指数曲线方程式可转化为直线方程式为:

$$y' = A + Bt \tag{9.48}$$

从而,可按直线拟合的方法确定所需的指数曲线。

【例 9.19】根据表 9.19 中某省 2002—2007 年各年平均人口数资料,各年人口增长速度大体一致,配合指数曲线方程。

把计算过程中所用数据列入表 9.19 中,并依据所列数据得标准方程式为:

$$\begin{cases} 22.906\,1 = 6A + 21B \\ 80.224 = 21A + 91B \end{cases}$$

表 9.19 某省 2002—2007 年各年的平均人口数

年份	平均人数/万人	环比增长速度/%	t_i	t_i^2	$\lg y_i$	$t_i \lg y_i$	y_c
2002	6 460.5	—	1	1	3.810 3	3.810 3	6 462.98
2003	6 504.5	0.68	2	4	3.813 2	7.626 4	6 506.29
2004	6 547.0	0.65	3	9	3.816 0	11.448 1	6 549.88
2005	6 591.5	0.68	4	16	3.819 0	15.275 9	6 593.76
2006	6 644.0	0.80	5	25	3.822 4	19.112 1	6 637.94
2007	6 686.5	0.64	6	36	3.825 2	22.951 2	6 682.41
合计	39 434.0	—	21	91	22.906 1	80.224 0	39 433.26

解方程组得:

$$B = \frac{6 \times 80.224 - 21 \times 22.906\,1}{6 \times 91 - 21^2} = \frac{0.315\,9}{105} = 0.002\,9$$

$$A=\frac{22.9061}{6}-0.0029\times\frac{21}{6}=3.8075$$

从而,配合的直线趋势方程为:

$y_c=3.8075+0.0029t$

对 A 和 B 求反对数得:

$a=6419.97, b=1.0067$

则配合的指数曲线方程为:

$y_c=6419.97+1.006^t$

如果要预测 2008 年该省的年平均人口,$t=7$,预测结果为:

$y_c=6419.97+1.006^7=6421.00$(万人)

根据所求指数曲线方程,可以对应计算出某省 2002—2007 年每年平均人口的趋势值,很明显,实际观测值的和与趋势值的和也接近。

9.5　季节变动及循环波动的测定

季节变动和循环波动是趋势分析中常见的影响因素。本节对季节变动和循环波动的测定介绍如下。

9.5.1　季节变动的测定

在现实生活中,有许多社会经济现象,由于受到自然条件和社会条件的影响,随着季节变化有规律的波动。了解季节变动,认识季节变动的趋势,并利用季节变动的规律合理地安排生产和生活,把其不良影响降低到最低限度,这正是测定季节变动的目的所在。

测定季节变动的主要指标是季节指数,也称为季节比率。它是若干年同月(或季)平均数与总的月(或季)平均数之比,常用百分数表示。其计算公式为:

$$\text{季节指数}=\frac{\text{同月(或季)平均数}}{\text{总的月(或季)平均数}}\times 100\% \tag{9.49}$$

各月(或季)的季节指数波动越大,说明现象受季节变动影响越大;反之,说明现象受季节变动影响就越小。如果现象不受季节变动的影响,则各月(或季)的季节指数应接近于1(或100%)。

季节变动的测定方法有两种:一种是不考虑长期趋势影响的同月(或季)平均法;另一种是考虑长期趋势影响的移动平均趋势剔除法。不管用哪种方法测定季节变动，都必须掌握 3 年或更多年份的数据资料，以便较好地消除偶然因素的影响，使季节变动的规律反映得更加符合实际。

1. 同月(或季)平均法

不考虑长期趋势的影响，直接按时间序列测定季节变动的方法。其计算步骤为：

第一步，根据时间序列资料计算各年同月(或季)的平均数。

第二步，计算各年所有月(或季)的总平均数。

第三步，将各年同月(或季)平均数与总的月(或季)平均数对比，计算季节指数。

【例 9.20】某饮料公司 2005—2007 年各月的销售额资料如表 9.20 所示。

第一步，计算 2005—2007 年各月份的平均销售额。

1 月：$\bar{y}_1=\dfrac{1.4+1.4+1.3}{3}=1.37$；2 月：$\bar{y}_2=\dfrac{2.1+2.1+2.2}{3}=2.13$

同理，可计算出 3～12 月各月的平均销售额，计算结果如表 9.20 所示。

第二步，计算 3 年月总平均销售额：

$$\bar{y}=\frac{1.37+2.13+3.17+5.03+6.8+19.43+31.43+14.6+4.93+2.5+1.33+1.13}{12}$$

$$=\frac{93.87}{12}=7.82$$

第三步，计算各月季节比率：

1 月：$\dfrac{1.37}{7.82}\times100\%=17.52\%$；2 月：$\dfrac{2.13}{7.82}\times100\%=27.24\%$

同理，可计算出 3～12 月各月的季节指数，计算结果如表 9.20 所示。

各月(或季)的季节指数之和应等于 1 200%(或 400%)，如果不满足此要求，就需要计算调整系数进行调整。其计算公式为：

$$\text{调整系数}=\frac{1\ 200\%(\text{或 }400\%)}{\text{实际各月(或季)季节指数之和}} \tag{9.50}$$

例 9.20 中，各月季节指数之和等于 1 200.17%，根据调整系数进行调整，调整后的各月季节指数如表 9.20 所示。

计算结果表明，该饮料公司 2005—2007 年销售额存在明显的季节变动，从 1 月份开始销售额缓慢上升，到 6 月份增速迅猛，7 月份达到最高峰，高达平均水平的 401.86%，8 月份开始下降，到 12 月份降到最低点，仅为平均水平的 14.49%。

根据表 9.20 所列季节比率资料，如绘制成季节变动曲线图，可以更清楚地看出季节变动的规律性，如图 9.2 所示。

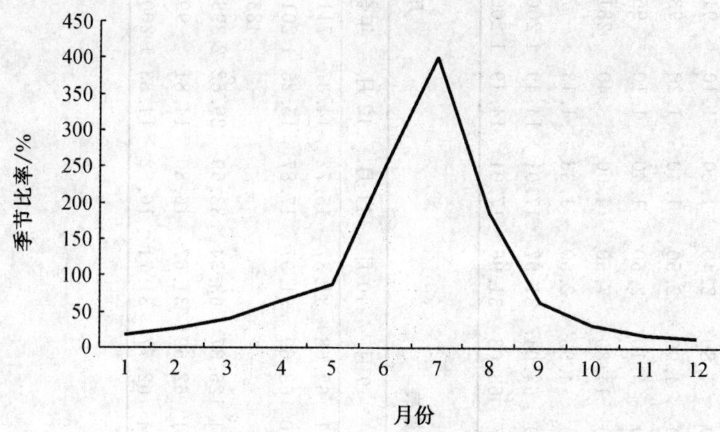

图 9.2　某饮料公司 2005—2007 年各月销售额季节变动图

同月(或季)平均法计算简单，易于理解。其缺点是：在含有长期趋势影响的现象中，计算的季节指数不够准确。

2. 趋势剔除法

该方法的基本思想是，先将时间序列中的长期趋势予以消除，而后再计算季节指数。其中，数列中的趋势值可采用移动平均法求得，也可采用最小二乘法求得。利用前者分析季节变动又称为移动平均趋势剔除法，后者简称为趋势剔除法，我们这里介绍一下移动平均趋势剔除法。其计算步骤为：

第一步，根据月度(或季度)资料，计算 12 项(或 4 项)移动平均数，得到相应的时间序列的长期趋势值(T)。

第二步，将实际数值除以对应的趋势值$\frac{Y}{T}=S\times I$。

第三步，把 $\frac{Y}{T}=S\times I$ 重新按月(或季)排列，求其季节指数。

【**例 9.21**】仍用表 9.20 某饮料公司的销售额资料，说明移动平均趋势剔除法的计算过程。

第一步，将各年饮料销售额资料按月排列，求 12 项移动平均数构成的序时平均数时间序列，计算出时间序列的趋势值(T)，计算结果如表 9.21 所示。

第二步，将实际值除以趋势值，计算出各月的$\frac{Y}{T}$值，计算结果如表 9.21 所示。

表 9.20 某饮料公司 2005—2007 年各月的销售额

万元

项目		1月	2月	3月	4月	5月	6月	7月	8月	9月	10月	11月	12月	年合计
2005 年销售额		1.40	2.10	3.10	5.20	6.80	18.80	31.00	14.00	4.80	2.40	1.20	1.10	91.90
2006 年销售额		1.40	2.10	3.10	5.00	6.60	19.50	31.50	14.50	4.90	2.50	1.40	1.20	93.70
2007 年销售额		1.30	2.20	3.30	4.90	7.00	20.00	31.80	15.30	5.10	2.60	1.40	1.10	96.00
同月合计		4.10	6.40	9.50	15.10	20.40	58.30	94.30	43.80	14.80	7.50	4.00	3.40	281.60
月平均数		1.37	2.13	3.17	5.03	6.80	19.43	31.43	14.60	4.93	2.50	1.33	1.13	7.82
季节指数/%	调整前	17.52	27.24	40.54	64.32	86.96	248.47	401.92	186.70	63.04	31.97	17.01	14.49	1 200.17
	调整后	17.52	27.23	40.53	64.31	86.94	248.43	401.86	186.67	63.03	31.96	17.01	14.49	1 200.00

表 9.22 移动平均趋势剔除法季节指数计算表

万元

项目	1月	2月	3月	4月	5月	6月	7月	8月	9月	10月	11月	12月	年合计
2005 年销售额	—	—	—	—	—	—	404.79	182.81	62.68	31.37	15.72	14.37	711.74
2006 年销售额	18.17	27.11	39.89	64.27	84.71	249.87	403.63	185.80	62.69	31.97	17.87	15.25	1 201.23
2007 年销售额	16.45	27.67	41.29	61.22	87.41	249.87	—	—	—	—	—	—	483.91
同月合计	34.62	54.78	81.18	125.49	172.12	499.74	808.42	368.61	125.37	63.34	33.59	29.62	2 396.88
月平均数	17.31	27.39	40.59	62.75	86.06	249.87	404.21	184.31	62.69	31.67	16.80	14.81	99.87
季节指数/%	17.33	27.43	40.64	62.83	86.17	250.20	404.74	184.54	62.77	31.71	16.82	14.83	1 200.00

表 9.21 移动平均剔除长期趋势计算表

万元

年份	月份	销售额	12项移动总数	12项移动平均数	趋势值 T	$\frac{Y}{T}$ /%	年份	月份	销售额	12项移动总数	12项移动平均数	趋势值 T	$\frac{Y}{T}$ /%
2005	1	1.40	—	—	—	—		7	31.50	93.70	7.81	7.80	403.63
	2	2.10	—	—	—	—		8	14.50	93.60	7.80	7.80	185.80
	3	3.10	—	—	—	—		9	4.90	93.70	7.81	7.82	62.69
	4	5.20	—	—	—	—		10	2.50	93.90	7.83	7.82	31.97
	5	6.80	—	—	—	—		11	1.40	93.80	7.82	7.83	17.87
	6	18.80	—	—	—	—		12	1.20	94.20	7.85	7.87	15.25
	7	31.00	91.90	7.66	7.66	404.79	2007	1	1.30	94.70	7.89	7.90	16.45
	8	14.00	91.90	7.66	7.66	182.81		2	2.20	95.00	7.92	7.95	27.67
	9	4.80	91.90	7.66	7.66	62.68		3	3.30	95.80	7.98	7.99	41.29
	10	2.40	91.90	7.66	7.65	31.37		4	4.90	96.00	8.00	8.00	61.22
	11	1.20	91.70	7.64	7.63	15.72		5	7.00	96.10	8.01	8.01	87.41
	12	1.10	91.50	7.63	7.65	14.37		6	20.00	96.10	8.01	8.00	249.87
2006	1	1.40	92.20	7.68	7.70	18.17		7	31.80	96.00	8.00	—	—
	2	2.10	92.70	7.73	7.75	27.11		8	15.30	—	—	—	—
	3	3.10	93.20	7.77	7.77	39.89		9	5.10	—	—	—	—
	4	5.00	93.30	7.78	7.78	64.27		10	2.60	—	—	—	—
	5	6.60	93.40	7.78	7.79	84.71		11	1.40	—	—	—	—
	6	19.50	93.60	7.80	7.80	249.87		12	1.10	—	—	—	—

第三步，将计算出的不含长期趋势的新时间序列按月重新排列，得到表 9.22。

第四步，计算 3 年各月的同月平均数再除以总的月平均数得到各月的季节指数，计算结果如表 9.22 所示。由于各月实际的季节指数之和已等于 1 200%，不需进行调整。

表 9.22 中，根据移动平均趋势剔除法计算的季节指数，也反映了饮料公司 2005—2007 年的销售额存在明显的季节变动。很明显，移动平均趋势剔除法比同月(或季)平均法的计算结果准确，但计算过程较复杂。

9.5.2 循环波动的测定

循环波动由于经常与不规则变动混在一起，因此很难单独测定。一般的做法是用剩余法，从原时间序列中逐次消除长期趋势、季节变动和不规则变动，剩下来的波动就是循环波动。

以乘法模型为例，剩余法的具体做法为：

(1)求出季节指数 S，并从原时间序列中将其剔除，即

$$\frac{T\times S\times C\times I}{S}=T\times C\times I$$

(2)计算长期趋势值 T，并在不含季节变动的时间序列中将其消除，即

$$\frac{T\times C\times I}{T}=C\times I$$

(3)用移动平均法对不含季节变动、长期趋势的时间序列 $C\times I$ 进行移动平均，消除不规则变动，得到循环波动值。

【例 9.22】根据某省历年粮食产量资料表 9.23，对该省 1988—2007 年粮食产量的循环波动进行测定。

该资料是年度数据，所以不含季节变动，只含长期趋势、循环波动和不规则变动的影响。

第一步，测定 20 年粮食产量的长期趋势，用最小平方法的简化计算方法，得到趋势方程为：

$$Y_c = 2\ 258.25 + 31.759\ 6t$$

第二步，根据趋势方程计算各年销售额的趋势值 T，计算结果如表 9.23 所示。

第三步，计算剔除长期趋势之后的销售额 $C\times I$。

最后，计算 3 年移动平均值，即得到循环波动的结果，如表 9.23 所示。

将上述计算结果绘制图 9.3,可以看到 1988—2007 年该省粮食产量确实存在着明显的循环波动,如果把一个波峰到另一个波峰所经历的时间看作一次完整的循环,则该省粮食产量 18 年间经历了两个完整的循环和两个半截的循环。

表 9.23 某省 1988—2007 年粮食产量循环波动计算表 万 t

年份	产量 *TCI*	时间 *t*	长期趋势值 *T*	*CI* /%	三项移动平均值 *C* /%
1988	1 575.00	−19	1 655.115 6	95.16	—
1989	1 751.85	−17	1 718.634 8	101.93	101.23
1990	1 899.86	−15	1 782.154 0	106.60	103.29
1991	1 870.00	−13	1 845.673 2	101.32	103.64
1992	1 966.60	−11	1 909.192 4	103.01	101.32
1993	1 965.54	−9	1 972.711 6	99.64	98.98
1994	1 920.02	−7	2 036.230 8	94.29	96.75
1995	2 022.54	−5	2 099.750 0	96.32	95.41
1996	2 068.60	−3	2 163.269 2	95.62	98.07
1997	2 276.90	−1	2 226.788 4	102.25	98.98
1998	2 268.70	1	2 290.307 6	99.06	98.05
1999	2 185.60	3	2 353.826 8	92.85	96.79
2000	2 380.17	5	2 417.346 0	98.46	97.68
2001	2 523.46	7	2 480.865 2	101.72	102.61
2002	2 739.03	9	2 544.384 4	107.65	105.44
2003	2 789.49	11	2 607.903 6	106.96	105.81
2004	2 746.70	13	2 671.4 228	102.82	105.49
2005	2 917.48	15	2 734.9 420	106.67	102.54
2006	2 746.29	17	2 798.4 612	98.14	97.98
2007	2 551.07	19	2 861.9 804	89.14	—

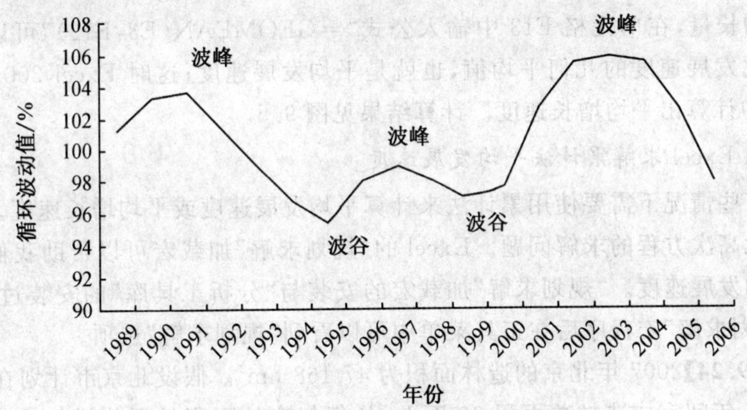

图 9.3 某省 1989—2006 年粮食产量循环波动图

9.6 用 Excel 和 SPSS 进行时间序列分析

9.6.1 时间序列的水平和速度分析

水平和速度分析是时间序列分析的基本内容。由于这部分内容涉及的统计计算比较简单,这里我们只举两个例子加以说明。

1. 时间序列的水平和速度分析

【例 9.23】已知我国 1997—2007 年的人均 GDP 如表 9.24 所示。根据数据计算 1998—2007 年我国人均 GDP 的逐期增长量、累计增长量、平均增长量、环比发展速度、环比增长速度、平均发展速度和平均增长速度。

表 9.24 1997—2007 年某省的人均 GDP 元

年份	1997	1998	1999	2000	2001	2002	2003	2004	2005	2006	2007
人均 GDP	6 420	6 796	7 159	7 858	8 622	9 398	10 542	12 336	14 040	15 931	18 268

在 Excel 中输入数据(图 9.4),在 C,D,E,F 列存储需要计算的各个指标。在 C3 单元格输入公式"=B3-B2"可以计算出逐期增长量;在 D3 单元格输入公式"=B3-$B$2"可以计算出累计增长量;在 E3 单元格输入公式"=B3/B2"可以计算出环比发展速度;在 F3 单元格输入公式"=E3-1"可以计算出环比增长速度。选中区域 C3:F3,用填充柄复制公式至区域 C12:F12,可以计算出 1995—2003 年的相应指标。在单元格 C13 中输入公式"=Average(C3:C12)"可以计算出平均增长量,在单元格 E13 中输入公式"=GEOMEAN(E3:E12)"可以计算出各年环比发展速度的几何平均值,也就是平均发展速度;这时 Excel 2003 会自动在 F13 中计算出平均增长速度。计算结果见图 9.5。

2. 用 Excel 求解累计法平均发展速度

在有些情况下需要使用累计法来计算平均发展速度或平均增长速度。这时会涉及一元高次方程的求解问题。Excel 的"规划求解"加载宏可以帮助我们计算相应的平均发展速度。"规划求解"加载宏的安装与"分析工具库"的安装过程类似,加载"规划求解"宏程序后在工具菜单中可以看到"规划求解"选项。

【例 9.24】2007 年北京的造林面积为 47 168 hm^2。假设北京市计划在 2007—2011 年 5 年间完成造林总面积 30 万 hm^2,每年造林面积的平均增长速度应该达到多少?

	A	B	C	D	E	F
1	年份	人均GDP (元)	逐期增长量	累计增长量	环比发展速度	环比增长速度
2	1997	6420	—	—	—	—
3	1998	6796	=B3-B2	=B3-$B$2	=B3/B2	=E3-1
4	1999	7159				
5	2000	7858				
6	2001	8622				
7	2002	9398				
8	2003	10542				
9	2005	12336				
10	2005	14040				
11	2006	15931				
12	2007	18268				
13	平均值		=AVERAGE((C3:C12)		=GEOMEAN(E3::E12)	

图 9.4　用 Excel 计算时间序列水平和速度指标

	年份	人均GDP（元）	逐期增长量	累计增长量	环比发展速度	环比增长速度
2	1997	6420	——	——	——	——
3	1998	6796	376	376	105.86%	5.86%
4	1999	7159	363	739	105.34%	5.34%
5	2000	7858	699	1438	109.76%	9.76%
6	2001	8622	764	2202	109.72%	9.72%
7	2002	9398	776	2978	109.00%	9.00%
8	2003	10542	1144	4122	112.17%	12.17%
9	2004	12336	1794	5916	117.02%	17.02%
10	2005	14040	1704	7620	113.81%	13.81%
11	2006	15931	1891	9511	113.47%	13.47%
12	2007	18268	2337	11848	114.67%	14.67%
13	平均值		1184.8		111.02%	11.02%

图 9.5　例 9.23 的计算结果

这个问题适合用累计法来计算平均发展速度，然后再求平均增长速度。

相应的计算公式为 $\bar{x}+\bar{x}^2+\bar{x}^3+\bar{x}^3+\bar{x}^5-(\sum a/a_0)=0$。其中 $\bar{x}$ 为平均发展速度，$\sum a=300\ 000$，$a_0=47\ 168$。

在 Excel 的 A2 单元格中输入公式"＝B2＋B22＋B23＋B24＋B25－300000/47168"，然后点击"工具""规划求解"，在弹出的对话框中作如下设置（图 9.6）：在"设置目标单元格"中输入 A2，指定单元格的目标值为 0；在可变单元格中输入被 A2 引用的单元格"B2"（单击"推测"按钮可以自动完成输入）。单击"求解"后 Excel 会在 B2 单元格中给出计算结果（图 9.7）。

从图 9.7 可知，当年平均发展速度等于 108.13％，即年平均增长速度等于 8.13％时，可以完成 5 年造林 30 万 hm^2 的目标。这时 A2 中公式的计算结果为 5.98×10^{-7}，是一个非常接近于 0 的值。

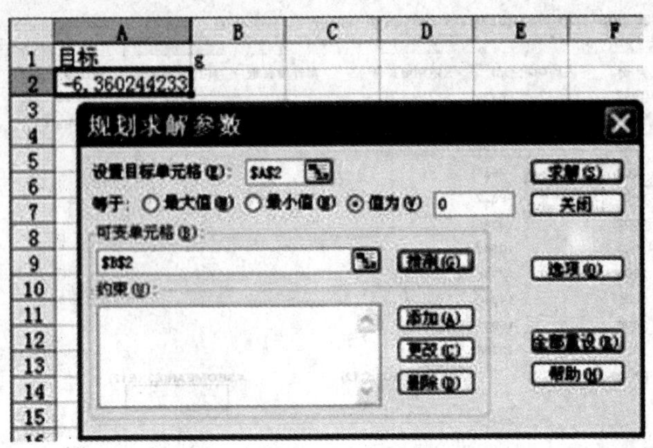

图 9.6 规划求解参数的设定

A2 fx =B2+B2^2+B2^3+B2^4+B2^5-300000/47168

	A	B	C	D	E	F
1	目标	g				
2	5.98462E-07	1.081312				

图 9.7 规划求解的结果

9.6.2 时间序列的分解

按传统的统计学理论,时间序列通常可以分解为长期趋势 T、季节变动 S、循环变动 C 和不规则变动 I 4 个组成成分。这四个成分可以写成乘法模型或加法模型的形式。这一节我们以乘法模型为例说明使用 Excel 和 SPSS 进行时间序列分解的方法。

【例 9.25】表 9.25 和图 9.8 是 2002—2007 年我国流通中现金总量(月末数)。试对序列进行时间序列分解。

在乘法模型中对季节性的时间序列进行分解的一般步骤是先计算季节指数;用剔除季节因素的序列拟合趋势方程分解出长期趋势;通过对剔除季节成分和长期趋势的序列进行移动平均获得循环变动;剔除前三个因素后的序列就是不规则变动。

1. 用 Excel 计算季节指数

对于有长期趋势的序列,计算季节指数时需要先对序列进行移动平均(由于移动的项数为偶数,还需要进行第二次的项数为 2 的移动平均)。接下来用原序列除以移动平均序列得到剔除长期趋势和循环变动的序列,然后根据新序列计算季节指数。

表 9.25　2002—2007 年我国流通中现金总量(月末数)　亿元

月份	2002	2003	2004	2005	2006	2007
1	16 726	21 245	22 287	24 015	29 310	27 949
2	16 642	17 937	19 893	22 667	24 482	30 628
3	15 545	17 107	19 297	21 238	23 472	27 388
4	15 864	17 441	19 878	21 666	24 156	27 814
5	15 281	17 115	19 048	20 811	23 465	26 728
6	15 097	16 957	19 017	20 848	23 469	26 881
7	15 358	17 362	19 048	21 171	23 753	27 326
8	15 712	17 607	19 517	21 351	24 185	27 822
9	16 234	18 306	20 524	22 272	25 687	29 031
10	16 015	18 251	20 078	21 982	24 964	28 318
11	16 346	18 440	20 209	22 409	25 527	28 988
12	17 278	19 746	21 468	24 031	27 073	30 334

图 9.8　2002—2007 年我国流通中现金总量

对于流通中现金总量的例子，我们先要进行 12 期的移动平均，然后对新序列进行 2 期的移动平均。把数据整理成图 9.9 的形式，在单元格 C8 中输入公式“＝AVERAGE(B2:B13)”，然后通过拖动填充柄在区域 C9:C68 中复制这个公式，这样就完成了第一次长度为 12 的移动平均。在单元格 D8 中输入公式“＝AVERAGE(C8:C9)”，并在区域 D9:D67 中复制这个公式完成“移正”的移动平均。注意移动平均的结果与原数据位置的对应关系。进行了两次移动平均以后，新序列的首尾都比原序列少了 6 个数。

接下来在 E8 中输入公式"＝B8/D8"并把这个公式复制到 E9:E67,得到剔除了长期趋势和循环变动的序列。

	A	B	C	D	E
1	时间	M0			
2	200201	16726			
3	200202	16642			
4	200203	15545			
5	200204	15864			
6	200205	15281			
7	200206	15097			
8	200207	15358	=AVERAGE(B2:B13)	=AVERAGE(C8:C9)	=B8/D8
9	200208	15712	=AVERAGE(B3:B14)	=AVERAGE(C9:C10)	=B9/D9
10	200209	16234	=AVERAGE(B4:B15)	=AVERAGE(C10:C11)	=B10/D10
11	200210	16015	=AVERAGE(B5:B16)	=AVERAGE(C11:C12)	=B11/D11
12	200211	16346	=AVERAGE(B6:B17)	=AVERAGE(C12:C13)	=B12/D12
13	200212	17278	=AVERAGE(B7:B18)	=AVERAGE(C13:C14)	=B13/D13
14	200301	21245	=AVERAGE(B8:B19)	=AVERAGE(C14:C15)	=B14/D14
15	200302	17937	=AVERAGE(B9:B20)	=AVERAGE(C15:C16)	=B15/D15

图 9.9 季节指数的计算过程:移动平均

把得到的 E 序列整理成图 9.10 的形式,计算每行中 5 个数据的算术平均数得到 H 列的 12 个季节指数。由于这 12 个季节指数之和等于 11.988 9,在 I2 中输入公式"＝H2＊12/＄H＄14"可以得到调整后的季节指数。在 H 列中复制这个公式可以得到其他季节指数。调整后的季节指数之和等于 1 200％。

	A	B	C	D	E	F	G	H	I
1		2002	2003	2004	2005	2006	2007		
2	1		1.2391	1.1629	1.1384	1.2435	1.0469	1.1661	116.69%
3	2		1.0363	1.0300	1.0661	1.0288	1.1345	1.0591	105.99%
4	3		0.9790	0.9903	0.9920	0.9756	1.0037	0.9881	98.88%
5	4		0.9880	1.0113	1.0048	0.9931	1.0089	1.0012	100.19%
6	5		0.9597	0.9618	0.9576	0.9547	0.9597	0.9587	95.93%
7	6		0.9408	0.9532	0.9506	0.9450	0.9556	0.9490	94.97%
8	7	0.9482	0.9556	0.9479	0.9511	0.9537		0.9513	95.20%
9	8	0.9558	0.9624	0.9623	0.9466	0.9634		0.9581	95.88%
10	9	0.9804	0.9913	1.0022	0.9801	1.0064		0.9921	99.28%
11	10	0.9596	0.9781	0.9731	0.9590	0.9661		0.9672	96.79%
12	11	0.9712	0.9787	0.9725	0.9686	0.9770		0.9736	97.43%
13	12	1.0173	1.0388	1.0256	1.0289	1.0252		1.0272	102.79%
14								11.9918	1200.00%
15									
16									
17									

图 9.10 季节指数的计算过程:指数计算

根据得到的 12 个季节指数可得到图 9.11。从图 9.11 中可以看出,由于春节和元旦影响,每年 1 月、2 月和 12 月的现金流通量高于趋势值(100％),4 月底和 9 月底由于劳动节和国庆节的因素的影响现金流通量接近趋势值,其他月份都比较明显地低于趋势值。可见,现金流通量受节假日的影响非常明显。

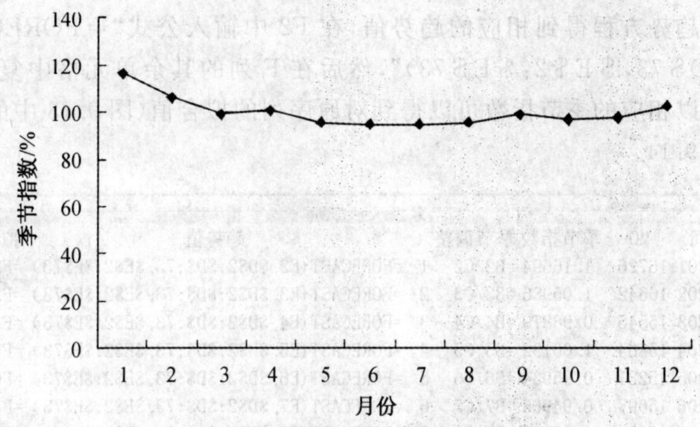

图 9.11　现金流通量的季节指数

用原始数据除以相应的季节指数得到的序列称为季节调整后的序列(图9.12)。一般来说对长期趋势和循环变动的分析都是以季节调整后的序列为基础的。

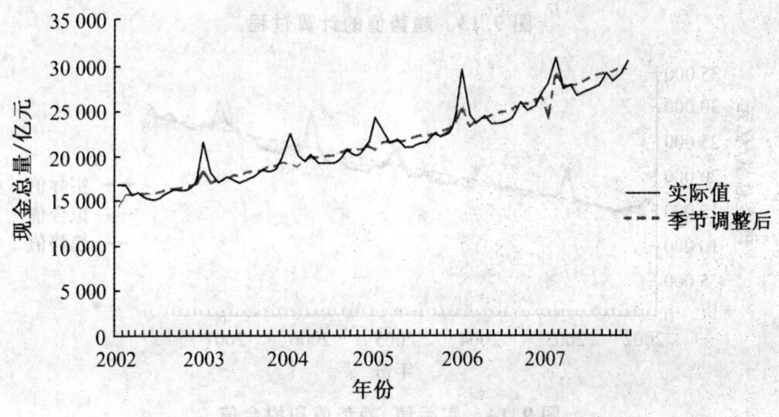

图 9.12　季节调整后的序列

2. 用 Excel 分析长期趋势

长期趋势一般是根据季节调整后序列的趋势方程得到。在 Excel 中建立一个新的序列作为趋势方程中的 t,取值为 1～72。使用 Excel 的分析工具库用季节调整后的序列对 t 作回归,得到的趋势方程如下:

$$y = 9\ 747.057 + 122.016\ 4t$$
$$(95.53) \qquad (50.23)$$

括号内为 t 检验值,方程的判定系数等于 0.973。

要根据趋势方程得到相应的趋势值，在 F2 中输入公式“＝FORECAST(E2，$D$2:$D$73，$E$2:$E$73)”，然后在 F 列的其余单元格中复制该公式。用趋势值乘以相应的季节指数可以得到对原序列的拟合值(图 9.13 中的 G 列)，计算结果见图 9.14。

	A	B	C	D	E	F	G
1	时间	M0	季节指数	季节调整	t	趋势值	拟合值
2	200201	16726	1.16694	=B2/C2	1	=FORECAST(E2, $D$2:D:73, $E$2:$E$73)	=F2*C2
3	200202	16642	1.05986	=B3/C3	2	=FORECAST(E3, $D$2:D:73, $E$2:$E$73)	=F3*C3
4	200203	15545	0.98879	=B4/C4	3	=FORECAST(E4, $D$2:D:73, $E$2:$E$73)	=F4*C4
5	200204	15864	1.00192	=B5/C5	4	=FORECAST(E5, $D$2:D:73, $E$2:$E$73)	=F5*C5
6	200205	15281	0.95934	=B6/C6	5	=FORECAST(E6, $D$2:D:73, $E$2:$E$73)	=F6*C6
7	200206	15097	0.94968	=B7/C7	6	=FORECAST(E7, $D$2:D:73, $E$2:$E$73)	=F7*C7
8	200207	15358	0.95196	=B8/C8	7	=FORECAST(E8, $D$2:D:73, $E$2:$E$73)	=F8*C8
9	200208	15712	0.95875	=B9/C9	8	=FORECAST(E9, $D$2:D:73, $E$2:$E$73)	=F9*C9

图 9.13　趋势值的计算过程

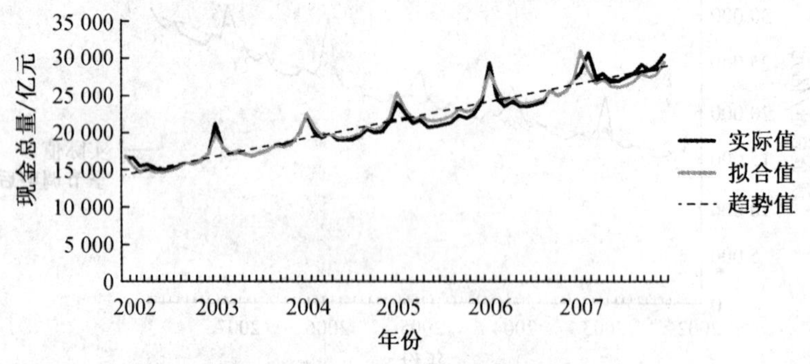

图 9.14　实际值、趋势值和拟合值

3. 用 Excel 分析循环变动和不规则变动

用原始数据除以季节指数和长期趋势值可以得到一个只包含循环变动和不规则变动的新序列(*CI*)。对这个新序列进行 3 项的移动平均消除不规则变动就可以得到循环变动(*C*)了。用 *CI* 序列除以 *C* 序列就可以得到不规则变动序列 *I*。相应的计算过程可参考图 9.15。

图 9.16 是循环变动成分的图形，从图形中可以看出在 2002—2007 年间现金流通量大致出现了 2003—2006 年以及 2006—2007 年两个周期波动。图 9.17 是不规则变动的图形。相对于长期趋势和季节变动而言，时间序列的循环变动和不规则变动成分的应用相对要少一些。

G	H	I	J
拟合值	Y/ST=CI	C	I
=F2*C2	=B2/C2/F2		
=F3*C3	=B3/C3/F3	=AVERAGE(H2:H4)	=H3/I3
=F4*C4	=B4/C4/F4	=AVERAGE(H3:H5)	=H4/I4
=F5*C5	=B5/C5/F5	=AVERAGE(H4:H6)	=H5/I5
=F6*C6	=B6/C6/F6	=AVERAGE(H5:H7)	=H6/I6
=F7*C7	=B7/C7/F7	=AVERAGE(H6:H8)	=H7/I7
=F8*C8	=B8/C8/F8	=AVERAGE(H7:H9)	=H8/I8
=F9*C9	=B9/C9/F9	=AVERAGE(H8:H10)	=H9/I9
=F10*C10	=B10/C10/F10	=AVERAGE(H9:H11)	=H10/I10

图 9.15　循环变动和不规则变动的计算过程

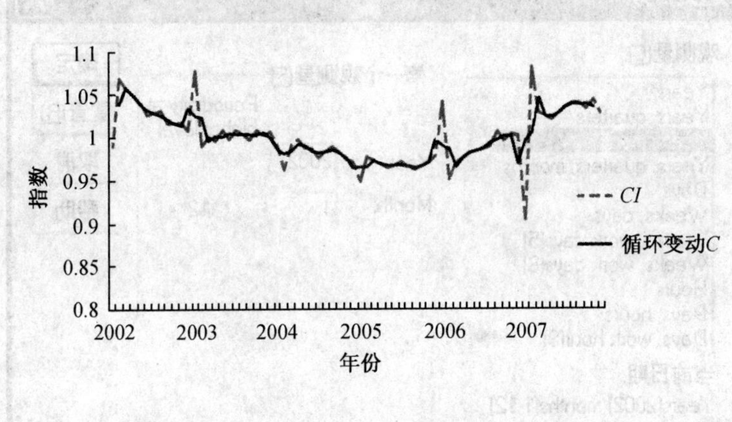

图 9.16　现金流通量的循环变动成分

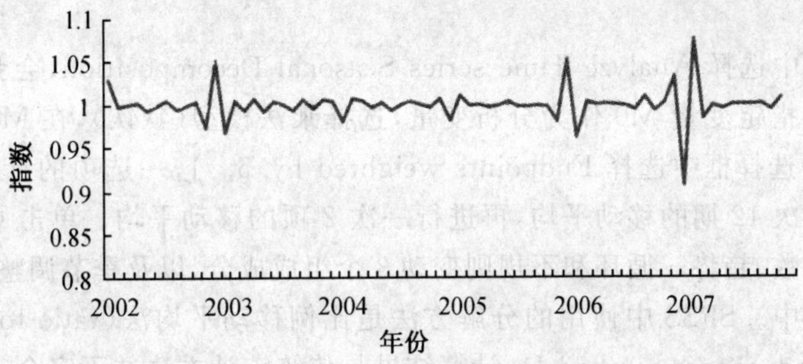

图 9.17　现金流通量的不规则变动成分

4. 用 SPSS 进行时间序列的分解

与传统的统计方法不同，由于长期趋势和循环变动成分不容易进行准确的定义和区分，统计软件中一般把时间序列分解为趋势—循环、季节成分和不规则变动3个组成部分。

在SPSS中要进行时间序列分析首先要定义一个时间变量。具体操作是：在读入了M0的月度数据以后，单击菜单中的Data Define Dates，在弹出的对话框中指定时间序列的特性和起始时间（图9.18）。单击OK后SPSS会自动生成3个变量：年份、月份和日期。

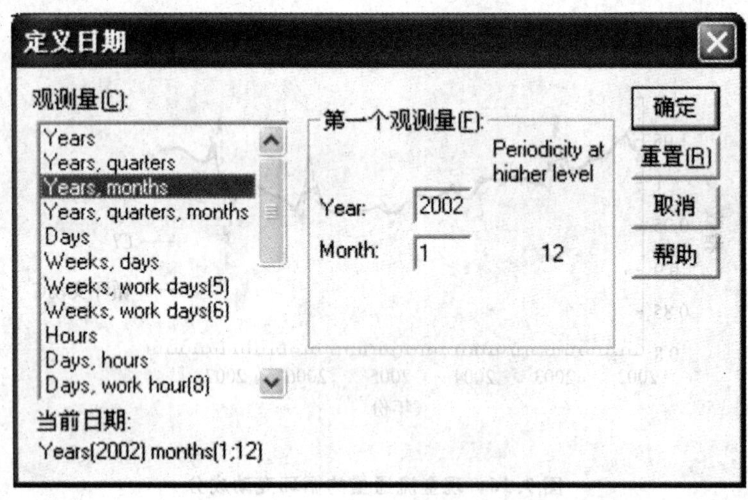

图 9.18 在 SPSS 中定义时间变量

在菜单中选择 Analyze Time series Seasonal Decomposition，会弹出图9.19的对话框。指定变量M0作为分析变量，选择乘法模型（默认），在Moving Average Weight 选择框中选择 Endpoints weighted by. 5。这一选项的计算结果相当于先进行一次12期的移动平均，再进行一次2项的移动平均。单击OK后SPSS会把季节指数、趋势－循环和不规则变动3个组成成分，以及季节调整后的序列存储到数据表中。SPSS中使用的分解方法是比例移动平均法（ratio-to-moving-average method，census method I），计算结果与传统统计方法并不完全一致，但一般差别不大。

SPSS计算的季节指数见表9.26，计算结果与我们前面的计算结果差别不大。SPSS给出的不规则变动成分与我们前面的计算结果也比较类似（图9.20）。

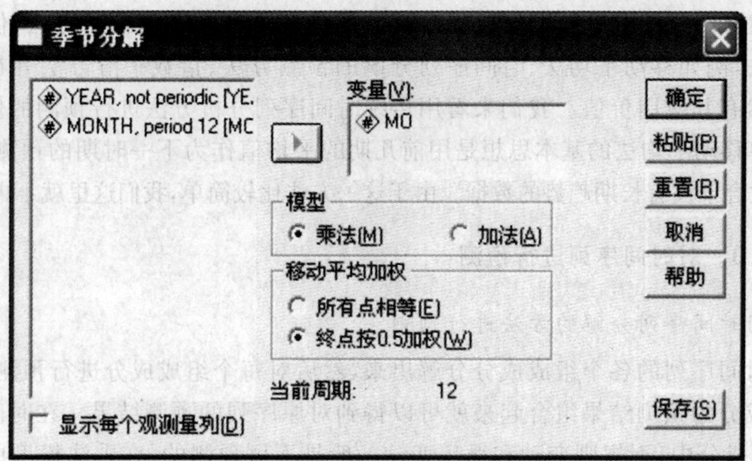

图 9.19　时间序列分解的对话框

表 9.26　SPSS 计算的季节指数　%

月份	季节指数	月份	季节指数
1	118.1	7	95.2
2	104.5	8	96.1
3	98.8	9	99.2
4	100.3	10	96.7
5	96.0	11	97.4
6	95.0	12	102.7

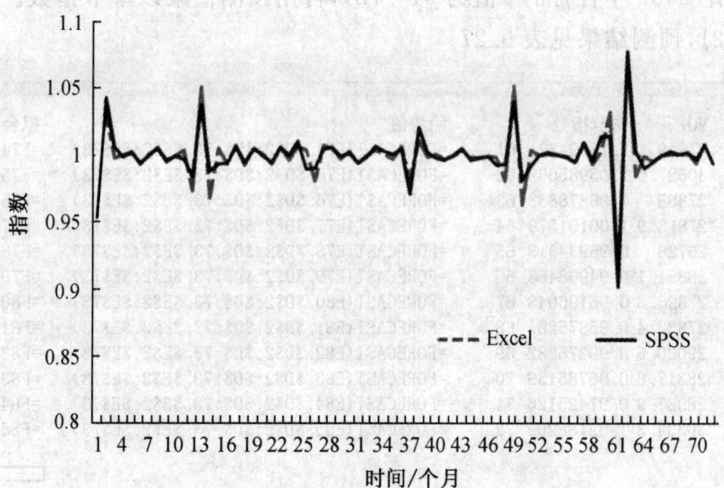

图 9.20　SPSS 计算的不规则变动

虽然在时间序列分析领域已经发展起了许多更为先进的预测方法，但传统的预测方法，例如移动平均法、时间序列分解的预测方法、指数平滑方法等在特定的场合仍然有其应用价值。我们来看用传统时间序列分析方法进行预测的例子。

简单移动平均法的基本思想是用前几期的平均值作为下一时期的预测值，这一方法仅适合于没有长期趋势的数据。由于这一方法比较简单，我们这里就不再举例了。

9.6.3 对时间序列进行预测

1. 用时间序列分解的方法进行预测

把时间序列的各个组成成分分解出来，然后对每个组成成分进行预测，在把各个组成成分的预测结果组合起来就可以得到对原序列的预测结果。在时间序列的4个组成成分中，不规则变动和循环变动一般是不可预测的，在乘法模型中其取值一般设为1。在传统方法中同一月份的季节比率也是不变的，不需要进行预测。因此，用时间序列分解的方法进行预测时预测值一般等于长期趋势的预测值乘以相应的季节比率。

在实际应用中，由于这种方法把原来预测一个变量的任务转化成了对4个变量的预测，而对各个组成成分的预测也不容易，因此时间序列的分解在预测中的应用已经越来越少了。

【例 9.26】用时间序列的分解的方法预测2007年各月我国的现金流通量。

要预测2007年各月的数值，可以根据趋势方程 $y = 9\ 747.057 + 122.016\ 4t$ 预测趋势值(2007年各月的 t 值为61～72)，再用预测值乘以季节指数。计算过程参见图9.21，预测结果见表9.27。

	A	B	C	D	E	F
60						
61	时间	MO	季节指数	t	趋势值	拟合值
62	200701	27949.1	1.16694321	61	=FORECAST(E74, $D$2:D:73, $E$2:$E$73)	=F74*C74
63	200702	30627.9	1.05985668	62	=FORECAST(E75, $D$2:D:73, $E$2:$E$73)	=F75*C75
64	200703	27388	0.98878883	63	=FORECAST(E76, $D$2:D:73, $E$2:$E$73)	=F76*C76
65	200704	27813.9	1.00191579	64	=FORECAST(E77, $D$2:D:73, $E$2:$E$73)	=F77*C77
66	200705	26728	0.95934318	65	=FORECAST(E78, $D$2:D:73, $E$2:$E$73)	=F78*C78
67	200706	26881.1	0.94968468	66	=FORECAST(E79, $D$2:D:73, $E$2:$E$73)	=F79*C79
68	200707	27326.3	0.95196048	67	=FORECAST(E80, $D$2:D:73, $E$2:$E$73)	=F80*C80
69	200708	27822.4	0.9587526	68	=FORECAST(E81, $D$2:D:73, $E$2:$E$73)	=F81*C81
70	200709	29030.6	0.99276982	69	=FORECAST(E82, $D$2:D:73, $E$2:$E$73)	=F82*C82
71	200710	28317.8	0.96785139	70	=FORECAST(E83, $D$2:D:73, $E$2:$E$73)	=F83*C83
72	200711	28987.9	0.97425126	71	=FORECAST(E84, $D$2:D:73, $E$2:$E$73)	=F84*C84
73	200712	30334.3	1.02788209	72	=FORECAST(E85, $D$2:D:73, $E$2:$E$73)	=F85*C85
74						
75						
76						
77						

图 9.21 时间序列分解预测的计算过程

表 9.27　中国 2007 年现金流通量的预测结果　亿元

时间	实际值	分解预测值	指数平滑		
			单参数	双参数	三参数
2007-01	27 949	26 503.697 6	24 021.09	25 953.73	35 046.33
2007-02	30 628	26 704.048 0	24 413.88	26 388.00	20 049.09
2007-03	27 388	26 904.398 5	25 035.29	27 089.14	37 540.02
2007-04	27 814	27 104.748 9	25 270.56	27 399.16	43 254.19
2007-05	26 728	27 305.099 4	25 524.91	27 724.93	41 618.78
2007-06	26 881	27 505.449 8	25 645.22	27 899.55	38 705.12
2007-07	27 326	27 705.800 3	25 768.80	28 061.82	36 011.45
2007-08	27 822	27 906.150 8	25 924.52	28 245.00	33 802.07
2007-09	29 031	28 106.501 2	26 114.26	28 455.24	32 759.86
2007-10	28 318	28 306.851 7	26 405.94	28 771.11	30 945.97
2007-11	28 988	28 507.202 1	26 597.14	28 979.57	30 349.34
2007-12	30 334	28 707.552 6	26 836.23	29 234.26	30 742.49

2. 用指数平滑方法进行预测

指数平滑也是一类常用的传统预测方法，主要包括单参数指数平滑（简单指数平滑）、双参数指数平滑（Holt 方法）和三参数指数平滑（Winters 方法）。

这三种平滑方法分别适用于不同的场合。简单指数平滑适用于不包含长期趋势和季节成分的数据；Holt 方法适合于包含长期趋势但不包含季节成分的数据；Winters 方法适合于包含季节成分（以及长期趋势）的数据。关于这三种指数平滑方法的原理请参考专门的统计预测书籍，我们这里仅以现金流通量的数据为例说明用 SPSS 中实现指数平滑预测的步骤（Excel 的分析工具库只能进行单参数指数平滑，实际应用价值不大）。

【例 9.27】用指数平滑方法预测 2007 年各月我国的现金流通量。

由于我们要预测的数据为季节性数据，需要使用 Winters 平滑方法进行预测（SPSS 中采用的是乘法模型）。从菜单中选择 Analyze Time Series Exponential Smoothing，在弹出的对话框中指定 M0 为分析变量，方法选择为 Winters（图 9.22）。然后点击 Parameters 按钮，在参数对话框中将参数 Alpha（截距项的平滑系数）、Gamma（趋势项的平滑系数）和 Delta（季节指数的平滑系数）设为从 0 到 1 以步长 0.05 搜索最优的参数值，其他选项采用默认值（图 9.23）。

回到主对话框，点击 Save 按钮，在 Save 对话框的 Predict Cases 框中选择 Predict through，时间设为 2007 年 12 月（图 9.24）。返回主对话框，单击 OK 后 SPSS 就可以给出预测结果了。

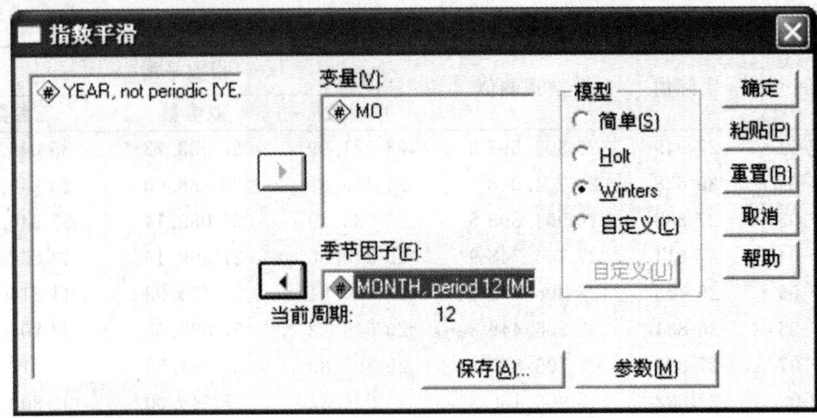

图 9.22 指数平滑对话框

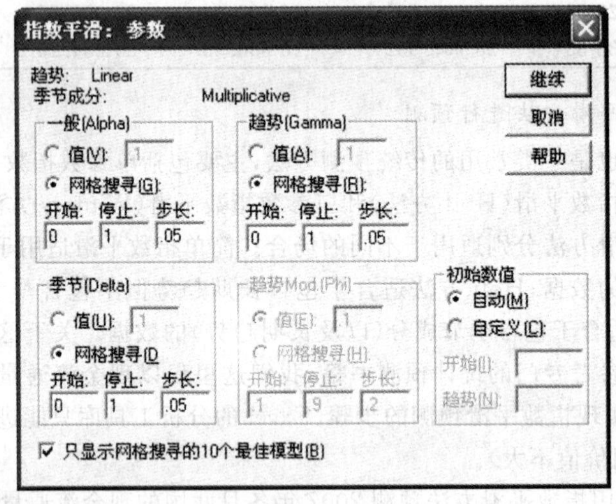

图 9.23 指数平滑的参数设定对话框

SPSS 得出的最终平滑系数分别是：Alpha＝0.35，Gamma＝0，Delta＝0；2007 年各月的预测值见表 9.27。为了便于比较，我们还用单参数和双参数指数平滑方法预测了 2007 年的数值，同时将 2007 年的实际值列在表 9.27 中。

3. 预测结果的评价

我们先通过图 9.25 来比较一下各种预测方法的预测效果。从图 9.25 中可以看出，时间序列的分解预测方法和 Winters 指数平滑方法可以正确地反映时间序列的季节特征，但显然分解预测的方法中对长期趋势的预测值偏低，导致了预测值系统地小于实际值。Holt 指数平滑和简单指数平滑方法都不能反映序列的季节

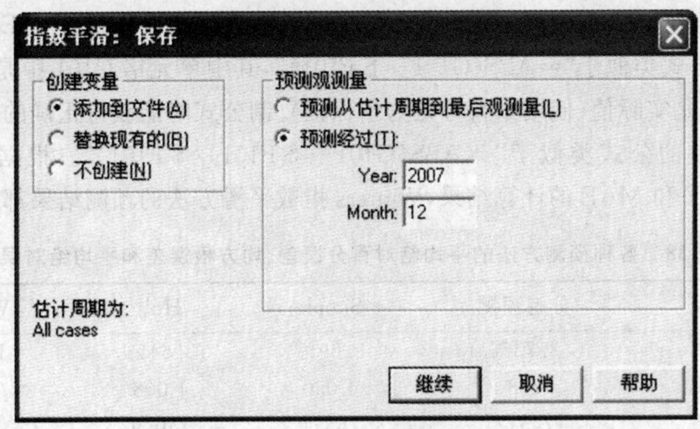

图 9.24　指数平滑预测的参数设定

特点，但 Holt 方法较好地预测了序列的增长趋势。根据这些结果，如果用 Holt 方法预测季节调整后序列的长期趋势，然后再乘以季节指数应该能够取得较好的预测效果。

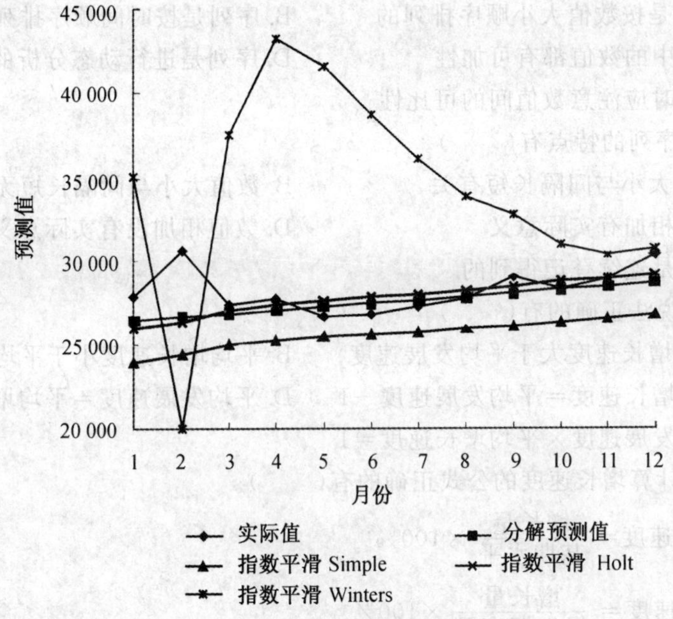

图 9.25　不同预测方法预测结果的比较

为了衡量各种预测方法误差的大小，我们可以根据表 9.27 计算各种衡量预测效果的指标，如平均绝对误差(*MAE*)、均方根误差(*RMSE*)平均绝对百分误差

(*MAPE*)等。在 Excel 中使用简单的公式就可以计算出这些指标。在 Excel 中计算绝对误差的公式类似于"＝ABS(G101－＄F101)",其中单元格 G101 中是预测值,单元格 F101 中是实际值(使用＄符号是为了保证复制公式时能获得正确的结果);计算绝对百分误差的公式类似于"＝ABS(G101－＄F101)/＄F101)"。根据表 9.28 中 MAPE,RMSE 和 MAE 的计算结果,Winters 指数平滑方法的预测结果都是最好的。

表 9.28　各种预测方法的平均绝对百分误差、均方根误差和平均绝对误差

评价指标	分解预测	Simple	Holt	Winters
MAPE	3.73%	3.69%	3.64%	1.47%
RMSE	778	1 050	1 008	332
MAE	745.2	765.1	740.9	294.8

复习思考题

一、选择题

1. 对于时间序列,下列说法正确的有(　　)。

A. 序列是按数值大小顺序排列的　　B. 序列是按时间顺序排列的

C. 序列中的数值都有可加性　　D. 序列是进行动态分析的基础

E. 编制时应注意数值间的可比性

2. 时点序列的特点有(　　)。

A. 数值大小与间隔长短有关　　B. 数值大小与间隔长短无关

C. 数值相加有实际意义　　D. 数值相加没有实际意义

E. 数值是连续登记得到的

3. 下列说法正确的有(　　)。

A. 平均增长速度大于平均发展速度　　B. 平均增长速度小于平均发展速度

C. 平均增长速度＝平均发展速度－1　　D. 平均发展速度＝平均增长速度－1

E. 平均发展速度×平均增长速度＝1

4. 下列计算增长速度的公式正确的有(　　)。

A. 增长速度$=\dfrac{\text{增长量}}{\text{基期水平}}\times 100\%$

B. 增长速度$=\dfrac{\text{增长量}}{\text{报告期水平}}\times 100\%$

C. 增长速度＝发展速度－100%

D. 增长速度$=\dfrac{\text{报告期水平}-\text{基期水平}}{\text{基期水平}}\times 100\%$

E. 增长速度$=\dfrac{\text{报告期水平}}{\text{基期水平}}\times 100\%$

5. 采用几何平均法计算平均发展速度的公式有(　　)。

A. $\bar{x}=\sqrt[n]{\dfrac{a_1}{a_0}\times\dfrac{a_2}{a_1}\times\dfrac{a_3}{a_2}\times\cdots\times\dfrac{a_n}{a_{n-1}}}$　　B. $\bar{x}=\sqrt[n]{\dfrac{a_n}{a_0}}$

C. $\bar{x}=\sqrt[n]{\dfrac{a_n}{a_1}}$　　D. $\bar{x}=\sqrt[n]{R}$

E. $\bar{x}=\dfrac{\sum x}{n}$

6. 某公司连续 5 年的销售额资料如下：

时间	第一年	第二年	第三年	第四年	第五年
销售额/万元	1 000	1 100	1 300	1 350	1 400

根据上述资料，下列数据计算正确的有(　　)。

A. 第二年的环比增长速度＝定基增长速度＝10%

B. 第三年的累计增长量＝逐期增长量＝200 万元

C. 第四年的定基发展速度为 135%

D. 第五年增长 1%绝对值为 14 万元

E. 第五年增长 1%绝对值为 13.5 万元

7. 下列关系正确的有(　　)。

A. 环比发展速度的连乘积等于相应的定基发展速度

B. 定基发展速度的连乘积等于相应的环比发展速度

C. 环比增长速度的连乘积等于相应的定基增长速度

D. 环比发展速度的连乘积等于相应的定基增长速度

E. 平均增长速度＝平均发展速度－1

8. 测定长期趋势的方法主要有(　　)。

A. 时距扩大法　　B. 方程法

C. 最小平方法　　D. 移动平均法

E. 几何平均法

9. 关于季节变动的测定，下列说法正确的是(　　)。

A. 目的在于掌握事物变动的季节周期性

B. 常用的方法是按月(季)平均法

C. 需要计算季节比率

D. 按月计算的季节比率之和应等于 400%

E. 季节比率越大，说明事物的变动越处于淡季

10. 时间序列的可比性原则主要指(　　)。

A. 时间长度要一致　　B. 经济内容要一致

C. 计算方法要一致　　D. 总体范围要一致

E. 计算价格和单位要一致

二、简答题

1. 时间序列的含义及编制的意义是什么？

2. 时间序列的两个构成要素是什么？其分类有哪些？

3. 时期数列与时点数列各有什么特点？

4. 编制时间序列应遵循哪些原则？

5. 区分累计增长量与逐期增长量、定基发展速度与环比发展速度、定基增长速度与环比增长速度、增长速度与发展速度、增长量与增长速度、增长速度与增长1%的绝对值、平均发展速度和平均增长速度的关系？

三、计算题

1. 我国 2002—2007 年手表产量(单位：万只)如下：

项目	2002	2003	2004	2005	2006	2007
发展水平	1 104.3	1 351.1	1 707.0	2 215.5	2 872.4	3 301.0
增长量：累计	—	246.8	602.7	1 111.2	1 769.1	2 196.7
逐期	—	246.8	355.9	508.5	656.9	428.6

试根据表中资料计算(计算结果保留 1 位小数)：

(1)2002—2007 年我国手表的发展速度和增长速度。

(2)2002—2007 年我国手表的年平均增长量。

2. 某地区 2007 年社会劳动者人数(单位：万人)资料如下：

时间	1月1日	5月31日	8月31日	12月31日
社会劳动者人数	362	390	416	420

试计算该地区该年的月平均人数。

3.某化工厂某年一季度利润计划完成情况如下：

项目	1月	2月	3月
计划利润/万元	200	300	400
利润计划完成程度/%	125	120	150

试计算该厂一季度的计划平均完成程度(计算结果保留1位小数)。

4.已知某企业的下列资料：

项目	3月	4月	5月	6月	7月
工业增加值/万元	11.0	12.6	14.6	16.3	18.0
月末全员人数/人	20	20	22	22	23

计算：

(1)该企业第二季度各月的劳动生产率。

(2)该企业第二季度的月平均劳动生产率。

(3)该企业第二季度的劳动生产率。

5.某企业历年生产某种产品产量资料如下：

年份	2002	2003	2004	2005	2006	2007
产量/万件	241	246	257	262	276	281

试用简捷计算法配合直线趋势方程，解释参数 b 的经济意义，并预测2009年该企业的年产量。

复习思考题答案

一、选择题

1. BDE　2. BD　3. BC　4. ACD　5. ABD

6. ACE　7. AE　8. ACD　9. ABC　10. ABCDE

二、简答题

(略)

三、计算题

1.解：(1)定基发展速度：$\frac{a_1}{a_0},\frac{a_2}{a_0},\cdots,\frac{a_n}{a_0}$

环比发展速度：$\frac{a_1}{a_0}$，$\frac{a_2}{a_1}$，…，$\frac{a_n}{a_{n-1}}$

定基增长速度＝定基发展速度－1

环比增长速度＝环比发展速度－1

年份		2002	2003	2004	2005	2006	2007
手表产量/万只		1 104.3	1 351.1	1 707.0	2 215.5	2 872.4	3 301.0
发展速度/%	定基	100	122.3	154.6	200.6	260.1	298.9
	环比	—	122.3	126.3	129.8	129.7	114.9
增长速度%	定基	—	22.3	54.6	100.6	160.1	198.9
	环比	—	22.3	26.3	29.8	29.7	14.9

(2)平均增长量$=\frac{\text{累计增长量}}{\text{时间数列项数}-1}$

$$=\frac{246.8+355.9+508.5+656.9+428.6}{6-1}=439.34\text{(万只)}$$

2. 解：

$$\bar{a}=\frac{\frac{362+390}{2}\times 5+\frac{390+416}{2}\times 3+\frac{416+420}{2}\times 4}{5+3+4}=396.75\text{(万人)}$$

3. 解：

$$\bar{c}=\frac{\bar{a}}{\bar{b}}=\frac{\sum cb}{\sum b}=\frac{1.25\times 200+1.2\times 300+1.5\times 400}{200+300+400}=134.4\%$$

4. 解：(1)第二季度各月的劳动生产率：

4 月 $c_1=\frac{12.6\times 10\,000}{\frac{(20+20)}{2}}=6\,300$（元/人）

5 月 $c_2=\frac{14.6\times 10\,000}{\frac{(20+22)}{2}}=6\,952.4$（元/人）

6 月 $c_3=\frac{16.3\times 10\,000}{\frac{(22+22)}{2}}=7\,409.1$（元/人）

(2)该企业第二季度的月平均劳动生产率：

$$\bar{c}=\frac{\bar{a}}{\bar{b}}=\frac{\dfrac{10\,000\times(12.6+14.6+16.3)}{3}}{\dfrac{\dfrac{20}{2}+20+22+\dfrac{22}{2}}{(4-1)}}=6\,904.76\text{(元/人)}$$

(3)该企业第二季度的劳动生产率：

$$\bar{c}=\frac{\sum a}{\bar{b}}=\frac{(12.6+14.6+16.3)\times 10\,000}{\dfrac{\dfrac{20}{2}+20+22+\dfrac{22}{2}}{(4-1)}}=20\,714.28\text{(元/人)}$$

5. 解：

年份	y	t	t^2	ty
2002	241	−5	25	−1 205
2003	246	−3	9	−738
2004	257	−1	1	−257
2005	262	1	1	262
2006	276	3	9	828
2007	281	5	25	1 405

设直线趋势方程式：$\hat{y}=a+bt$

$$\text{由}\begin{cases}\sum y=na\\ \sum ty=b\sum t^2\end{cases}\Rightarrow\begin{cases}a=\dfrac{\sum y}{n}\\ b=\dfrac{\sum ty}{\sum t^2}\end{cases}$$

$a=260.50\quad b=4.21$

$\hat{y}=260.50+4.21t$

2009 年 $t=9$，则 2009 年的产量为 $\hat{y}=260.50+4.21\times 9=298.39$(万件)

b 的经济意义在于每增加 1 年的时间，该企业产量增加 4.39 万件。

第10章 统计指数

教学目的与要求:通过本章的学习,掌握指数的概念及各种分类方法;掌握编制指数的各种理论、方法和原则,理解总指数的综合法和平均法在实践中的具体运用情况,能运用指数法进行因素分析;了解几种常用的指数。

在日常生活中,我们经常听到和看到各种价格指数的统计数字,比如,2008年10月28日上证指数的收盘数字为1 771.82点,最低点为1 664.93;国家统计局网站(http://www.stats.gov.cn)提供的数字表明:与2007年同期相比,2008年11月全国商品零售价格指数为106.3%,居民消费者价格总指数也为106.3%。那么这些数字是怎样计算出来的?它们反映了什么问题?这些指数又有什么不同?为了说明这些数字的含义,我们首先需要讲清指数的概念和分类。

10.1 统计指数的概念和种类

10.1.1 统计指数的概念

这里讲的指数是一种统计方法,与数学中所讲的指数是两个完全不同的概念。它起源于18世纪欧洲关于物价波动的研究,是用于经济分析的一种特殊统计方法,主要用于反映事物数量的相对变化程度。广义地讲,任何两个数值对比形成的相对数都可以称为指数;狭义地讲,指数是用于所研究的多个项目综合变动的一种特殊相对数。这里我们所讨论的主要是狭义的指数。因此我们给出指数的如下定义:测定多个项目在不同场合下综合变动的相对数,称为指数(index numbers)。

如今,指数已被广泛应用于社会经济生活各方面,一些重要的指数已成为社会经济发展的晴雨表。如消费者物价指数(consumer price index,CPI)是反映与居民生活有关的商品及服务价格变动趋势和程度的指标,通常作为观察通货膨胀水平的重要指标;生产者物价指数(producer price index,PPI)是衡量工业企业产品出厂价格变动趋势和变动程度的指数,是反映某一时期生产领域价格变动情况的重要经济指标,也是制定有关经济政策和国民经济核算的重要依据。

10.1.2　统计指数的种类

统计指数是对有关现象进行比较分析的一种相对比率，这是所有指数的共性，但不同的指数往往还有一些不同的特性。通过对指数进行适当的分类，有助于我们更加深入地了解这些特性。从不同角度出发，指数可以分为以下几种主要类型：

1. 按所反映现象的特征不同，可分为数量指标指数和质量指标指数

数量指标指数常称数量指数，反映现象的总规模、总水平或工作总量的变化程度。例如产品产量指数、商品销售量指数等，这些指数都是根据产量、销售量等数量指标计算的。

质量指标指数常称质量指数，反映工作质量的变动情况。例如劳动生产率指数、产品成本指数、价格指数等，它们是根据劳动生产率、成本、价格等质量指标计算的。

2. 按所反映现象的范围不同，可分为个体指数和总指数两种

个体指数是反映一个项目或变量变动程度的相对数，如一种商品的价格或销售量的相对变动水平。

总指数是反映全部现象总体(即复杂现象总体)数量变动的相对数。总指数的任务是综合测定由不同度量单位的许多产品或服务所组成的复杂现象总体数量方面的总动态。它有两种计算形式：

(1)综合指数　是将报告期总量指标值与基期总量指标进行比较形成的指数。它反映报告期比基期增长(减少)的情况。

(2)平均指数　是从个体指数出发，运用加权平均数的方法来编制的总指数，它是综合指数的变形，也有两种计算方法，即算术平均数指数和调和平均数指数。

3. 按计算形式不同，可分为简单指数和加权指数

简单指数是把计入指数的各个项目的重要性视为相同的，也叫做不加权指数；加权指数则是对计入指数的项目依据重要程度赋予不同的权数，然后再进行计算。目前应用的主要是加权指数。

4. 按计算指数时所用的基期不同，可分为定基指数和环比指数

指数通常是每间隔一段时间就编制一次，这样就形成了一个指数数列，来反映现象在时间上不断变化的情况。在一个指数数列中，如果各期指数都是以某一个固定时期作为基期的，称为定基指数；如果各期指数是以它前一期作为基期的，称为环比指数。

10.2 综合指数分析

综合指数是总指数的一种计算形式，是反映多种现象或事物报告期相对于基期的综合变动的相对指标。综合指数是通过引入一个同度量因素将不能相加的变量转化为可相加的总量指标，而后对比所得到的相对数。按照同度量因素的性质不同综合指数又分为数量指标指数和质量指标指数。

【例 10.1】设某商店 3 种商品报告期和基期的销售情况如表 10.1 所示。根据该表资料，可以编制 3 个综合指数(综合指数用 I 表示)，即销售额综合指数(I_{pq})、销售量综合指数(I_q)、销售价格综合指数(I_p)。

销售额综合指数的计算是比较容易的，它实际上就是一种简单的相对数，将报告期的销售额和基期的销售额相比，即可求得销售额综合指数：

$$\text{销售额综合指数} = I_{pq} = \frac{\sum p_1 q_1}{\sum p_0 q_0} = \frac{3\ 952}{4\ 020} = 98.31\%$$

表 10.1 某商店商品销售情况

商品名称	计量单位	销售量		价格/元		销售额/元	
		基期 q_0	报告期 q_1	基期 p_0	报告期 p_1	基期 p_0q_0	报告期 p_1q_1
甲	台	200	250	4.2	4.0	840	1 000
乙	只	750	800	3.6	3.0	2 700	2 400
丙	件	50	46	9.6	12.0	480	552
合计	—	—	—	—	—	4 020	3 952

然而，销售量综合指数和销售价格综合指数就不易计算了，因为 3 种不同商品的销售量和价格是不能直接相加的，不具有可比性。下面分别以销售量综合指数和销售价格综合指数为代表讨论数量指标指数和质量指标指数的编制和分析方法。

10.2.1 数量指标指数

数量指标指数的编制是通过同度量因素把指标过渡到具有可加性，然后分子分母的指标相加再对比。这种通过同度量因素综合分子分母的指标再对比求总指数的方法，称为综合指数法。这里以销售量总指数为例加以说明。

销售量综合指数是反映多种商品销售量变动的总指数。不同种类的商品计量单位不一样，其实物量是不能相加的。因此，就需要把各种性质不同的实物量过渡到性质相同的价值量。在编制数量指标指数的过程中，可以通过价格把不同的实物量转化为价值量，即销售价格×销售量＝销售额（$p\times q=pq$）。在统计学中，一般把相乘以后使得不能直接相加的指标过渡到可以直接相加的指标的那个因素，叫做同度量因素。在这里，销售价格便是使各种商品的销售量过渡到能够直接相加的价值量的同度量因素。

同度量因素所属的时期有报告期、基期和特定期等，不同的同度量因素，其数值是不同的。由于在计算总指数时同度量因素在分子分母上的时期必须是固定的，把同度量因素固定在报告期或基期或特定期上计算总指数的结果也是不同的。那么，同度量因素究竟应当固定在哪个时期为好呢？对于这个问题，统计学界是有不同主张的，因而就产生了不同的总指数公式。现分别按不同时期的价格为同度量因素逐一列出商品销售量的总指数公式。运用同度量因素计算总指数的公式，也称为综合指数公式。

1. 以基期价格（p_0）为同度量因素的销售量综合指数

$$I_q=\frac{\sum q_1p_0}{\sum q_0p_0} \tag{10.1}$$

将表10.1的资料代入公式10.1，得该商店销售量综合指数为：

$$I_q=\frac{\sum q_1p_0}{\sum q_0p_0}=\frac{250\times4.2+800\times3.6+46\times9.6}{200\times4.2+750\times3.6+50\times9.6}=\frac{4\ 371.6}{4\ 020}=108.75\%$$

$$I_q=\sum q_1p_0-\sum q_0p_0=4\ 371.6-4\ 020=351.6(\text{元})$$

计算结果表明，由于销售量增加了8.75%，使销售额增加了351.6元。

公式10.1是德国经济学家拉斯佩雷斯（E. Laspeyres）在1864年提出的，因此按公式10.1计算出来的综合指数也称为拉氏指数。又因该指数公式将同度量因素固定在基期水平上，故又称为基期综合指数。

2. 以报告期价格（p_1）为同度量因素的销售量综合指数

$$I_q=\frac{\sum q_1p_1}{\sum q_0p_1} \tag{10.2}$$

将表10.1的资料带入公式10.2，得该商店销售量综合指数为：

$$I_q=\frac{\sum q_1p_1}{\sum q_0p_1}=\frac{250\times4+800\times3+46\times12}{200\times4+750\times3+50\times12}=\frac{3\ 952}{3\ 650}=108.27\%$$

$$I_q = \sum q_1 p_1 - \sum q_0 p_1 = 3\ 952 - 3\ 650 = 302\ (\text{元})$$

计算结果表明，由于销售量增加了 8.27%，使销售额增加了 302 元。

公式 10.2 是另一位德国经济学家帕舍(H. Paasche)在 1874 年提出的，因此按公式 10.2 计算出来的综合指数也称为帕氏指数。又因该指数公式将同度量因素固定在报告期水平上，故又称为报告期综合指数。

3. 以特定期价格(p_t)为同度量因素的销售量综合指数

$$I_q = \frac{\sum q_1 p_t}{\sum q_0 p_t} \tag{10.3}$$

同理，我们可以某个特定时期的销售价格作为同度量因素。此时特定价格可理解为不变价格或固定价格，它是汇总多种商品销售量并进行分析的有效工具。

通过上述分析，可以看出，运用不同的指数公式计算结果有所不同。这是由于综合指数都要假定同度量因素不随基期或报告期的变动而变动，而这是不符合实际情况的。因此，计算结果都带有近似性，这也是指数方法的局限性所在。实际编制销售量综合指数，究竟采用哪一个价格作为同度量因素，要根据不同的研究对象、目的以及资料取得的难易程度来选用相应的计算公式，并根据具体情况进行某些修正，使得到的指数合乎客观实际。

10.2.2　质量指标指数

在上述编制数量指标指数的过程中，是以质量因素作为同度量因素固定在某一个时期上的。同样，在编制质量指标指数的过程中，就应该用相应的数量因素作为同度量因素固定在某一个时期。仍以表 10.1 的资料为例，说明质量指标指数的编制方法。

表 10.1 中的甲、乙、丙是 3 种不同的商品，单位商品的销售价格(以下简称物价)不能直接相加。为了能综合反映该商店各种物价的变动情况，就需要用各种商品的销售量作为同度量因素，将其转化为可以相加的价值量。那么，作为同度量因素的销售量究竟应该固定在什么时期呢？对于这个问题，统计学界也有不同的主张和看法，因而与数量指标指数一样，也产生了各种不同的指数公式。

1. 以基期销售量(q_0)为同度量因素的物价综合指数

$$I_p = \frac{\sum p_1 q_0}{\sum p_0 q_0} \tag{10.4}$$

将表 10.1 的资料带入公式 10.4，得该商店物价综合指数为：

$$I_p=\frac{\sum p_1q_0}{\sum p_0q_0}=\frac{200\times4.0+750\times3.0+50\times12.0}{200\times4.2+750\times3.6+50\times9.6}=\frac{3\ 650}{4\ 020}=90.80\%$$

$$I_p=\sum p_1q_0-\sum p_0q_0=3\ 650-4\ 020=-370\ (元)$$

计算结果表明，由于物价下跌了 9.2%，使销售额减少了 370 元。

公式 10.4 是德国经济学家拉斯佩雷斯提出的，称为拉氏物价指数。

2. 以报告期销售量(q_1)作为同度量因素的物价综合指数

$$I_p=\frac{\sum p_1q_1}{\sum p_0q_1}\tag{10.5}$$

将表 10.1 的资料带入公式 10.5，得该商店物价综合指数为：

$$I_p=\frac{\sum p_1q_1}{\sum p_0q_1}=\frac{250\times4.0+800\times3.0+46\times12.0}{250\times4.2+800\times3.6+46\times9.6}=\frac{3\ 952}{4\ 371.6}=90.40\%$$

$$I_p=\sum p_1q_1-\sum p_0q_1=3\ 952-4\ 371.6=-419.6\ (元)$$

计算结果表明，由于物价下跌了 9.6%，使销售额减少了 419.6 元。

公式 10.5 是德国经济学家帕舍(H. Paasche)提出的，称为帕氏物价指数。

3. 以特定期销售量(q_t)为同度量因素的物价综合指数

$$I_p=\frac{\sum p_1q_t}{\sum p_0q_t}\tag{10.6}$$

同理，我们可以以某个特定时期的销售量作为同度量因素。

类似于销售量综合指数的分析，计算物价综合指数究竟采用哪一个公式，要根据具体情况而定，一般还应依据实际情况作某些修正，使结果客观真实。

需要说明的是，以上总量指标(销售额)由两个因素(价格和销售量)构成，要计算其中一个因素的报告期相对于基期的变动程度(即这个因素的指数)，就要把另一个因素固定起来。同理，当一个总量指标是由两个以上因素构成，在运用综合指数法计算其中一个因素的指数时，就要把其他因素都作为同度量因素固定起来，以便考察要观察的那个因素报告期相对于基期的变动程度。

10.3 平均指数分析

在实际统计工作中，有时受到统计资料的限制，不能直接利用综合指数公式编制总指数，而是以个体指数为基础采取平均数形式编制总指数，这种方法就称为平均指数法。习惯上，把用综合指数法求出的指数称为综合指数；把用平均指数法求出的指数称为平均指数，实际上这两者都是总指数。平均指数有两种表现形式：一种是算术平均指数，另一种是调和平均指数。

10.3.1 算术平均指数

算术平均数指数是对个体指数的算术加权平均。这种指数形式实际上是拉氏综合指数公式的变形，下面以销售量指数为例加以说明。

以基期物价为同度量因素的销售量综合指数公式为：

$$I_q=\frac{\sum q_1 p_0}{\sum q_0 p_0}$$

设 $i_q=\dfrac{q_1}{q_0}$ 为销售量个体指数，则 $q_1=i_q q_0$。将其代入上式，可得算术平均指数的计算公式：

$$I_q=\frac{\sum i_q q_0 p_0}{\sum q_0 p_0}=\sum i_q\left(\frac{q_0 p_0}{\sum q_0 p_0}\right) \tag{10.7}$$

式 10.7 就是以销售量个体指数为变量，以基期销售额为权数的算术平均指数公式。公式的形式虽然变了，但其经济内容及计算结果与公式 10.1 完全一样。将表 10.1 的数据代入得：

$$\begin{aligned}I_q&=\sum i_q\left(\frac{q_0 p_0}{\sum q_0 p_0}\right)\\&=1.25\times\frac{840}{840+2\ 700+480}+1.066\ 7\times\frac{2\ 700}{840+2\ 700+480}+\\&\quad 0.92\times\frac{480}{840+2\ 700+480}=108.75\%\end{aligned}$$

由此可见，当编制总指数时，在只掌握个体指数和基期资料的情况下，运用算术平均指数公式编制总指数比较方便。

10.3.2 调和平均指数

编制调和平均数指数是对个体指数按调和平均数形式进行加权计算。这种指数实际上是帕氏综合指数公式的变形，通常用于计算质量指标指数(如价格指数)，下面以物价指数为例加以说明。

以报告期的销售量为同度量因素的物价综合指数公式为：

$$I_p=\frac{\sum q_1p_1}{\sum q_1p_0}$$

设 $i_p=\dfrac{p_1}{p_0}$ 为物价个体指数，则 $p_0=\dfrac{1}{i_p}p_1$。将其代入上式，便可得到调和平均指数的计算公式：

$$I_p=\frac{\sum q_1p_1}{\sum q_1p_0}=\frac{\sum q_1p_1}{\sum\frac{1}{i_p}q_1p_1}=\frac{1}{\dfrac{\sum\frac{1}{i_p}q_1p_1}{\sum q_1p_1}}=\frac{1}{\sum\frac{1}{i_p}\left(\dfrac{q_1p_1}{\sum q_1p_1}\right)}\quad(10.8)$$

式 10.8 就是以个体物价指数为变量，以报告期商品销售额为权数的调和平均指数公式。公式的形式虽然变了，但其经济内容及计算结果与公式 10.5 完全一样。将表 10.1 的数据代入得：

$$I_p=\frac{\sum q_1p_1}{\sum\frac{1}{i_p}q_1p_1}=\frac{1\ 000+2\ 400+552}{\dfrac{1\ 000}{0.952\ 4}+\dfrac{2\ 400}{0.833\ 3}+\dfrac{552}{1.250\ 0}}=\frac{3\ 952}{4\ 37\ 1.6}=90.40\%$$

由此可见，当编制总指数时，在只掌握个体指数和报告期资料的情况下，运用调和平均指数公式编制总指数比较方便。

表 10.2 两种指数的比较

项 目	性质	资料	计算方法	差额分析
综合指数	狭义指数	全面资料	先综合后对比	分子、分母之差为总量差异有经济意义
平均指数	狭义指数	样本资料	先对比后平均	分子、分母之差不形成实际总量无经济意义

10.4 指数体系与因素分析

指数体系与因素分析法是本章的另一重要内容。指数体系是因素分析的基础。因素分析是在定性分析的基础上,依据指数体系中各指数间的联系,分别分析各因素对研究对象在数量上的影响程度及绝对量。具体分析的角度有多种:分析的对象可以是简单现象,也可以是复杂现象;分析的指标可以是总量指标,亦可以是平均指标;分析因素的个数可以是两因素,还可以是多因素。选择哪种角度进行分析,应根据分析的目的来确定。

10.4.1 指数体系的概念

社会经济现象都是在相互联系中存在和发展的,每一现象的变动都受到其他因素的影响和制约,这种相互联系、相互影响的关系在许多经济指标之间也能反映出来。例如工业总产值的变动受工业产品价格和工业品产量两个因素的影响;产品生产费用的变动受单位产品成本及产品数量两个因素的影响;商品销售额的变动受单位商品销售价格与销售量两个因素的影响,等等。这些因素之间的联系可以通过指标之间的经济关系式反映出来:

工业总产值=单位产品出厂价格×工业产品产量

产品生产费用=单位产品成本×产品数量

商品销售额=单位商品销售价格×销售量

以上关系式反映经济指标之间客观的经济联系,这种联系在应用指数进行动态变化分析时也应被保持下来,即

工业总产值指数=工业品出厂价格指数×工业品产量指数

产品生产费用指数=产品成本指数×产量指数

商品销售额指数=销售价格指数×销售量指数

以上是指数体系中常用的两种形式。在许多指数之间都存在着与此类似的联系形式。因此,通过若干个相互联系的指数以分析经济指标的动态,这样组成的相互联系的指数形式就是指数体系(index system)。

从以上列举的指数体系中可以看出,它是由总指数构成的。等式左边的指数,如工业总产值指数、产品生产费用指数和商品销售额指数等,都是用于反映某种可以直接合计的总量指标的动态变化,这类指数称为总量指标指数。总量指标指数是指数体系分析的对象之一。等式右边是由两个指数构成,这两个指数是影响总

量指标指数变动的主要因素，也称为因素指数。因素指数不只是两个，也可以有若干个，根据对象的性质和研究的需要来决定。

在指数体系的各个因素指数中，有质量指标指数，也有数量指标指数。其中每个因素指标的权数，既可以是基期的，也可是报告期的，并且需要在指数体系的等式前后之间保持均衡。于是根据权数所属时期的不同，就形成多种不同的指数体系。中国统计理论界曾就此进行过许多争论，但迄今为止，并未取得一致的结论。在本节中，我们将着重介绍中国目前仍在继续应用的指数体系。

与前面叙述的指数研究的方法不同，指数体系不再是单独分析某一种指标的动态变化，而是把各种指数结合起来综合地分析有关指标的动态变化，它是指数分析的进一步应用和发展，在社会经济现象的研究中起着重要的作用。

10.4.2　指数体系的主要作用

指数体系的主要作用：一是分析总量指标动态变化中各个因素指数的作用和影响程度；二是根据指数体系推算指数；三是分析平均指标的动态变化及其结构变动的影响。下面分别予以叙述。

1. 用以分析总量指标动态变化中各个因素指数的作用和影响程度

这是统计指数体系最主要的作用，这一作用也有时概括地称为因素分析。以表 10.3 中的资料为例说明分析的步骤和方法。

表 10.3　某地区 4 种主要商品出厂价格与产量情况表

商品类别	计量单位	单位产品价格/元		产　量		按不同时期价格计算的产值/万元			
		基期 p_0	报告期 p_1	基期 q_0	报告期 q_1	p_0q_0	p_0q_1	p_1q_0	p_1q_1
甲	t	200	190	1 000	1 100	20	22	19	20.9
乙	t	500	510	2 500	2 800	125	140	127.5	142.8
丙	台	300	320	3 600	4 000	108	120	115.2	128
丁	件	1 200	1 100	400	420	48	50.4	44	46.2
合计	—	—	—	—	—	301	332.4	305.7	337.9

【例 10.2】根据表 10.3 的资料，以工业总产值的变动为中心，通过指数体系分别分析单位产品出厂价格的变动对总产值变动的影响，产品产量的变动对总产值变动的影响。分析时可按以下步骤进行：

(1)求产品价值指数。

$$I_{pq}=\frac{\sum p_1q_1}{\sum p_0q_0}=\frac{337.9}{301}=112.3\%$$

计算结果表明该地区 4 种主要工业品总产值报告期比基期增长了 12.3%。再求两个指标之差。

$$\sum p_1 q_1 - \sum p_0 q_0 = 337.9 - 301 = 36.9\text{（万元）}$$

这一绝对额说明报告期工业总产值比基期实际增加了 36.9 万元。

(2)分析单位产品出厂价格变动对工业总产值变动的影响。根据中国目前编制综合指数的一般规则，价格指数采用拉氏公式，即

$$I_p = \frac{\sum p_1 q_1}{\sum p_0 q_1} = \frac{337.9}{332.4} = 101.7\%$$

这个结果说明由于报告期价格上涨而使工业总产值增长了 1.7%。

$$\sum p_1 q_1 - \sum p_0 q_1 = 337.9 - 332.4 = 5.5\text{（万元）}$$

这一绝对额说明由于报告期物价上涨而使工业总产值增加了 5.5 万元。

(3)分析产品产量变动对工业总产值变动的影响。

$$I_q = \frac{\sum p_0 q_1}{\sum p_0 q_0} = \frac{332.4}{301} = 110.4\%$$

这一结果说明，由于报告期产量增长而使工业总产值增长了 10.4%。

$$\sum p_0 q_1 - \sum p_0 q_0 = 332.4 - 301 = 31.4\text{（万元）}$$

这一差额说明由于报告期产量增长而使工业总产值的绝对额增加了 31.4 万元，即产量增加所取得的实际经济效果。

将以上分析结果结合起来，可得：

$$\frac{\sum p_1 q_1}{\sum p_0 q_0} = \frac{\sum p_1 q_1}{\sum p_0 q_1} \times \frac{\sum p_0 q_1}{\sum p_0 q_0}$$

112.3%＝101.7%×110.4%

这一结果与上面按表内实际资料计算结果是一致的。

这种关系也表现在绝对数上，即

$$\sum p_1 q_1 - \sum p_0 q_0 = \left(\sum p_1 q_1 - \sum p_0 q_1\right) + \left(\sum p_0 q_1 - \sum p_0 q_0\right)$$

36.9＝5.5＋31.4

以上分析方法可以推广到多个因素指数的分析方面，具体内容后叙。

2. 根据指数体系推算指数

根据指数体系中各个指数之间的关系，可以对其中的某一个未知指数进行推算。例如商品销售额指数、价格指数与商品销售量指数之间的关系可用指数体系

表示：

商品销售额指数＝价格指数×商品销售量指数

在实际工作中，全面的商品销售量资料是不易取得的，因此直接计算销售量指数有许多困难，但销售额指数与价格指数一般是可以计算的，因此可以通过上式关系推算销售量指数即

$$\text{商品销售量指数}=\frac{\text{商品销售额指数}}{\text{商品销售价格指数}}$$

$$\frac{\sum p_0q_1}{\sum p_0q_0}=\frac{\dfrac{\sum p_1q_1}{\sum p_0q_0}}{\dfrac{\sum p_1q_1}{\sum p_0q_1}}$$

【例 10.3】已知某地区报告期比基期商品销售额增加了 12.5%，而同时期该地区物价上涨了 8%，问该地区同期商品销售量变动程度如何？

依据上式计算可得：

112.5%÷108.0%＝104.2%

即同期内该地区商品销售量增加了 4.2%。

如果在计算销售额指数和价格指数时，也掌握两个指数中有关绝对额的资料，则也可以间接推得商品销售量增长的绝对额，即

$$\left(\sum p_1q_1-\sum p_0q_0\right)-\left(\sum p_1q_1-\sum p_0q_1\right)=\sum p_0q_1-\sum p_0q_0$$

利用指数体系中各因素指数之间的关系推算相关的指数，是依据客观存在的经济关系进行的有科学根据的推算，在分析经济现象变动中，可以在很多方面得到应用。

3.分析平均指标的动态变化及其结构变动的影响

分析总量指标动态变化是指数体系研究的一项重要内容，因为总量指标总是由若干个有联系的因素构成的，为了测定各因素对于总动态变化的影响程度，于是建立起由各因素指数组成的指数体系。除总量指标外，指数体系也被应用于分析平均指标的动态变化，因为在平均指标中也可以分解为两个主要的因素：标志总量与总体单位数目。平均指标的变动既受到分子指标中标志水平变动的影响，同时也受到分母指标中总体单位数目构成变动的影响。为了分析平均指标的动态变化，也需要分别从这两个因素的变动中测定它们的作用和影响程度，于是也形成一

定的指数体系,但这个指数体系与前面介绍过的形式不同,它是以另外一种形式表现出来的。当我们在工作中需要分析像平均工资、平均成本、平均价格、平均劳动生产率等一系列平均指标的动态变化时,就可以利用这一类型的指数体系。下面我们通过劳动生产率指数的计算说明其研究方法。

【例 10.4】表 10.4 记录了某市 3 个企业生产某种同类产品的劳动生产率(以单位时间产量表示)及劳动消耗时间的资料。根据第(1)列和第(2)列数值可以计算每个企业的劳动生产率指数,公式为:

$$K_Q = \frac{Q_1}{Q_0}$$

式中:K_Q 为个体劳动生产率指数;Q_0 为基期劳动生产率;Q_1 为报告期劳动生产率。

表 10.4 某市 3 个企业某种同类产品的劳动生产率及劳动消耗时间

企业	单位时间产量/(t/工日)		劳动消耗时间/万工日		个体劳动生产率指数	按不同时期劳动生产率计算的总产量/万 t		
	Q_0	Q_1	T_0	T_1	$K_Q = \frac{Q_1}{Q_0}$	Q_0T_0	Q_1T_1	Q_0T_1
	(1)	(2)	(3)	(4)	(5)	(6)	(7)	(8)
甲	8	10	3	6	1.25	24	60	48
乙	5	6	2	4	1.20	10	24	20
丙	3	3	5	2.5	1.00	15	7.5	7.5
平均	5.33	6.33	—	—	—	—	—	—
合计	—	—	10	12.5	—	49	91.5	75.5

计算结果写在表中第(5)列。从中可以看出 3 个企业的劳动生产率增长程度是不同的,现在要求计算 3 个企业的平均劳动生产率指数。为此需先分别计算基期与报告期的平均劳动生产率(average labor productivity):

$$基期平均劳动生产率\ \overline{Q}_0 = \frac{\sum Q_0 T_0}{\sum T_0}$$

$$报告期平均劳动生产率\ \overline{Q}_1 = \frac{\sum Q_1 T_1}{\sum T_1}$$

式中:T_0 为基期劳动消耗时间;T_1 为报告期劳动消耗时间。则平均劳动生产率指数为:

$$K_{\overline{Q}} = \frac{\overline{Q}_1}{\overline{Q}_0} = \frac{\dfrac{\sum Q_1 T_1}{\sum T_1}}{\dfrac{\sum Q_0 T_0}{\sum T_0}}$$

式中：$K_{\overline{Q}}$ 为平均劳动生产率指数。

在上式中，$\overline{Q}_1$ 与 $\overline{Q}_0$ 均是由两个基本因素构成的，即劳动生产率水平 Q 与劳动消耗时间 T，在这一指数中，两个因素都是变化的。因此这一指数称为可变构成指数。根据表 10.4 资料将有关数值代入上式得：

$$K_{\overline{Q}} = \frac{\overline{Q}_1}{\overline{Q}_0} = \frac{\dfrac{\sum Q_1 T_1}{\sum T_1}}{\dfrac{\sum Q_0 T_0}{\sum T_0}} = \frac{\dfrac{91.5}{12.5}}{\dfrac{49}{10}} = \frac{7.32}{4.90} = 149.4\%$$

计算结果表明：3 个企业的报告期平均劳动生产率比基期提高了 49.4%。

$\overline{Q}_1 - \overline{Q}_0 = 7.32 - 4.90 = 2.42(\text{t})$

这一差额说明：由于劳动生产率提高，报告期比基期平均每个工日增加 2.42 t 产量。将这一计算结果与表 10.4 中第(5)列数值对比，可以看出平均劳动生产率指数明显高于个别企业的劳动生产率指数(3 个企业的生产率指数分别为 1.25，1.20，1.00)。为什么出现这种矛盾现象呢？这是因为平均生产率指数是两个时期平均指标的对比，指数高低不仅受分子指标中劳动生产率水平变动的影响，同时也受分母指标中劳动时间内部构成变动影响。将表中第(3)列和第(4)列数值与第(1)列和第(2)列数值对比，可以看出：甲、乙两企业是同类产品中劳动生产率较高的企业，而这两个企业的报告期劳动消耗时间均比基期增加 1 倍；丙企业是 3 个企业中劳动生产率较低的企业，这个企业的报告期劳动消耗时间却比基期减少一半。3 个劳动生产率不同的企业其劳动时间构成发生如此变化，必然对平均劳动生产率指数产生影响。由此可见，平均劳动生产率指数的数值高于个别企业的劳动生产率指数数值，是两个方面因素造成的：一是企业劳动生产率水平的变动；二是企业劳动消耗时间构成的变动。为了从数量上确定二者对平均劳动生产率指数的影响，需要从这两方面分别加以分析和测定：

(1)分析劳动生产率水平变动的影响，在可变构成指数(index of variable structure)中，Q 和 T 两个因素都是变动的，现在要测定劳动生产率水平 Q 变动的影响，这就需要在研究过程中将因素劳动消耗时间 T 固定起来，于是可以得到反映劳动生产率水平变动的指数：

$$\frac{\dfrac{\sum Q_1 T_1}{\sum T_1}}{\dfrac{\sum Q_0 T_1}{\sum T_1}} = \frac{\sum Q_1 T_1}{\sum Q_0 T_1}$$

上式中依据中国目前通用的计算指数的规则，采用报告期数量指标 T_1 为同度量因素。在此式中，因素 T 是固定的，因此在计算中消除了劳动消耗时间结构变动的影响，反映的是劳动生产率水平 Q 的变动程度。为了与可变指数相区别，称

$$\frac{\sum Q_1 T_1}{\sum Q_0 T_1} = \frac{\dfrac{\sum Q_1 T_1}{\sum T_1}}{\dfrac{\sum Q_0 T_1}{\sum T_1}}$$

为固定构成指数(index of fixed structure)。按表 10.4 中资料计算，得：

$$\frac{\dfrac{\sum Q_1 T_1}{\sum T_1}}{\dfrac{\sum Q_0 T_1}{\sum T_1}} = \frac{\dfrac{91.5}{12.5}}{\dfrac{75.5}{12.5}} = 121.2\%$$

即 3 个企业的劳动生产率报告期比基期平均提高了 21.2%。

由于劳动生产率提高平均每个工日增加的产量为：

$$\frac{\sum Q_1 T_1}{\sum T_1} - \frac{\sum Q_0 T_1}{\sum T_1} = \frac{91.5}{12.5} - \frac{75.5}{12.5} = 7.32 - 6.04 = 1.28\ (\text{t})$$

(2)分析劳动消耗时间结构变动的影响，在 $K_{\overline{Q}} = \dfrac{\overline{Q}_1}{\overline{Q}_0}$ 中，将 Q 因素固定起来，于是可得出反映劳动时间构成变动的指数：

$$\frac{\dfrac{\sum Q_0 T_1}{\sum T_1}}{\dfrac{\sum Q_0 T_0}{\sum T_0}}$$

该式反映劳动时间构成的变动程度，是数量指标指数。根据中国当前通用的计算指数的规定，在数量指标指数中，质量指标 Q 应固定在基期。于是该式反映了劳动消耗时间结构变化对劳动生产率变动的影响，称此式为结构影响指数。按表 10.12 中资料计算，得：

$$\frac{\dfrac{\sum Q_0 T_1}{\sum T_1}}{\dfrac{\sum Q_0 T_0}{\sum T_0}} = \frac{\dfrac{75.5}{12.5}}{\dfrac{49.0}{10.0}} = 123.3\%$$

计算结果说明：由于 3 个企业劳动消耗时间结构的变化，平均劳动生产率指数提高了 23.3%。

由于劳动消耗时间结构的变化，平均每个工时增加的产量为：

$$\frac{\sum Q_0 T_1}{\sum T_1} - \frac{\sum Q_0 T_0}{\sum T_0} = \frac{75.5}{12.5} - \frac{49.0}{10.0} = 1.14\ (\mathrm{t})$$

将以上分析结果综合起来，可以看出，可变构成指数、固定构成指数和结构影响指数之间具有密切的联系，从而也形成一定的指数体系，这一指数体系的形式是：

可变构成指数＝固定构成指数×结构影响指数

$$K_{\overline{Q}} = \frac{\overline{Q}_1}{\overline{Q}_0} = \frac{\dfrac{\sum Q_1 T_1}{\sum T_1}}{\dfrac{\sum Q_0 T_0}{\sum T_0}} = \left(\frac{\dfrac{\sum Q_1 T_1}{\sum T_1}}{\dfrac{\sum Q_0 T_1}{\sum T_1}}\right) \times \left(\frac{\dfrac{\sum Q_0 T_1}{\sum T_1}}{\dfrac{\sum Q_0 T_0}{\sum T_0}}\right)$$

将以上计算数值代入上式，得：

149.4%＝121.2% ×123.3%

这一指数体系中各因素指数的关系也表现在绝对数上，即

$$\frac{\sum Q_1 T_1}{\sum T_1} - \frac{\sum Q_0 T_0}{\sum T_0} = \left[\frac{\sum Q_1 T_1}{\sum T_1} - \frac{\sum Q_0 T_1}{\sum T_1}\right] + \left[\frac{\sum Q_0 T_1}{\sum T_1} - \frac{\sum Q_0 T_0}{\sum T_0}\right]$$

将以上计算值代人上式，得：

2.42＝1.28＋1.14

由以上内容可以看出，分析平均指标动态变化的指数体系与分析总量指标动

态变化的指数体系，在内容和形式上都有所不同。但在实际工作中，根据需要，可以将这两种指数体系联系起来，从多个方面分析现象的动态变化。

10.4.3 多因素指数分析

以上分析方法可以推广到多个因素指数的分析方面，现以 3 因素分析为例简要说明如下。多因素指数体系的分析方法，仍需根据综合指数编制的一般原理，为了测定某一因素的影响，要把其他因素固定不变。即在测定数量因素变动时，以基期的质量指标为同度量因素；在测定质量因素变动时，以报告期的数量指标为同度量因素；同时要注意因素的合理编排顺序。例如：

原材料支出总额＝产品产量×单位产品原材料消耗量×原材料价格

产品产量相对于单位产品原材料消耗量和原材料价格来说，为数量指标；原材料价格相对于产品产量和单位产品原材料消耗量来说，则是质量指标；而单位产品原材料消耗量相对于产品产量来说是质量指标；相对于原材料价格来说，则为数量指标。为了在多因素指数分析中不至于引起混乱，应遵循一般原则：

(1)把影响复杂总体变动的各个因素按照数量指标在前，质量指标在后的顺序进行排列。

(2)当分析某一因素对复杂总体变动的影响时，未被分析的后面诸要素应固定在基期水平，而被分析过的前面诸要素，则要固定在报告期水平。

因此对应指数体系为：

原材料支出总额指数＝产量指数×单位产品原材料消耗量指数×原材料价格指数

$$\frac{\sum q_1 m_1 p_1}{\sum q_0 m_0 p_0} = \frac{\sum q_1 m_0 p_0}{\sum q_0 m_0 p_0} \times \frac{\sum q_1 m_1 p_0}{\sum q_1 m_0 p_0} \times \frac{\sum q_1 m_1 p_1}{\sum q_1 m_1 p_0}$$

变化的绝对差额为：

$$\sum q_1 m_1 p_1 - \sum q_0 m_0 p_0 = \left(\sum q_1 m_0 p_0 - \sum q_0 m_0 p_0\right) + \left(\sum q_1 m_1 p_0 - \sum q_1 m_0 p_0\right) + \left(\sum q_1 m_1 p_1 - \sum q_1 m_1 p_0\right)$$

式中：q_1 为报告期产品产量；q_0 为基期产品产量；m_1 为报告期单位产品原材料消耗量；m_0 为基期单位产品原材料消耗量；p_1 为报告期原材料价格；p_0 为基期原材料价格。

【例 10.5】以表 10.5 为例。

表 10.5　原材料支出总额计算表

产品名称	产量/台		原材料名称	每台消耗量/kg		原材料价格/(元/kg)		原材料费用总额/万元			
	基期 q_0	报告期 q_1		基期 m_0	报告期 m_1	基期 p_0	报告期 p_1	$q_0m_0p_0$	$q_1m_0p_0$	$q_1m_1p_0$	$q_1m_1p_1$
甲	90	100	A	40	36	40	48	14.400	16.000	14.400	17.280
乙	70	85	B	30	26	40	48	8.400	10.200	8.840	10.608
丙	60	70	C	15	14	32	37	2.880	3.360	3.136	3.626
合计	—	—	—	—	—	—	—	25.680	29.560	26.376	31.514

根据表 10.5 资料计算。

费用总额的动态指数：$\dfrac{\sum q_1m_1p_1}{\sum q_0m_0p_0}=\dfrac{315\ 140}{256\ 800}=122.7\%$

费用总额变化绝对值：$\sum q_1m_1p_1-\sum q_0m_0p_0=315\ 140-256\ 800=58\ 340$（元）

其中，产量变动影响为：$\dfrac{\sum q_1m_0p_0}{\sum q_0m_0p_0}=\dfrac{295\ 600}{256\ 800}=115.1\%$

影响绝对额：$\sum q_1m_0p_0-\sum q_0m_0p_0=295\ 600-256\ 800=38\ 800$（元）

单位产品消耗量变动影响为：$\dfrac{\sum q_1m_1p_0}{\sum q_1m_0p_0}=\dfrac{263\ 760}{295\ 600}=89.2\%$

影响绝对额：$\sum q_1m_1p_0-\sum q_1m_0p_0=263\ 760-295\ 600=-31\ 840$（元）

原材料价格变动影响为：$\dfrac{\sum q_1m_1p_1}{\sum q_1m_1p_0}=\dfrac{315\ 140}{263\ 760}=119.5\%$

影响绝对额：$\sum q_1m_1p_1-\sum q_1m_1p_0=315\ 140-263\ 760=51\ 380$（元）

则指数关系为：115.1%×89.2%×119.5%＝122.7%

绝对额的变动为：38 800＋(－31 840)＋51 380＝58 340

从以上计算结果可以看出：原材料支出总额增长 22.7%，增加 58 340 元，是由于产量增长 15.1%，增加 38 800 元；单位产品原材料消耗降低 10.8%，减少支出 31 840 元；原材料价格上涨 9.5%，增加支出 51 380 元三方面共同影响的结果。

10.5 几种常见的统计指数

指数作为一种重要的经济分析指标和方法，在实践中获得了广泛应用。但在不同场合，往往需要运用不同的指数形式。一般而言，选择指数形式的主要标准应该是指数的经济分析意义，除此之外，有时还要考虑实际编制工作的可行性，以及对指数分析性质的某些特殊要求。现以国内外常见的主要经济指数为例，对指数方法的具体应用加以介绍。

国内外常用的经济指数主要有：商品零售价格指数（retail price index）、居民消费价格指数、生产者物价指数、股票价格指数（stock price index）等。

10.5.1 商品零售价格指数和居民消费价格指数

1. 商品零售价格指数

商品零售价格指数是反映城乡商品零售价格变动趋势的一种经济指数。零售物价的调整变动直接影响到城乡居民的生活支出和国家的财政收入，影响居民购买力和市场供需平衡，影响消费与积累的比例。因此，计算零售价格指数可以从一个侧面对上述经济活动进行观察和分析。

我国的商品零售价格指数采用固定加权算术平均数指数的形式。通过商品零售价格指数，可以反映城乡商品零售价格的变动趋势。现将我国商品零售价格指数中的一些主要问题说明如下：

(1)代表规格品的选择。全社会零售商品的种类多达上百万种，要编制包括全部商品的零售价格指数显然是不可能的。因此，在编制价格指数时，只能选择部分具有代表性的商品。首先对商品进行科学的分类，在此基础上分别选择能代表各类商品的代表规格品。如把零售商品分为食品类、衣着类、日用品类、文化娱乐类、书报杂志类、药及医疗用品类、建筑装潢材料类、燃料类等。大类下分小类，小类下分若干商品细目。目前，我国商品零售价格指数入编商品共计 353 项。

(2)典型地区的选择。全面商品零售价格指数用于反映全社会零售商品价格的总体变动水平，但要包括所有的地区又是不可能的，一般选择部分具有代表性的地区编制价格指数。典型地区的选择既要考虑其代表性，也要注意类型上的多样性以及地区分布上的合理性和稳定性。

(3)商品价格的确定。全社会商品零售价格总指数包括了商品牌价，议价和市价等因素。对所选代表性商品使用的是全社会综合市场价。一种商品的综合市场价是该商品在一定时期内的牌价，议价和市价的加权平均，其权数是各种价格形式的商品零售量或零售额。根据每种代表品基期和报告期的综合市场价，计算每种商品的价格指数，以此作为计算类指数的依据。

(4)权数的确定。我国目前的零售价格指数是采用加权算术平均形式计算的，其权数是根据上年商品零售额资料，并根据当年住户调查资料予以调整后确定的。在确定权数时，先确定各大类权数，然后确定小类权数，最后确定商品权数，权数均以百分比表示，各层权数之和等于 100，为便于计算，权数一律取整数。

(5)指数的计算。全社会商品零售价格总指数，其计算公式为：

$$I_p = \frac{\sum i_p \cdot w}{\sum w}$$

式中：i_p 为个体指数或各层的类指数；w 为各层零售额比重权数。

具体计算过程是，先分别计算出各代表规格品基期和报告期的全社会综合平均价，并计算出相应的价格指数，然后分层逐级计算小类、中类、大类和总指数。

2. 居民消费价格指数

居民消费价格指数的编制程序与零售物价指数基本相同。居民消费价格指数是指城乡居民购买支付生活消费品和服务项目的价格，是社会产品和服务项目的最终价格，同人民生活密切相关，在整个国民经济价格体系中具有极为重要的地位。它是进行经济分析和决策、价格总水平监测和调控及国民经济核算的重要指标。其按年度计算的居民消费价格指数变动率通常被用来作为反映通货膨胀或紧缩程度的指标。

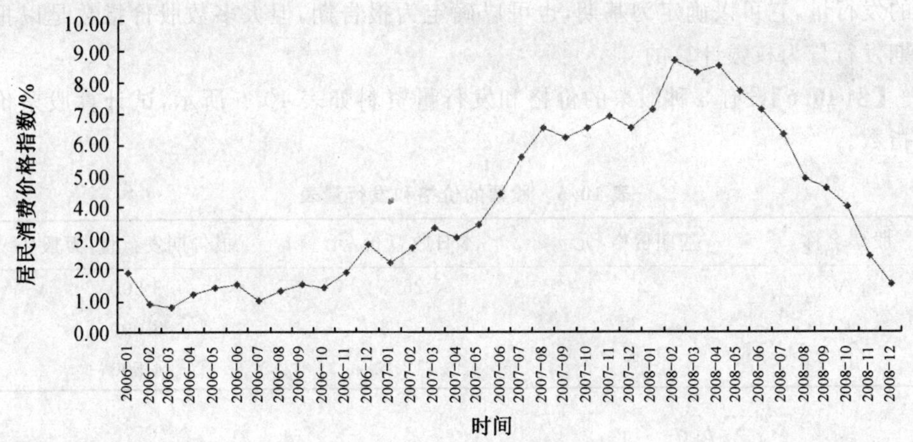

图 10.1　我国 2006 年 1 月至 2008 年 12 月 CPI 变化图

居民消费价格指数与商品零售物价指数的区别在于：消费者价格指数综合反映城乡居民所购买的各种消费品和生活服务的价格变动程度；而商品零售价格指数则反映城乡市场各种零售商品（不含服务）的价格变动程度。

10.5.2　生产者物价指数

生产者物价指数（PPI）也称产品价格指数。是从生产者方面考虑的物价指数，测量在初级市场上出售的货物（在非零售市场上首次购买某种商品时，如钢铁、木材、电力、石油之类）的价格变动的一种价格指数，反映生产者所购买、出售的商品价格的变动情况。生产者价格指数的上涨反映了生产者价格的提高，相应地生产者的生产成本增加，生产成本的增加必然转嫁到消费者身上，导致 CPI 的上涨。生产者价格指数（PPI）是衡量通货膨胀的潜在性指标。

10.5.3　股票价格指数

股票价格指数是反映某一股票市场上多种股票价格变动趋势的一种相对数，简称股价指数，其单位一般用"点"(point)表示。

股票价格指数的计算方法很多，但一般以发行量为权数进行加权综合。其公式为：

$$I_p = \frac{\sum p_{1i} q_i}{\sum p_{0i} q_i}$$

式中：p_{1i} 为第 i 种样本股票报告期价格；p_{0i} 为第 i 种股票基期价格；q_i 为第 i 种股票的发行量，它可以确定为基期，也可以确定为报告期，但大多数股价指数是以报告期发行量为权数计算的。

【例 10.6】设有 3 种股票的价格和发行量资料如表 10.6 所示，试计算股票价格指数。

表 10.6　股票的价格和发行量表

股票名称	基期价格/元	本日收盘价/元	报告期发行量/万股
A	25	26.5	3 500
B	8	7.8	8 000
C	12	12.6	4 500

根据 $I_p = \frac{\sum p_{1i} q_i}{\sum p_{0i} q_i}$ 得股价指数为：

$$I_p=\frac{\sum p_{1i}q_i}{\sum p_{0i}q_i}=\frac{26.5\times 3\ 500+7.8\times 8\ 000+12.6\times 4\ 500}{25\times 3\ 500+8\times 8\ 000+12\times 4\ 500}=103.09\%$$

即股价指数上涨了 3.09 点。

目前，世界各国的主要证券交易所都有自己的股票价格指数，比如美国的道·琼斯股票指数（道·琼斯股票指数是世界上历史最为悠久的股票指数）和标准·普尔指数、纽约证券交易所股票价格指数、伦敦金融时报指数、法国法兰克福 DAX 指数、巴黎 CAC 指数、瑞士的苏黎世 SMI 指数、日本的日经指数、香港恒生指数等。我国的上海和深圳两个证券交易所也编制了自己的股票价格指数，如上交所的上证综合指数、上证 180 指数等，深交所的深圳成分指数和深圳综合指数等。

10.6　综合评价指数

多指标综合评价是利用指数的思想与方法，将所选择的有代表性的若干个指标综合成一个指数，从而对事物发展的状况做出综合的评判。可以说，多指标综合评价指数是指数理论与方法在其他领域的进一步发展和应用。

10.6.1　构建综合评价指数的一般问题

构建多指标综合评价指数需要考虑如下几个方面的问题：

(1)进行理论研究，其中包括统计指标理论以及统计指标体系的理论研究，以便为确定所需的评价指标提供一定的理论依据。

(2)建立科学的评价指标体系。所建立的指标体系是否科学合理，直接关系到评价结果的科学性和准确性。指标体系的建立首先应进行必要的定性研究，对所研究的问题进行深入的分析，尽量选择那些具有一定综合意义的代表性指标；其次，应尽可能运用多元统计的方法进行指标的筛选，以提高指标的客观性。

(3)评价方法研究，主要包括综合评价指数的构造方法、指标的赋权方法以及各种评价方法的比较等。下面仅就综合评价指数的构建方法作简要的介绍。

综合评价指数是由若干个单项指标综合而成的，其综合方式有简单综合与加权综合两种，目前应用较多的是加权综合。

设所选择的 n 个指标为 $x_1,x_2,\cdots,x_n$，由于各指标的计量单位可能不同，这就需要将各指标进行转换，以使其具有可比性。设转换后的各指标值为 $z_1,z_2,\cdots,z_n$，对各项指标赋予的权数分别为 $w_1,w_2,\cdots,w_n$，则综合评价指数的一般形式为：

$$I=\frac{\sum_{i=1}^{n}Z_iw_i}{\sum_{i=1}^{n}w_i}$$

式中：$0\leqslant w_i\leqslant 1$，$\sum_{i=1}^{n}w_i=1$。

当 $w_1=w_2=\cdots=w_n$ 时，就是简单综合而成的综合评价指数，此时有

$$I=\frac{\sum_{i=1}^{n}Z_i}{n}$$

从此式可以看出，构建综合评价指数时，首先要解决好两个问题：一是指标的转换，即无量纲化处理；二是权数的构造。

10.6.2 指标的转换方法

在进行综合评价时，指标体系中所包含的各种指标往往具有不同计量单位，在构建综合指数时，首先应统一这些指标的量纲，也就是将不同单位表示的指标做无量纲化处理，这就是所谓的指标转换。指标无量纲化的处理方法很多，每种方法各有不同的特点和应用场合。

1. 统计标准化

这是一种广泛使用的方法，其公式为：

$$Z_i=\frac{x_i-\bar{x}}{\sigma}$$

式中：$\bar{x}$ 为 x_i 的均值；σ 为 $x_1,x_2,\cdots,x_n$ 的标准差。

2. 极值标准化

转换的公式为：

$$Z_i=\frac{x_i-\min(x_i)}{\max(x_i)-\min(x_i)}$$

式中：$\max(x_i)$ 和 $\min(x_i)$ 分别为指标 x_i 的最大值和最小值。

3. 定基与环比转换

转换公式分别为：

$$Z_i = \frac{x_i}{x_0} \times 100\%, \ Z_i = \frac{x_i}{x_{i-1}} \times 100\%$$

式中：x_0 为用于比较的基准值。前者适合于构造比较指数时的指标转换；后者适合于构造时间序列指数时的指标转换。

10.6.3　权数的构造

权数的构造方法有多种，大体上可分为两类：一类是主观构权法，一类是客观构权法。两种方法各有利弊，主观构权法往往没有统一的客观标准，客观构权法可在一定程度上弥补这一不足，在实际中最好将二者结合使用。

主观构权法是研究者根据其主观价值判断来指定各指标权数的一种方法，主要有专家评判法、层次分析法等。专家评判法的基本思路是：首先选择 M 位专家组成一个评判小组，并分别由每位专家独立地给出一套权数，形成一个评判矩阵，最后对每位专家给出的权数进行综合处理，从而得出综合权数。比如采用简单平均的方法进行综合，设评判小组由 M 位专家组成，其中第 i 位专家给 n 个指标赋予的权数分别为 $w_{i1}, w_{i2}, \cdots, w_{in}$，则综合权数为 $w = (\overline{w}_1, \overline{w}_2, \cdots, \overline{w}_n)$，其中 $\overline{w}_j = \frac{1}{M}\sum_{i=1}^{M} w_{ij}\ (j = 1, 2, \cdots, n)$，表示第 j 个指标的权数。

层次分析法(AHP)是一种多目标准则的决策方法。AHP 在各元素进行比较排序时，首先要建立系统的递阶层次结构，然后构造比较判断矩阵，再由判断矩阵计算被比较元素的相对权重，最后计算各层次对系统目标的合成相对权重，并进行排序。

客观购权法是相对主观购权法而言的，它是直接根据指标的原始信息，通过统计方法处理后获得权数的一种方法。其中的常用方法主要有主成分分析法、因子分析法、相关法、回归法等。这些方法在有关文献中均有详细介绍，这里不再赘述。

复习思考题

一、选择题

1. 在数量体系中，总量指数与各因素指数之间的数量关系表现为(　　)。

A. 从相对量来看，总量指数等于各因素指数之积

B. 从绝对量来看，总量指数等于各因素指数之和

C. 从绝对量来看，总量的变动差额等于各因素指数变动差额之积

D. 从绝对量来看，总量指数等于各因素指数差额之和

2. 下列选项中，属于数量指数的是（　　）。

A. 商品销售量指数　　B. 产品成本指数

C. 价格指数　　D. 职工人数指数

3. 在编制综合指数时，同度量因素在时间选择上的一般原则是（　　）。

A. 数量指数以报告期质量指标作为同度量因素

B. 质量指数应该以基期数量指标作为同度量因素

C. 数量指数应该以基期的质量指标作为同度量因素

D. 数量指数和质量指数都以报告期指标作为同度量因素

4. 指标体系的作用是（　　）。

A. 为选择指数计算方法提供依据

B. 为选择指数基期提供依据

C. 为编制时间序列提供参考

D. 对现象发展的相对变化程度及各因素的影响程度进行分析

5. 某商场总销售额 2002 年为 86 000 元，2003 年为 90 000 元，商品价格上涨 10%，与 2002 年相比，则（　　）。

A. 商品销售量指数为 97.14%

B. 总销售额指数为 108.65%

C. 价格上涨使总销售额增加了 8 182 元

D. 商品销售量下降使总销售额减少了 8 182 元

6. 某种商品基期售出 50 kg，报告期售出 60 kg，指数为 120%，该指数是（　　）。

A. 综合指数　　B. 个体指数

C. 总指数　　D. 销售量指数

E. 数量指标指数

7. 3 种商品的价格指数为 105%，其绝对影响为 800 元，则结果表明（　　）。

A. 3 种商品的价格平均上涨了 5%

B. 由于价格上涨，销售额增长了 5%

C. 由于价格上涨，居民在维持一定生活水准的情况下，多支出 800 元

D. 由于价格上涨，商店在一定销售条件下，多收入 800 元

E. 价格报告期比基期的绝对差额为 800 元

8. 下列选项中，可以形成指数体系，并进行因素分析的有（　　）。

A. 进出口贸易总值指数、出口总值指数和进口总值指数

B. 进口总值指数、进口价格指数和进口总值指数

C. 出口总值指数、出口价格指数和出口总值指数

D. 工业总产值指数、工业劳动生产率指数和工业从业人数指数

E. 粮食总产量指数、人均消费粮食数量指数和总人口指数

9. 下列选项中，属于质量指数的是(　　)。

A. 商品销售量指数　　B. 产品成本指数

C. 股票价格指数　　D. 零售价格指数

E. 产品产量指数

10. 下列关于综合指数的选项中，正确的是(　　)。

A. 它是对个体指数加权平均计算的总指数

B. 编制数量综合指数，应以基期的质量指标为同度量因素

C. 编制质量指标综合指数，应以报告期数量指标为同度量因素

D. 它是根据两个时期相同的复杂总体现象的总量指标对比计算的一种总指数

E. 用来分析简单现象的总量变化

二、简答题

1. 统计指数与数学上的指数函数有何不同?

2. 什么是统计指数，其有哪些作用和种类?

3. 什么是同度量因素，其有何作用?

4. 在一定条件下，综合指数与平均指数相互之间可能存在着“变形”关系。为什么说它们两者仍然是相对独立的总指数编制方法?

5. 什么是指数体系，其有何作用?

6. 如何对总量指数的变动进行因素分析?

7. 如何对平均指数的变动进行因素分析?

三、计算题

1.　给出某市场上 4 种蔬菜的销售资料如下表所示：

品种	销售量/kg		销售价格/(元/kg)	
	基期	报告期	基期	报告期
白菜	550	560	1.60	1.80
黄瓜	224	250	2.00	1.90
萝卜	308	320	1.00	0.90
西红柿	168	170	2.40	3.00
合计	1 250	1 300	—	—

(1)用拉氏公式编制 4 种蔬菜的销售量总指数和价格总指数。

(2)用帕氏公式编制 4 种蔬菜的销售量总指数和价格总指数。

2.某企业共生产 3 种不同的产品，有关的产量、成本和销售价格资料如下表所示：

产品种类	计量单位	基期产量	报告期		
			产量	单位成本	销售价格
A 产品	件	270	340	50	65
B 产品	台	32	35	800	1 000
C 产品	t	190	150	330	400

(1)分别以单位产品成本和销售价格为同度量因素，编制该企业的帕氏产量指数。

(2)试比较说明：两种产量指数具有何种不同的经济分析意义？

3. 给出某市场上 4 种蔬菜的销售资料如下表所示：

品种	销售额/元		个体价格指数/%
	基期	报告期	
白菜	880.0	1 008	112.5
黄瓜	448.0	475	95.0
萝卜	308.0	288	90.0
西红柿	403.2	510	125.0
合计	2 039.2	2 281	—

(1)用基期加权的算术平均指数公式编制 4 种蔬菜的价格总指数。

(2)用计算期加权的调和平均指数公式编制 4 种蔬菜的价格总指数。

4.利用第 3 题的资料和计算结果，试建立适当的指数体系，并就蔬菜销售额的变动进行因素分析。

5.随着零售业市场竞争的日益加剧，各零售商不断推出新的促销策略。物通百货公司准备利用五一假日黄金周采取部分商品的大幅度降价策略，旨在通过降价赢得顾客、提高商品的销售额，同时也可以进一步调整商品的结构。为分析降价对销售额带来的影响，公司收集的降价前一周和降价后一周几种主要商品的有关销售数据如下表所示：

商品名称	计量单位	价格		销售量	
		降价前	降价后	降价前	降价后
甲	台	3 200	2 560	50	70
乙	套	860	516	120	180
丙	件	180	126	240	336

(1)降价后与降价前相比,3 种商品的总销售额增长的百分比是多少?销售额增长的绝对值是多少?

(2)以降价后的销售量为权数,计算 3 种商品的平均降价幅度是多少?由于降价而减少的销售额是多少?

(3)以降价前的价格为权数,计算 3 种商品的销售量平均增长幅度是多少?由于销售量增长而增加的销售额是多少?

6. 设有 3 种工业类股票的价格和发行量数据如下表所示:

股票名称	价格/元		发行量
	前日收盘	本日收盘	
A	6.42	6.02	12 000
B	12.36	12.5	3 500
C	14.55	15.6	2 000

计算股票价格指数,并对股价指数的变动作简要分析。

复习思考题答案

一、选择题

1. A　2. AD　3. C　4. D　5. C

6. BDE　7. ABCD　8. ADE　9. BCE　10. BCD

二、简答题

(略)

三、计算题

1. (1) $L_q=\dfrac{\sum q_1p_0}{\sum q_0p_0}=\dfrac{2\ 124}{2\ 039.2}=104.16\%$

$$L_p=\frac{\sum p_1q_0}{\sum p_0q_0}=\frac{2\ 196.8}{2\ 039.2}=107.73\%$$

(2) $P_q=\dfrac{\sum q_1p_1}{\sum q_0p_1}=\dfrac{2\ 281}{2\ 196.8}=103.83\%$

$$P_p=\frac{\sum p_1q_1}{\sum p_0q_1}=\frac{2\ 281}{2\ 124}=107.39\%$$

2. (1) $P_q=\dfrac{\sum q_1z_1}{\sum q_0z_1}=\dfrac{94\ 500}{101\ 800}=92.83\%$

$$P'_q = \frac{\sum q_1 p_1}{q_0 p_1} = \frac{117\ 100}{125\ 550} = 93.27\%$$

(2)(略)

3.(1) $A_p = \frac{\sum i_p p_0 q_0}{\sum p_0 q_0} = \frac{2\ 196.8}{2\ 039.2} = 107.73\%$

(2) $H_p = \frac{\sum p_1 q_1}{\sum \frac{p_1 q_1}{i_p}} = \frac{2\ 281}{2\ 124} = 107.39\%$

4. $L_q P_p = V$

104.16%×107.39%=111.86%

84.8+157=241.8

5.(1)2.62%;8 016 元

(2)28.42%;124 864 元

(3)43.37%;132 880 元

6. $I_p = \frac{\sum p_{1i} q_i}{\sum p_{0i} q_i} = 98.52\%$,下跌 1.48%

第 11 章　统计预测

教学目的和要求：通过本章的学习，了解统计预测的基本概念、种类和意义；掌握统计预测的基本方法，如时间序列预测法和回归预测法；能够使用简单的模型进行统计预测。

前面各章所介绍的内容都属于对统计资料的调查、整理和分析，用以描述社会经济现象发展过程的数量变化和数量关系。但对社会经济现象的研究，不仅要研究它的过去和现在，而且还要根据现实的统计资料，采用科学的方法预测其未来发展的趋势。

11.1　统计预测的基本问题

统计预测作为一种科学方法，被广泛应用于各个领域，它是以一定的数量关系显示事物发展变化的相互依存关系，从而作出科学的判断和预见。

11.1.1　统计预测的概念

统计预测(statistical prediction)是以大量的实际调查资料为基础，根据社会经济现象的联系及发展规律，运用科学的数学模型，对未来发展的趋势和达到的水平做出客观估量的统计方法。

统计预测实际上是对未来的动态推算。进行统计预测要具备几个条件，即准确的统计资料、科学的数学模型、精辟的经济理论。统计资料是预测的依据，经济理论是预测的基础，数学模型是预测的手段，它们共同构成统计预测的 3 个要素。统计预测与经济预测既有联系，又有区别。

它们的主要联系：

(1)以经济现象的未来数量为研究对象。

(2)直接或间接地为管理决策、政策制定、计划编制和政策与计划的执行检查情况提供信息。

(3)统计预测为经济定量预测提供所需的统计方法论。

实践证明，如果没有科学的统计预测方法，经济定量预测就难以取得迅速的发展和较准确的结果。当然统计预测也对经济预测结果的准确性进行研究，以便使预测方法得到完善。

它们的区别主要体现在两方面：从研究的角度来看，统计预测和经济预测都以经济现象的量变为研究对象，但着眼点不同，前者属于方法论研究，其研究的结果表现为预测方法的完善程度，后者则是对实际经济现象进行预测，是一种实质性预测，其结果表现为对某种经济现象的未来发展做出判断。从研究的领域来看，经济预测是研究经济领域中的问题，而统计预测则被广泛地应用于人类活动的各个领域，包括经济领域、社会领域等。

11.1.2 统计预测的意义

(1)为社会经济管理决策提供可靠的依据。预测能对未来可能发生的问题和可能出现的情况做出合理估计和科学分析。决策的过程中既要研究事物的过去和现在，又要探测未来的变化趋势，从这个角度来讲预测能为决策提供科学的数据，减小决策的盲目性，增强主动性。

(2)为编制计划提供重要的数据。计划是对决策未来行动的部署，要反映客观经济规律。编制计划前要对事物的客观情况有一个全面了解和正确认识。预测是从现在的实际资料出发，能反映事物的发展变化规律，能为计划的编制提供所需要的数据，从而使计划更具科学性。

11.1.3 统计预测的种类

统计预测的分类有多种方法，一般分为以下几种：

(1)按预测对象范围的大小，统计预测可分为宏观预测(macroscopic prediction)和微观预测(microcosmic prediction)。宏观预测是指对整个国民经济总体的预测，如国内生产总值增长率预测、物价变动预测等。微观预测是指对社会中某个单位的经济行为及相应变量的单项指标的预测。如预测一个工业企业总产值、利润、成本等。

(2)按预测时距的长短，统计预测可分为短期预测(short period prediction)、中期预测(middle period prediction)和长期预测(long period prediction)。这种分类不能一概而论。首先，不同的国家对预测期限在理论上和实践中不尽相同。其次，在宏观预测和微观预测中也不一致。但相对而言，宏观预测时期要长一些，如对国民经济发展趋势的预测。短期预测一般指1～2年，中期预测3～4年，长期预测为5～10年及更长时期的预测。而微观预测的期限则要短一些。如企业产品销售预测，短期通常为1～6个月，中期为0.5～2年，长期则为2年以上。

(3)按预测对象表现形式的不同,统计预测分为定性预测(qualitative prediction)和定量预测(quantitative prediction)。定性预测是指预测者根据掌握的有关资料,凭借个人的工作经验和分析能力,对事物未来发展趋势或性质做出的主观判断。这种预测有时也会用到数据,但其主要目的不在于准确地预计未来的具体数值,而在于判断事物未来的发展方向和趋势。定量预测是指使用统计方法对统计资料进行推算,其目的在于推算未知事件的具体数值。这种推算可使用数学模型,也可不使用数学模型。本章将着重介绍定量预测方法。

(4)按预测对象是否包括时间变动因素,统计预测可分为静态预测(static prediction)和动态预测(dynamic prediction)。静态预测是指依据空间数列资料发现现象之间的数量对比关系,并据以对未知现象做出推测。如回归预测法就是利用客观事物之间的内在联系进行预测。动态预测(又称时间序列预测)是指依据时间序列资料发现其动态规律,据以推测未来时期数量。动态预测是统计预测中的主要部分。

11.1.4　统计预测的原则

统计预测是根据客观事物的相互联系和发展变化进行的科学预测,但社会经济现象是非常复杂的,预测时难免会发生一定的误差,为使误差降低到最低限度,则要遵循以下几个原则:

(1)坚持理论分析和全面研究的原则。社会经济现象间存在着内在的必然联系,其发展也有其规律性,进行理论的分析和全面的研究为统计预测模型的选择提供了可靠的理论依据,从而能够有效地减小预测中的误差。

(2)坚持连贯、类推的原则。事物的现在是由过去发展而来的,而未来又是现在的发展结果,其发展变化有其自身的趋势性,连贯、类推的原则可以减小统计预测的误差。

(3)坚持预测方法符合现象的特点和研究目的的原则。社会经济现象是复杂的,要达到一个预测目的可能有几种预测方法。要选择一个最适合的方法,也就是说结合现象自身的特性和研究的目的进行选择。

11.1.5　统计预测的步骤

统计预测的步骤随预测的目的和方法的不同而有所区别,它的一般程序如下:

(1)确定预测目的。预测的目的不同,所需的资料和采取的预测方法也不同。如对居民生活水平进行预测,既可从其收入方面来预测,也可从其消费结构方面来预测,还可从物价变动对其生活的影响程度等方面预测。有了明确的目的,才能据以搜集必要的资料和采用合适的统计预测方法。

(2)搜集、审核、整理统计资料。真实可靠的统计资料是统计预测的依据，预测之前，必须掌握大量的、全面的、准确适用的数据和情况。为保证资料的准确性，还必须对资料进行审核、调整和推算。对审核、调整后的资料要进行初步分析，画出统计图形，以观察资料的性质，作为选择适当预测模型的依据。

(3)选择预测模型和方法，进行预测。资料审核、调整后，根据资料结构的性质，选择合适的模型和方法来预测。在资料不够完备、精确度要求不高时，可采用调查研究预测法，在掌握的资料比较完备、进行比较精确的预测时，可运用一定的数学模型(包括大量的计量经济模型)，采用历史引申(外推)预测法或因果预测法等进行预测。

(4)分析预测误差，改进预测模型。预测误差是预测值与实际观察值之间的离差，其大小与预测准确程度的高低成反比。预测误差虽然不可避免，但若超出了允许范围，就要分析产生误差的原因，以决定是否需要对预测模型和预测方法加以修正。

(5)提出预测报告。即把预测的最终结果编制成文件和报告，向有关部门上报或以一定形式对外公布，即提供和发布预测信息，供有关部门、企业决策时参考、应用。

11.2 统计调研推算预测法

统计调研推算预测法(deduction from investigation)是指预测人员采用各种调查方式取得大量的实际资料，对这些资料进行加工整理和分析研究，从中找出规律，并结合自己的实际经验来判断和推测未知事件发展前景的方法。由于它最终取决于凭借经验的主观判断，故又称为经验预测法。这种方法对短期预测和定性预测比较适用。实际中广泛采用的统计调研推算预测法有比例推算法、预计分析法、专家意见法和插值推算法等。

11.2.1 比例推算法

比例推算法(deduction from correlation ratio)是指利用已知某一时期(地区或单位)的某种指标与相关指标的比例关系资料，推算另一类似时期(地区或单位)的某项指标的一种方法。它既适用于同一时期内的静态推算，也适用于不同时期的动态推算和从局部资料的比例推算总体指标。

例如要预测某地区某年的产仔猪头数，如果已调查出该地区年初母猪存栏头数为 35 万头，根据历年的母猪与仔猪平均比例关系，即平均每头母猪每年产仔猪 20 头，从而可推算出全地区本年可产仔猪 35×20=700(万头)。

【例 11.1】某省 3 个城市今年的人口数与购买电风扇数，如表 11.1 所示，试预测明年这 3 个城市将购买的电风扇数。

表 11.1　某省 3 个城市人口数与购买电风扇数据统计表

城市	今年购买电风扇数/台	人口数/万人
甲	100 000	252.0
乙	39 546	101.4
丙	71 136	182.4

由于对每个城市进行调查所需的人力和时间较多，故拟采用重点调查。经过在甲市进行抽样调查得知，人口自然增长率为 0.8%，明年每百人需购买电风扇 5.5 台。

故甲市明年可能购买电风扇的台数为：

2 520 000×100.8%÷100×5.5=139 709(台)

甲市明年的预测数与今年的实际数的比例为：

139 709÷100 000=1.40

用该比例推算乙市、丙市明年购买电风扇的预测数为：

乙市：39 546×1.40=55 364(台)

丙市：71 136×1.40=99 590(台)

3 个城市明年将购电风扇的预测数为：

139 709+55 364+99 590=294 663(台)

此例中用甲市的抽样调查资料代表整个甲市，又用甲市明年的预测数和今年的实际数的比例推算乙市、丙市的预测数，这样可节省人力和时间，得出近似的结论，但不可避免地会有较大的误差。

11.2.2　预计分析法

预计分析法(deduction analysis)，就是通过调查研究生产发展趋势和当前生产情况及今后可能出现的有利因素和不利因素，对能否按时完成计划及可能完成的程度做出预测的一种方法。它是我国基层企业多年来行之有效的一种短期预测推算法，特别是在预计计划完成程度方面使用比较广泛。

预计分析中要做出一系列的推算。如设某工厂在某月中旬末累计完成某种产

品 Q_1 件，共计 t_1 天。到月末尚余 t_2 天，全月计划任务是 Q_2 件。根据上面资料，预计本月完成计划情况：

(1)预测期末可能完成产量为 $Q' = \frac{Q_1}{t_1}t_2 + Q_1$

(2) 预测计划完成程度为 $\frac{Q'}{Q_2} \times 100\%$

(3)超额完成产量为 $Q'-Q_2$，超额完成计划程度为 $\frac{Q'-Q_2}{Q_2} \times 100\%$

(4) 完成本月计划尚需天数为 $t' = \frac{Q_2 - Q_1}{Q_1/t_1}$

可以提前完成的天数为 $t_2 - t'$。

以上推算一般用于生产进度大体均衡的情况。对于生产进度不均衡，前段日产量偏少、后段提高幅度较大的情况，要用计算时的前几天的实际平均日产量乘以剩余工作天数，估计到期末可以生产的产品数量，再考虑到剩余时间内生产的有利因素和不利因素，修正上述估计数，加上本期已生产的产量，得到本期总产量的预测数。

预计分析时间一般选在中旬末或每季第二个月末或每年第三季度末来分别预测全月、全季和全年的计划完成情况。

11.2.3 专家意见法

专家意见法是一种采用规定程序向一组专家进行调查，将专家对过去历史资料的解释和对未来的分析判断有组织地集中起来，取得尽量可靠的统一意见，以对未来趋势进行预测的方法。国外称这种方法为“德尔菲技术”(Delphi technique)法。

这种方法是美国“思想库”兰德公司在 20 世纪 40 年代末期发展起来的。它具有比较系统的程序，适用于长期趋势预测，特别适用于其他调研预测法无法实现的定量估算和概率估算的场合。其基本做法如下：

第一步，提出预测问题，要求书面答复。调查预测者将调查提纲、预测目标、必要的资料提交专家小组中的每位专家，征询意见。

第二步，收集专家意见，集中整理。要求每位专家根据所提供的资料，提出自己的初步预测结果、论据和进一步研究需要的资料。将搜集到的专家的不同意见加以集中整理，再发给组内各个专家，进行第二轮征询，请他们对预测意见加以评论和说明。

第三步，修改预测。将经过评论和说明的意见以及补充材料发给原预测者，要求每位专家根据收到的材料，修改自己原先的预测。

第四步，最后预测。经过反复修改后，要求每位专家在前几次预测的基础上，根据所提交的全部材料，提出最终预测及其依据。

每次调查的时间间隔依实际需要而定，一般为 1 周或 10 d 左右。专家意见以不记名方式经过反复征询（一般四五轮）后，意见可趋于一致。调查者将反复调查的结果用统计方法整理分析，最后得出比较切合实际的集中的预测答案。

11.2.4　插值推算法

插值推算法（interpolation deduction）是根据动态数列和变量数列的若干已知对应数值推算其数列未来趋势的对应数值。插值推算法主要有以下几种：

(1)内插法（interpolation method）　即利用平均发展速度推算。它是在本期实际值的基础上，乘以一定历史时期的平均发展速度，得出下期的预测。其公式为

$$\bar{y}_{t+k} = y_t b^k$$

式中：b 为一定时期的平均发展速度；k 为距本期（ t 期）的时期数。

(2)线性插值法（linear interpolation method）。前面所讲的比例推算法只是根据一个地区（单位等）的比例关系估算类似地区（单位等）的数值。但是一个地区（单位）的比例关系并不普遍适用于其他地区（单位）。如果掌握了各不相同的若干地区（单位）的比例关系，则要考虑这些比值之间的关系，而不能只用一个地区（单位）的比例关系来估算。线性插值法是以掌握两项有关的对应的实际资料来推算第三项对应的未知资料。根据这两点只能确定唯一的一个直线方程：

$$\frac{y-y_0}{x-x_0} = \frac{y_1-y_0}{x_1-x_0}$$

整理得：
$$y = y_0 + \frac{y_1-y_0}{x_1-x_0}(x-x_0)$$

(3)拉格朗日插值法（Lagrange interpolation method）。这种推算方法是指掌握了两个以上实际对应资料来推算某项对应的未知资料。它是线性插值法的推广。

对线性插值多项式作简单变换有：

$$y = y_0 + \frac{y_1-y_0}{x_1-x_0}(x-x_0) = y_0\,\frac{x-x_1}{x_0-x_1} + y_1\,\frac{x-x_0}{x_1-x_0}$$

则拉格朗日多项式为：

$$y=y_0\frac{(x-x_1)(x-x_2)\cdots(x-x_n)}{(x_0-x_1)(x_0-x_2)\cdots(x_0-x_n)}+y_1\frac{(x-x_0)(x-x_2)\cdots(x-x_n)}{(x_1-x_0)(x_1-x_2)\cdots(x_1-x_n)}+$$
$$y_2\frac{(x-x_0)(x-x_1)\cdots(x-x_n)}{(x_2-x_0)(x_2-x_1)\cdots(x_2-x_n)}+\cdots+y_n\frac{(x-x_0)(x-x_1)\cdots(x-x_{n-1})}{(x_n-x_0)(x_n-x_1)\cdots(x_n-x_{n-1})}$$

【例 11.2】设某工业部门的资料如表 11.2 所示，问该部门投资额为 2 000 万元时，其产量是多少？

表 11.2 某工业部门投资和产量资料表

序号	投资额 x /万元	产量 y /万 t
0	$x_0=1\ 000$	$y_0=1.2$
1	$x_1=3\ 000$	$y_1=4.5$
2	$x_2=4\ 000$	$y_2=7.6$
合计	8 000	13.3

解：根据拉格朗日插值公式有

$$y=1.2\times\frac{(2\ 000-3\ 000)(2\ 000-4\ 000)}{(1\ 000-3\ 000)(1\ 000-4\ 000)}+4.5\times\frac{(2\ 000-1\ 000)(2\ 000-4\ 000)}{(3\ 000-1\ 000)(3\ 000-4\ 000)}+$$
$$7.6\times\frac{(2\ 000-1\ 000)(2\ 000-3\ 000)}{(4\ 000-1\ 000)(4\ 000-3\ 000)}=2.367\ (万\ t)$$

即当投资额为 2 000 万元时，产量为 2.367 万 t。

11.3 时间序列预测法

时间序列预测法(time series prediction)是一种历史资料的延伸预测、根据时间序列所反映出来的发展过程、方向和趋势、进行类推或延伸、借以预测未来时期可能达到的水平。用时间序列法作定量预测是有条件的，就是假定某社会经济现象过去的发展变化规律和今后的发展变化规律是一样或大体一样的。然而客观实际并非合乎这一假定条件，为此必须十分注重定性分析，要与其他预测法如调研预测法结合起来运用。

时间序列预测的方法较多，常用的有下面几种。

11.3.1 移动平均预测法

移动平均预测法是以移动平均数作为预测值的方法，它是一种最简单的自适应模型。移动平均数是根据预测事件各时期的实际值确定移动周期、分期平均、滚动前进计算得到的。这些移动平均数构成一个新的时间序列，这个新时间序列将原时间序列的不规则变动加以修匀，使变动趋于平滑，趋势更加明显。

移动平均预测法（moving average prediction）分为简单移动平均和加权移动平均两种。在加权移动平均中可规定适当的权数，最简单的权数是用 1，2，3 等自然整数加权。加权的作用是加重近期观察值在平均数中的影响作用，即距预测期愈近，权数值愈大，反之则小。在时间序列没有明显的趋势增减变动和季节变动时，能较准确地反映实际，但所需的历史数据比较多。其缺点是易受近期偶然变动的影响。

简单移动平均预测公式是第 t 期的移动平均值作为第 $t+1$ 期的预测值，即

$$\hat{a}_{t+1}=\bar{a}_t=\frac{a_t+a_{t-1}+\cdots+a_{t-n+1}}{n}=\bar{a}_{t-1}+\frac{a_t-a_{t-1}}{n}$$

式中：n 为移动平均数所取的项数，即移动周期，一般 n 越大，修匀能力越强，预测的精确度就越高。

加权移动平均预测公式是：

$$\hat{a}_{t+1}=\frac{a_t w_t+a_{t-1}w_{t-1}+\cdots+a_{t-n+1}w_{t-n+1}}{w_t+w_{t-1}+\cdots+w_{t-n+1}}(w\text{ 为权数})$$

移动平均是局部平均，将反映的短期平均水平作为预测值使用。上式适用于一个长期稳定，但短期有波动的资料。

【例 11.3】根据表 11.3 中的数据，分别用上述两种方法预测我国谷物产量（w 取 1，2，3）。

表 11.3　1997—2006 年中国谷物产量及计算数据表　　万 t

年份	产量 a	3 年简单平均	相对误差/%	3 年加权平均	相对误差/%
1997	44 349.3	—	—	—	—
1998	45 624.7	—	—	—	—
1999	45 304.1	—	—	—	—
2000	40 522.4	45 092.70	−11.28	45 251.83	−11.67
2001	39 648.2	43 817.07	−10.51	42 966.68	−8.37
2002	39 798.7	41 824.90	−5.09	40 882.25	−2.72
2003	37 428.7	39 989.77	−6.84	39 869.15	−6.52
2004	41 157.2	38 958.53	5.34	38 588.62	6.24
2005	42 776.0	39 461.53	7.75	39 687.95	7.22
2006	44 237.3	40 453.97	8.55	41 345.18	6.54
2007 预测值	—	42 723.50	—	43 236.85	—

资料来源：《中国统计年鉴 2007》，北京：中国统计出版社，2007

若所得的预测值偏低或偏高，可以修正。具体做法是：先计算相对误差，并列于表内，再计算 t 期（总的）平均相对误差。公式为：

$$\left(1-\frac{\sum \hat{a}_{t-1}}{\sum a_t}\right)\times 100\%$$

例 11.3 中简单移动平均（总的）相对误差为：

$$\left(1-\frac{\sum \hat{a}_{t-1}}{\sum a_t}\right)\times 100\%=\left(1-\frac{289\ 598.47}{285\ 568.50}\right)\times 100\%=-1.41\%$$

即总的预测值比实际值高 1.41%，则将 2007 年预测值修正为：

42 723.50×(1－1.41%)＝42 120.58（万 t）

同理，3 年加权移动平均，则将 2007 年预测值修正为：

43 236.85×(1－1.06%)＝42 779.12（万 t）

11.3.2 指数修匀预测法

指数修匀法（modified moving average prediction）又称指数平滑法，是从移动平均法基础上发展形成的一种指数加权移动平均预测法，是一种特殊的指数加权法。它利用本期预测值和实际数值资料，以平滑常数 α 为加权因子来计算指数平滑平均数。指数修匀预测就是以此平滑平均数为下期的预测值，其公式为：

$$\hat{y}_{t+1}=\alpha y_t+(1-\alpha)\hat{y}_t$$

式中：α 为平滑常数（或修匀常数），$0\leqslant\alpha\leqslant 1$；$\hat{y}_{t+1}$ 为下期预测值；$\hat{y}_t$ 为本期预测值；y_t 为本期实际值。

α 值是一个经验数据，它的大小体现了不同时期数值在预测中所起的不同作用。α 取值大，表明近期数值的倾向性变动影响大，适应新水平敏感；α 取值小，表明近期数值的倾向性变动影响小，越趋于平滑越能反映趋势。一般的取值规律是，若重视近期数值的作用，可取大值，如 0.9，0.8，0.7 等；重视平滑趋势可取小值，如 0.1，0.2，0.3 等，有时也可取 0.50。

【例 11.4】现以某商场月销售额为例（表 11.4），用指数修匀法预测。

设已知 1 月份预测值为 150.8 万元。α 取 0.2 和 0.8，其预测计算如表 11.4 所示。在计算中没有初始预测值时，可用实际值来代替。

表 11.4　某商场月销售额预测表　万元

月份	销售额/万元	一次指数平滑平均数	
		$\alpha=0.2$	$\alpha=0.8$
1	154.25	150.80	150.80
2	148.36	151.49	153.56
3	142.58	150.86	149.40
4	151.16	149.21	143.94
5	145.24	149.60	149.72
6	154.35	148.73	146.14
7	157.47	149.85	152.71
8	151.39	151.37	156.52
9		151.38	152.42

在预测中可选几个 α 值进行计算，然后进行筛选，取其最适宜的指数平滑平均数为预测值。

指数平滑有一次、二次与三次之别。在没有明显的长期趋势资料中，使用一次平滑即可；存在着直线趋势时，则使用二次平滑，即对一次指数平滑再进行一次指数平滑。这是因为，无论时间序列呈上升或下降趋势，一次指数平滑平均数总滞后于实际值。当实际趋势下降时，预测值高于实际数；当实际趋势上升时，预测值低于实际数。为了降低滞后误差，可用二次指数平滑法加以修正。其公式为：

$$\begin{cases} y_t^{(1)}=\alpha y_t+(1-\alpha)y_{t-1}^{(1)} \\ y_t^{(2)}=\alpha y_t^{(1)}+(1-\alpha)y_{t-1}^{(2)} \end{cases}$$

式中：$y_t^{(1)}$ 和 $y_t^{(2)}$ 分别为 t 期一次、二次指数平滑值。

在建立预测公式时，还要分析时间序列的发展趋势是直线型还是非直线型。如果为直线型，就采用下面的直线模型据以预测：

$$y_{t+T}=a_t+b_tT$$

式中：a_t，b_t 为平滑系数；y_{t+T} 为第 $t+T$ 期的预测数；T 为要提前的预测期数。

a_t，b_t 的计算公式如下：

$$\begin{cases} a_t=2y_t^{(1)}-y_t^{(2)} \\ b_t=\dfrac{\alpha}{1-\alpha}(y_t^{(1)}-y_t^{(2)}) \end{cases}$$

可见，二次指数平滑值一般都不直接用于预测，而是为了求平滑系数，建立线性时间模型来预测，以便修正指数平滑值的滞后现象。

当存在曲线趋势时，则要使用三次指数平滑法。即将二次指数平滑值再作一次指数平滑，求得三次指数平滑值。三次指数平滑值也不直接用于预测，而是为了求平滑系数，以便建立二次曲线模型。

三次指数平滑法的基本公式是：

$$\begin{cases} y_t^{(3)} = \alpha y_t^{(2)} + (1-\alpha) y_{t-1}^{(3)} \\ y_{t+T} = a_t + b_t T + c_t T^2 \end{cases}$$

$$\begin{cases} a_t = 3y_t{}^{(1)} - 3y_t{}^{(2)} + y_t{}^{(3)} \\ b_t = \dfrac{1}{2(1-\alpha)^2}\left[(6-5\alpha)y_t{}^{(1)} - 2(5-4\alpha)y_t{}^{(2)} - (4-3\alpha)y_t{}^{(3)}\right] \\ c_t = \dfrac{\alpha^2}{2(1-\alpha)^2}\left[y_t{}^{(1)} - 2y_t{}^{(2)} + y_t{}^{(3)}\right] \end{cases}$$

11.3.3 三点预测法

三点法(triple ponits prediction)与指数平滑法不同，三点法只是一种参数估计法。它只用时间序列的首、中、尾3段(三项或五项)资料，而不用全部资料。三点法的原理是：由于一般曲线方程有3个参数(直线有2个，实际上是2点，三次抛物线有4个，要取4点)，所以在动态数列的首、中、尾分别取三项或五项，并由近及远以人为权数1,2,3或1,2,3,4,5进行加权平均，求出加权平均数。设

R：初期三项或五项加权平均数

S：中期三项或五项加权平均数

T：近期三项或五项加权平均数

数列总项数 n 为奇数(否则删去最早一项)。各段平均数计算公式如下：

三项：

$$R = \frac{1}{6}(x_1 + 2x_2 + 3x_3)$$

$$S = \frac{1}{6}(x_{d-1} + 2x_d + 3x_{d+1})$$

$$T = \frac{1}{6}(x_{n-2} + 2x_{n-1} + 3x_n)$$

五项：

$$R = \frac{1}{15}(x_1 + 2x_2 + 3x_3 + 4x_4 + 5x_5)$$

$$S = \frac{1}{15}(x_{d-2} + 2x_{d-1} + 3x_d + 4x_{d+1} + 5x_{d+2})$$

$$T = \frac{1}{15}(x_{n-4} + 2x_{n-3} + 3x_{n-2} + 4x_{n-1} + 5x_n)$$

对于给定的资料计算出 R,S,T 后,可按下列公式求参数值。

(1)直线趋势模型中

三项:

$$b=\frac{T-R}{n-3};a=R-\frac{7}{3}b$$

五项:

$$b=\frac{T-R}{n-5};a=R-\frac{11}{3}b$$

(2)在二次抛物线 $x=a+bt+ct^2$ 模型中

三项:

$$c=\frac{2(R+T-2S)}{(n-3)^2}$$

$$b=\frac{T-R}{n-3}-\frac{(3n+5)c}{3}$$

$$a=R-\frac{7}{3}b-6c$$

五项:

$$c=\frac{2(R+T-2S)}{(n-5)^2}$$

$$b=\frac{T-R}{n-5}-\frac{(3n+7)c}{5}$$

$$a=R-\frac{11}{5}b+15c$$

【例 11.5】现以我国 1992—2006 年国内生产总值(GDP)资料为例(表 11.5),用三点法配合二次抛物线如下:

表 11.5 我国国内生产总值(GDP)三点法预测计算表 亿元

年份	序号 t	国内生产总值 x	权数 w	xw
1992	1	26 923.5	1	26 923.5
1993	2	35 333.9	2	70 667.8
1994	3	48 197.9	3	144 593.7
1995	4	60 793.7	合计	242 185.0
1996	5	71 176.6	R	40 364.2
1997	6	78 973.0	—	—
1998	7	84 402.3	1	84 402.3
1999	8	89 677.1	2	179 354.2
2000	9	99 214.6	3	297 643.8
2001	10	109 655.2	合计	561 400.3

续表 11.5

年份	序号 t	国内生产总值 x	权数 w	xw
2002	11	120 332.7	S	93 566.7
2003	12	135 822.8	—	—
2004	13	159 878.3	1	159 878.3
2005	14	183 867.9	2	367 735.8
2006	15	210 871.0	3	632 613.0
2007	—	—	合计	1 160 227.1
2008	—	—	T	193 371.2

资料来源:《中国统计年鉴 2007》,北京:中国统计出版社,2007

依公式,求得参数:

$a=31\ 900.15, b=1\ 963.08, c=647.25$

则 $\hat{x}=31\ 900.15+1\ 963.08t+647.25t^2$

预测 2007 年和 2008 年的国内生产总值,即将 $t=16$ 和 $t=17$ 分别代入,得 2007 年预测值为 229 005.43 亿元,2008 年的预测值为 252 327.76 亿元。

关于三次抛物线趋势模型,可参照上述原理进行。

11.3.4 分割平均预测法

分割平均预测法是估计模型参数值最简单的方法之一。其要求是时间序列的实际水平与理论水平离差总和必须等于零。它既可用于配合直线方程,也可配合曲线方程。其方法是如果时间序列为直线型(各期的逐期增长量大体相同),原时间序列是偶数项时,进行等分(若是奇数项,则删去首项后等分),再分别求出各部分的平均数作为直线上的两点,代入联立直线方程式求解,得到直线趋势方程,最后用以预测;如果时间序列属抛物线形(各期的二级增长量大体相同),由于抛物线有 3 个参数,则须将原序列分为首、中、尾相等的 3 部分,然后由各部分求出的平均数作为抛物线的 3 个点,代入抛物线方程求解,得到抛物线方程,用以预测;如果时间序列属指数曲线型(各期的增长速度大体相等),仍将原数列分为相等的两部分求平均,然后将指数曲线化为对数直线求解即可。

对直线型趋势模型 $\hat{y}_t=a+bt$ (t 为时间序号),参数 a 和 b 由下面方程组求得:

$$\frac{1}{n}\sum_{1}^{n}y_t-\frac{b}{n}\sum_{1}^{n}t-a=0$$

$$\frac{1}{n}\sum_{n+1}^{2n}y_t-\frac{b}{n}\sum_{n+1}^{2n}t-a=0$$

将 t 和 y 的实际数值代入上式，即求得参数 a 和 b，配合一条直线方程，用以外推预测。

【例 11.6】现以我国历年粮食产量为例(表 11.6)。

表 11.6　我国粮食产量预测计算表　　万 t

年份	序号	产量	趋势值	误差
1997	1	49 417.1	49 320.81	96.29
1998	2	51 229.5	48 957.04	2 272.46
1999	3	50 838.6	48 593.28	2 245.32
2000	4	46 217.5	48 229.51	−2 012.01
2001	5	45 263.7	47 865.75	−2 602.05
小计	15	242 966.4	242 966.40	0.00
2002	6	45 705.8	47 501.99	−1796.19
2003	7	43 069.5	47 138.22	−4 068.72
2004	8	46 946.9	46 774.46	172.44
2005	9	48 402.2	46 410.69	1 991.51
2006	10	49 747.9	46 046.93	3 700.97
小计	40	233 872.3	233 872.30	0.00
合计	—	476 838.7	476 838.70	0.00

资料来源:《中国统计年鉴 2007》,北京:中国统计出版社,2007

根据表中数据，从逐期增长量 Δy 检查，产量的增长量各期大体相同，所以确定变化趋势为直线型。

将表中数据分为相等的两部分，代入联立方程组，求得：

$a=49\ 684.572$，$b=-363.764$

则配合直线的模型为：$\hat{y}=49\ 684.572-363.764t$

将各年的年次分别代入模型，即得各年趋势值(预测产量即表中第 4 栏)，将各年实际产量减去预测值，即得误差(表中第 5 栏)，其误差总和等于 0。

若预测 2008 年的趋势值，将 $t=12$ 代入模型即可：

$\hat{y}=49\ 684.572-363.764\times 12=45\ 319.40$

11.4 回归模型预测法

上节所讨论的预测只是涉及一个变量的经济现象，而我们遇到的实际问题，则往往是涉及几个变量或几个经济现象。回归预测是利用统计分析的方法，对具有相关关系的变量，建立回归模型，并据以进行因果预测的一种数学方法。建立的回归模型，不仅可以描述变量间相关关系的紧密程度和方向，还可以进行推算和预测。在回归分析中有静态回归分析和动态回归分析之别，在统计预测中主要是研究动态回归分析的问题，在分析中对自变量时间数列进行外推预测，将预测值代入回归方程，据以推算因变量数值。

回归预测的一般程序：

(1)对预测对象及其相关因素相互对应的观察值作相关图(散点图)，判定其相关类型，从而确定采用何种回归模型。

(2)计算相关系数，判定变量间相关关系的密切程度，如果高度相关或显著相关，则回归模型有价值，否则，就无价值。

(3)当确定相关关系密切，适于回归预测，则可配合回归线，建立回归模型，确定模型中的参数。

(4)对回归方程进行效果检验，效果好，则可进行预测。

(5)利用回归方程进行预测。

11.4.1 一元线性回归预测

一元线性回归预测(linear regression forecast)的模型是$\hat{y}=a+bx$。配合回归线，建立回归方程，要求解线性模型参数值，其主要方法是最小平方法，前面已作介绍。现以我国农村家庭人均纯收入与国内生产总值(GDP)为例，配合直线回归方程。

【例 11.7】经分析我国农村居民家庭人均纯收入与国内生产总值(GDP)之间存在较为密切的直线相关关系(表 11.7)，试做回归分析。

在计算相关系数r、回归系数a和b时，打开 Excel 工作栏中的f_x按钮，点"统计"分别用"CORREL"、"LINEST"和"INTERCEPT"，并按提示选定变量y和x值列，即可计算出所需结果，见图 11.1 至图 11.7。

表 11.7　农村居民家庭人均纯收入与国内生产总值回归系数计算表

年份	国内生产总值 x/亿元	农村人均纯收入 y/元
1992	26 923.5	784.00
1993	35 333.9	921.60
1994	48 197.9	1 221.00
1995	60 793.7	1 577.74
1996	71 176.6	1 926.10
1997	78 973.0	2 090.10
1998	84 402.3	2 162.00
1999	89 677.1	2 210.30
2000	99 214.6	2 253.42
2001	109 655.2	2 366.40
2002	120 332.7	2 475.63
2003	135 822.8	2 622.24
2004	159 878.3	2 936.40
2005	183 867.9	3 254.93
2006	210 871.0	3 587.04

资料来源:《中国统计年鉴 2007》,北京:中国统计出版社,2007

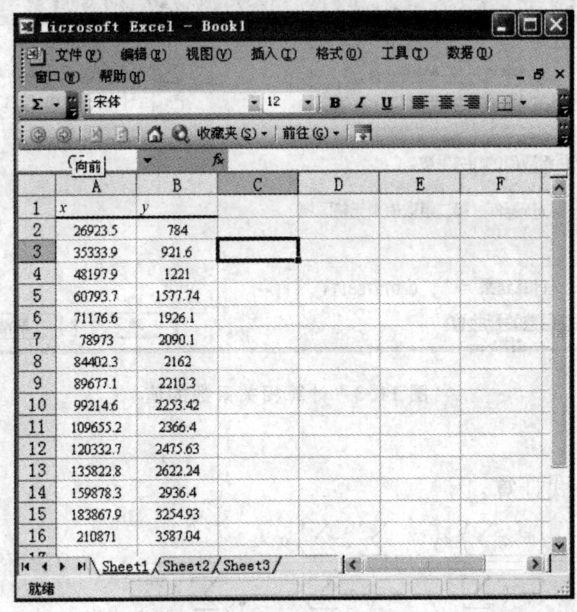

	A	B	C	D	E	F
1	x	y				
2	26923.5	784				
3	35333.9	921.6				
4	48197.9	1221				
5	60793.7	1577.74				
6	71176.6	1926.1				
7	78973	2090.1				
8	84402.3	2162				
9	89677.1	2210.3				
10	99214.6	2253.42				
11	109655.2	2366.4				
12	120332.7	2475.63				
13	135822.8	2622.24				
14	159878.3	2936.4				
15	183867.9	3254.93				
16	210871	3587.04				

图 11.1　农村居民家庭人均纯收入与国内生产总值数据表

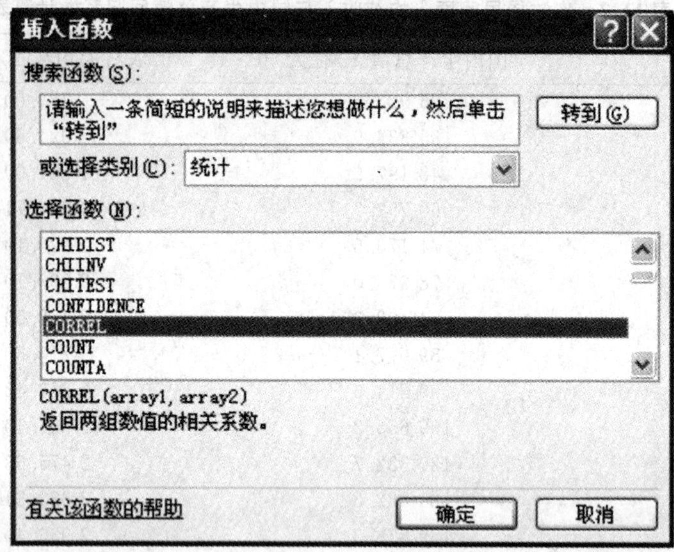

图 11.2 插入相关函数

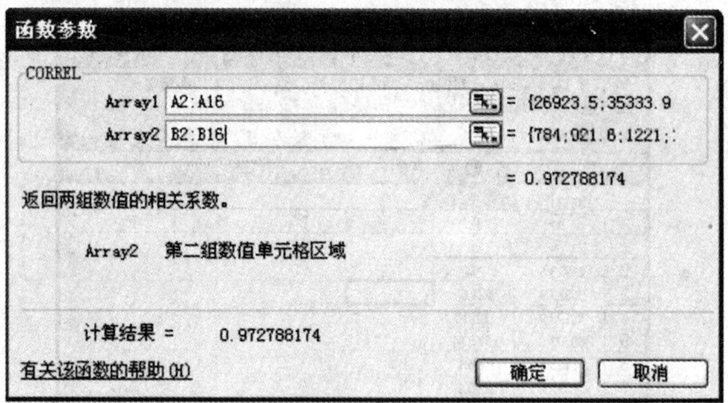

图 11.3 计算相关系数的值

也可根据公式计算：

$$r=\frac{n\sum xy-\sum x\sum y}{\sqrt{n\sum x^{2}-\left(\sum x\right)^{2}}\cdot\sqrt{n\sum y^{2}-\left(\sum y\right)^{2}}}=0.972\ 788$$

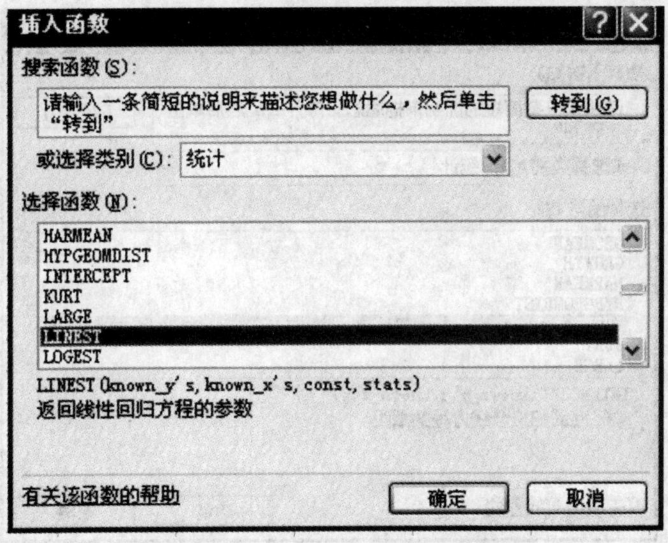

图 11.4　插入函数计算回归系数

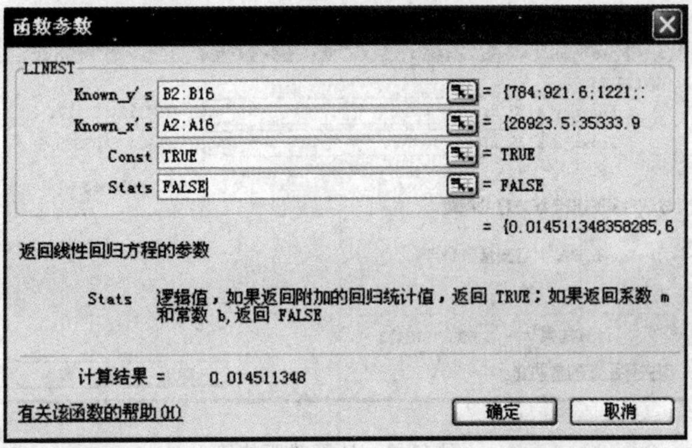

图 11.5　计算回归系数的值

拟合回归直线的参数：

$$\begin{cases} b = \dfrac{n\sum xy - \sum x \sum y}{n\sum x^2 - (\sum x)^2} \\ a = \dfrac{\sum y}{n} - b\dfrac{\sum x}{n} \end{cases}$$

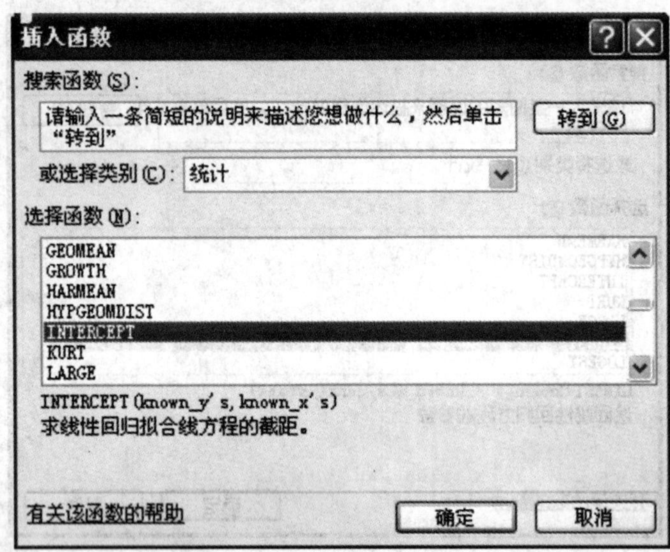

图 11.6　插入函数计算截距

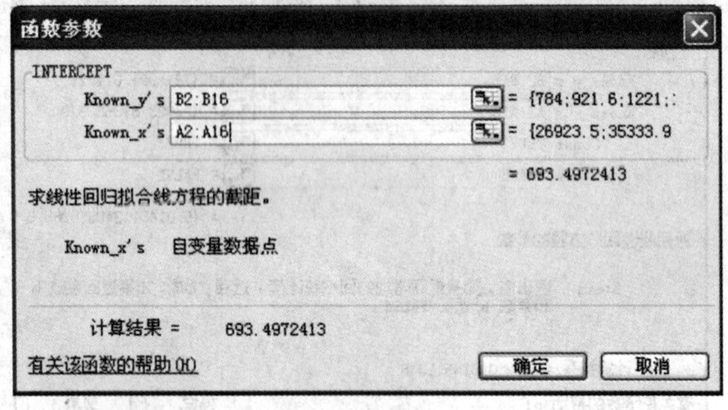

图 11.7　计算截距的值

求得：$b = 0.0145, a = 693.4972$

则直线方程为：$\hat{y} = 693.4972 + 0.0145x$

计算结果表明，我国 GDP 每增加 1 亿元，农村居民家庭人均纯收入增加 0.015 元。

利用这一回归方程可以进行预测和控制。如果我国 GDP 是 10 万亿元，则农村居民家庭人均纯收入为：

$$\hat{y} = 693.4972 + 0.0145 \times 100\,000 = 2\,143.4972\ (\text{元})$$

在回归预测模型中，对预测结果进行分析和评价十分必要。经计算可知上例中相关系数 r 为 0.972 8，高度相关，得出的回归方程可信。但据以预测，其结果如何，可靠性怎样？这要通过计算估计标准误差来评价。

我们已介绍过估计标准误差（即剩余标准差）S_y 的计算公式，即

$$S_y = \sqrt{\frac{Q}{(n-2)}} = \sqrt{\frac{\sum (y-\hat{y})^2}{(n-2)}}$$

式中：$n-2$ 为自由度。

具体应用时，以 S_y 对 $\bar{y}$ 比值的百分数来测定回归直线的拟合优劣。$\frac{S_y}{\bar{y}}$ 大，则拟合劣度大；反之，则拟合优度大，说明拟合符合要求。此例中：

$$S_y = \sqrt{\frac{\sum (y-\hat{y})^2}{(n-2)}} = \sqrt{\frac{478\,481.60}{(15-2)}} = 191.85$$

$$\frac{S_y}{\bar{y}} = \frac{191.85}{\frac{32\,388.90}{15}} = 0.0889\ (\text{或 } 8.89\%)$$

说明拟合的回归直线符合要求。

S_y 对 $\bar{y}$ 的比值通常以低到 10% 以下为符合要求。

回归模型也可作区间预测，其公式为：

$$\hat{y} \pm t S_y$$

当样本容量 n 较大（$n \geqslant 30$）时，利用正态分布的性质，有

$P(\hat{y}_0 - 2S_y < y_0 < \hat{y}_0 + 2S_y) = 0.954\,5$

$P(\hat{y}_0 - 3S_y < y_0 < \hat{y}_0 + 3S_y) = 0.997\,3$

即当 $\alpha = 0.045\,5$ 时，$t=2$；当 $\alpha = 0.01$ 时，$t=3$。

当样本容量较小时（$n<30$）为了保证精度，应查 t 分布表，求出 t 值。

11.4.2　自回归预测

自回归预测（auto regression prediction），就是从同一变量在不同时期各个变量值的相关关系来建立一元或多元回归方程而进行的预测。具体来说，就是用一个变量的时间序列作为因变量序列，用同一变量向过去推移若干期的时间序列作为自变量序列，将它们拟合回归线，建立回归模型而进行的预测。

自回归预测的公式为：

$$y_t = a_0 + a_1 y_{t-1}$$
$$y_t = a_0 + a_1 y_{t-1} + a_2 y_{t-2} + \cdots + a_n y_{t-n}$$

前者自变量滞后一期（或一周期），称为一阶（一元线性）自回归模型；后者是滞后 n 期（或 n 个周期），称为 n 阶（多元线性）自回归模型。

至于因变量数列向过去滞后多少期作为自变量序列？这要对时间序列进行观察，掌握其变化规律。同一序列中，后来的每一时期的变量值受以前某一时期变量值的影响，其间隔时期是规律的，即为一个周期。如一年 4 个季度中每到第一季度铁路旅客的流量就达高峰。这时可将向过去推移一个周期（4 个季度）的时间序列作为自变量序列。预测中，一般用向后推移一期或两期的一阶自回归方程，因为最近期数据对预测尤为重要。

【例 11.8】在自回归模型中，多元模型计算复杂，在实际中应用也不多。故现以我国谷物单位面积产量资料（表 11.8）为例求一阶自回归模型。

表 11.8　我国谷物单位面积产量自回归系数计算表　　kg/hm²

年份	产量 y_t	y_{t-1}	$y_t y_{t-1}$	y_{t-1}^2	y_t^2
1997	4 822	—	—	—	—
1998	4 953	4 822	23 883 366	23 251 684	24 532 209
1999	4 945	4 953	24 492 585	24 532 209	24 453 025
2000	4 753	4 945	23 503 585	24 453 025	22 591 009
2001	4 800	4 753	22 814 400	22 591 009	23 040 000
2002	4 885	4 800	23 448 000	23 040 000	23 863 225
2003	4 873	4 885	23 804 605	23 863 225	23 746 129
2004	5 187	4 873	25 276 251	23 746 129	26 904 969
2005	5 225	5 187	27 102 075	26 904 969	27 300 625
2006	5 322	5 225	27 807 450	27 300 625	28 323 684
合计	49 765	44 443	222 132 317	219 682 875	224 754 875

资料来源：《中国统计年鉴 2007》，北京：中国统计出版社，2007

在计算相关系数 r、截距 a、回归系数 b 时，打开 Excel 工作栏中的 f_x 按钮，点"统计"分别用"CORREL"、"INTERCEPT"和"LINEST"，并按提示选定自变量 y_t 和因变量 y_{t-1} 值列，即可计算出所需结果。也可根据公式计算（计算时不包括 1997 年，$n=9$）。

$$r = \frac{n\sum xy - \sum x \sum y}{\sqrt{n\sum x^2 - \left(\sum x\right)^2} \cdot \sqrt{n\sum y^2 - \left(\sum y\right)^2}} = 0.746\ 7$$

拟合回归直线的参数：

$$b = \frac{n\sum xy - \sum x \sum y}{n\sum x^2 - (\sum x)^2}$$

$$a = \frac{\sum y}{n} - b\frac{\sum x}{n}$$

求得：$a=499.02$，$b=0.910\ 2$

则我国谷物单位面积产量的时间序列自回归模型方程为：

$\hat{y}=499.02+0.910\ 2y_{t-1}$

若已知 2006 年的谷物单位面积产量为 5 322 kg/hm^2，则 2007 年的谷物单位面积产量的预测值为：

$\hat{y}_{2007}=499.02+0.910\ 2\times5\ 322=5\ 343.08$

11.4.3　多元线性回归模型和非线性回归模型

1. 多元线性回归模型

一个现象在数量上的变化，往往是由于多种因素综合作用的结果。例如，农作物收获量除了化肥施用量影响之外，还有土壤条件、气候状况、水利条件、种子等多种因素的影响。在一元线性回归分析中，我们没有将这些因素对自变量的影响考虑在内。为了更准确、完善地分析变量之间相互关系，应将影响因变量在数量上发生变化的主要因素列入研究的范围。在统计中，分析一个因变量与多个自变量之间相互关系的理论和方法称为多元回归分析。这里我们仅介绍二元线性回归模型，掌握了二元线性回归，多元线性回归(multi-linear regression model)也就不难掌握了。

二元线性回归模型如下：

$$\hat{y}=a+b_1x_1+b_2x_2$$

式中：x_1，x_2 为自变量；y 为因变量；b_1，b_2 为 y 对 x_1，x_2 的回归系数。

确定参数 a，b_1，b_2 的数值，仍然用最小平方法来估计，根据最小平方法的原理可以求得如下的标准方程：

$$\sum y = na + b_1\sum x_1 + b_2\sum x_2$$

$$\sum x_1 y = a\sum x_1 + b_1\sum x_1^2 + b_2\sum x_1x_2$$

$$\sum x_2 y = a\sum x_2 + b_1\sum x_1x_2 + b_2\sum x_2^2$$

通过对标准方程求解，可得到 a, b_1, b_2 的数值，将其代入回归方程中，即可得到二元回归方程。

2.非线性回归模型

前面所述的线性回归，是指自变量同因变量之间的变化有等量增加（或减少）的趋势，其变化关系呈回归线性关系。在现实经济生活中，自变量对因变量的影响并非都是线性关系。如商品销售量的变动并不随着相关因素的变化，按等差级数增减，许多情况下，还会按等比级数增减。这种趋势变动线就不是直线，而是曲线。这时，就要采用非线性回归（non-linear regression）预测模型进行预测。在建立曲线回归方程时，首先必须确定变量之间关系的类型。可根据观察资料进行分析比较，特别是通过相关图，观察图像散点分布情况，结合一些已知函数的图形，选择适当的数学表达式作为回归模型。确定非线性回归参数的一般方法是：对其中某个变量作某种变换，使新变量对另一变量有线性关系。即通过某种变换使非线性回归转化为线性回归，然后按拟合成的线性回归方程求出参数，再建立数学模型进行预测。下面介绍几种常见的非线性回归模型及其相应的线性变换公式，以供参考。

(1)抛物线（parabola）

$$y=a+b_1x+b_2x^2+\cdots+b_nx^n$$

假设 $x_1=x, x_2=x^2, \cdots, x_n=x^n$，则上式可化为 $x_1, x_2, \cdots, x_n$ 为自变量的多元线性回归模型：

$$y=a+b_1x_1+b_2x_2+\cdots+b_nx_n$$

可用最小平方法求此多元线性回归模型参数的方法，求得参数 $a, b_1, b_2, \cdots, b_n$。

(2)幂函数曲线（exponential curve）

$$y=ax^b$$

两边取对数得：

$$\ln y=\ln a+b\ln x$$

设 $y'=\ln y, x'=\ln x, a'=\ln a$

则有 $y'=a'+bx'$

这是一个直线方程，可用最小平方法求出 a', b'，再计算出 a 和 b 的值。

(3)指数函数曲线（exponential function curve）

$$y=ab^x$$

两边取对数得：　　　$\ln y=\ln a+x\ln b$

设　　$y'=\ln y, b'=\ln b, a'=\ln a$

则有　$y'=a'+b'x$

这是一个直线方程，可用最小平方法求出 a',b'，再计算出 a 和 b 的值。

(4)S 形曲线

$$y=\frac{1}{a+b\mathrm{e}^{-x}}$$

设　　$y'=\frac{1}{y}, x'=\mathrm{e}^{-x}$

则有　$y'=a+bx'$

这是一个直线方程，可用最小平方法求出 a,b。

11.5　灰色关联预测法

灰色预测(grey prediction)是白色系统和黑色系统之间的过渡系统，其具体的含义是：如果某一系统的全部信息已知为白色系统，全部信息未知为黑箱系统，部分信息已知，部分信息未知，那么这一系统就是灰箱系统。一般地说，社会系统、经济系统、生态系统都是灰色系统。例如物价系统，导致物价上涨的因素很多，其中一些因素是不清楚的，因此对物价这一灰色系统的预测可以用灰色预测方法。

灰色系统理论认为对既含有已知信息又含有未知或非确定信息的系统进行预测，就是对在一定方位内变化的、与时间有关的灰色过程的预测。尽管过程中所显示的现象是随机的、杂乱无章的，但毕竟是有序的、有界的，因此这一数据集合具备潜在的规律，灰色预测就是利用这种规律建立灰色模型对灰色系统进行预测。

11.5.1　灰色预测的概念

灰色预测法是一种对含有不确定因素的系统进行预测的方法。灰色系统是介于白色系统和黑色系统之间的一种系统。

白色系统是指一个系统的内部特征是完全已知的，即系统的信息是完全充分的。而黑色系统是指一个系统的内部信息对外界来说是一无所知的，只能通过它与外界的联系来加以观测研究。灰色系统内的一部分信息是已知的，另一部分信息是未知的，系统内各因素间具有不确定的关系。

灰色预测通过鉴别系统因素之间发展趋势的相异程度，即进行关联分析，并对原始数据进行生成处理来寻找系统变动的规律，生成有较强规律性的数据序列，然后建立相应的微分方程模型，从而预测事物未来发展趋势的状况。

11.5.2 灰色预测的类型

(1)灰色时间序列预测：用观察到的反映预测对象特征的时间序列来构造灰色预测模型，预测未来某一时刻的特征量，或达到某一特征量的时间。

(2)畸变预测：通过灰色模型预测异常值出现的时刻，预测异常值什么时候出现在特定时区内。

(3)系统预测：通过对系统行为特征指标建立一组相互关联的灰色预测模型，预测系统中众多变量间的相互协调关系的变化。

(4)拓扑预测：将原始数据作曲线，在曲线上按定值寻找该定值发生的所有时点，并以该定值为框架构成时点数列，然后建立模型预测该定值所发生的时点。

11.5.3 灰色关联分析

影响系统的功能一般有多种因素，这些因素之间哪些是主要的，哪些是次要的；哪些影响大，哪些影响小；哪些需要发展，哪些需要抑制……都是因素分析的内容。评估领域中的因素分析过去多采用统计分析的方法，但大都用于少因素的、线性的场合，而且对样本量与分布规律有严格的要求。

灰色关联分析是系统动态过程发展态势的量化比较分析。发展态势的比较，也就是以时间为序的数据列几何关系的比较。例如，连续 5 年产品销售量构成一个序列。这几年的固定资产总投资，科技投资也构成相应的序列，3 个序列可绘成 3 条曲线，曲线的几何形状、变化态势越接近，关联程度越大。

1. 关联系数

对于一个参考数列 X_0，有好几个比较数列 $X_1, X_2, \cdots, X_n$ 的情况，可以用下述关系表示各被比较曲线与参考曲线在各点的差，则关联系数（correlative coefficient）定义为：

$$\varepsilon_i(k)=\frac{\min\limits_{i}\min\limits_{k}|X_0(k)-X_i(k)|+\rho\max\limits_{i}\max\limits_{k}|X_0(k)-X_i(k)|}{|X_0(k)-X_i(k)|+\rho\max\limits_{i}\max\limits_{k}|X_0(k)-X_i(k)|}$$

式中：$|X_0(k)-X_i(k)|$为第 k 个点 $X_i(k)$与 $X_0(k)$的绝对误差；$\min\limits_i\min\limits_k|X_0(k)-X_i(k)|$为两数列差值中最小差；$\max\limits_i\max\limits_k|X_0(k)-X_i(k)|$为两数列差值中最大差；$\rho$ 称为分辨率，$0<\rho<1$，一般取 $\rho=0.5$。

对单位不一，初值不同的序列，在计算相关系数前应首先进行初始化，即将该数列所有数据分别除以第一个数据。

2. 关联度

所谓关联度是指参考数列对被比较数列关联系数的值，记作

$$r_{0i}=\frac{1}{N}\sum_{k=1}^{n}\varepsilon_i(k)$$

称为 $X_i(k)$ 与 $X_0(k)$ 的关联度。

3. 关联系数、关联度的计算步骤

(1)先将数列作初值化处理。即用每一个数列的第一个数 $X_i(1)$ 除本身及其他数 $X_i(k)$，这样即可使数列无量纲。给出已初值化的序列如表 11.9 所示，差序列如表 11.10 所示。

表 11.9　已初值化的序列

列数	序号					
	1	2	3	4	5	6
X_0	1	1.100	2.000	2.250	3.000	4.000
X_1	1	1.166	1.834	2.000	2.340	3.000
X_2	1	1.125	1.075	1.375	1.625	1.750
X_3	1	1.000	0.700	0.800	0.900	1.200

表 11.10　差序列

差　列	序号					
	1	2	3	4	5	6
$\Delta_1=|X_0(k)-X_1(k)|$	0	0.066	0.166	0.250	0.660	1.00
$\Delta_2=|X_0(k)-X_2(k)|$	0	0.025	0.925	0.875	1.375	2.25
$\Delta_3=|X_0(k)-X_3(k)|$	0	0.100	1.300	1.450	2.100	2.80

(2)求差序列。各时刻 $X_i(k)$与 $X_0(k)$ 的绝对值如表 11.9 所示。

(3)求最小差与最大差。

因为　$\min\limits_k|X_0(k)-X_1(k)|=0$

$$\min_k |X_0(k)-X_2(k)|=0$$

$$\min_k |X_0(k)-X_3(k)|=0$$

所以 $\min_i(0,0,0)=0$

因为 $\max_k |X_0(k)-X_1(k)|=1$

$$\max_k |X_0(k)-X_2(k)|=2.25$$

$$\max_k |X_0(k)-X_3(k)|=2.8$$

所以 $\max_i(\Delta_1,\Delta_2,\Delta_3)=\max_i(1,2.25,2.8)=2.8$

(4)计算关联系数。根据已求出的

$$\min_i\min_k |X_0(k)-X_i(k)|=0$$

$$\max_i\max_k |X_0(k)-X_i(k)|=2.8$$

代入关联系数计算公式：

$$\varepsilon_i(k)=\frac{0+0.5\times 2.8}{|X_0(k)-X_i(k)|+0.5\times 2.8}=\frac{1.4}{\Delta_i(k)+1.4}$$

将表 11.10 的数据依次代入得：

$$\varepsilon_1(1)=\frac{1.4}{0+1.4}=1$$

$$\varepsilon_1(2)=\frac{1.4}{0.066+1.4}=0.955$$

$$\varepsilon_1(3)=\frac{1.4}{0.166+1.4}=0.894$$

$$\varepsilon_1(4)=\frac{1.4}{0.25+1.4}=0.848$$

$$\varepsilon_1(5)=\frac{1.4}{0.66+1.4}=0.679\ 6$$

$$\varepsilon_1(6)=\frac{1.4}{1+1.4}=0.583$$

同理，可求出 $\varepsilon_2(k)$ 与 $\varepsilon_3(k)$：

$$\varepsilon_2=(1,0.982,0.602,0.615,0.5045,0.383)$$

$$\varepsilon_3=(1,0.933,0.52,0.49,0.4,0.34)$$

通过上述计算，我们得到的是一个关联系数矩阵$\boldsymbol{E}$，$\boldsymbol{E}=(\varepsilon_{ik})$，信息过于分散，

不便于比较，为此有必要将各时刻关联系数集中为一个值，即求平均值。

$$r_{01}=\frac{1}{6}(1+0.955+0.894+0.848+0.6796+0.583)=0.8267$$

$$r_{02}=\frac{1}{6}(1+0.982+0.602+0.615+0.5045+0.383)=0.6813$$

$$r_{03}=\frac{1}{6}(1+0.933+0.52+0.49+0.4+0.34)=0.6138$$

则 $X_i(k)$ 对 $X_0(k)$ 的关联度为 $r_{01}>r_{02}>r_{03}$

11.5.4　灰色评估预测模型的建立

灰色理论将无规律的原始数据经生成后，使其变为较有规律的生成数列再建模型，所以灰色模型实际上是生成数列模型。

1. 生成数列模型

灰色系统的一个基本观点是：一切随机量都看作是在一定范围内变化的灰色量。对灰色量的处置不是找概率分布，求统计规律，而是就数找数的规律，对数据进行数据处理，我们称某种数据处理方式为一种生成方式。因为客观世界尽管复杂，表述其行为特征的数据可能是杂乱无章的，然而它必然是有序的，有某种功能的，有某种因果关系的，或者说任何系统本身都有某种内在规律的。不过这些规律被纷杂的现象所掩盖，已被数据间这种杂乱无章的表象所迷惑。对系统的行为特征数据进行生成，就是企图从杂乱无章的现象中去发现内在规律。

灰色系统常用的生成方式有3类：累加生成、累减生成和映射生成。现在以累加生成方式为例进行解释。

(1)累加生成。如果有一列原始数据，第一个数据维持不变，第二个数据是原始数据第一个数据加第二个数据，第三个数据是原始数据的第一个、第二个与第三个相加……这样得到的新数列，称为累加生成数列，这种处理方式称为累加生成。

如果 $X^{(1)}$ 与 $X^{(0)}$ 之间满足，$X^{(1)}(k)=\sum_{i=1}^{k}X^{(0)}(i)$，则称为一次累加生成，常记为1-AGO。无特殊说明均为1-AGO，简称累加生成。

(2)累加生成。没有规律的原始数据，经累加生成后，如果能得到较强的规律，并且接近某一函数，则该函数称为生成函数。生成函数就是一种模型，称为生成数列模型，简称生成模型，它具有下列特点：①累加生成能使任意非负数数列，摆动的与非摆动的，转化为递增的数列。②累加生成后的数列包含更多的信息，有些过去不曾发现的事物，现在一目了然，是累加信息的结果。累加后构成了新的层次，离开原有层次看得更清楚。③累加后一般服从指数规律，容易建模，而且精确度较高。

2.建立灰色模型的步骤

灰色模型(grey model)记为 GM，是用原始数据列作适当变换生成新数列后建立微分方程，如果有 N 个变量，则记为 $GM(1,N)$。特殊地，只有一个变量的数列，则为 $GM(1,1)$。下面用 $GM(1,1)$ 为例说明建模步骤。

(1)找出原始数列 $X^{(0)}$，并用 $X^{(0)}$ 累加生成数列 $X^{(1)}$。

$$X^{(1)}(k)=\sum_{i=1}^{k}X^{(0)}(k)$$

(2)用累加生成数列构成矩阵 $\boldsymbol{B}$，用原始数列构成数据列矩阵 $\boldsymbol{y}_n$。

$$\boldsymbol{B}=\begin{bmatrix}-0.5(X^{(1)}(1) & +X^{(1)}(2)),1\\ -0.5(X^{(1)}(2) & +X^{(1)}(3)),1\\ \vdots & \vdots\\ -0.5(X^{(1)}(n-1) & +X^{(1)}(n)),1\end{bmatrix}$$

$$\boldsymbol{y}_n=\begin{cases}X^{(0)}(2)\\ X^{(0)}(3)\\ \vdots\\ X^{(0)}(n)\end{cases}$$

(3)求微分方程参数 a,u。生成数列模型的解为：

$$X^{(1)}(k+1)=\left(X^{(0)}(1)-\frac{u}{a}\right)\mathrm{e}^{-ak}+\frac{u}{a}$$

按最小二乘法，参数 a,u 为：

$$\hat{a}=\begin{pmatrix}a\\u\end{pmatrix}=(\boldsymbol{B}^{\mathrm{T}}\boldsymbol{B})^{-1}\cdot\boldsymbol{B}^{T}\cdot\boldsymbol{y}_n$$

(4)建模。将 a,u 之值代入下式。

$$\frac{\mathrm{d}X^{(1)}}{\mathrm{d}t}+aX^{(1)}=u$$

$$\hat{X}^{(0)}(k+1)=\left(X^{(0)}(1)-\frac{u}{a}\right)\mathrm{e}^{-ak}+\frac{u}{a}$$

为生成模型计算值。

(5)数据还原。按下式还原：

$$\hat{X}^{(0)}(k)=\hat{X}^{(1)}(k)-\hat{X}^{(1)}(k-1)$$

$X^{(0)}(k)$ 为模型计算值。

(6)检验。将模型计算值与实际值比较，求出残差。

$$q(k)=X^{(0)}(k)-\hat{X}^{(0)}(k)$$

根据前面的数据算出后一个数据，依此类推检验，每一个检验值对模型来说都是后验值，称为后验差检验。

记 k 时刻实际值 $X^{(0)}(k)$ 与计算值(预测值) $\hat{X}^{(0)}(k)$ 之差为 $q(k)$，即

$$q(k)=X^{(0)}(k)-\hat{X}^{(0)}(k)$$

$q(k)$ 称为 k 时刻残差。

记实际数据 $X^{(0)}(k)$，$k=1,2,\cdots,n$ 的平均值为 $\overline{X}$。

$$\overline{X}=\frac{1}{n}\sum_{k=1}^{n}X^{(0)}(k)$$

记残差 $q(k)$，$k=1,2,\cdots,n$。

记残差的平均值 q。

$$q=\frac{1}{n}\sum_{k=1}^{n}q(k)$$

记原始数据方差为 S_1^2。

$$S_1^2=\frac{1}{n}\sum_{k=1}^{n}(X^{(0)}(k)-\overline{X})^2$$

记残差方差为 S_2^2。

$$S_2^2=\frac{1}{n}\sum_{k=1}^{n}(q(k)-q)^2$$

$C=\dfrac{S_2}{S_1}$ 称为后验差比值。

指标 C 越小越好。C 越小，表示 S_1 越大而 S_2 越小。S_1 大表明原始数据方差大，离散程度大。S_2 小表明残差方差小，离散程度小。C 小表明尽管原始数据很离散，但模型所得计算值与实际值之差并不太离散。

$P = P\{|q(k) - q| < 0.674\,5S_1\}$ 称为小误差概率。P 越大越好，P 越大表明残差与残差平均值之差小于给定值 $0.674\,5\,S_1$ 的点较多(以百分比记之)。

按 C 与 P 两个指标，可综合评定预测模型的精度。具体指标如表 11.11 所示。

表 11.11 评定预测模型精度的检验数值表

预测精度等级	P	C
好	>0.95	<0.35
合格	>0.8	<0.5
勉强	>0.7	<0.45
不合格	$\leqslant 0.7$	$\geqslant 0.45$

11.6 预测结果的评价与评价方法的选择

预测是对未来所做的设想和推断，其前提条件是假定根据已知资料而建立的预测模型在未来时期继续有效。然而，未来是一个不确定因素，假定与现实总有一定差距，因此，预测值(predicted data)与实际值(actual data)之间必然存在着差距，即统计误差(statistical error)。统计预测的重要作用不仅仅是对未来做出推断，更重要的是说明预测值可以被信赖的程度，即对预测结果计算误差，并加以分析和控制。通过测定误差，找出误差产生、变动的原因和规律，从而改进预测方法和预测模型，控制预测误差，使预测结果接近实际值。因而，统计预测误差的测定和预测方法的选择(error analysis and forecast methods selection)是统计预测不可缺少的重要环节。

11.6.1 预测误差的分析与测定

所谓预测误差，是指统计数据实际值与预测值之间的离差。一般用 $e_t = y_t - \hat{y}_t$ 表示，y_t 为实际值，$\hat{y}_t$ 为预测值。为了比较预测方法的精度，需要测定一系列的预测误差，综合反映预测误差的大小。反映预测误差的综合指标有平均误差、平均绝对误差、均方误差和均方根误差 4 种。

1. 平均误差 $\bar{e}$

$$\bar{e} = \frac{1}{n}\sum_{i=1}^{n} e_t = \frac{1}{n}\sum_{i=1}^{n}(y_t - \hat{y}_t)$$

平均误差(mean error)是预测误差的简单平均,预测误差的数学期望值等于 0。如果 $\bar{e} \neq 0$,表明预测存在偏误,其绝对值越大,偏误越大。当 $\bar{e} > 0$ 时,为正偏误,当 $\bar{e} < 0$ 时,为负偏误,当 $\bar{e} = 0$ 时,表明预测效果较好。

2. 平均绝对误差

由于预测误差有正有负,为避免正负抵消,确切反映离差的大小,解决的方法是取绝对值,计算平均绝对误差(mean absolute error, MAE),其计算公式为:

$$MAE = \frac{1}{n}\sum_{t=1}^{n} | e_t | = \frac{1}{n}\sum | y_t - \hat{y}_t |$$

3. 均方误差

均方误差(mean square error, MSE)是预测误差平方和的平均数,其计算公式为:

$$MSE = \frac{1}{n}\sum_{t=1}^{n} e_t^2 = \frac{1}{n}\sum_{t=1}^{n} (y_t - \hat{y}_t)^2$$

4. 均方根误差

均方根误差(root of mean square error, RMSE)是均方误差的平方根,其计算公式为:

$$RMSE = \sqrt{\frac{1}{n}\sum_{t=1}^{n} e_t^2} = \sqrt{\frac{1}{n}\sum_{t=1}^{n} (y_t - \hat{y}_t)^2}$$

以上 4 种指标均可综合测定误差的大小和评价模型、方法的优劣。均方根误差还可用于对预测误差的控制。在实际中,应用最广泛的是均方根误差(又称估计标准误差),其作用与标准差相似,不同的是这里的离差不是以变量值与一个平均数为中心计算的,而是变量值与其对应的预测值计算的。标准差反映的是平均数的代表性大小,而均方根误差则是表示一条平均数线的代表性大小。一般来讲,指标数值越小,误差越小,预测精度越高。具有最小误差的方法最优,模型最好,承担的风险最小。

【例 11.9】现以表 11.7 的有关资料以及所建立的预测方程求得的各期预测值(又称理论值)为例,说明均方根误差的计算(表 11.12)。

在计算相关系数 r、回归常数 a、回归系数 b 时,打开 Excel 工作栏中的 f_x 按钮,点“统计”分别用“CORREL”,“INTERCEPT”和“LINEST”,并按提示选定变量 y 和 x 值列,即可计算出所需结果。方程式为:$\hat{y} = 693.50 + 0.0145x$,也可根据

公式计算。将表 11.12 资料代入公式,得均方根误差:

$$RMSE=\sqrt{\frac{\sum(y-\hat{y})^2}{n}}=\sqrt{\frac{478\ 481.60}{15}}=178.60$$

表 11.12 预测误差计算表

年份	国内生产总值 x/亿元	农村人均纯收入 y/元	$\hat{y}$	$y-\hat{y}$	$(y-\hat{y})^2$
1992	26 923.5	784.00	1 083.89	−299.89	89 934.01
1993	35 333.9	921.60	1 205.84	−284.24	80 792.38
1994	48 197.9	1 221.00	1 392.37	−171.37	29 367.68
1995	60 793.7	1 577.74	1 575.00	2.74	7.51
1996	71 176.6	1 926.10	1 725.56	200.54	40 216.29
1997	78 973.0	2 090.10	1 838.61	251.49	63 247.22
1998	84 402.3	2 162.00	1 917.33	244.67	59 863.41
1999	89 677.1	2 210.30	1 993.82	216.48	46 863.59
2000	99 214.6	2 253.42	2 132.11	121.31	14 716.11
2001	109 655.2	2 366.40	2 283.50	82.9	6 872.41
2002	120 332.7	2 475.63	2 438.32	37.31	1 392.04
2003	135 822.8	2 622.24	2 662.93	−40.69	1 655.68
2004	159 878.3	2 936.40	3 011.74	−75.34	5 676.12
2005	183 867.9	3 254.93	3 359.58	−104.65	10 951.62
2006	210 871.0	3 587.04	3 751.13	−164.09	26 925.53
合计	1 515 121.5	32 388.90	32 371.73	17.17	478 481.60

资料来源:《中国统计年鉴 2007》,北京:中国统计出版社,2007

11.6.2 预测误差的控制

前面所进行的预测都是依据样本资料估计预测模型的参数,得出预测方程,并根据外推取得所需的预测值。这种预测是直接以样本预测值作为总体预测值,它没有考虑预测的可靠程度和精确程度,其预测值是一个具体的数值,故称为点预测,又称为定值预测。点预测一般用于预测精度要求不高的场合。

为了提高预测的把握程度,说明预测的精确度,在用预测公式对总体进行预测时,还必须把预测的抽样误差考虑进去,计算在一定概率保证下误差范围的置信区间,并以此作为总体预测的一切可能值,这就是区间预测。预测置信区间一般表示为:

$$\hat{y} \pm RMSE \times t_{\alpha}$$

式中：t_{α} 为在概率度$(1-\alpha)$下 t 分布的数值，它适用于小样本资料($n \leqslant 30$)；当大样本($n>30$)时，z_{α}（概率度为$(1-\alpha)$下正态分布的数值)代替 t_{α}。

区间预测通过可能概率$(1-\alpha)$的大小来表明预测可靠程度，概率越大，可靠程度越高；概率越小，可靠程度越低。通过置信区间的大小表明预测的精确度，区间越大，精确度越低；区间越小，精确度越高。

仍以例 11.9 资料，当国内生产总值达到 10 万亿元时，以 95%的置信度 $\alpha=5\%$，预测农村居民家庭人均纯收入的范围。

本例中，由于 $n=15$，属于小样本，故计算均方根误差（$RMSE$）时不能用样本项数，而用自由度，现将 $RMSE$ 重新计算如下：

$$RMSE=\sqrt{\frac{\sum(y-\hat{y})^2}{n-2}}=\sqrt{\frac{478\ 481.60}{15-2}}=191.85$$

当 $\alpha=0.05$ 时，$n-2=13$，查 t 分布表，得 $t=2.160\ 4$。当国内生产总值为 10 万亿元时，预测区间为：

$$P(2\ 143.50-2.160\ 4\times191.85, 2\ 143.50+2.160\ 4\times191.85)=0.95$$

即当我国国内生产总值达到 10 万亿元时，农村居民家庭人均纯收入为1 729.03～2 557.97 元。

该区间表明：总体预测值有 95%的可能进入置信区间。

11.6.3　预测方法的选择

时间序列预测法是最常用的预测方法。它是假定过去现象变化的规律将延续到未来，如果能根据现有的时间序列掌握现象变化的规律，则将来的情况就可类推。尽管近年来开展了许多时间序列预测法，然而并没有哪种方法能对各种预测问题提供全部答案。因为任何一种方法都是建立在某种假定条件之下，而任何一种假定条件都无法概括现实世界中错综复杂的经济关系。因此，选择适当的预测方法十分必要。

选择预测方法的关键在于掌握时间数列变动的规律及其表现形式，分析各种影响因素起作用的程度。

影响社会经济发展的因素一般分为趋势性的、周期性的、季节性的和随机性的 4 种。趋势性因素是决定事物的基本因素，使事物的变化在一定时间内按一定的方向、比例和速度规则地运动。周期性因素是由于经济技术内在机制使现象按周期变化形式发展。季节性因素也是一种周期性变动，但只对月、季度资料有影响。随机性因素是由于复杂的偶然原因而引起现象的不规则变动，这在任何时间序列中都存在。

如果影响序列的变动只有随机性因素，这时时间序列为平稳型序列。可用平均法消除随机性因素的误差，以求预测值。如以 t 期的移动平均数作为 $t+1$ 期的预测值或以 t 期观察值 x_t 与 t 期的预测值 $\hat{x}_t$ 的加权平均作为 $t+1$ 期的预测值，即

$$\hat{x}_{t+1} = \alpha\hat{x}_t + (1-\alpha)\hat{x}_t \quad (0 < \alpha < 1)$$

这时预测值 $\hat{x}_{t+1}$ 只表示 $t+1$ 期可能出现的平均值，它与实际值有随机误差。平均预测法实际上是以过去的实际值作为未来的预测值，只适用于短期的平稳现象。如果数列存在着趋势性因素，这种预测方法会产生系统的时间滞后误差。

当时间序列同时受趋势性因素和随机性因素影响时，就存在着规则变动和不规则变动干扰作用的矛盾。从数列引导预测公式所面临的问题是：如果对趋势变动因素反映敏感，那么它对随机性变动因素的反映也敏感；反之，如果要降低方程对随机性变动因素的灵敏度，往往也同时降低趋势性变动因素影响的灵敏度。

解决这个问题，通常认为如果能找到一个合适的方程，使各个已知的观察值与方程上的理论值的离差之和为 0 或为最小，那么此方程是最理想的预测方程，由此推算的理论值是最佳预测值。然而此想法未必都尽人意。

如引入拉格朗日多项式作为预测方程：

$$\bar{x}_t = x_1\frac{(t-2)(t-3)\cdots(t-n)}{(1-2)(1-3)\cdots(1-n)} + x_2\frac{(t-1)(t-3)\cdots(t-n)}{(2-1)(2-3)\cdots(2-n)} + \cdots +$$

$$x_n\frac{(t-1)(t-2)\cdots(t-n+1)}{(n-1)(n-2)\cdots(n-n+1)}$$

上式表明，当 $t=1, \bar{x}_1 = x_1, t=2, \hat{x}_2 = x_2, \cdots, t=n, \hat{x}_n = x_n$，即现象的观察值与理论值完全一致，故有 $\sum(x_i - \hat{x}_i) = 0$；$\sum(x_i - \hat{x}_i)^2$ 最小。但事实证明，这一多项式作为预测方程却不是最理想的，因为它假定过去的趋势变动因素和随机变动因素共同决定未来现象水平，当随机因素波动很大时，以此作为预测的根据是不妥的。

所以，应该对趋势的形态和性质进行科学分析。就数量关系而言，可从两方面

入手：

一是从现象的增量方面考察，例如，按时间序列一级增量大体相等即存在线性变动趋势，若二级增量大体相等即存在抛物线变动趋势，等等。

二是从现象发展的速度方面考察。如现象各期的递增速度大体相同，则存在指数曲线趋势；如果递增速度大体按某种减速因子变动，则存在成长曲线（逻辑曲线）趋势。

经过分析确定了现象的类型，就可给出趋势线方程形式。但是对于预测方程的待定参数的确定，又会因思想方法和评价标准的不同而有很大差异。

一是利用时间序列观察值资料，提出一定标准，确定平均趋势线参数。如要求各观察值与方程理论值离差总和为 0，且离差平方和为最小，用最小平方法拟合曲线求参数。

二是对时间序列的观察资料进行多次修匀，以消除随机性因素影响，然后再利用修匀数列确定方程的参数。如二次、三次指数平滑法等。

所采用的方法不同，预测结果也有较大差异。指数平滑预测主要决定于近期增长速度，如果近期速度明显增加，则预测值也明显偏大。三点法易受过去趋势的影响，但若加重近期权数，也能促进预测值增加。而最小平方法按历史趋势以等比速度预测未来。

时间序列预测模型应用的前提是社会经济条件的稳定性，但实际上社会经济发展并非都是平稳的，特别是我国经济技术等发生了重大变化，单纯依靠过去历史资料是难以准确预测的。为此，统计预测既要考察现象的连贯性，还要考虑现象的联系性。这就要求建立计量模型来预测。计量模型的特点在于它是根据模型内各变量相互关系和外部条件的调整进行预测，并给预测结果一定的灵活性。其优点在于它根据现象间的相互制约关系判定预测结果，而且预测可同政策模拟、决策选择联系起来，有更大的实用价值。

预测方法的评价有许多统计标准，但统计标准不能代替经济标准，最终还是要用经济标准检验优劣和取舍。如模型结构是否合理，趋势方程能否反映客观数量关系，变动因子能否延续到未来、预测值同其他相关指标是否协调，等等。因此，统计预测的结果还必须放到社会现实环境中考察，这种经济检验是统计预测工作的关键环节之一。

11.7 用Excel进行统计预测分析

利用统计方法中的回归分析就可建立表示变量间相互关系的方程，即回归方程。在回归分析中，把被预测的变量称为因变量，把和因变量密切相关的用来预测因变量值的一个或多个变量称为自变量。这里用 Y 代表因变量，X 代表自变量。最简单的回归模型是只有一个因变量和一个自变量的线性回归模型。这一类模型就是一元线性回归模型，又称简单线性回归模型。包括两个或两个以上自变量的回归分析称为多元回归分析。下面举例讨论如何进行变量间的回归分析。

【例 11.10】表 11.13 列出了某海滨地区的空气和海水温度的统计数据，求出在空气温度已知时，能用来预测海水温度的回归方程。

表 11.13 某海滨地区的空气和海水温度的统计数据 ℉

月份	1	2	3	4	5	6	7	8	9	10	11	12
空气温度	57	59	65	75	81	86	88	88	84	75	68	59
海水温度	49	51	56	66	71	78	83	80	77	72	60	50

在 Excel 软件中，除上述统计函数可用于回归分析以外，统计函数 LINEST 以及“回归”分析工具也可用于回归分析。

Excel 软件中的“回归”分析工具通过对一组观察值使用“最小二乘法”直线拟合，进行线性回归分析，可用来分析单个因变量是如何受一个或几个自变量影响的。

操作步骤：

(1)将分析数据输入工作表 Sheet1 的单元格区域 A1:C13，如图 11.8 所示。

(2)选择“工具”菜单中的“数据分析”命令。

(3)弹出“数据分析”对话框(图 11.9)，在“分析工具”列表框中选择“回归”选项，单击“确定”按钮。

(4)弹出“回归”对话框，如图 11.10 所示。

“回归”对话框中

Y 值输入区域：在此输入对因变量数据区域的引用 \$C\$1：\$C\$13。该区域必须由单列数据组成。

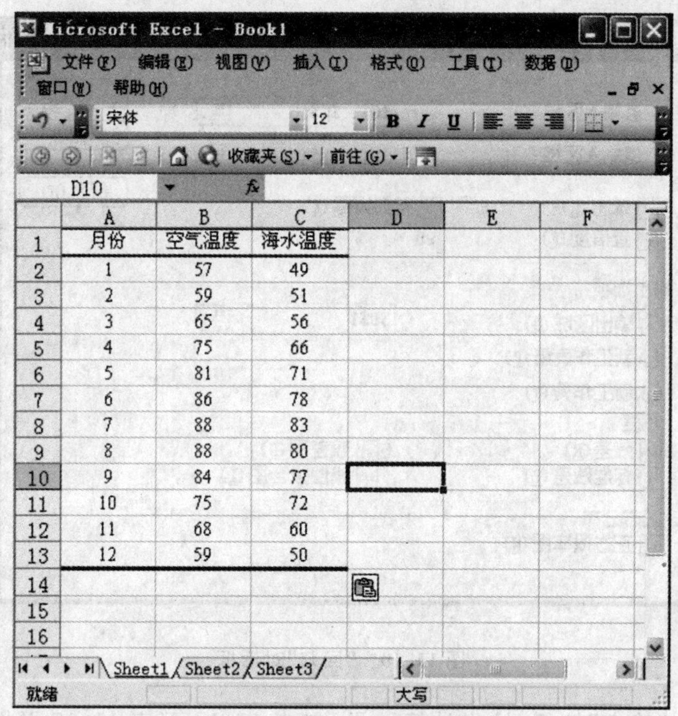

图 11.8　数据输入工作表

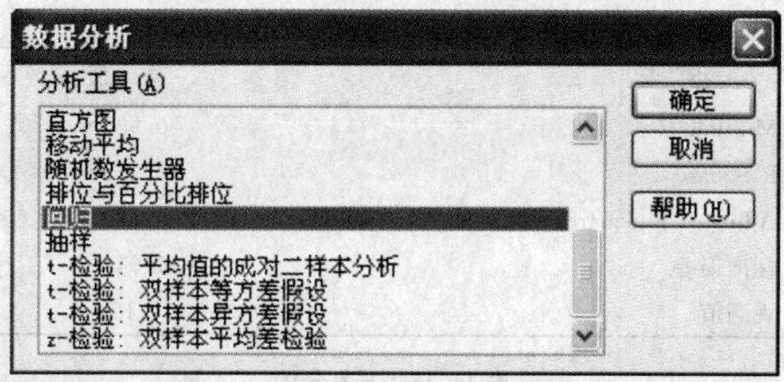

图 11.9　数据分析对话框

X 值输入区域：在此输入对自变量数据区域的引用＄B＄1：＄B＄13。Excel 将对此区域中的自变量从左到右按升序排列。自变量的个数最多为 16。

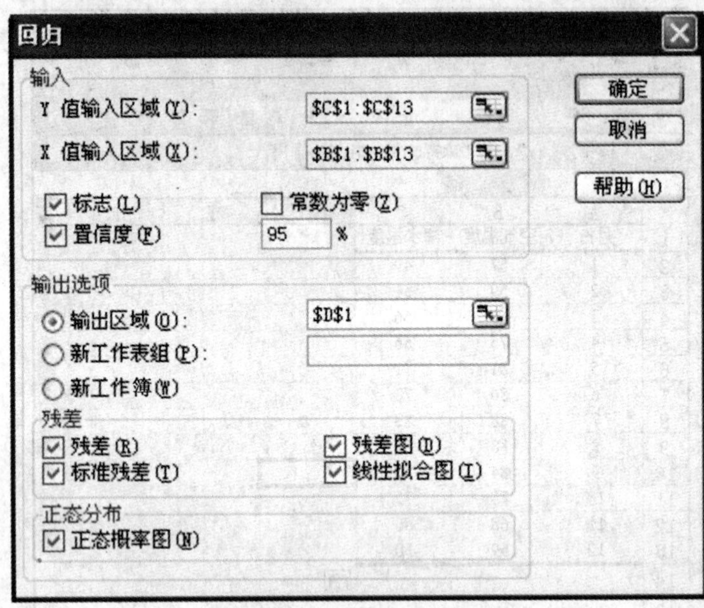

图 11.10 "回归"对话框

(5)单击"确定"按钮,给出计算结果,如表 11.14 至表 11.17 及图 11.11、图 11.12所示。

表 11.14 回归统计概要描述

指 标	数 值
Multiple R	0.988 9
R Square	0.978 0
Adjusted R Square	0.975 8
标准误差	1.943 1
观测值	12

表 11.15 方差分析

	df	*SS*	*MS*	*F*	Significance *F*
回归分析	1	1 679.16	1 679.16	444.74	1.28E-09
残差	10	37.76	3.78		
总计	11	1 716.92			

表 11.16　标准误差及 t 检验

	Coefficients	标准误差	t Stat	P-value	Lower 95%	Upper 95%
Intercept	−10.87	3.69	−2.94	0.01	−19.10	−2.64
空气温度/°F	1.04	0.05	21.09	0.00	0.93	1.15

表 11.17　预测海水温度的残差和标准残差

观测值	预测海水温度/°F	残差	标准残差
1	48.6	0.4	0.2
2	50.7	0.3	0.2
3	57.0	−1.0	−0.5
4	67.4	−1.4	−0.7
5	73.6	−2.6	−1.4
6	78.9	−0.9	−0.5
7	81.0	2.0	1.1
8	81.0	−1.0	−0.5
9	76.8	0.2	0.1
10	67.4	4.6	2.5
11	60.1	−0.1	0.0
12	50.7	−0.7	−0.4

$r^2=0.98$,意味着海水温度变异性的 98%可被空气温度和海水温度之间的线性关系所解释。应该说得到的回归方程对样本数据的拟合度很好。

如果显著性水平为 0.05,则由于 P 值小于 0.05,因此,线性关系显著。

根据表 11.16 给出的计算结果,可建立回归直线方程 $Y=-10.87+1.04X$。

残差分析:

自变量空气温度的残差图(图 11.11)表示出的残差基本是随机排列,因此,可以认为该模型是合理的。

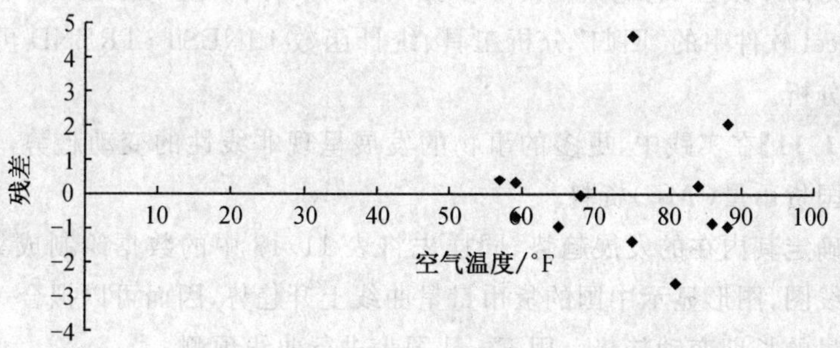

图 11.11　残差图

从线性拟合图(图 11.12)可以看出拟合度很好。

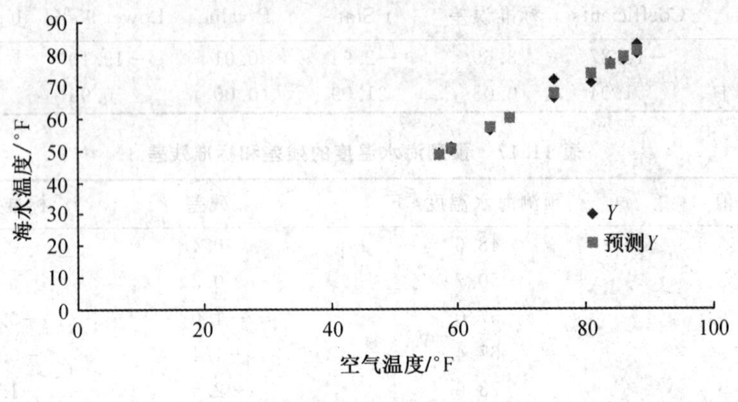

图 11.12 线性拟合图

散点图(图 11.13)中的点近似于一条直线,因此,线性回归分析失宜的。

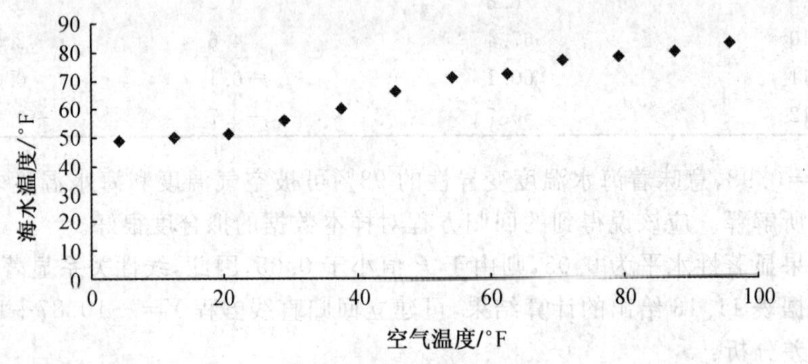

图 11.13 散点图

上例为简单线性回归分析,对于多元线性回归分析,基本原理和分析方法是相似的。Excel 软件中的"回归"分析工具、统计函数 LINEST,TREND 可用于多元线性回归分析。

【例 11.11】在实践中,更多的事物的发展呈现非线性的变动趋势,如表11.18所示的中国货币量(M_2)资料。

为了确定其内在的发展趋势,同样先将表 11.18 中的数据绘制成如图 11.14 所示的曲线图,图形显示中国的货币量呈曲线上升趋势,因而可以拟合一条曲线来预测货币量的长期变动趋势。用 Excel 图表进行曲线预测。

表 11.18　中国货币量资料　亿元

年份	准货币量 M_2	年份	准货币量 M_2
1990	15 293.4	1997	90 995.3
1991	19 349.9	1998	104 498.5
1992	25 402.2	1999	119 897.9
1993	34 879.8	2000	134 610.4
1994	46 923.5	2001	158 301.9
1995	60 750.5	2002	185 007.0
1996	76 094.9	2003	221 222.8

资料来源:《中国统计年鉴 2004》,北京:中国统计出版社,2004

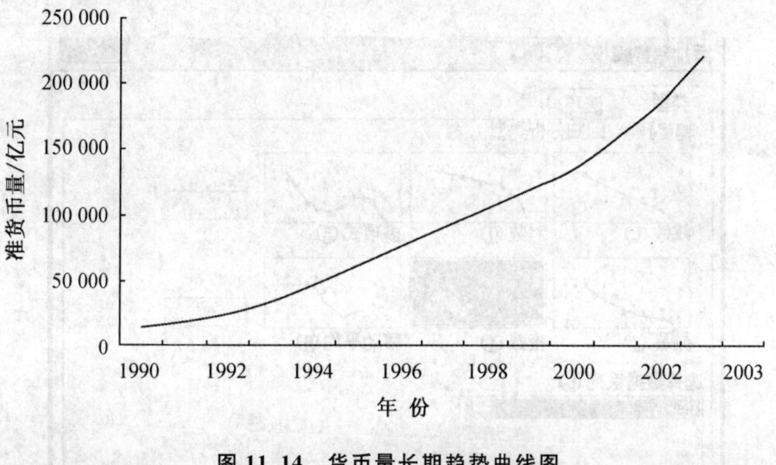

图 11.14　货币量长期趋势曲线图

可以在 Excel 图表中快捷地建立曲线方程。

(1)单击选定图 11.14 中的曲线,然后单击鼠标右键调出如图 11.15 所示的快捷菜单。

(2)选择“添加趋势线”命令,在打开的“添加趋势线”对话框中选中适当的趋势预测类型,如图 11.16 所示,选择“指数”选项。

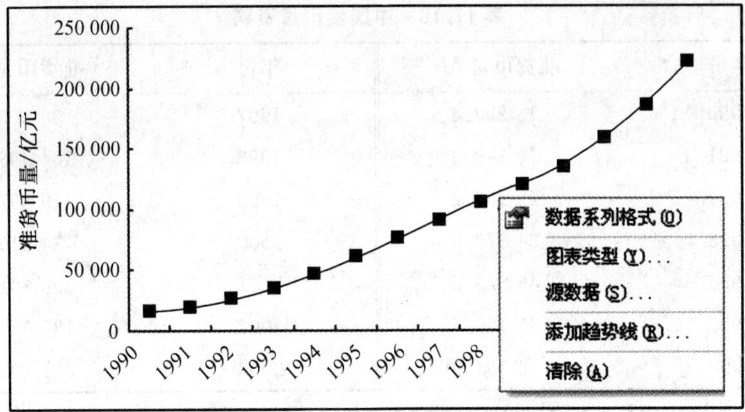

图 11.15 添加趋势线

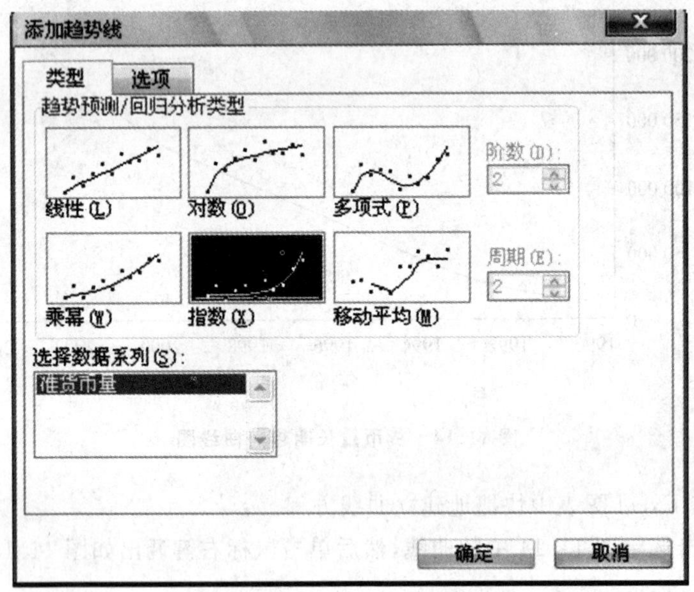

图 11.16 添加趋势线的选择类型

(3)选择"选项"选项卡,在如图 11.17 所示的设置框中,选中"显示公式"和"显示 R 平方值"复选框。

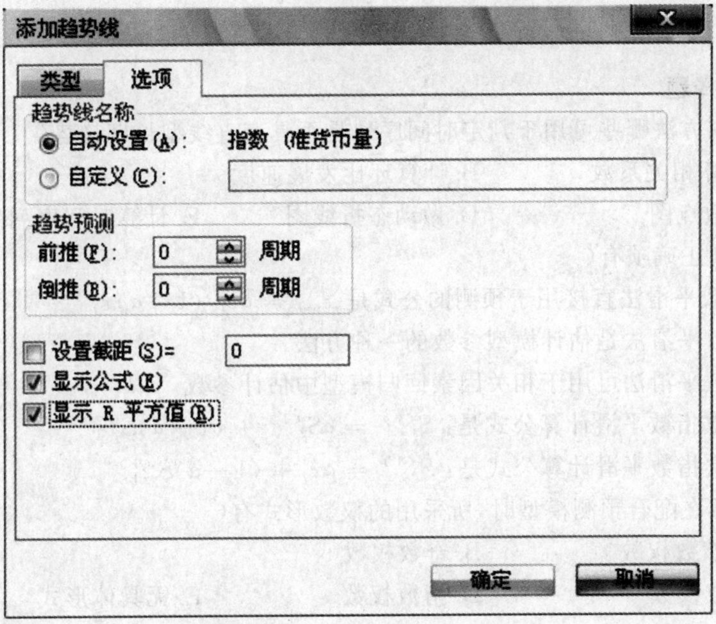

添加趋势线

类型　选项

趋势线名称

◉ 自动设置(A):　指数 (准货币量)

○ 自定义(C):

趋势预测

前推(F): 0 周期

倒推(B): 0 周期

☐ 设置截距(S)= 0

☑ 显示公式(E)

☑ 显示 R 平方值(R)

确定　取消

图 11.17　添加趋势线的设置

(4)单击“确定”按钮,得到如图 11.18 所示的结果。

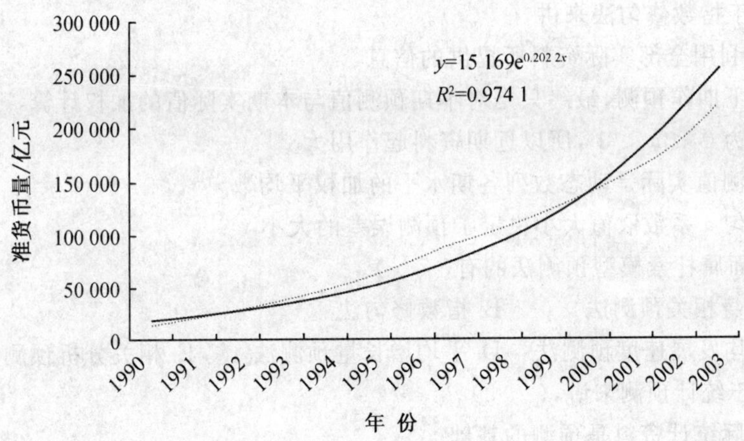

图 11.18　货币量的长期变动趋势图

复习思考题

一、选择题

1. 下列方法哪些可用于判定时间序列是否具有直线型长期趋势(　　)。

A. 计算相关系数　　B. 计算环比发展速度

C. 做散点图　　D. 做动态折线图　　E. 计算时间序列的一次差

2. 下列正确项有(　　)。

A. 指数平滑法直接用于预测的公式是 $\hat{x}_{t+1}=\alpha+(1-\alpha)\hat{x}_t$

B. 指数平滑法是估计模型参数的一种方法

C. 指数平滑法可用于相关因素回归模型中估计参数

D. 二次指数平滑计算公式是：$S_t^{(2)}=\alpha S_t^{(1)}+(1-\alpha)S_{t-1}^{(2)}$

E. 一次指数平滑计算公式是：$S_t^{(1)}=\alpha x_t+(1-\alpha)S_{t-1}^{(1)}$

3. 通常在配合预测模型时，所采用的权数形式有(　　)。

A. 自然数权数　　B. 奇数权数

C. 偶数权数　　D. 指数权数　　E. 无具体形式

4. 对于基本公式 $s_n=\alpha y_n+(1-\alpha)\hat{y}_n$ 来说，(　　)。

A. s_n 称为本期平滑值　　B. y_n 为本期水平

C. α 为平滑系数　　D. $\hat{y}_n$ 为本期应达水平的预测值

E. 整个式子为指数平滑法的公式

5. 对于指数修匀法来讲，(　　)。

A. 能利用全部实际资料所提供的信息

B. 对下期作预测，最终只是对本期预测值与本期实际值的加权计算

C. 因为 $0<\alpha<1$，所以远期资料起作用大

D. 预测值实际是动态数列各期水平的加权平均数

E. 修匀 α 系数取值大小决定了预测误差的大小

6. 下面属朴素模型预测法的有(　　)。

A. 自身相关预测法　　B. 指数修匀法

C. 平均发展速度预测法　　D. 平均增长量预测法　　E. 相关分析预测法

7. 对于统计预测来讲，(　　)。

A. 实际统计资料是预测的基础

B. 数学模型是预测的手段

C. 经济理论是预测的手段

D. 实际统计资料是预测的手段

E. 经济理论是预测根据

8. 统计预测中属于加权预测的有(　　)。

A. 折扣最小平方法　　B. 三点预测法

C. 加权移动平均法　　D. 指数平滑法　　E. 季节变动预测法

9. 相关分析预测法(　　)。

A. 一般与回归分析法结合运用

B. 依据变量间的相关性研究现象的未来

C. 依据理论上的定性预测

D. 适用于研究现象资料无法了解的情况

E. 既可研究现象动态资料,也可以适用于研究现象的静态规律

10. 直线趋势方程 $y=a+bt$ 中,b 表示(　　)。

A. 平均增长速度　　B. 时间每增加一个单位,现象平均增加 b 个单位

C. 平均发展速度　　D. 现象随着时间增长,每期以同样的速度发展

二、简答题

1. 什么是统计预测,它在统计研究中的地位与作用如何?
2. 定性预测的主要方法有哪些?
3. 三点法的基本原理是什么?
4. 什么是回归预测?
5. 什么是预测误差,测定预测误差的指标有哪些?

三、计算题

1. 根据下表资料,用指数修匀法拟合直线模型(令 $\alpha=0.9$, $S_0^1=330$, $S_0^2=441$),并预测该公司 2005 年的商品销售额。

某公司几年的销售收入　　万元

年份	1992	1993	1994	1995	1996	1997	1998	1999	2000	2001	2002
销售额	330	420	500	580	690	800	910	1 020	1 120	1 210	1 330

2. 用最小平方法拟合直线模型,并预测该公司 2005 年的商品销售额。

3. 用三点法拟合直线模型,并预测该公司 2005 年的商品销售额。

复习思考题答案

一、选择题

1. CDE　　2. BDE　　3. AD　　4. ABCDE　　5. ABD

6. CD　　7. ABE　　8. ABCD　　9. ABE　　10. B

二、简答题

(略)

三、计算题

1. 修匀过程如下表所示。

年份	时序 t	销售额 Y_t	一次指数平滑值 $S_t(1)$	二次指数平滑值预测值 $S_t(2)$	a_t	b_t	预测值 $F_t=a_t+b_tT$
1992	0	330	330.00	441.00			
1993	1	420	411.00	414.00	408.00	−27.00	
1994	2	500	491.10	483.39	498.81	69.39	381.00
1995	3	580	571.11	562.34	579.88	78.95	568.20
1996	4	690	678.11	666.53	689.69	104.20	658.83
1997	5	800	787.81	775.68	799.94	109.15	793.88
1998	6	910	897.78	885.57	909.99	109.89	909.09
1999	7	1 020	1 007.78	995.56	1 020.00	109.99	1 019.88
2000	8	1 120	1 108.78	1 097.46	1 120.10	101.90	1 129.98
2001	9	1 210	1 199.88	1 189.64	1 210.12	92.18	1 222.00
2002	10	1 330	1 316.99	1 304.25	1 329.72	114.62	1 302.30
2003	11						1 444.34 ($T=1$)
2004	12						1 558.96 ($T=2$)
2005	13						1 673.57 ($T=3$)

预测 2005 年销售额时，选取 a_{2002} 和 b_{2002} 作为系数，则拟合出的直线模型为：

$$y_{t+T}=1\,329.72+114.62T$$

又因为相对于 2002 年而言，预测 2005 年销售额时 $T=3$，所以 2005 年的销售额为：

$$y_{2005}=a_{2002}+3b_{2002}=1\,329.72+3\times114.62=1\,673.58$$

2. 首先赋予各个年份新的时序号，以简化计算，见下表。

年份	1992	1993	1994	1995	1996	1997	1998	1999	2000	2001	2002
时序 t	−5	−4	−3	−2	−1	0	1	2	3	4	5
销售额 Y_t /万元	330	420	500	580	690	800	910	1 020	1 120	1 210	1 330

用最小二乘法求 y_t 对 t 的回归直线。

显然 $\sum t=0$，$\sum t^2=110$，$\sum ty=11\,120$，$\sum y=8\,910$，则

$$b=\frac{n\sum ty-\sum t\sum y}{n\sum t^2-(\sum t)^2}=\frac{\sum ty}{\sum t^2}=\frac{11\ 120}{110}=101.1$$

$$a=\frac{\sum y}{n}-b\frac{\sum t}{n}=\frac{\sum y}{n}=\frac{8\ 910}{11}=810$$

则直线方程为：

$\hat{y}=810+101.1t$

将 $t=8$ 代入此方程即可得 2005 年的销售额为：

$\hat{y}=810+101.1\times 8=1\ 618.8$

3. 用三点法拟合直线模型，计算过程见下表。

年份	序号	销售额 x	权重 w	xw
1992	1	330	1	330
1993	2	420	2	840
1994	3	500	3	1 500
1995	4	580	R	445
1996	5	690	1	690
1997	6	800	2	1 600
1998	7	910	3	2 730
1999	8	1 020	S	837
2000	9	1 120	1	1 120
2001	10	1 210	2	2 420
2002	11	1 330	3	3 990
2003	12		T	1 255
2004	13			
2005	14			

所以　$b=\frac{T-R}{n-3}=\frac{1\ 125-445}{11-3}=101.25$

$$a=R-\frac{7}{3}b=445-\frac{7}{3}\times 101.25=208.75$$

则所拟合的直线方程为：

$\hat{x}=203.75+101.25t$

将 $t=14$ 代入上面方程即可得到 2005 年销售额的预测值：

$\hat{x}_{2005}=208.75+101.25\times 14=1\ 626.25$

第 12 章　统计决策

教学目的与要求：通过本章的学习，要掌握统计决策的概念、种类、原则和程序。掌握确定型和非确定型统计决策方法。掌握风险型统计决策方法中的损益矩阵分析法、决策树法；了解贝叶斯统计决策法和马尔柯夫决策法。

决策是人类社会的一种特有现象，在人类社会初始即存在，但作为科学却是近几十年的事情。决策主要是利用收集到的信息对面临的问题提出切合实际、科学的解决方案的过程，其基础会涉及经济学、管理学、数学、统计学和社会学等学科。统计决策理论是统计学家 A·瓦尔德(Wald)在 1950 年提出的一种数理统计学理论，他把根据统计信息决定应采取何种行动的决策纳入统计学研究领域，使统计理论的应用范围进一步扩大。

12.1　统计决策的基本知识

12.1.1　统计决策的基本要素

在实际统计问题中，统计工作者掌握的资料是样本 $X=(x_1,x_2,\cdots,x_n)$ 的信息，X 所来自总体的分布 $F(\theta)$ 中包含的参数 θ 未知，而只知道 θ 所属的集合(即 θ 所有可能取值的集合，称为参数空间)。在信息有限的情况下，采取何种决策最好，则取决于 θ。统计工作者的任务就是根据样本 X 中所包含的有关 θ 的信息，作出良好的决策。例如，一家商店根据抽样决定是否接受一批来货，一个工厂根据市场调查的结果决定某种产品生产多少等，都属于统计决策行为，其希望所采取的行动取得尽可能好的效果，或者说，使“行动不当”所造成的损失尽可能小。

一般情况下，可以通过 3 个要素表述一个统计决策问题：

(1)参数及参数空间。当为了得到关于 θ 的信息而进行试验时，总假设观测值服从某种概率分布，而 θ 是这个分布的一个未知参数。参数 θ 影响着决策过程，规定了问题的概率模型，通常被称为自然状态；参数空间 Θ 表示自然状态所有可能值的集合，即参数 θ 可能的取值范围。

(2)行动空间。通常把决策称为行为，特定的行为 a，表示为样本 X 的函数，即

$a=f(x_1,x_2,\cdots,x_n)$；研究的所有可能行为的集合由 A 表示，它是统计工作者可以采取的行为(或称单纯策略)的集合。例如，要检验有关 θ 的假设，则行动空间 A 由 H_0（接受假设）和 H_1（拒绝假设）两个元素构成。

(3)损失函数 L。统计决策理论的一个基本出发点就是所采取行为的后果可以数量化。设参数真值为 θ，统计工作者采取的行为为 a，则所遭受的损失可表示为 θ 与 a 的函数 $L(\theta,a)$，称之为损失函数，其定义域为 $(\theta,a)\in\Theta\times A$。在一个具体问题中，采取什么损失函数最好，是一个需要进行大量调查研究以至理论工作的问题，这也是在使用决策理论时的一个难点。

统计调查是为了获得有关 θ 的信息，调查结果 $X=(x_1,x_2,\cdots,x_n)$ 表示来源于同一分布的独立观测向量。所有可能出现的调查结果的集合为样本空间，由 Ω 表示，一般情况下，Ω 是 n 维欧氏空间 R^n 的子集。X 的概率分布与未知的自然状态 θ 有关，令 $P_\theta(A)$ 或 $P_\theta(X\in A)$ 表示事件 A 的概率（$A\in\Omega$），其中 θ 为自然状态的真值。一般情况下，X 被假设为连续或离散的随机变量，并具有密度 $f(x|\theta)$。

若 X 是连续型随机变量，则 $P_\theta(A)=\int_A f(x|\theta)\,\mathrm{d}x$。

若 X 是离散型随机变量，则 $P_\theta(A)=\sum_{x\in A} f(x|\theta)$。

决策就是根据统计调查样本信息决定(或选择)一个行动方案 a，使损失函数 $L(\theta,a)$ 的期望值在各个自然状态下的风险值达到最小，即

$$\min_{a\in A}[R(\theta,a)]=\sum_{j=1}^{L}L(\theta,a)P_\theta(A)$$

12.1.2　基本概念

1. 统计决策的概念

决策是为了合理分析具有不确定性或风险性决策问题而提出的一套概念和系统分析方法，是人们为实现一定的目标而制订行动方案并准备实施的活动，也是一个提出问题、分析问题、解决问题的过程。一般具有如下特征：

(1)决策是行动的基础。任何一项经济活动都要预先有明确的目的，为达到目的，所应获取的资源和所采取的方法，等等，皆构成行动的基础。决策要对每个预选方案进行综合分析和评估，按照一定准则择优选取实施方案。

(2)决策是动态发展的过程。任何一项决策问题都应建立在一系列决策基础上，要在系统内谋求决策目标、内部条件以及外部环境之间的一种动态平衡；是在发现问题、分析问题的基础上，为实现目标而抉择行动方案以实施，并对实施情况

进行监督、反馈的过程。

(3)决策是各要素综合作用的结果。决策是一个系统工程,是人、财、物,天时、地利、人和的有机结合,是各要素充分发挥作用,取得最大收益或最小损失的过程。在这个过程中要定性分析与定量分析相结合,要理论与实践相结合。

2. 统计决策的步骤

一般来看,决策分析的过程大致可分为7个步骤:

(1)识别存在的问题,提出决策目标。决策者根据所面临的情况,找出存在的问题,并判定产生问题的原因,然后提出目标。目标是决策的前提,是整个决策过程的出发点。所谓决策目标,是指在一定的条件下决策者期望达到的理想状态。它依具体问题而定,例如,竞争条件下企业产品市场销售期望利润、期望收入,期望市场占有率及设备投资,期望达到的产品增长量等。目标必须明确、合理、可行,并要有一个具体的衡量标准判断目标达到的程度。

(2)搜集有关资料。资料的搜集要依决策目标而定。无论原始资料或二手资料,在资料搜集过程中都要注意资料的真实性、完整性和时效性。因为这些资料或称信息中隐含着决策的关键因素,分布参数等。

(3)建立模型。对搜集到的资料进行加工处理,建立能够说明问题的模型,并在此基础上进行预测。

(4)列出问题的所有可行性方案。经过预测,得到各种可能性的有关资料,并列举所有可能的、可加以控制的可行性方案。可行方案不能仅有一个,要多角度、多方式地提出方案,既有乐观的,亦有审慎的。每种方案都必须能够度量,即能够计算效用值或损失值,给出对各方案的偏好。

(5)从各种可行性方案中选择最佳方案。对各种可行性方案的优劣从人力、物力、财力以及环境等多方面进行考察评估。评估时尽可能使用能量化的指标,如产值、利润、成本等,对那些实在无法量化的,如社会效益、公众形象等也尽可能进行客观处理。在选择方案的过程中,必要时可做一些灵敏度分析。

(6)设计周密的计划,组织方案的实施。

(7)利用方案实施中反馈的信息,及时对原方案进行调整、修改与完善。在方案实施时,一定会出现新情况、新问题,这就要求决策者不失时机地进行判断分析,找出问题所在以及产生的原因,对原决策方案进行修正乃至重新选择。

决策分析的目的在于提供一种适于解决包括主观因素在内的复杂决策问题的方法,从而辅助决策,而不是代替决策者决策。实践应用中,决策方案能否为决策者所接受,取决于两个因素:决策者对可能出现的不同结果的判断,以及决策者对每个可能结果的偏好。实践证明,当决策问题较为复杂时,决策者在保持与自身判断及偏好一致的条件下处理大量信息的能力将减弱,在这种情形下,决策分析方法可为决策者提供强有力的工具。

3. 统计决策的类型

决策贯穿于整个组织活动的全过程，涉及各方面的内容。因此，根据不同要求，从不同角度对决策过程加以分类，将有助于决策者把握各类决策的特点，根据决策问题的特征，按不同的决策种类，采用相应的方法，进行有效的决策。

(1)决策问题按对决策环境的了解程度分为 3 类。

确定型决策问题：决策环境和决策结果都完全确定的决策问题。如线性规划问题。

风险型决策问题：决策环境不是完全确定的情况下进行的决策，但对于各自然状态发生的概率，决策者是可以预先估计或计算出来的。如是否购买彩票。

不确定型决策问题：决策环境完全未知的情况下进行的决策，对各自然状态发生的概率一无所知。

(2)决策问题按决策目标的数量分为单一目标决策和多目标决策

单一目标决策是指决策要达到的目标只有一个，如追求利润最大化或实现成本最低的决策。多目标决策是指决策要达到的目标不止一个，而是多个，如企业的经营目标除了当期利润外，还有股东利益，企业的流动资金安全量等。在实际问题的决策中，多目标决策居多，并且多目标决策比单目标决策要复杂得多。

(3)决策问题按决策的过程来看，分为单阶段决策和多阶段决策

单阶段决策是指整个决策问题和决策过程仅由一个阶段构成。多阶段决策也称动态决策，是指整个决策过程分为多个阶段，各阶段之间相互连接，前一阶段的决策结果会影响到下一阶段的决策，是下一阶段决策的出发点。多阶段决策追求整体效果的最优，而不是某一环节的最优，各阶段决策的最优之和并不一定带来整体决策结果的最优。

针对不同类型的决策问题有不同的解决方法。统计调查的目的是在决策时尽量多的了解决策环境，使不确定型问题转化为风险型问题，风险型决策问题转化为确定型决策问题。当然了，在进行这样的转化过程中必须考虑转化的成本。

12.2　确定型统计决策方法

12.2.1　确定型统计决策的基本特点

确定型决策是指在决策系统及其所处的环境下，决策者根据所掌握的信息和技术手段，能够作出科学、正确判断的决策问题如线性盈亏平衡决策问题，最优经

济批量问题等。确定型决策一般满足以下条件:①决策者希望达到的目标比较明确;②只存在一个决策者不能控制的自然状态;③有可供决策者选择的两个或两个以上的备选答案;④不同决策方案在确定状态下的损益值能够计算出来。

12.2.2 确定型统计决策的基本思路

确定型决策问题看起来简单,但实际问题会很复杂,有时备选方案很多,差别不明显方案间难以抉择。所以在决策的过程中,经常采用一些模型选优的方法,如线性规划、非线性规划、整数规划、动态规划、投入产出模型、确定型存储技术、网络分析技术等。

通过模型选优的方法确定最优方案的基本思路:

(1)决策目标的设计。包括单一目标的决策和多目标的决策,在多目标的决策问题中,要明确各目标之间的优先级顺序及重要性大小。

(2)建立确定型决策的约束条件。有些确定型决策问题要实现目标的最大化或最小化,需要满足一定的限制条件,如资源有限性等。这时,最优方案的选择必须在满足约束条件的基础上进行。

(3)求解确定型决策的最优解,即选择最优方案。

12.2.3 确定型统计决策方法的应用

在模型选优法解决确定型决策的问题时,我们利用单纯形表求解(其他方法请参阅有关运筹学的章节),在后半部分将介绍 Excel 程序中的"规划求解"功能。

有关单纯形表法的实质是将非基变量视为一组参数,并将目标函数和基变量都表示成非基变量的函数形式。这样就可以讨论当非基变量变化时,目标函数和基变量随之变化的情况。我们可以用一个矩阵来表示单纯形法迭代中所需要的全部信息,这就是所谓的单纯形表。

【例 12.1】某工厂拥有 A 和 B 两种类型的设备,生产甲和乙两种产品。每件产品在生产中需要占用的设备机时数,每件产品可以获得的利润以及两种设备可利用的机时数如表 12.1 所示。

表 12.1 某工厂产品单位利润及设备耗时情况

项目	产品甲/(h/件)	产品乙/(h/件)	设备能力/h
设备 A	1	1	3
设备 B	0	1	1
利润/(元/件)	1	2	—

用线性规划法制订使总利润最大的生产计划。

解:设变量 x_i 为第 i 种产品的生产件数($i=1,2$),目标函数 z 为相应的生产计划可以获得的总利润。在加工时间以及利润与产品产量呈线性关系的假设下,可以建立如下的线性规划模型为:

$$\max \quad z = 1x_1 + 2x_2 \qquad \text{利润最大化}$$
$$\text{s.t.} \begin{cases} 1x_1 + 1x_2 \leqslant 3 & \text{设备的利用时间} \\ \quad\quad\; 1x_2 \leqslant 1 & \text{不超过设备能力} \\ x_1, \quad x_2, \quad \geqslant 0 & \text{产品产量非负} \end{cases}$$

首先将以上问题转换成标准形式。将目标函数转换成极小化,并在约束中增加松弛变量 x_3, x_4。

$$\min \quad z' = -x_1 - 2x_2$$
$$\text{s.t.} \begin{cases} x_1 + x_2 + x_3 = 3 \\ x_2 + x_4 = 1 \\ x_1, \; x_2, \; x_3, \; x_4 \geqslant 0 \end{cases}$$

将目标函数中的变量移到等号左边,得:

$$\min \quad z' + x_1 + 2x_2 = 0$$
$$\text{s.t.} \begin{cases} x_1 + x_2 + x_3 = 3 \\ x_2 + x_4 = 1 \\ x_1, \; x_2, \; x_3, \; x_4 \geqslant 0 \end{cases}$$

写出系数矩阵。确定非基变量为 x_1, x_2,基变量为 x_3, x_4。将当前的基变量写在表的左侧。RHS(right hand side)是"右边常数"的缩写。

表 12.2 就是线性规划的初始单纯形表。在以下单纯形表中,基变量 x_3, x_4 在目标函数中的系数都等于 0,基变量 x_3, x_4 在约束条件中的系数矩阵是一个单位矩阵。这是任何一张单纯形表必须满足的性质。具备了这些性质,单纯形表就实现了目标函数用非基变量表示,基变量用非基变量表示的目的。

表 12.2　初始单纯形表

	z	x_1	x_2	x_3	x_4	RHS	最小比值
z	1	1	2	0	0	0	—
x_3	0	1	1	1	0	3	3/1
x_4	0	0	[1]	0	1	1	1/1

非基变量在目标函数行中的系数称为非基变量的检验数。在单纯形表中,如

果所有非基变量的检验数都不是正数(即全为负数或0),该单纯形表为最优单纯形表。否则,选取检验数为最大正数的非基变量进基。

在表12.2中,x_2 的检验数为2,大于 x_1 的检验数1,选择 x_2 为进基变量,并计算右边常数与进基变量在约束条件中的系数的最小比值 $\min\{3/1,1/1\}=1$(两项比值写在单纯形表的右边),确定基变量 x_4 离基。

以进基列和离基行的交叉元素1为主元,进行旋转运算,将主元变成1(本例中主元已经是1),主元所在列的其他元素为0,得到表12.3。

表12.3 单纯形计算表

	z	x_1	x_2	x_3	x_4	RHS	最小比值
z	1	1	0	0	−2	−2	—
x_3	0	[1]	0	1	−1	2	2/1
x_2	0	0	1	0	1	1	—

用同样的法则确定 x_1 进基,x_3 离基,确定主元并进行旋转运算,得到表12.4。

表12.4 单纯形计算结果表

	z	x_1	x_2	x_3	x_4	RHS
z	1	0	0	−1	−1	−4
x_1	0	1	0	1	−1	2
x_2	0	0	1	0	1	1

非基变量 x_3,x_4 的检验数皆为−1,皆小于0,以上单纯形表已获得最优解。最优解为:$x_1=2,x_2=1,x_3=0,x_4=0,\min z'=-4$,即 $\max z=4$。

12.3 不确定型统计决策方法

不确定型决策是指决策者在对未来事件有一定了解的基础上,知道各种可能出现的自然状态以及各状态发生下可能的损益值,但不知道各状态发生的概率,这种情况下进行的决策就是不确定型决策。不确定型决策往往依据决策者的经验、判断、估计和偏好,其决策具有很大的主观性。下面介绍常用的不确定型决策准则和决策方法。

12.3.1 Wald决策准则

Wald决策准则也称为悲观决策准则或小中取大决策准则。此种决策准则的特点主要是对备选方案保持悲观保守的态度,从最坏处着眼,以谋取最大收益,是一种过于稳妥的决策准则。这主要是当决策者采用方案 A_i 时,至少可获得损益值

a_i（$i=1,2,\cdots,n$），若采用 A_{i_0}，则决策的损益值可以达到 $a_{i_0}=\max(a_1,a_2,\cdots,a_n)$ 的目的。

其决策的一般思路如下：

设事件在未来可能出现的自然状态有 $S_1,S_2,\cdots,S_n$，决策者有且只有 m 种备选方案 $A_1,A_2,\cdots,A_m$ 以供选择。当未来发生自然状态 S_j 时，决策者选择行动方案 A_i，获得的损益值为 $a_{ij}(i=1,2,\cdots,m;j=1,2,\cdots,n)$。因此，损益表构成如表 12.5 所示。

表 12.5　决策损益表

可选择行动方案	自然状态					
	S_1	S_2	…	S_j	…	S_n
A_1	a_{11}	a_{12}	…	…	…	a_{1n}
A_2	a_{21}	a_{22}	…	…	…	…
⋮	⋮	⋮				⋮
A_i	…	…	…	a_{ij}	…	…
⋮	⋮	⋮				⋮
A_m	a_{m1}	a_{m2}	…	…	…	a_{mn}

依据损益表，决策者采用 Wald 决策准则进行决策：

(1)从每个可选择行动方案中确定最小损益值，即 $a_i=\min(a_{i1},a_{i2},\cdots,a_{in})$（$i=1,2,\cdots,m$）。

(2)从所求各行动方案的最小损益值中确定最大损益值，即 $a_{i_0}=\max(a_1,a_2,\cdots,a_m)$，则第 i_0 个行动方案就是决策者按 Wald 准则所确定的行动方案，此种方法选择方案，有时也称为最大最小决策准则。

【例 12.2】某企业根据产品销售量将市场分割为：畅销状态 $S_1=\{\xi>a\}$；一般状态 $S_2=\{b<\xi\leqslant a\}$；萎缩状态 $S_3=\{c<\xi\leqslant b\}$；滞销状态 $S_4=\{\xi\leqslant c\}$。企业可采取的决策方案为：A_1，维持现有生产能力；A_2，增加少量投资，改进生产能力；A_3，增加大量投资，扩建生产车间。企业在不同状态下采取不同方案的损益情况如表 12.6 所示。

表 12.5　某企业投资决策损益表

可选择行动方案	自然状态			
	S_1	S_2	S_3	S_4
A_1	40	25	15	0
A_2	110	60	25	−35
A_3	75	35	20	−10

利用 Wald 决策准则选择行动方案。

解:因为 $a_1 = \min\{40,25,15,0\} = 0$

$a_2 = \min\{110,60,25,-35\} = -35$

$a_3 = \min\{75,35,20,-10\} = -10$

所以按 Wald 决策准则应选择行动方案 A_1 为最佳选择。

12.3.2 Hurwicz 决策准则

赫威兹(Hurwicz)决策准则也称乐观决策准则或大中取大决策准则,这种决策的特点是对现实方案的选择持乐观态度,从最好处着眼,以谋取最大收益。

若决策损益表如表 12.5 所示,利用 Hurwicz 决策准则进行决策:

(1)从各行动方案中选择最大损益值,即 $\beta_i = \max(a_{i1}, a_{i2}, \cdots, a_{in})$ ($i = 1,2,\cdots, m$)。

(2)从所求各行动方案的最大损益值中确定最大损益值,即 $\beta_{i_0} = \max(\beta_1, \beta_2, \cdots, \beta_m)$。

则第 i_0 个行动方案就是决策者按 Hurwicz 决策准则所确定的行动方案。

相对于 Wald 决策准则,此种方法是一种不顾风险,积极冒进的决策准则。现在利用 Hurwicz 决策准则对例 12.2 进行决策,因为

$\beta_1 = \max\{40,25,15,0\} = 40$

$\beta_2 = \max\{110,60,25,-35\} = 110$

$\beta_3 = \max\{75,35,20,-10\} = 75$

所以按 Hurwicz 决策准则,应该选择行动方案 A_2,即企业应增加投入,扩建工厂。

12.3.3 Hurwicz 乐观系数决策准则

Hurwicz 乐观系数决策准则可简称为乐观系数决策准则,是一种介于 Wald 决策准则和 Hurwicz 决策准则之间的一种折中决策方法。Hurwicz 认为,决策者在决策时对未来不应过分的悲观、保守,也不应该过分的乐观、冒进,而应根据决策者的经验和相关数据分析确定一个乐观系数 θ ($0 \leqslant \theta \leqslant 1$),对每一行动方案的最大收益值和最小收益值进行加权平均。其折中收益值可表示为:

$$\gamma_i = \theta \max_j \{a_{ij}\} + (1-\theta) \min_j \{a_{ij}\} \qquad (i = 1,2,\cdots,m)$$

依据折中收益值的大小进行决策。通过上式可以发现,当 $\theta = 1$ 时,即为 Hurwicz 决策准则；当 $\theta = 0$ 时，即为 Wald 决策准则。

若决策损益表如表 12.5 所示，利用 Hurwicz 乐观系数决策准则进行决策：

(1)确定乐观系数 θ（$0 \leqslant \theta \leqslant 1$），计算各行动方案的折中损益值：

$$\gamma_i = \theta \max_j \{a_{ij}\} + (1-\theta) \min_j \{a_{ij}\} \qquad (i = 1,2,\cdots,m)$$

(2)寻找最大折中损益值对应方案：

$$\gamma_{i_0} = \max\{\gamma_1, \gamma_2, \cdots, \gamma_m\}$$

则第 i_0 个行动方案就是决策者按 Hurwicz 乐观系数决策准则所确定的行动方案。

现在利用 Hurwicz 乐观系数决策准则对例 12.2 进行决策，决策者依据本企业的竞争实力以及市场运行状况确定乐观系数 $\theta=0.4$，决策过程如下：

$$\gamma_1 = 0.4 \times 40 + (1-0.4) \times 0 = 16$$
$$\gamma_2 = 0.4 \times 110 + (1-0.4) \times (-35) = 23$$
$$\gamma_3 = 0.4 \times 75 + (1-0.4) \times (-10) = 24$$

所以，按照 $\theta = 0.4$ 的 Hurwicz 乐观系数决策准则，应选择行动方案 A_3，即企业应增加少量投资，改进生产能力。

利用此决策准则，乐观系数的取值大小与决策者的胆识、经验和对周围环境的判断能力有关。在充分考虑自身竞争实力的前提下，当外部经济环境处于上升阶段，乐观系数取值应该稍大；反之，乐观系数取值稍小一些为好。所以，决策者在决策前要充分了解和分析自身实力和外部社会经济条件，尽可能地选择适当的乐观系数以便正确决策。

12.3.4 Savage 决策准则

萨凡奇(Savage)决策准则也称为大中取小（或最小最大）后悔值决策准则（或简称后悔值决策准则）。其决策的基本思路是：未来各自然状态 $S_1, S_2, \cdots, S_n$ 必然会出现一种且只能出现一种，当自然状态确定后，决策者在明确各备选方案优劣性的前提下选择行动方案，如果选定的决策方案恰是最优方案，决策者应无任何后悔，此时后悔值为零；但如果决策者选定的方案不是最优方案，决策者会感到后悔，这种后悔的大小应由机会损失大小来衡量。我们就把某一自然状态下的最优方案的损益值与所采取方案的损益值之差称为后悔值。后悔值为零就表示该方案是此自然状态下的最优行动方案。

若决策损益表如表 12.5 所示，利用 Savage 决策准则进行决策：

(1)计算各行动方案在某自然状态 S_j 下的后悔值 h_{ij}。

$$h_{ij}=\max\{a_{1j},a_{2j},\cdots,a_{mj}\}-a_{ij} \qquad (i=1,2,\cdots,m;\ j=1,2,\cdots,n)$$

其中 a_{ij} 为方案 A_i 在自然状态 S_j 下的损益值。

可得后悔值表如表 12.7 所示。

表 12.7 后悔值表

可选择行动方案	自然状态					
	S_1	S_2	…	S_j	…	S_n
A_1	h_{11}	h_{12}	…	…	…	h_{1n}
A_2	h_{21}	h_{22}	…	…	…	…
⋮	⋮	⋮				⋮
A_i	…	…	…	h_{ij}	…	…
⋮	⋮	⋮				⋮
A_m	h_{m1}	h_{m2}	…	…	…	h_{mn}

(2)计算各行动方案的最大后悔值。

$$h_i=\max\{h_{i1},h_{i2},\cdots,h_{in}\} \qquad (i=1,2,\cdots,m)$$

(3)在各行动方案的最大后悔值中确定最小后悔值。

$$h_{i_0}=\min\{h_1,h_2,\cdots,h_m\}$$

则第 i_0 个行动方案就是决策者按 Savage 决策准则所确定的最优行动方案。

现在利用 Savage 决策准则对例 12.2 进行决策,决策过程如下所示:

第一步,确定后悔值。

$h_{11}=110-40=70$;$h_{12}=60-25=35$;$h_{13}=25-15=10$;$h_{14}=0-0=0$

$h_{21}=110-110=0$;$h_{22}=60-60=0$;$h_{23}=25-25=0$;$h_{24}=0-(-35)=35$

$h_{31}=110-75=35$;$h_{32}=60-35=25$;$h_{33}=25-20=5$;$h_{34}=0-(-10)=10$

如表 12.8 所示。

表 12.8 某企业决策后悔值表

可选择行动方案	自然状态			
	S_1	S_2	S_3	S_4
A_1	70	35	10	0
A_2	0	0	0	35
A_3	35	25	5	10

第二步，确定各行动方案的最大后悔值。

$$h_1 = \max(70,35,10,0) = 70$$

$$h_2 = \max(0,0,0,35) = 35$$

$$h_3 = \max(35,25,5,10) = 35$$

所以，最大后悔值中的最小后悔值为 35，是备选方案 A_2，A_3 所对应的后悔值。因此按 Savage 决策准则，决策者无法判断方案 A_2 和 A_3 的优劣，要结合其他信息或利用其他决策方法进一步判断。

12.3.5　Laplace 决策准则

Laplace 决策准则也称为等概率决策准则，在缺乏信息资料，没有任何先兆显示未来哪一种状态出现的可能性更大的情况下，未来各自然状态发生的概率对决策者来说是相等的。因而决策者可利用未来各自然状态发生的概率相等的条件计算各行动方案的期望损益值，最大损益值所属方案即为按 Laplace 决策准则进行决策的最优方案。

若决策损益表如表 12.5 所示，利用 Laplace 决策准则进行决策的方法如下。

(1)计算各行动方案的期望损益值。

$$E_i = \frac{1}{n}(a_{i1} + a_{i2} + \cdots + a_{in}) \qquad (i = 1,2,\cdots,m)$$

(2)确定最大期望损益值。

$$E_{i_0} = \max\{E_1,E_2,\cdots,E_m\}$$

则第 i_0 个行动方案 A_{i_0} 就是决策者按 Laplace 决策准则所确定的最优行动方案。

现在利用 Laplace 决策准则对例 12.2 进行决策，其过程如下：

$$E_1 = \frac{1}{4}(40 + 25 + 15 + 0) = 20$$

$$E_2 = \frac{1}{4}[110 + 60 + 25 + (-35)] = 40$$

$$E_3 = \frac{1}{4}[75 + 35 + 20 + (-10)] = 30$$

所以，按 Laplace 决策准则，应该选择最优行动方案 A_2，即企业应增加大量投入，扩建工厂。

在这五种不确定型决策方法中，都引入了决策者自身的主观意识。所以，决策者的经验、偏好等直接决定了对决策准则的选择。在决策准则确定后，能够利用该准则决策最优方案，但由于准则的选取具有主观随意性，因此会导致决策行动方案的不确定性。同时，在选用准则时，应注意分析各种准则隐含的假定和决策时的各种客观条件。

12.4 风险型统计决策方法

12.4.1 风险型统计决策的概念

风险型决策也是一种不确定型决策，但相对于不确定型决策，决策者能够确定未来各种自然状态发生的概率 $P_1, P_2, \cdots, P_n$。依据状态发生概率以及各方案在不同状态下的损益值进行决策，决策的正确与否存在一定风险，所以称之为风险型决策。风险型决策是在估计状态空间概率分布的基础上进行决策。一般风险型决策中，所利用的概率包括客观概率和主观概率。客观概率是根据过去和现在的资料利用统计规律确定或计算的概率；主观概率主要是由决策者凭借个人经验、学识主观判断的概率。

决策者在风险型决策时所了解的全部信息可列为风险型决策损益值表，如表 12.9 所示。

表 12.9 风险型决策损益值表

可选择行动方案	自然状态及其概率					
	S_1	S_2	…	S_j	…	S_n
	P_1	P_2	…	P_j	…	P_n
A_1	a_{11}	a_{12}	…	…	…	a_{1n}
A_2	a_{21}	a_{22}	…	…	…	…
⋮	⋮	⋮				⋮
A_i	…	…	…	a_{ij}	…	…
⋮	⋮	⋮				⋮
A_m	a_{m1}	a_{m2}	…	…	…	a_{mn}

风险型决策问题通常有两种解决方法，一是决策矩阵法；二是决策树法。其决策的准则一般是以期望收益(利润)最大，或期望损失最小为最优方案。具体如下：

1. 期望值准则

期望值准则就是把每个策略方案的损益值视为离散型随机变量，求出它的期望值，并以此作为方案比较选优的依据。

各策略方案损益值的期望值按下式计算：

$$E(A_i) = \sum_{j=1}^{n} a_{ij} \cdot P(S_j) \qquad (i = 1,2,\cdots,m)$$

式中：$E(A_i)$ 为第 i 个策略方案损益值的期望值；a_{ij} 为第 i 个策略方案在第 j 种状态下的损益值；$P(S_j)$ 为第 j 种状态发生的概率。

当决策目标是收益最大时，应选 $\max\{E(A_i)\}$ 所对应的方案；当决策目标是损失最小时，应选 $\min\{E(A_i)\}$ 所对应的方案。

2. 最大可能准则

在最可能状态下，可实现最大收益值的方案为最佳方案。所谓的最可能状态，是指在状态空间中具有最大概率的那一状态。因此，只有当最可能状态的发生概率明显大于其他状态，并相应损益值相差不大时，应用该准则才能取得较好的效果。

3. 满意准则

最优准则是理想化的准则，在实际工作中，决策者往往只能把目标定在满意的标准上，以此选择能达到这一目标的最大概率方案，亦即选择出相对最优方案。因此，满意度准则是决策者想要达到的收益水平，或想要避免损失的水平。当选择最优方案花费过高或在没有得到其他方案的有关资料之前就必须决策的情况下应采用满意度准则决策。

12.4.2　矩阵决策法

矩阵决策法也称期望损益决策法，决策者所了解的全部信息可以通过风险型决策损益值表描述，如表 12.9 所示。其中各行动方案构成决策空间 $A=\{A_1,A_2,\cdots,A_m\}$，各方案间是独立、互斥的关系。决策可能遇到的各种自然状态构成状态空间 $S=\{S_1,S_2,\cdots,S_n\}$，各状态间是独立、互斥的关系，所以，其对应发生概率间存在 $\sum_{i=1}^{n} P_i=1$。各方案在各自然状态下的损益值构成损益矩阵：

$$\boldsymbol{B}=\begin{bmatrix} a_{11} & a_{12} & \cdots & a_{1n} \\ a_{21} & a_{22} & \cdots & a_{2n} \\ \vdots & \vdots & & \vdots \\ a_{m1} & a_{m2} & \cdots & a_{mn} \end{bmatrix}$$

所以期望损益向量为：

$$\boldsymbol{EA}=[EA_1,EA_2,\cdots,EA_m]^{\mathrm{T}}=\boldsymbol{BP}=\begin{bmatrix}a_{11} & a_{12} & \cdots & a_{1n}\\ a_{21} & a_{22} & \cdots & a_{2n}\\ \vdots & \vdots & & \vdots\\ a_{m1} & a_{m2} & \cdots & a_{mn}\end{bmatrix}\begin{bmatrix}P_1\\ P_2\\ \vdots\\ P_n\end{bmatrix}$$

其中：$E(A_i)=\sum_{j=1}^{n}a_{ij}P_j\ (i=1,2,\cdots,m)$。

(1)若风险决策损益表中的损益值 $a_{ij}\ (i=1,2,\cdots,m;j=1,2,\cdots,n)$ 是指收益值，则按最大收益准则选择最佳行动方案，即

$$E(A_{i_0})=\max\{EA_1,EA_2,\cdots,EA_m\}$$

所以行动方案 A_{i_0} 就是最佳行动方案。

(2)若风险决策损益表中的损益值 $a_{ij}\ (i=1,2,\cdots,m;j=1,2,\cdots,n)$ 是指成本或亏损值，则按最小损失准则选择最佳行动方案，即

$$E(A_{i_0})=\min\{EA_1,EA_2,\cdots,EA_m\}$$

所以行动方案 A_{i_0} 就是最佳行动方案。

(3)但在一些特殊情况下，最大值或最小值对应的方案不止一个，即

$$E(A_{i_0})=\max\{EA_1,EA_2,\cdots,EA_m\}=E(A_{k_0})$$

或 $$E(A_{i_0})=\min\{EA_1,EA_2,\cdots,EA_m\}=E(A_{k_0})$$

则需要进一步比较方案 A_{i_0} 与 A_{k_0} 的方差，以决定优劣。

$$D(A_{i_0})=\sum_{j=1}^{n}(a_{i_0j}-E(A_{i_0}))^2P_j$$

$$D(A_{k_0})=\sum_{j=1}^{n}(a_{k_0j}-E(A_{k_0}))^2P_j$$

当 $D(A_{i_0})>D(A_{k_0})$ 时，则选择方案 A_{k_0}。

当 $D(A_{i_0})<D(A_{k_0})$ 时，则选择方案 A_{i_0}。

【例 12.3】报童问题：凡是存在过期贬值的物品都存在最佳进货量或最佳生产量的决策问题，我们就以报纸销售为例进行分析。

某报刊销售公司根据历史记录得知某地日零售报纸量 7 万、8 万、9 万、10 万、11 万张的概率分别为 0.1，0.3，0.25，0.25，0.1，报纸进价是每万张 7 000 元。若当天销售完，每万张可盈利 3 000 元，若剩余，每万张将亏损 4 000 元。问题：

(1)按期望收益最大化准则确定最佳进货量。

(2)现在公司决定进行市场销售趋势的调查，以掌握完整信息，使每天的进货量完全符合市场需求量，是否有必要？若必要，试确定最大可能花费？

(3)若考虑机会损失，即进货量不足所产生的假设收益减少，试按期望损失最小化准则确定最佳进货量。

根据题意，当进货量为 A_i 的条件下，出现状态 S_j，则条件收益值为：

$$a_{ij}=f(S_j\,|\,A_i)=\begin{cases}3A_i & A_i\leqslant S_j\\3S_j-4(A_i-S_j) & A_i>S_j\end{cases}\qquad(i,j=1,2,\cdots,5)$$

其风险决策的损益表如表 12.10 所示。

表 12.10　某报刊销售公司风险决策损益表　千元

备选方案 A_i	自然状态 S_j 及概率 P_j				
	7	8	9	10	11
	0.1	0.3	0.25	0.25	0.1
7	21	21	21	21	21
8	17	24	24	24	24
9	13	20	27	27	27
10	9	16	23	30	30
11	5	12	19	26	33

(1)按期望收益最大化准则确定最佳进货量的过程如下：

$$\boldsymbol{EA}=[EA_1,EA_2,\cdots,EA_5]^{\mathrm T}=\boldsymbol{BP}=\begin{bmatrix}a_{11}&a_{12}&\cdots&a_{15}\\a_{21}&a_{22}&\cdots&a_{25}\\\vdots&\vdots&&\vdots\\a_{51}&a_{52}&\cdots&a_{55}\end{bmatrix}\begin{bmatrix}P_1\\P_2\\\vdots\\P_5\end{bmatrix}$$

$$=[21,23.3,23.5,22,18.7]^T$$

其中：$\boldsymbol B=\begin{bmatrix}21&21&\cdots&21\\17&24&\cdots&24\\\vdots&\vdots&&\vdots\\5&12&\cdots&33\end{bmatrix}$；$\boldsymbol P=\begin{bmatrix}P_1\\P_2\\\vdots\\P_5\end{bmatrix}=[0.1,0.3,0.25,0.25,0.1]^{\mathrm T}$

而 $\max\{21,23.3,23.5,22,18.7\}=23.5$，所以根据计算结果，应选择进货量 9 万张的方案，此时期望收益为 23.5 千元。

(2)若进行调查，掌握了完全信息，其期望收益为：

$$E=0.1\times21+0.3\times24+0.25\times27+0.25\times30+0.1\times33=26.85\text{（千元）}$$

完全信息下的期望收益值比没有完全信息资料时的最大期望收益值要高 3 350 元，这就是完全信息的价值。这也就是进行市场调查的最大可能费用支出。

(3)若考虑机会损失，则有

当 $A_i > S_j$ 时，决策者面临事实损失为：$b_{ij} = g(S_j | A_i) = 4(A_i - S_j)$

当 $A_i < S_j$ 时，决策者面临机会损失为：$b_{ij} = g(S_j | A_i) = 3(S_j - A_i)$

若认为事实损失与机会损失无差异，都看做决策者面临的损失，则按上述两式可得风险决策损失表，如表 12.11 所示。

表 12.11 某报刊销售公司风险决策损失表 千元

备选方案	自然状态 S_j 及概率 P_j				
	7	8	9	10	11
	0.1	0.3	0.25	0.25	0.1
7	0	3	6	9	12
8	4	0	3	6	9
9	8	4	0	3	6
10	12	8	4	0	3
11	16	12	8	4	0

按期望损失最小化准则确定最佳进货量：

$$\boldsymbol{EA} = [EA_1, EA_2, \cdots, EA_m]^{\mathrm{T}} = \boldsymbol{BP} = \begin{bmatrix} a_{11} & a_{12} & \cdots & a_{1n} \\ a_{21} & a_{22} & \cdots & a_{2n} \\ \vdots & \vdots & & \vdots \\ a_{m1} & a_{m2} & \cdots & a_{mn} \end{bmatrix} \begin{bmatrix} P_1 \\ P_2 \\ \vdots \\ P_n \end{bmatrix}$$

$$= [5.85, 3.55, 3.35, 4.9, 8.2]^{\mathrm{T}}$$

$$\text{其中：}\boldsymbol{B} = \begin{bmatrix} 0 & 3 & \cdots & 12 \\ 4 & 0 & \cdots & 9 \\ \vdots & \vdots & & \vdots \\ 16 & 12 & \cdots & 0 \end{bmatrix};\boldsymbol{P} = \begin{bmatrix} P_1 \\ P_2 \\ \vdots \\ P_5 \end{bmatrix} = [0.1, 0.3, 0.25, 0.25, 0.1]^{\mathrm{T}}$$

根据计算结果，应选择进货量 9 万张的方案，此时期望损失为 3.35 千元。

通过此题，我们发现按期望收益最大化准则和期望损失最小化准则进行决策，所选方案是一致的。在风险决策中存在一个命题，当最大期望收益值或最小期望损失值是唯一时，按期望收益最大化准则和期望损失最小化准则进行决策，所选方案具有一致性；但当最大期望收益值或最小期望损失值不唯一时，按两原则分别进行决策，所选方案不一定一致。

12.4.3　决策树法

决策树法是风险决策分析的一个重要分析工具。它通过把方案的一系列因素按它们的相互关系用树状结构表示出来，再按一定程序，一般采用逆向分析法，即从树形结构末端的条件结果开始，从后向前逐步分析，通过计算各方案的期望值，在决策点上比较各策略方案的期望值进行优选和决策。其特点是有次序、有步骤、直观而又周密地考虑问题，便于集体讨论和决策。此方法在解决多级决策问题时具有明显优势。

决策树一般由方框、圆圈、三角、直线构成，如图 12.1 所示。

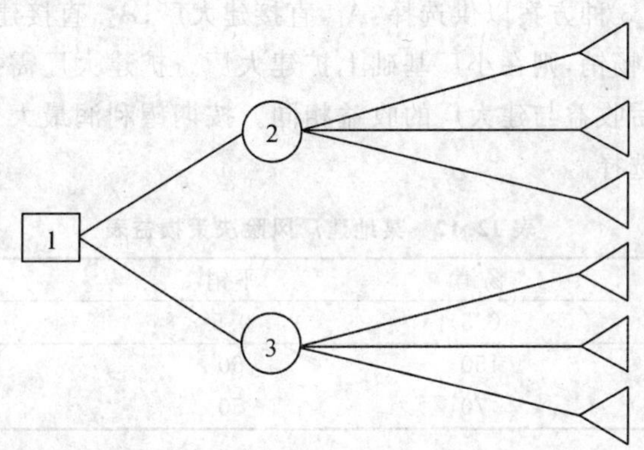

图 12.1　决策树

图中：□为决策点。从它引出的分枝为策略方案枝，分枝数反映可能的策略方案数。○为策略方案节点，节点上方注有该策略方案的期望值。从它引出的分枝为概率分枝，每个分枝上注明自然状态及其出现的概率，分枝数反映可能的自然状态数。△为事件节点，又称“末梢”。它的旁边注有每一策略方案在相应状态下的损益值。

用决策树法进行决策的步骤：

(1)绘制决策树图。根据决策者已获得的信息或已知条件画决策树，在方案枝上标明方案，概率枝上注明概率，事件节点上标明收益(或损失)。

(2)计算各方案在不同自然状态下的期望损益值。把计算的结果标示在对应的方案节点上。计算方法是从右向左逐步计算，依据损益值和概率枝上的状态概率计算期望损益值。

(3)比较各策略方案节点的期望损益值，进行择优决策。若决策目标是效益，应取期望值大的方案；若决策目标是费用或损失，应取期望值小的方案。通过比较，在落选的方案枝上加"×"，进行修枝。

(4)经过修枝，由决策点引出的方案枝上没有"×"的方案即为最优方案。

【例 12.4】某地拟建一座使用期为 15 年的工厂，若建大厂，一次性投资 400 万元；若建小厂，一次性投资 200 万元。大小厂的建设周期皆为 1 年。工厂建成后，产品销售状况及损益情况见表 12.12。现根据历史数据和市场调查分析得知，该产品前 5 年若畅销，则后 10 年产品畅销、平销、滞销的概率依次为 0.6，0.3，0.1；若前 5 年平销，则后 10 年产品畅销、平销、滞销的概率依次为 0.2，0.7，0.1；若前 5 年滞销，则后 10 年产品畅销、平销、滞销的概率依次为 0.1，0.2，0.7。针对市场分析及预测，存在 3 种方案以供选择：A_1，直接建大厂；A_2，直接建小厂；A_3，先建小厂，若前 5 年产品畅销，则在小厂基础上扩建大厂。扩建大厂需投资 150 万元，使用期 10 年，扩建后收益与建大厂的收益相同。按期望利润最大化决策准则，利用决策树进行方案选择。

表 12.12 某地建厂风险决策损益表 万元

备选方案	畅销	平销	滞销
	0.3	0.5	0.2
建大厂	150	60	10
建小厂	70	50	30

解：由题意画出决策树，如图 12.2 所示。

由下向上依次计算各方案节点的期望收益，并标示在对应节点上，如图 12.2 所示的带下画线数字。

方案节点 4：$(0.6 \times 150 + 0.3 \times 60 + 0.1 \times 10) \times 10 = 1\ 090$

方案节点 5：$(0.2 \times 150 + 0.7 \times 60 + 0.1 \times 10) \times 10 = 730$

方案节点 6：$(0.1 \times 150 + 0.2 \times 60 + 0.7 \times 10) \times 10 = 340$

方案节点 7：$(0.1 \times 70 + 0.2 \times 50 + 0.7 \times 30) \times 10 = 380$

方案节点 8：$(0.2 \times 70 + 0.7 \times 50 + 0.1 \times 30) \times 10 = 520$

方案节点 10：$(0.6 \times 150 + 0.3 \times 60 + 0.1 \times 10) \times 10 - 150 = 940$

方案节点 11：$(0.6 \times 70 + 0.3 \times 50 + 0.1 \times 30) \times 10 = 600$

进行第一次修枝：比较方案节点 10 和方案节点 11 的期望收益值，知投资 150 万元扩建工厂比不扩建的期望收益值要高，所以在不扩建方案枝上打"×"进行修枝。这样把方案节点 10 处的 940 万元记在方案节点 9 上。

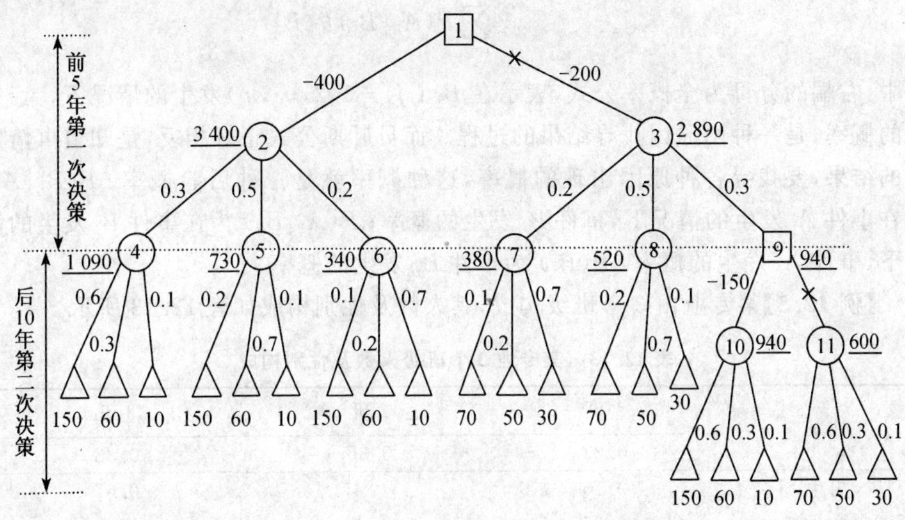

图 12.2　决策树

方案节点 2：$(0.3\times 1\,090+0.5\times 730+0.2\times 340)\times 5-400=3\,400$

方案节点 3：$(0.3\times 940+0.5\times 520+0.2\times 380)\times 5-200=2\,890$

比较方案节点 2 和方案节点 3 的期望收益值，进行第二次修枝。可知直接投资 400 万元建大厂的期望收益要高于建小厂的期望收益。因此，在建小厂的方案枝上打“×”进行修枝。

最终，修枝后的最优行动方案是直接建大厂。

12.4.4　贝叶斯统计决策方法

贝叶斯统计决策方法是指利用调查补充信息，根据概率计算中的贝叶斯公式来估计后验概率，并在此基础上对备选方案进行评价和选择的一种决策方法。

在我们前边所涉及的确定型决策和不确定型决策以及矩阵法、决策树法所分析的风险型决策中都是以先验概率为依据进行的决策，主要是根据决策者所掌握的信息、经验和偏好对方案做出决策。而贝叶斯统计决策方法将利用贝叶斯定理，通过计算后验概率来选择和判断最优方案。

贝叶斯定理的表达式为：

$$P(B_j|A_i)=\frac{P(A_i|B_j)P(B_j)}{\sum_{j=1}^{n}P(A_i|B_j)P(B_j)}$$

式中:右端的分母为全概率公式,表示在 B_j ($j=1,2,\cdots,n$)发生的情况下,A_i 发生的概率,是一种由原因找寻结果的过程。而贝叶斯公式正好相反,是知道事情发生的结果,要找寻各种原因出现的概率,这种概率就是一种后验概率。$P(B_j|A_i)$ 为在事件 A_i 发生的情况下,事件 B_j 发生的概率;$P(A_i|B_j)$ 为在事件 B_j 发生的情况下,事件 A_i 发生的概率,$P(B_j)$ 为事件 B_j 发生的概率。

【例 12.5】某专业由 3 个班级构成,其人数及性别构成如表 12.13 所示。

表 12.13 某专业 3 个班级人数及性别构成

性别	1 班	2 班	3 班
	0.32	0.35	0.33
男生	0.75	0.4	0.67
女生	0.25	0.6	0.33

试问:(1)随机抽取一人,是女生的概率是多少?

(2)现在抽取到一女生,是一班同学的概率是多少?

解:用 A_i 表示抽取到的班级($i=1,2,3$),B 表示抽取到女生。则

$$P(B)=\sum_{i=1}^{3}P(A_i)P(B|A_i)=0.398\ 9$$

这就是先验概率,是计算后验概率的基础。当抽取到女生,确定是一班同学的概率就要利用贝叶斯公式:

$$P(A_1|B)=\frac{P(B\mid A_i)P(A_i)}{\sum P(B\mid A_i)P(A_i)}=\frac{0.08}{0.398\ 9}\approx 0.200\ 6$$

【例 12.6】某公司在新产品上市前,将市场划分为四种状态:畅销状态 $S_1=\{\xi>a\}$;一般状态 $S_2=\{b<\xi\leqslant a\}$;萎缩状态 $S_3=\{c<\xi\leqslant b\}$;滞销状态 $S_4=\{\xi\leqslant c\}$,根据历史数据,其概率依次为:$P(S_1)=0.2$,$P(S_2)=0.35$,$P(S_3)=0.25$,$P(S_4)=0.2$。新产品的生产方案有 3 种:A_1,A_2,A_3。不同方案在不同自然状态下的收益值如表 12.14 所示。

为准确把握市场行情,公司决定先进行试销,试销的日平均量为 x。根据有经验的销售人员分析,在不同市场状态下出现日平均销量 x 的概率可能为:

$$P(x|S_1)=0.25,P(x|S_2)=0.75,P(x|S_3)=0.64,P(x|S_1)=0.82$$

表 12.14　某公司新产品生产方案损益表　千元

备选方案	S_1	S_2	S_3	S_4
	0.20	0.35	0.25	0.20
A_1	25	25	20	15
A_2	10	28	30	25
A_3	−8	3	15	18

试根据上述信息确定该公司的最优生产量。

解:若该公司不进行试销,按先验概率进行决策,按期望收益最大化准则决策,其过程如下:

$$\boldsymbol{EA}=[EA_1,EA_2,EA_3,EA_4]^{\mathrm{T}}=\boldsymbol{BP}=\begin{bmatrix}a_{11}&a_{12}&a_{13}&a_{14}\\a_{21}&a_{22}&a_{23}&a_{24}\\a_{31}&a_{32}&a_{33}&a_{34}\end{bmatrix}\begin{bmatrix}P_1\\P_2\\P_3\\P_4\end{bmatrix}$$

$$=[21.75,24.3,6.8]^{\mathrm{T}}$$

其中:$\boldsymbol{B}=\begin{bmatrix}25&25&20&15\\10&28&30&25\\-8&3&15&18\end{bmatrix}$;$\boldsymbol{P}=\begin{bmatrix}P_1\\P_2\\P_3\\P_4\end{bmatrix}=[0.2,0.35,0.25,0.2]^{\mathrm{T}}$

而 $\max\{21.75,24.3,6.8\}=24.3$,所以根据计算结果,按期望收益最大化准则进行决策,则应选择 A_2 方案,此时期望收益为 24.3 千元。

若进行试销,根据全概率公式有:

$$P(x)=\sum_{i=1}^{4}P(S_i)P(x|S_i)$$
$$=0.20\times0.25+0.35\times0.75+0.25\times0.64+0.20\times0.82=0.637$$

则在日平均销售量 x 发生的条件下,$S_i\ (i=1,2,3,4)$发生的条件概率为:

$$P(S_1|x)=\frac{0.20\times0.25}{0.637}=0.079,\ P(S_2|x)=\frac{0.35\times0.75}{0.637}=0.412$$

$$P(S_3|x)=\frac{0.25\times0.64}{0.637}=0.251,\ P(S_4|x)=\frac{0.20\times0.82}{0.637}=0.258$$

利用修正后的后验概率进行决策,其过程如下:

$$\boldsymbol{EA}=[EA_1,EA_2,EA_3,EA_4]^{\mathrm{T}}=\boldsymbol{BP}=\begin{bmatrix}a_{11}&a_{12}&a_{13}&a_{14}\\a_{21}&a_{22}&a_{23}&a_{24}\\a_{31}&a_{32}&a_{33}&a_{34}\end{bmatrix}\begin{bmatrix}P_1\\P_2\\P_3\\P_4\end{bmatrix}$$

$$=[21.167,26.316,9.017]^{\mathrm{T}}$$

其中：$\boldsymbol{B}=\begin{bmatrix}25&25&20&15\\10&28&30&25\\-8&3&15&18\end{bmatrix}$；$\boldsymbol{P}=\begin{bmatrix}P_1\\P_2\\P_3\\P_4\end{bmatrix}=[0.079,0.412,0.251,0.258]^{\mathrm{T}}$

而 $\max\{21.167,26.316,9.017\}=26.316$，所以根据计算结果，按期望收益最大化准则进行决策，则应选择 A_2 方案，此时期望收益为 26.316 千元。

后验概率是在取得信息 x 条件下对先验概率做出的修正，使用后验概率进行决策比使用先验概率进行决策的可靠性要大，并会提高期望收益值。

12.4.5 马尔柯夫决策法

在事件发展过程中，人们要了解事物未来的发展状态，可根据事物历史状态进行预测。但俄国著名数学家马尔柯夫(Markov)认为，还存在另一种情况，事物未来发展只与现在所处状态有关，而与事物以前的状态无关，或者说状态转移过程是无后效性的。这种状态转移过程就称为马尔柯夫过程，其重要特征就是事物发展过程中的无后效性，也就是说事物第 n 次出现的状态只与第 $n-1$ 次的状态有关，而与以前的状态无关。

我们可以基于马尔柯夫转移过程进行预测并进行决策，其间所涉及的状态(state)主要是指事件在某个时刻(或时期)所出现的某种结果，如生活水平表现出 4 种状态：贫困、温饱、小康、富裕；商品销售可呈现 3 种状态：畅销、平销和滞销。

状态转移过程是指事物的发展从一种状态转变为另一种状态的过程，我们用马尔柯夫链表示，如商品销售状态的改变，由畅销→滞销等。

1. 理论说明

设系统有 N 个状态 E_i（$i=1,2,\cdots,N$），以状态变量 X_{t_n} 表示在时间 t_n 处于 E_i 状态时的数量表现。如果系统在时间 t_n 处于 E_i 状态而在时间 t_{n+1} 移动到 E_j 状态的概率仅与 E_i 有关，而与时间 t_n 以前所处状态无关，则此概率可表示为：

$$p_{ij}=P\{E_i \to E_j\}=P\{X_{t_{n+1}}=x_{n+1} \mid X_{t_n}=x_n\} \quad (i,j=1,2,\cdots,N)$$

式中：p_{ij} 为一步状态转移概率，其性质满足

$$0 \leqslant p_{ij} \leqslant 1,\ \sum_{j=1}^{N} p_{ij}=1\ (i,j=1,2,\cdots,N)$$

将所有 p_{ij} 写成状态转移矩阵 $\boldsymbol{P}$，则 $\boldsymbol{P}=\begin{bmatrix} p_{11} & p_{12} & \cdots & p_{1N} \\ p_{21} & p_{22} & \cdots & p_{2N} \\ \vdots & \vdots & & \vdots \\ p_{N1} & p_{N2} & \cdots & p_{NN} \end{bmatrix}$

式中：p_{ij} 为系统逗留在状态 i 的概率。

当 $t_n=0$ 时，用 $S(0)$ 表示系统在初始状态时的分布，则系统状态发展模型可以写成：

$$\begin{aligned} S(t_{n+1}) &= S(t_n)\cdot \boldsymbol{P} \\ &= S(0)\cdot \boldsymbol{P}\cdot \boldsymbol{P}\cdot \cdots \cdot \boldsymbol{P} \qquad (t_n \text{ 个 } \boldsymbol{P} \text{ 相乘}) \end{aligned}$$

我们可以利用此模型进行预测、决策。在计算过程中应注意：①利用近期动态调查资料建立状态转移矩阵 $\boldsymbol{P}$；②注意马尔柯夫过程的特点，事物下一期所处的状态仅与上一期的预测结果有关，不取决于更早期的状态。

2. 马尔柯夫决策法的应用

【例 12.7】某市采用抽样调查的方式对 1 500 户居民进行洗衣粉使用状况及下月购买意愿的调查。假设市场中仅有 A,B,C 3 种品牌；每户居民每月使用 1 袋洗衣粉，并且只购买 3 种品牌中的一种。1 月份使用 A 品牌的居民有 600 户，使用 B 品牌的居民有 500 户，使用 C 品牌的居民有 400 户。在有关下月份的购买意愿问题的调查中，使用 A 品牌的 600 户中有 360 户仍决定购买 A 品牌，150 户决定购买 B 品牌，90 户决定购买 C 品牌；其他品牌使用者的购买意愿转移状况如表 12.15 所示。试问下月份洗衣粉市场的市场结构如何？

表 12.15 某市居民购买状况及购买意愿调查数据

	转移品牌 A	转移品牌 B	转移品牌 C	合计
原品牌 A	360	150	90	600
原品牌 B	140	300	60	500
原品牌 C	80	70	250	400

解：(1)确定三品牌市场结构的初始矩阵。

$$S(0)=\left\{\frac{600}{1\,500},\frac{500}{1\,500},\frac{400}{1\,500}\right\}=\left\{\frac{6}{15},\frac{5}{15},\frac{4}{15}\right\}$$

(2)计算状态转移概率 p_{ij} ($i,j=1,2,3$)，构建转移概率矩阵 $\boldsymbol{P}$。

$$p_{11}=\frac{360}{600}=\frac{12}{20}\text{，}p_{12}=\frac{150}{600}=\frac{5}{20}\text{，}p_{13}=\frac{90}{600}=\frac{3}{20}$$

$$p_{21}=\frac{140}{500}=\frac{7}{25}\text{，}p_{22}=\frac{300}{500}=\frac{15}{25}\text{，}p_{23}=\frac{60}{500}=\frac{3}{25}$$

$$p_{31}=\frac{80}{400}=\frac{8}{40}\text{，}p_{32}=\frac{70}{400}=\frac{7}{40}\text{，}p_{33}=\frac{250}{400}=\frac{25}{40}$$

则矩阵形式为：

$$\boldsymbol{P}=\begin{pmatrix}\frac{12}{20} & \frac{5}{20} & \frac{3}{20}\\ \frac{7}{25} & \frac{15}{25} & \frac{3}{25}\\ \frac{8}{40} & \frac{7}{40} & \frac{25}{40}\end{pmatrix}$$

(3)计算 2 月份的洗衣粉市场结构 $S(1)$。

可见，A 品牌的市场占有率略有下降，而 B 品牌的市场占有率略有上升，C 品牌的市场占有率未变。

$$S(1)=S(0)\cdot\boldsymbol{P}=\begin{pmatrix}\frac{6}{15} & \frac{5}{15} & \frac{4}{15}\end{pmatrix}\begin{pmatrix}\frac{12}{20} & \frac{5}{20} & \frac{3}{20}\\ \frac{7}{25} & \frac{15}{25} & \frac{3}{25}\\ \frac{8}{40} & \frac{7}{40} & \frac{25}{40}\end{pmatrix}=\begin{pmatrix}\frac{29}{75} & \frac{26}{75} & \frac{20}{75}\end{pmatrix}$$

若 3 月份的市场容量未变，且市场变化仍按照状态转移概率矩阵 $\boldsymbol{P}$ 变化，那么 3 月份洗衣粉市场的市场结构 $S(2)$ 为：

$$S(2)=S(1)P=S(0)P^2=\begin{pmatrix}\frac{6}{15} & \frac{5}{15} & \frac{4}{15}\end{pmatrix}\begin{pmatrix}\frac{12}{20} & \frac{5}{20} & \frac{3}{20}\\ \frac{7}{25} & \frac{15}{25} & \frac{3}{25}\\ \frac{8}{40} & \frac{7}{40} & \frac{25}{40}\end{pmatrix}^2=\begin{pmatrix}\frac{239}{625} & \frac{13}{37} & \frac{4}{15}\end{pmatrix}$$

这说明 3 月份 A 品牌的市场占有率仍略有下降，B 品牌的市场占有率略有上升，C 品牌的市场占有率未变。

由于 $S(3)=S(2)P=S(0)P^3$

$$\begin{aligned} S(3) &= S(2)P = S(0)P^3 \\ &\vdots \qquad\quad \vdots \\ S(n) &= S(n-1)P = S(0)P^n \end{aligned}$$

如果市场持续发展下去，按照状态转移矩阵 $\boldsymbol{P}$ 发展变化，则长期的市场占有率的预测结果将趋于明确，经营者可以根据发展变化情况作出适当的决策。

12.5　用 Excel 进行统计决策分析

12.5.1　确定型统计决策分析

【例 12.8】某汽车制造公司生产两款汽车，第一种车型，中型家用四门轿车，装配一辆需 6 工时，销售一辆能够获得 3 600 美元的利润。第二种车型，双门豪华轿车，每辆能够带来 5 400 美元的利润，但装配一辆耗 10.5 工时。本公司每月仅有 48 000 工时的生产能力，从车门供应厂仅能购得 20 000 扇车门供两车型使用。据预测，双门豪华轿车的产量限制在 3 500 辆，中型家用轿车的生产无限制。试问如何安排生产计划以获得最大利润？

解：这是一个在各种条件及环境皆确定情况下的决策问题，可利用规划方法解决。

为获得最大利润，设生产中型家用四门轿车 x_1 辆，双门豪华轿车 x_2 辆，根据题意列出规划方程：

目标函数 $\max L = 3\,600x_1 + 5\,400x_2$

$$\text{约束条件 s.t.}\begin{cases} 6x_1 + 10.5x_2 \leqslant 48\,000 \\ 4x_1 + 2x_2 \leqslant 20\,000 \\ x_1 \geqslant 0 \\ 0 \leqslant x_2 \leqslant 3\,500 \end{cases}$$

现在利用 Excel 中的“规划求解”功能①解决此问题。

首先，在 Excel 中建立电子表格模型，如图 12.3 所示，其中灰色区为数据单元

①此功能通过“工具→加载宏→规划求解→确定”添加后使用。

格，存放的是各种题设数据，包括单位利润(B4:C4)，单位消耗及预测(B7:C9)，约束值(F7:F9)；仅有边框的单元格(B12:C12)称为可变单元格，含有需要作出决策的最优结果，正好对应在产品所在列的数据单元格的下方，因为我们不知道最终生产量是多少，故赋予初始试验解为0。

	A	B	C	D	E	F
1		例 汽车制造决策问题				
2						
3		中型四门轿车	豪华双门轿车			
4	单位利润	3600	5400			
5						
6		单位消耗及预测				约束值
7	工时	6	10.5			48000
8	车门	4	2			20000
9	需求	0	1			3500
10						
11						总利润
12	生产量	0	0			0

图 12.3 电子表格模型

两种产品相应的消耗及预测总数进入单元格(D7:D8)，正好对应在数据单元格的右边。因为各种消耗的总数取决于单位消耗及生产量，如果两种车型的生产量确定了，进入单元格 B12 和 C12，那么单元格(B7:C9)中的数据就用来计算实际消耗值；各车型的约束产量也是如此，其计算公式为：

工时消耗＝6×(中型四门轿车的产量)＋10.5×(豪华双门轿车的产量)

车门消耗＝4×(中型四门轿车的产量)＋2×(豪华双门轿车的产量)

产量约束＝0×(中型四门轿车的产量)＋1×(豪华双门轿车的产量)

利用单元格表示为：

D7＝B7 * B12＋C7 * C12

D8＝B8 * B12＋C8 * C12

D9＝B9 * B12＋C9 * C12

因为单元格(D7:D9)都依赖于可变单元格(B12:C12)的输出结果，故称之为输出单元格。可利用 Excel 中的 SUMPRODUCT 函数计算相等行数和相等列数的两个变化范围的单元格中的数值相乘再相加的结果，如数据单元格(B7:C7)和可变单元格(B12:C12)这两个变化范围都是一行两列，利用“SUMPRODUCT

(B7:C7,B12:C12)”求解就是把 B7:C7 变化范围中的每个值与 B12:C12 变化范围中的每个对应值相乘再相加，这个函数能够方便快捷的输入各种较长的计算等式。故单元格(D7:D9)的计算式可表示为：

D7=SUMPRODUCT(B7:C7,B12:C12)

D8=SUMPRODUCT(B8:C8,B12:C12)

D9=SUMPRODUCT(B9:C9,B12:C12)

在单元格(E7:E9)中插入≤符号，表示其左边的总值不允许超过 F 列中的对应约束值。总利润单元格 F12 是两种产品产量及单位利润的汇总，它是在对生产量作出决策时目标值定为极值的特殊单元格，故称为目标单元格，可利用 SUMPRODUCT 函数，表示为：

F12=SUMPRODUCT(B4:C4,B12:C12)

现在完成了有关具体问题的电子表格模型建立工作，如图 12.4 所示。接下来利用 Excel 中的规划求解(Solver)解出最优解，如图 12.5 所示。

在此过程中，要设置目标单元格“$F$12”，选择单选项“最大值”，可变单元格“$B$12:$C$12”，添加约束条件“$D$7:$D$9<=$F$7:$F$9”，具体添加过程如下：

	A	B	C	D	E	F
1		例 汽车制造决策问题				
2		中型四门	豪华双门轿			
3		轿车	车			
4	单位利润	3600	5400			
5						
6		单位消耗及预测		输出单元格		约束值
7	工时	6	10.5	0	≤	48 000
8	车门	4	2	0	≤	20 000
9	需求	0	1	0	≤	3 500
10						
11						总利润
12	生产量	0	0			0

	D
6	输出单元格
7	=SUMPRODUCT(B7:C7, B$12:C$12)
8	=SUMPRODUCT(B8:C8, B$12:C$12)
9	=SUMPRODUCT(B9:C9, B$12:C$12)

	F
11	总利润
12	=SUMPRODUCT(B4:C4, B12:C12)

图 12.4　电子表格模型及公式显示结果

在“规划求解参数”对话框中点击“添加”按钮，会弹出图 12.6 所示的“添加约束”对话框，在添加约束对话框左端引用输出单元格“＄D＄7：＄D＄9”，在右端引用约束值单元格“＄F＄7：＄F＄9”，再选择两者中间的符号“＜＝”，“确定”就回到如图 12.5 所示的对话框。

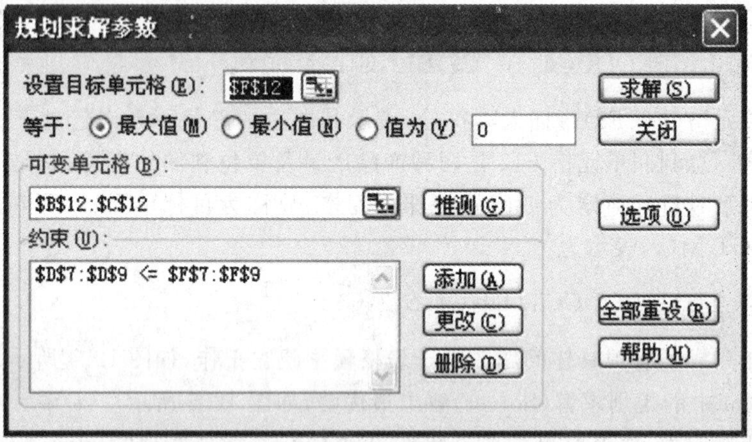

图 12.5　规划求解参数对话框

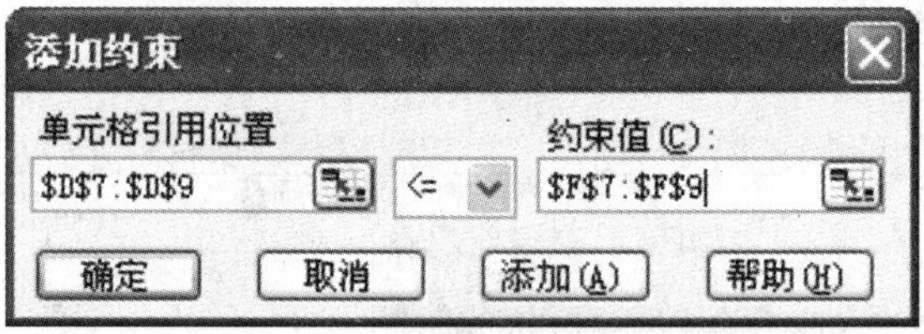

图 12.6　添加约束条件对话框

在“规划求解参数”对话框中点击“选项”按钮，弹出“规划求解选项”对话框，这个对话框允许对如何求解问题细化几个选项，最重要的选项是“采用线性模型”和“假定非负”选项，如图 12.7 所示，这就说明规划求解是要解决一个线性规划问题以及非负约束，它是拒绝负的生产量所必需的。对于其他选项，接受默认值对于小型问题通常是合适的，点击“确定”按钮回到“规划求解对话框”。

最后点击“求解”按钮就会得到如图 12.8 所示的规划求解结果，显示已找到一个最优解，并可以导出各种报告。如果模型没有可行解或没有最优解，对话框会显示“规划求解找不到可行解”或“设定的单元格不能收敛”。点击“确定”按钮，规划求解用最优解代替了可变单元格中的初始值，最优解是生产中型四门轿车 3 800 辆，豪华双门轿车 2 400 辆，目标单元格的总利润是 26 640 000 美元，也在输出单元格中显示了各项消耗值，如图 12.9 所示。

规划求解选项

最长运算时间(T): 100 秒
迭代次数(I): 100
精度(P): .000001
允许误差(E): 5 %
收敛度(V): .0001

确定　取消　装入模型(L)...　保存模型(S)...　帮助(H)

☑ 采用线性模型(M)　☐ 自动按比例缩放(U)
☑ 假定非负(G)　☐ 显示迭代结果(R)

估计：⊙ 正切函数(A)　○ 二次方程(Q)
导数：⊙ 向前差分(F)　○ 中心差分(C)
搜索：⊙ 牛顿法(N)　○ 共轭法(O)

图 12.7　规划求解选项对话框

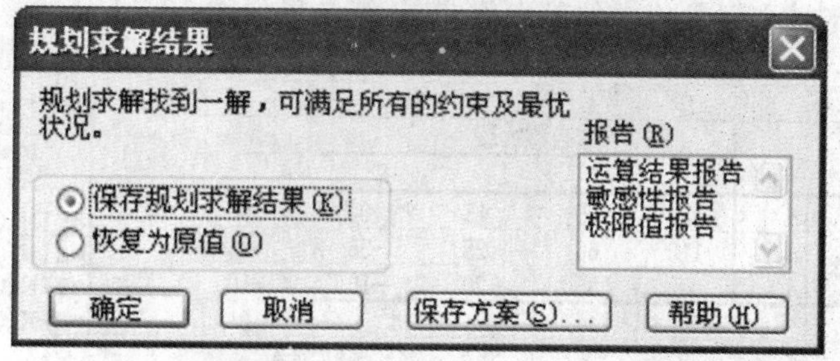

图 12.8　规划求解结果对话框

	A	B	C	D	E	F
1	例 汽车制造决策问题					
2		中型四门	豪华双门			
3		轿车	轿车			
4	单位利润	3600	5400			
5						
6		单位消耗及预测		输出单元格		约束值
7	工时	6	10.5	48000	≤	48000
8	车门	4	2	20000	≤	20000
9	需求	0	1	2400	≤	3500
10						
11						总利润
12	生产量	3800	2400			26640000

图 12.9　规划求解最优结果

12.5.2 不确定型统计决策分析

1. 对例 12.2 依据 Wald 决策准则利用 Excel 电子表格求解

其过程如下：

(1)建立 Excel 电子表格模型，如图 12.10 所示。

	A	B	C	D	E	F
1			自然状态			
2			S_1	S_2	S_3	S_4
3	择	A_1	40	25	15	0
4	行	A_2	110	60	25	-35
5	动	A_3	75	35	20	-10

图 12.10 电子表格决策损益表

(2)利用 Excel 中的 min 函数确定各方案在不同状态下的最小损益值，利用 max 函数确定最小损益值中的最大值，其计算结果如图 12.11 所示。

	A	B	C	D	E	F	G
1			自然状态				
2			S_1	S_2	S_3	S_4	a_i
3	可选择行动方案	A_1	40	25	15	0	0
4		A_2	110	60	25	-35	-35
5		A_3	75	35	20	-10	-10
6							0

	G
1	
2	a_i
3	=MIN(C3:F3)
4	=MIN(C4:F4)
5	=MIN(C5:F5)
6	=MAX(G3:G5)

图 12.11 Wald 决策准则最优结果及公式显示

(3)确定决策方案 A_1 为最优方案，即维持现有生产能力。

2. 依据 Hurwicz 乐观系数决策准则利用 Excel 电子表格对例 12.2 进行分析

其过程如图 12.12 所示。

	A	B	C	D	E	F	G
1			自然状态				
2			S_1	S_2	S_3	S_4	γ_i
3	可选择行动方案	A_1	40	25	15	0	16
4		A_2	110	60	25	-35	23
5		A_3	75	35	20	-10	24
6					乐观系数θ	0.4	24

	G
2	γ_i
3	=F$6*MAX(C3:F3)+(1-F$6)*MIN(C3:F3)
4	=F$6*MAX(C4:F4)+(1-F$6)*MIN(C4:F4)
5	=F$6*MAX(C5:F5)+(1-F$6)*MIN(C5:F5)
6	=MAX(G3:G5)

图 12.12 Hurwicz 乐观系数决策准则最优结果

所以，按照 $\theta=0.4$ 的 Hurwicz 乐观系数决策准则，应选择行动方案 A_3，即企业应增加少量投资，改进生产能力。

3. 利用 Savage 决策准则对例 12.2 进行决策

决策过程如下所示：

(1)确定后悔值表，如图 12.13 所示。

	A	B	C	D	E	F
7	后悔值表					
8			自然状态			
9			S_1	S_2	S_3	S_4
10	可选择行动方案	A_1	70	35	10	0
11		A_2	0	0	0	35
12		A_3	35	25	5	10

	C	D	E	F
7	后悔值表			
8	自然状态			
9	S_1	S_2	S_3	S_4
10	=MAX(C$3:C$5)-C3	=MAX(D$3:D$5)-D3	=MAX(E$3:E$5)-E3	=MAX(F$3:F$5)-F3
11	=MAX(C$3:C$5)-C4	=MAX(D$3:D$5)-D4	=MAX(E$3:E$5)-E4	=MAX(F$3:F$5)-F4
12	=MAX(C$3:C$5)-C5	=MAX(D$3:D$5)-D5	=MAX(E$3:E$5)-E5	=MAX(F$3:F$5)-F5

图 12.13　电子表格后悔值表

(2)确定各行动方案的最大后悔值，如图 12.14 所示。

	A	B	C	D	E	F	G
7	后悔值表						
8			自然状态				
9			S_1	S_2	S_3	S_4	h_i
10	可选择行动方案	A_1	70	35	10	0	70
11		A_2	0	0	0	35	35
12		A_3	35	25	5	10	35
13							35

	G
9	h_i
10	=MAX(C10:F10)
11	=MAX(C11:F11)
12	=MAX(C12:F12)
13	=MIN(G10:G12)

图 12.14　Savage 决策准则最优结果

所以，最大后悔值中的最小后悔值为 35，是备选方案 A_2，A_3 所对应的后悔值。

4. 依据 Laplace 决策准则利用 Excel 电子表格对例 12.2 进行分析

其过程如图 12.15 所示。

	A	B	C	D	E	F	G
1			自然状态				
2			S_1	S_2	S_3	S_4	E_i
3	可选择行动方案	A_1	40	25	15	0	20
4		A_2	110	60	25	-35	40
5		A_3	75	35	20	-10	30
6							40

	G
2	E_i
3	=AVERAGE(C3:F3)
4	=AVERAGE(C4:F4)
5	=AVERAGE(C5:F5)
6	=MAX(G3:G5)

图 12.15　电子表格期望损益表

所以,按 Laplace 决策准则,应该选择最优行动方案 A_2,即企业应增加大量投入,扩建工厂。

12.5.3 风险型统计决策分析

1. 对例 12.3 的报童问题采用矩阵决策法利用 Excel 求解

其过程如下:

在 Excel 表格中的损益值及计算公式如图 12.16 所示。

	A	B	C	D	E	F	G
1			自然状态及概率				
2			7	8	9	10	11
3			0.1	0.3	0.25	0.25	0.1
4	备选方案	7	21	21	21	21	21
5		8	17	24	24	24	24
6		9	13	20	27	27	27
7		10	9	16	23	30	30
8		11	5	12	19	26	33
9							
10	每万张盈利(千元)				3		
11	每万张亏损(千元)				4		

	C	D	E	F	G
4	=$E10*$B4	=$E$10*$B4	=$E$10*$B4	=$E$10*$B4	=$E$10*$B4
5	=$E$10*C$2-$E$11*($B5-C$2)	=$E$10*$B5	=$E$10*$B5	=$E$10*$B5	=$E$10*$B5
6	=$E$10*C$2-$E$11*($B6-C$2)	=$E$10*D$2-$E$11*($B6-D$2)	=$E$10*$B6	=$E$10*$B6	=$E$10*$B6
7	=$E$10*C$2-$E$11*($B7-C$2)	=$E$10*D$2-$E$11*($B7-D$2)	=$E$10*E$2-$E$11*($B7-E$2)	=$E$10*$B7	=$E$10*$B7
8	=$E$10*C$2-$E$11*($B8-C$2)	=$E$10*D$2-$E$11*($B8-D$2)	=$E$10*E$2-$E$11*($B8-E$2)	=$E$10*F$2-$E$11*($B8-F$2)	=$E$10*$B8
9					
10	每万张盈利(千元)		3		
11	每万张亏损(千元)		4		

图 12.16 电子表格决策损益表及其求解过程

(1)按期望收益最大化准则确定最佳进货量的过程如图 12.17 所示。

	A	B	C	D	E	F	G	H
1			自然状态及概率					
2			7	8	9	10	11	
3			0.1	0.3	0.25	0.25	0.1	
4	备选方案	7	21	21	21	21	21	21
5		8	17	24	24	24	24	23.3
6		9	13	20	27	27	27	23.5
7		10	9	16	23	30	30	22
8		11	5	12	19	26	33	18.7
9					最大收益值			23.5

	H
4	=SUMPRODUCT(C4:G4,C$3:G$3)
5	=SUMPRODUCT(C5:G5,C$3:G$3)
6	=SUMPRODUCT(C6:G6,C$3:G$3)
7	=SUMPRODUCT(C7:G7,C$3:G$3)
8	=SUMPRODUCT(C8:G8,C$3:G$3)
9	=MAX(H4:H8)

图 12.17 最优结果

根据计算结果，应选择进货量 9 万张的方案，此时期望收益为 23.5 千元。

(2)若进行调查，掌握了完全信息，其期望收益为：

$$E = 0.1 \times 21 + 0.3 \times 24 + 0.25 \times 27 + 0.25 \times 30 + 0.1 \times 33 = 26.85(\text{千元})$$

完全信息下的期望收益值比没有完全信息资料时的最大期望收益值要高 3 350元，这就是完全信息的价值。这也就是进行市场调查的最大可能费用支出。

(3)若考虑机会损失，则有

当 $A_i > S_j$ 时，决策者面临事实损失为：$b_{ij} = g(S_j | A_i) = 4(A_i - S_j)$

当 $A_i < S_j$ 时，决策者面临机会损失为：$b_{ij} = g(S_j | A_i) = 3(S_j - A_i)$

若认为事实损失与机会损失无差异，都看作决策者面临的损失，则按上述两式可得风险决策损失表，在 Excel 表格中的损失值及计算公式如图 12.18 所示。

	A	B	C	D	E	F	G
1			自然状态及概率				
2			7	8	9	10	11
3			0.1	0.3	0.25	0.25	0.1
4	备选方案	7	0	3	6	9	12
5		8	4	0	3	6	9
6		9	8	4	0	3	6
7		10	12	8	4	0	3
8		11	16	12	8	4	0
9							
10	每万张盈利（千元）（机会损失）						3
11	每万张亏损（千元）（事实损失）						4

	C	D	E	F	G
4	=$G$10*(C$2-$B4)	=$G$10*(D$2-$B4)	=$G$10*(E$2-$B4)	=$G$10*(F$2-$B4)	=$G$10*(G$2-$B4)
5	=$G$11*($B5-C$2)	=$G$10*(D$2-$B5)	=$G$10*(E$2-$B5)	=$G$10*(F$2-$B5)	=$G$10*(G$2-$B5)
6	=$G$11*($B6-C$2)	=$G$11*($B6-D$2)	=$G$10*(E$2-$B6)	=$G$10*(F$2-$B6)	=$G$10*(G$2-$B6)
7	=$G$11*($B7-C$2)	=$G$11*($B7-D$2)	=$G$11*($B7-E$2)	=$G$10*(F$2-$B7)	=$G$10*(G$2-$B7)
8	=$G$11*($B8-C$2)	=$G$11*($B8-D$2)	=$G$11*($B8-E$2)	=$G$11*($B8-F$2)	=$G$10*(G$2-$B8)
9					
10	每万张盈利（千元）（机会损失）				3
11	每万张亏损（千元）（事实损失）				4

图 12.18 电子表格决策损失表及其求解过程

按期望损失最小化准则确定最佳进货量的过程如图 12.19 所示。

根据计算结果，应选择进货量 9 万张的方案，此时期望损失为 3.35 千元。

2. 利用 Excel 对例 12.6 采用贝叶斯决策分析

其过程如下：

解：若该公司不进行试销，按先验概率进行决策，按期望收益最大化准则决策，其过程如图 12.20 所示。

	A	B	C	D	E	F	G	H
1			自然状态及概率					
2			7	8	9	10	11	
3			0.1	0.3	0.25	0.25	0.1	期望损失
4	备选方案	7	0	3	6	9	12	5.85
5		8	4	0	3	6	9	3.55
6		9	8	4	0	3	6	3.35
7		10	12	8	4	0	3	4.9
8		11	16	12	8	4	0	8.2
9					最小损失值			3.35

	H
3	期望损失
4	=SUMPRODUCT(C4:G4,C$3:G$3)
5	=SUMPRODUCT(C5:G5,C$3:G$3)
6	=SUMPRODUCT(C6:G6,C$3:G$3)
7	=SUMPRODUCT(C7:G7,C$3:G$3)
8	=SUMPRODUCT(C8:G8,C$3:G$3)
9	=MIN(H4:H8)

图 12.19 最优结果

	A	B	C	D	E	F	G
1			S_1	S_2	S_3	S_4	期望收益
2			0.2	0.35	0.25	0.2	
3	方备案选	A_1	25	25	20	15	21.75
4		A_2	10	28	30	25	24.3
5		A_3	-8	3	15	18	6.8
6				期望收益最大			24.3

	G
1	期望收益
2	
3	=SUMPRODUCT(C$2:F$2,C3:F3)
4	=SUMPRODUCT(C$2:F$2,C4:F4)
5	=SUMPRODUCT(C$2:F$2,C5:F5)
6	=MAX(G3:G5)

图 12.20 电子表格损益表及其求解过程

按期望收益最大化准则进行决策，则应该选择 A_2 生产方案。

若进行试销，根据全概率公式有

$$P(x)=\sum_{i=1}^{4}P(S_i)P(x|S_i)$$
$$=0.20\times0.25+0.35\times0.75+0.25\times0.64+0.20\times0.82=0.637$$

则在日平均销售量 x 发生的条件下，S_i（$i=1,2,3,4$）发生的条件概率为：

$$P(S_1|x)=\frac{0.20\times0.25}{0.637}=0.079,\ P(S_2|x)=\frac{0.35\times0.75}{0.637}=0.412$$

$$P(S_3|x)=\frac{0.25\times0.64}{0.637}=0.251,\ P(S_4|x)=\frac{0.20\times0.82}{0.637}=0.258$$

利用 Excel 操作过程如图 12.21 所示。

利用修正后的后验概率进行决策，其 Excel 过程如图 12.22 所示。

	A	B	C	D	E	F	G
9							全概率
10	条件概率		0.25	0.75	0.64	0.82	
11			0.050	0.263	0.160	0.164	0.637
12	后验概率		0.079	0.412	0.251	0.258	

	A	B	C	D	E	F	G
9							全概率
10	条件概率		0.25	0.75	0.64	0.82	
11			=C2*C10	=D2*D10	=E2*E10	=F2*F10	=SUM(C11:F11)
12	后验概率		=C11/$G11	=D11/$G11	=E11/$G11	=F11/$G11	

图 12.21　电子表格后验概率求解过程

	A	B	C	D	E	F	G
16			S_1	S_2	S_3	S_4	期望收益
17			0.079	0.412	0.251	0.258	
18	备选方案	A_1	25	25	20	15	21.167
19		A_2	10	28	30	25	26.316
20		A_3	-8	3	15	18	9.0173
21				期望收益最大			26.316

	G
16	期望收益
17	
18	=SUMPRODUCT(C$17:F$17,C18:F18)
19	=SUMPRODUCT(C$17:F$17,C19:F19)
20	=SUMPRODUCT(C$17:F$17,C20:F20)
21	=MAX(G18:G20)

图 12.22　电子表格决策结果

该公司应选择 A_2 生产方案。

复习思考题

一、选择题

1. 创立统计决策理论的科学家是(　　)。

A. 费希尔　　B. 凯特勒　　C. 拉普拉斯　　D. 瓦尔德

2. 统计决策是指(　　)。

A. 确定型决策　B. 对抗型决策　C. 不确定型决策　D. 非对抗型决策

3. 决策过程首先要做的是确立决策目标,其次是(　　)。

A. 资料的收集和整理　　B. 自然状态和行动的辨认

C. 损益值的计算　　D. 行动的筛选

4. 用决策树进行分析时,采用的方式是(　　)。

A. 顺报　　B. 反推　　C. 逻辑推理　　D. 视情况而定

5. 须按后验概率进行分析判断的决策方法是(　　)。

A. 风险型决策　　B. 贝叶斯决策

C. 完全不确定型决策　　D. 概率决策

6. 若决策者感到客观形势不利，可采用保守的(　　)决策方法。

A. 好中求好　　B. 坏中求好　　C. 好中求坏　　D. 系数

7. 统计决策过程中，常用以下哪些重要的基本概念(　　)。

A. 决策函数　　B. 概率函数　　C. 损失函数　　D. 风险函数

E. 收益函数

8. 统计决策的类型包括(　　)。

A. 先验概率决策　　B. 后验概率决策

C. 风险型决策　　D. 确定型决策

E. 不确定型决策

9. 不确定型决策有(　　)。

A. “好中求好”决策方法　　B. “坏中求好”决策方法

C. α 系数决策方法　　D. β 系数决策方法

E. “最小的最大后悔值”决策方法

10. 决策作为一个系统过程是指(　　)。

A. 只包括做出抉择前的一切活动

B. 只包括把决策付诸实践的一切活动

C. 既包括做出前的一切活动，又包括把决策付诸实践的一切活动

D. 只包括做出决策的部分活动

二、简答题

1. 什么是统计决策，它可分为哪些种类？

2. 统计决策的原则和程序是什么？

3. 什么是风险型决策？什么是不确定型决策？二者有何区别与联系？

4. 贝叶斯决策的特点是什么？

5. 统计决策的构成要素有哪些？

三、计算题

1. 某企业在计划期内安排生产 A 和 B 两种产品，已知生产单位产品所需设备台时及原材料的消耗如表所示。另该企业所生产的产品 A 单位利润为 2 万元，产品 B 单位利润 3 万元，试问该如何安排生产计划可使企业获利最大？

项目	A	B	资源约束
设备/台时	1	3	8
原材料一/kg	4	1.5	20
原材料二/kg	2	3	16

2. 某生产电动自行车的企业有如下损益值表：

决策方案	自然状态/万元		
	S_1 畅销	S_2 一般	S_3 滞销
扩建原厂 d_1	98	80	−2
建设新厂 d_2	130	50	−40
转包外厂 d_3	60	30	10

要求：用悲观法、乐观法、折中决策法（折中系数为 0.5）、后悔值法和等概率法分别选择一个方案。

3. 某码头有一批卸下的商品，其中由甲、乙、丙 3 支装卸队卸下的商品分别占总量的 20%，35%和 45%。各装卸队对商品的损坏率分别为 3%，4%和 5%。现又有一批商品到岸，试用贝叶斯法决策应请哪支装卸队来服务。

4. 从甲地向乙地运送活蟹 5 000 kg，可以采用 5 种不同的装运方式，依次记为 $A_1 \sim A_5$。螃蟹抵达乙地的成活数受到沿途气温高低的影响，也因装运方式而异。预测高、中、低温度的概率和损益值如下表所示。试决定最优装运方式，以求最大获利。

自然状态	概率	行动方案/千元				
		A_1	A_2	A_3	A_4	A_5
高温	0.2	40	40	0	−20	50
中温	0.3	60	80	100	100	100
低温	0.5	120	60	80	60	60

5. 某出版社打算在市场上出版一种杂志《生活顾问》，这种杂志登载投资者关心的文章和其他信息。根据过去的经验和对此类杂志潜在需求量的感性认识，该出版社制如下损益表。表中列示了在 3 种市场状态下可能的年利润。试问出版社应该出版这本杂志吗？

自然状态	概率	年利润/元	
		不出版	出版
不好	0.5	0	−2 500 000
一般	0.2	0	500 000
好	0.3	0	3 000 000

复习思考题答案

一、选择题

1.D 2.AC 3.A 4.B 5.B 6.B 7.ACDE 8.CDE 9.ABCE 10.C

二、简答题

（略）

三、计算题

1. 生产 A 产品 4.57 kg、B 产品 1.14 kg，最终的最大利润为 12.56 万元。

2. 悲观法选取 d_3，乐观法选取 d_2，其他方法选取 d_1 方案。

3. 3 支装卸队伍对商品的损坏率在全部商品损坏率中的比重分别为14.12％，32.94％，52.94％，故应该选甲装卸队。

4. 每个装运方式的期望损益值为：

$E(A_1)=0.2\times 40+0.3\times 60+0.5\times 120=86$

$E(A_2)=0.2\times 40+0.3\times 80+0.5\times 60=62$

$E(A_3)=0.2\times 0+0.3\times 100+0.5\times 80=70$

$E(A_4)=0.2\times(-20)+0.3\times 100+0.5\times 60=56$

$E(A_5)=0.2\times 50+0.3\times 100+0.5\times 60=70$

所以，选择第一种装运方式（A_1）获利最大，为 8.6 万元。

5. 由题意可计算出出版此杂志的期望利润为：

$0.5\times(-2\ 500\ 000)+0.2\times 500\ 000+0.3\times 3\ 000\ 000=-250\ 000$（元）

所以不应出版此杂志。

附　录

附表 1　随机数字表(部分)

03 47 43 73 86	36 96 47 36 61	46 98 63 71 62	33 26 16 80 45	61 11 14 10 95
97 74 24 67 66	42 81 14 57 20	42 53 32 37 32	27 07 36 07 51	24 51 79 89 73
16 76 62 27 62	56 50 26 71 07	32 90 79 78 53	13 55 38 58 59	88 97 54 14 10
12 56 85 99 26	96 96 68 27 31	05 03 72 93 15	57 12 10 14 21	88 97 54 14 10
55 59 56 35 64	38 54 82 46 32	31 62 43 09 90	06 18 44 32 53	23 83 01 30 30
16 22 77 94 39	49 54 42 54 82	17 37 93 23 78	87 35 10 96 43	84 26 34 91 64
84 42 17 53 31	57 24 55 06 88	77 04 74 47 67	21 76 33 50 25	83 92 12 06 76
63 01 63 78 59	16 95 55 67 19	98 10 50 71 75	12 86 73 58 07	44 39 52 38 79
33 21 12 34 29	78 64 56 07 82	82 42 07 44 38	15 51 00 13 42	99 66 02 79 54
57 60 86 32 44	09 47 27 96 54	49 17 46 09 62	90 52 84 77 27	08 02 73 43 28
18 18 07 92 45	44 17 16 58 09	79 83 86 19 62	06 76 50 03 10	55 23 64 05 05
26 62 38 97 75	84 16 07 44 99	83 11 46 32 24	20 14 85 88 45	10 93 72 88 71
23 42 40 64 76	82 97 77 77 81	07 45 32 14 08	32 98 94 07 72	93 85 79 10 75
52 36 28 19 95	50 92 26 11 97	00 56 76 31 33	80 22 02 53 53	86 60 42 04 53
37 85 94 35 12	83 39 50 08 30	42 34 07 96 88	54 42 06 87 98	35 86 99 48 39
70 29 17 12 13	40 33 20 38 26	13 89 51 03 74	17 76 37 13 04	07 74 21 19 30
56 62 18 37 35	96 83 70 87 75	97 12 25 93 47	70 33 24 03 54	97 77 46 44 80
99 49 57 22 77	88 42 95 45 72	16 64 36 16 00	04 43 18 66 79	94 77 24 21 90
16 08 15 04 72	33 27 14 34 09	45 59 34 68 49	12 72 07 34 65	99 27 72 95 14
31 16 93 32 43	50 27 89 87 19	20 15 37 00 49	52 85 66 60 44	38 68 88 11 80
68 34 30 13 70	55 74 30 77 40	44 22 78 84 26	04 33 46 09 52	68 07 97 06 57
74 57 25 65 76	59 29 97 68 60	71 91 38 67 54	13 58 18 24 76	15 54 55 95 52
27 42 37 86 53	48 55 90 65 72	96 57 69 36 10	96 46 92 42 45	97 60 49 04 91
00 39 68 29 61	66 37 32 20 30	77 84 57 03 29	10 45 65 04 26	11 04 96 67 24
29 94 98 94 24	68 49 69 10 82	53 75 91 93 30	34 55 20 57 27	40 48 73 51 92

附表 2 标准正态分布概率表(双尾)

t	$F(t)$	t	$F(t)$	t	$F(t)$	t	$F(t)$
0.00	0.000 0	0.33	0.258 6	0.66	0.490 7	0.99	0.677 8
0.01	0.008 0	0.34	0.266 1	0.67	0.497 1	1.00	0.682 7
0.02	0.016 0	0.35	0.273 7	0.68	0.503 5	1.01	0.687 5
0.03	0.023 9	0.36	0.281 2	0.69	0.509 8	1.02	0.692 3
0.04	0.031 9	0.37	0.288 6	0.70	0.516 1	1.03	0.697 0
0.05	0.039 9	0.38	0.296 1	0.71	0.522 5	1.04	0.701 7
0.06	0.047 8	0.39	0.303 5	0.72	0.528 5	1.05	0.706 3
0.07	0.055 8	0.40	0.310 8	0.73	0.534 6	1.06	0.710 9
0.08	0.063 8	0.41	0.318 2	0.74	0.540 7	1.07	0.715 4
0.09	0.071 7	0.42	0.325 5	0.75	0.546 7	1.08	0.719 9
0.10	0.079 7	0.43	0.332 3	0.76	0.552 7	1.09	0.724 3
0.11	0.087 6	0.44	0.340 1	0.77	0.558 7	0.10	0.728 7
0.12	0.095 5	0.45	0.347 3	0.78	0.564 6	1.11	0.733 0
0.13	0.103 4	0.46	0.354 5	0.79	0.570 5	1.12	0.737 7
0.14	0.111 3	0.47	0.361 6	0.80	0.576 3	1.13	0.741 5
0.15	0.119 2	0.48	0.368 8	0.81	0.582 1	1.14	0.745 7
0.16	0.127 1	0.49	0.375 9	0.82	0.587 8	1.15	0.745 9
0.17	0.135 0	0.50	0.382 9	0.83	0.593 5	1.16	0.754 0
0.18	0.142 8	0.51	0.389 9	0.84	0.599 1	1.17	0.758 0
0.19	0.150 7	0.52	0.396 9	0.85	0.604 7	1.18	0.762 0
0.20	0.158 5	0.53	0.403 9	0.86	0.610 2	1.19	0.766 0
0.21	0.166 3	0.54	0.410 8	0.87	0.615 7	1.20	0.769 0
0.22	0.174 1	0.55	0.417 7	0.88	0.621 1	1.21	0.773 7
0.23	0.181 9	0.56	0.424 5	0.89	0.626 5	1.22	0.777 5
0.24	0.189 7	0.57	0.431 3	0.90	0.631 9	1.23	0.781 3
0.25	0.197 4	0.58	0.438 1	0.91	0.637 2	1.24	0.785 0
0.26	0.205 1	0.59	0.444 8	0.92	0.642 4	1.25	0.788 7
0.27	0.212 8	0.60	0.451 5	0.93	0.647 6	1.26	0.792 3
0.28	0.220 5	0.61	0.458 1	0.94	0.652 8	1.27	0.795 9
0.29	0.228 2	0.62	0.464 7	0.95	0.657 9	1.28	0.799 5
0.30	0.238 5	0.63	0.471 3	0.96	0.662 9	1.29	0.803 0
0.31	0.243 4	0.64	0.477 8	0.97	0.668 0	1.30	0.806 4
0.32	0.251 0	0.65	0.484 3	0.98	0.672 9	1.31	0.809 8

续附表 2

t	F(t)	t	F(t)	t	F(t)	t	F(t)
1.32	0.813 2	1.65	0.901 1	1.98	0.952 3	2.62	0.991 2
1.33	0.816 5	1.66	0.903 1	1.99	0.953 4	2.64	0.991 7
1.34	0.819 8	1.67	0.905 1	2.00	0.954 5	2.66	0.992 2
1.35	0.823 0	1.68	0.907 0	2.02	0.956 6	2.68	0.992 6
1.36	0.826 2	1.69	0.909 0	2.04	0.957 8	2.70	0.993 1
1.37	0.829 3	1.70	0.910 9	2.06	0.960 6	2.72	0.993 5
1.38	0.832 4	1.71	0.912 7	2.08	0.962 5	2.74	0.993 9
1.39	0.835 5	1.72	0.914 7	2.10	0.964 3	2.76	0.994 2
1.40	0.838 5	1.73	0.916 4	2.12	0.966 0	2.78	0.994 6
1.41	0.841 5	1.74	0.918 1	2.14	0.967 6	2.80	0.994 9
1.42	0.844 4	1.75	0.919 9	2.16	0.969 2	2.82	0.995 2
1.43	0.847 3	1.76	0.921 6	2.18	0.970 7	2.84	0.995 5
1.44	0.851 0	1.77	0.923 3	2.20	0.972 2	2.86	0.995 8
1.45	0.852 9	1.78	0.924 9	2.22	0.973 6	2.88	0.996 0
1.46	0.855 7	1.79	0.926 5	2.24	0.974 9	2.90	0.996 2
1.47	0.858 4	1.80	0.928 1	2.26	0.976 2	2.92	0.996 5
1.48	0.861 1	1.81	0.929 7	2.28	0.677 4	2.94	0.996 7
1.49	0.863 8	1.82	0.931 2	2.30	0.978 6	2.96	0.996 9
1.50	0.867 4	1.83	0.932 8	2.32	0.979 7	2.98	0.997 1
1.51	0.869 0	1.84	0.934 2	2.34	0.980 7	3.00	0.997 3
1.52	0.871 5	1.85	0.935 7	2.36	0.981 7	3.20	0.998 6
1.53	0.874 0	1.86	0.937 1	2.38	0.982 7	3.40	0.999 3
1.54	0.876 4	1.87	0.938 5	2.40	0.983 6	3.60	0.999 68
1.55	0.878 9	1.88	0.939 9	2.42	0.984 5	3.80	0.999 86
1.56	0.881 2	1.89	0.941 2	2.44	0.985 3	4.00	0.999 94
1.57	0.883 6	1.90	0.942 6	2.46	0.986 1	4.50	0.999 993
1.58	0.885 9	1.91	0.943 9	2.48	0.986 9	5.00	0.999 999
1.59	0.888 2	1.92	0.945 1	2.50	0.987 6		
1.60	0.890 4	1.93	0.946 4	2.52	0.988 3		
1.61	0.892 6	1.94	0.947 6	2.54	0.988 9		
1.62	0.894 8	1.95	0.948 8	2.56	0.989 5		
1.63	0.896 9	1.96	0.950 0	2.58	0.990 2		
1.64	0.899 0	1.97	0.951 2	2.60	0.990 8		

附表 3　相关系数显著性检验表

$n-2$　　α	0.10	0.05	0.02	0.01	0.001
1	0.987 69	0.996 29	0.995 07	0.999 877	0.999 998 8
2	0.900 00	0.950 00	0.980 00	0.990 00	0.999 900
3	0.805 4	0.878 3	0.934 33	0.958 73	0.991 16
4	0.729 3	0.811 4	0.882 2	0.912 00	0.974 05
5	0.669 4	0.754 5	0.832 9	0.874 5	0.950 74
6	0.621 5	0.706 7	0.788 7	0.834 3	0.924 93
7	0.582 2	0.666 4	0.749 8	0.797 7	0.898 2
8	0.549 4	0.631 9	0.715 5	0.764 6	0.872 1
9	0.521 4	0.602 1	0.685 1	0.734 8	0.847 1
10	0.497 3	0.576 0	0.658 1	0.707 9	0.823 3
11	0.476 2	0.552 9	0.633 9	0.683 5	0.801 0
12	0.457 5	0.532 4	0.612 0	0.661 4	0.780 0
13	0.440 9	0.513 9	0.592 3	0.641 1	0.760 3
14	0.425 9	0.497 3	0.574 2	0.622 6	0.742 9
15	0.412 3	0.482 1	0.557 7	0.605 5	0.724 5
16	0.400 0	0.468 3	0.542 5	0.589 7	0.708 4
17	0.388 7	0.455 5	0.528 5	0.575 1	0.693 2
18	0.378 3	0.443 8	0.515 5	0.561 4	0.678 7
19	0.368 7	0.432 9	0.513 4	0.548 7	0.665 2
20	0.359 3	0.422 7	0.492 1	0.536 8	0.652 4
25	0.323 3	0.380 9	0.445 1	0.486 9	0.597 4
30	0.296 0	0.349 4	0.409 3	0.448 7	0.554 1
35	0.274 6	0.342 6	0.381 0	0.418 2	0.518 9
40	0.257 3	0.304 4	0.357 8	0.393 2	0.489 6
45	0.242 8	0.287 5	0.338 4	0.372 1	0.464 8
50	0.230 6	0.273 2	0.321 3	0.354 1	0.443 3
60	0.210 8	0.250 0	0.204 4	0.324 3	0.407 8
70	0.195 4	0.231 9	0.273 7	0.301 7	0.279 9
80	0.182 9	0.217 2	0.256 5	0.288 0	0.355 8
90	0.172 6	0.205 0	0.242 2	0.267 3	0.337 5
100	0.136 8	0.194 6	0.230 1	0.254 0	0.321 1

注：表中数字为临界值 $r(\alpha,n-2)$

附表 4　标准正态分布表(单尾)

$$\Phi(x)=\int_{-\infty}^{x}\frac{1}{\sqrt{2\pi}}e^{-\frac{t^2}{2}}\mathrm{d}t=P(X\leqslant x)$$

x	0.00	0.01	0.02	0.03	0.04	0.05	0.06	0.07	0.08	0.09
0.0	0.500 0	0.504 0	0.508 0	0.512 0	0.516 0	0.519 9	0.523 9	0.527 9	0.531 9	0.535 9
0.1	0.539 8	0.543 8	0.547 8	0.551 7	0.555 7	0.559 6	0.563 6	0.567 5	0.571 4	0.575 3
0.2	0.579 3	0.583 2	0.587 1	0.591 0	0.594 8	0.598 7	0.602 6	0.606 4	0.610 3	0.614 1
0.3	0.617 9	0.621 7	0.625 5	0.629 3	0.633 1	0.636 8	0.640 4	0.644 3	0.648 0	0.651 7
0.4	0.655 4	0.659 1	0.662 8	0.666 4	0.670 0	0.673 6	0.677 2	0.680 8	0.684 4	0.687 9
0.5	0.691 5	0.695 0	0.698 5	0.701 9	0.705 4	0.708 8	0.712 3	0.715 7	0.719 0	0.722 4
0.6	0.725 7	0.729 1	0.732 4	0.735 7	0.738 9	0.742 2	0.745 4	0.748 6	0.751 7	0.754 9
0.7	0.758 0	0.761 1	0.764 2	0.767 3	0.770 3	0.773 4	0.776 4	0.779 4	0.782 3	0.785 2
0.8	0.788 1	0.791 0	0.793 9	0.796 7	0.799 5	0.802 3	0.805 1	0.807 8	0.810 6	0.813 3
0.9	0.815 9	0.818 6	0.821 2	0.823 8	0.826 4	0.828 9	0.835 5	0.834 0	0.836 5	0.838 9
1.0	0.841 3	0.843 8	0.846 1	0.848 5	0.850 8	0.853 1	0.855 4	0.857 7	0.859 9	0.862 1
1.1	0.864 3	0.866 5	0.868 6	0.870 8	0.872 9	0.874 9	0.877 0	0.879 0	0.881 0	0.883 0
1.2	0.884 9	0.886 9	0.888 8	0.890 7	0.892 5	0.894 4	0.896 2	0.898 0	0.899 7	0.901 5
1.3	0.903 2	0.904 9	0.906 6	0.908 2	0.909 9	0.911 5	0.913 1	0.914 7	0.916 2	0.917 7
1.4	0.919 2	0.920 7	0.922 2	0.923 6	0.925 1	0.926 5	0.927 9	0.929 2	0.930 6	0.931 9
1.5	0.933 2	0.934 5	0.935 7	0.937 0	0.938 2	0.939 4	0.940 6	0.941 8	0.943 0	0.944 1
1.6	0.945 2	0.946 3	0.947 4	0.948 4	0.949 5	0.950 5	0.951 5	0.952 5	0.953 5	0.953 5
1.7	0.955 4	0.956 4	0.957 3	0.958 2	0.959 1	0.959 9	0.960 8	0.961 6	0.962 5	0.963 3
1.8	0.964 1	0.964 8	0.965 6	0.966 4	0.967 2	0.967 8	0.968 6	0.969 3	0.970 0	0.970 6
1.9	0.971 3	0.971 9	0.972 6	0.973 2	0.973 8	0.974 4	0.975 0	0.975 6	0.976 2	0.976 7
2.0	0.977 2	0.977 8	0.978 3	0.978 8	0.979 3	0.979 8	0.980 3	0.980 8	0.981 2	0.981 7
2.1	0.982 1	0.982 6	0.983 0	0.983 4	0.983 8	0.984 2	0.984 6	0.985 0	0.985 4	0.985 7
2.2	0.986 1	0.986 4	0.986 8	0.987 1	0.987 4	0.987 8	0.988 1	0.988 4	0.988 7	0.989 0
2.3	0.989 3	0.989 6	0.989 8	0.990 1	0.990 4	0.990 6	0.990 9	0.991 1	0.991 3	0.991 6
2.4	0.991 8	0.992 0	0.992 2	0.992 5	0.992 7	0.992 9	0.993 1	0.993 2	0.993 4	0.993 6
2.5	0.993 8	0.994 0	0.994 1	0.994 3	0.994 5	0.994 6	0.994 8	0.994 9	0.995 1	0.995 2
2.6	0.995 3	0.995 5	0.995 6	0.995 7	0.995 9	0.996 0	0.996 1	0.996 2	0.996 3	0.996 4
2.7	0.996 5	0.996 6	0.996 7	0.996 8	0.996 9	0.997 0	0.997 1	0.997 2	0.997 3	0.997 4
2.8	0.997 4	0.997 5	0.997 6	0.997 7	0.997 7	0.997 8	0.997 9	0.997 9	0.998 0	0.998 1
2.9	0.998 1	0.998 2	0.998 2	0.998 3	0.998 4	0.998 4	0.998 5	0.998 5	0.998 6	0.998 6
3.0	0.998 7	0.999 0	0.999 3	0.999 5	0.999 7	0.999 8	0.999 8	0.999 9	0.999 9	1.000 0

附表 5 t 分布的临界值表

例：自由度 $n=10$，$P(t>1.812)=0.05$，$P(t<-1.812)=0.05$

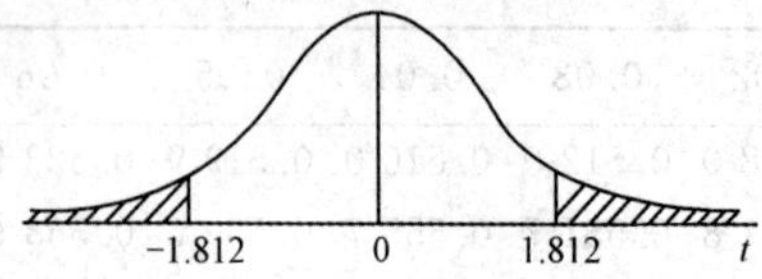

n	单尾检验的显著水准					
	0.10	0.05	0.025	0.01	0.005	0.000 5
	双尾检验的显著水准					
	0.20	0.10	0.05	0.02	0.01	0.001
1	3.078	6.314	12.706	31.821	63.657	636.619
2	1.886	2.920	4.303	6.965	9.925	31.598
3	1.638	2.353	3.182	4.541	5.841	12.941
4	1.533	2.132	2.776	3.747	4.604	8.610
5	1.476	2.015	2.571	3.365	4.032	6.859
6	1.440	1.943	2.447	3.143	3.707	5.959
7	1.415	1.895	2.365	2.998	3.499	5.405
8	1.397	1.860	2.306	2.896	3.355	5.041
9	1.383	1.833	2.262	2.821	3.250	4.781
10	1.372	1.812	2.228	2.764	3.169	4.587
11	1.363	1.796	2.201	2.718	3.106	4.437
12	1.356	1.782	2.179	2.681	3.055	4.318
13	1.350	1.771	2.160	2.650	3.012	4.221
14	1.345	1.761	2.145	2.624	2.977	4.140
15	1.341	1.753	2.131	2.602	2.947	4.073
16	1.337	1.746	2.120	2.583	2.921	4.015
17	1.333	1.740	2.110	2.567	2.898	3.965
18	1.330	1.734	1.101	2.552	2.878	3.922
19	1.328	1.729	2.093	2.539	2.861	3.883
20	1.325	1.725	2.086	2.528	2.845	3.850

续附表 5

n	0.10	0.05	0.025	0.01	0.005	0.000 5
	单尾检验的显著水准					
	双尾检验的显著水准					
	0.20	0.10	0.05	0.02	0.01	0.001
21	1.323	1.721	2.080	2.518	2.831	3.819
22	1.321	1.717	2.074	2.508	2.819	3.792
23	1.319	1.714	2.069	2.500	2.807	3.767
24	1.318	1.711	2.064	2.492	2.797	3.745
25	1.316	1.708	2.060	2.485	2.787	3.725
26	1.315	1.706	2.056	2.479	2.779	3.707
27	1.314	1.703	2.052	2.473	2.771	3.690
28	1.313	1.701	2.048	2.467	2.763	3.674
29	1.311	1.699	2.045	2.462	2.756	3.659
30	1.310	1.697	2.042	2.457	2.750	3.646
40	1.303	1.684	2.021	2.423	2.704	3.551
60	1.296	1.671	2.000	2.390	2.660	3.460
80	1.289	1.658	1.980	2.358	2.617	3.373
∞	1.282	1.645	1.960	2.326	2.576	3.291

附表 6 *F* 分布的临界值表

例:自由度 $n_1=5, n_2=10, P(F>3.33)=0.05, P(F>5.64)=0.01$

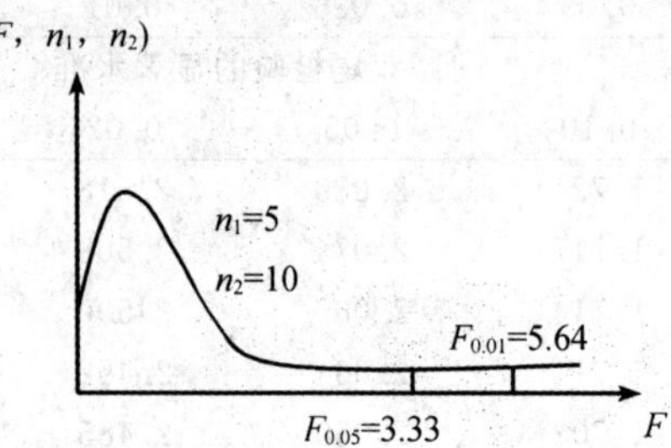

	n_2 \ n_1	分子自由度											
		1	2	3	4	5	6	7	8	9	10	11	12
	1	161	200	216	225	230	234	237	239	241	242	243	244
		4 052	4 999	5 403	5 625	5 765	5 859	5 928	5 981	6 022	6 056	6 082	6 106
	2	18.51	19.00	19.16	19.25	19.30	19.33	19.36	19.37	19.38	19.39	19.40	19.41
		98.49	99.00	99.17	99.25	99.30	99.33	99.34	99.36	99.38	99.40	99.41	99.42
	3	10.13	9.55	9.28	9.12	9.01	8.94	8.88	8.84	8.81	8.78	8.76	8.74
		34.12	30.82	29.46	28.71	28.24	27.91	27.67	27.49	27.34	27.23	27.13	27.05
	4	7.71	6.94	6.59	6.39	6.26	6.16	6.09	6.04	6.00	5.96	5.93	5.91
		21.20	18.00	16.69	15.98	15.52	15.21	14.98	14.80	14.66	14.54	14.45	14.37
分	5	6.61	5.79	5.41	5.19	5.05	4.95	4.88	4.82	4.78	4.74	4.70	4.68
		16.26	13.27	12.06	11.39	10.97	10.67	10.45	10.27	20.15	10.05	9.96	9.89
母	6	5.99	5.14	4.76	4.53	4.39	4.28	4.21	4.15	4.10	4.16	4.03	4.00
		13.74	10.92	9.78	9.15	8.75	8.47	8.26	8.10	7.98	7.87	7.79	7.72
自	7	5.59	4.74	4.35	4.12	3.97	3.87	3.79	3.73	3.68	3.63	3.60	3.57
		12.25	9.55	8.45	7.85	7.46	7.19	7.00	6.84	6.71	6.62	6.54	6.47
由	8	5.32	4.46	4.07	3.84	3.69	3.58	3.50	3.44	3.39	3.34	3.31	3.28
		11.26	8.65	7.59	7.01	6.63	6.37	6.19	6.03	5.91	5.82	5.74	5.67
度	9	5.12	4.26	3.86	3.63	3.48	3.37	3.29	3.23	3.18	3.13	3.10	3.07
		10.56	8.02	6.99	6.42	6.06	5.80	5.62	5.47	5.35	5.26	5.18	5.11
	10	4.96	4.10	3.71	3.48	3.33	3.22	3.14	3.07	3.02	2.97	2.94	2.91
		10.04	7.56	6.55	5.99	5.64	5.39	5.21	5.06	4.95	4.85	4.78	4.71
	11	4.84	3.98	3.59	3.36	3.20	3.09	3.01	2.95	2.90	2.86	2.82	2.79
		9.65	7.20	6.22	5.67	5.32	5.07	4.88	4.74	4.63	4.54	4.46	4.40
	12	4.75	3.88	3.49	3.26	3.11	3.00	2.92	2.85	2.80	2.76	2.72	2.69
		9.33	6.93	5.95	5.41	5.06	4.82	4.65	4.50	4.39	4.30	4.22	4.16

续附表 6

	n_2 \ n_1	分子自由度											
		1	2	3	4	5	6	7	8	9	10	11	12
	13	4.67	3.80	3.41	3.18	3.02	2.92	2.84	2.77	2.72	2.67	2.63	2.60
		9.07	6.70	5.74	5.20	4.86	4.62	4.44	4.30	4.19	4.10	4.02	3.96
	14	4.60	3.74	3.34	3.11	2.96	2.85	2.77	2.70	2.65	2.60	2.56	2.53
		8.86	6.51	5.56	5.03	4.69	4.46	4.28	4.14	4.03	3.94	3.86	3.80
	15	4.54	3.68	3.29	3.06	2.90	2.79	2.70	2.64	2.59	2.55	2.51	2.48
		8.68	6.36	5.42	4.89	4.56	4.32	4.14	4.00	3.89	3.80	3.73	3.67
	16	4.49	3.36	3.24	3.01	2.85	2.74	2.66	2.59	2.54	2.49	2.45	2.42
		8.53	6.23	5.29	4.77	4.44	4.20	4.03	3.89	3.78	3.69	3.61	3.55
	17	4.45	3.59	3.20	2.96	2.81	2.70	2.62	2.55	2.50	2.45	2.41	2.38
		8.40	6.11	5.18	4.67	4.34	4.10	3.93	3.79	3.68	3.59	3.52	3.45
	18	4.41	3.55	3.16	2.93	2.77	2.66	2.58	2.51	2.46	2.41	2.37	2.34
		8.28	6.01	5.09	4.58	4.25	4.01	3.85	3.71	3.60	3.51	3.44	3.37
	19	4.38	3.52	3.13	2.90	2.74	2.63	2.55	2.48	2.43	2.38	2.34	2.31
		8.18	5.93	5.01	4.50	4.17	3.94	3.77	3.63	3.52	3.43	3.36	3.30
分	20	4.35	3.49	3.10	2.87	2.71	2.60	2.52	2.45	2.40	2.35	2.31	2.28
		8.10	5.85	4.94	4.43	4.10	3.87	3.71	3.56	3.45	3.37	3.30	3.23
母	21	4.32	3.47	3.07	2.84	2.68	2.57	2.49	2.42	2.37	2.32	2.23	2.25
		8.02	5.78	4.87	4.37	4.04	3.81	3.65	3.51	3.40	3.31	3.24	3.17
自	22	4.30	3.44	3.05	2.82	2.66	2.55	2.47	2.40	2.35	2.30	2.26	2.23
		7.94	5.72	4.82	4.31	3.99	3.76	3.59	3.45	3.35	3.26	3.18	3.12
由	23	4.28	3.42	3.03	2.80	2.64	2.53	2.45	2.38	2.32	2.28	2.24	2.20
		7.88	5.66	4.76	4.26	3.94	3.71	3.54	3.41	3.30	3.21	3.14	3.07
度	24	4.26	3.40	3.01	2.78	2.62	2.51	2.43	2.36	2.30	2.26	2.22	2.18
		7.82	5.61	4.72	4.22	3.90	3.67	3.50	3.36	3.25	3.17	3.09	3.03
	25	4.24	3.38	2.99	2.76	2.60	2.49	2.41	2.32	2.28	2.24	2.20	2.16
		7.77	5.57	4.68	4.18	3.86	3.63	3.46	3.34	3.21	3.13	3.05	2.99
	26	4.22	3.37	2.98	2.74	2.59	2.47	2.39	2.32	2.27	2.22	2.18	2.15
		7.72	5.53	4.64	4.17	3.82	2.59	3.42	3.29	3.17	3.09	3.02	2.96
	27	4.21	3.35	2.96	2.73	2.57	2.46	2.37	2.30	2.25	2.20	2.16	2.13
		7.68	5.49	4.60	4.11	3.79	3.56	3.39	3.26	3.14	3.06	2.98	2.93
	28	4.20	3.34	2.95	2.711	2.56	2.44	2.36	2.29	2.24	2.19	2.15	2.12
		7.64	5.45	4.57	4.07	3.76	3.53	3.36	3.23	3.11	3.03	2.95	2.90
	29	4.18	3.33	2.93	2.70	2.54	2.43	2.35	2.28	2.22	2.18	2.14	2.10
		7.60	5.42	4.54	4.04	3.73	3.50	3.33	3.20	3.08	3.00	2.92	2.87
	30	4.17	3.32	2.92	2.69	2.53	2.42	2.34	2.27	2.21	2.16	2.12	2.09
		7.56	5.39	4.51	4.02	3.70	3.47	3.30	3.17	3.06	2.98	2.90	2.84

注：n_2 中下面的字是 1%的显著水平，上面的为 5%的显著水平

参考文献

[1]孙文生.统计学原理.北京:学苑出版社,1991.
[2]孙文生.统计学.北京:中国统计出版社,1993.
[3]靳光华,孙文生.统计学原理.北京:中国工人出版社,1995.
[4]靳光华,孙文生.统计学原理.北京:中国地质出版社,1998.
[5]孙文生.农村经济统计学. 北京:学苑出版社,1989.
[6]孙文生等.农村经济统计学.北京:中国统计出版社,1993.
[7]孙文生.农村经济统计学.北京:中国农业出版社,1999.
[8]孙文生.统计学学习与考试指南.北京:中国统计出版社,1993.
[9]孙文生.新编工业统计学.北京:新华出版社,1995.
[10]刘树,孙文生.经济预测与决策.北京:中国科学技术出版社,1991.
[11]孙文生.统计学原理.1版.北京:中国农业出版社,2003.
[12]孙文生.吕杰.统计学.北京:中国农业大学出版社,2004.
[13]孙文生.经济预测方法.北京:中国农业大学出版社,2005.
[14]孙文生.统计学原理.北京:中国农业出版社,2009.
[15]郭志刚.社会分析方法——SPSS软件应用.北京:中国人民大学出版社,1999.
[16]贾俊平.统计学.3版.北京:中国人民大学出版社,2007.
[17]刘晓利.统计学原理.北京:中国林业出版社,2007.
[18]安维默.Excel在统计中的应用.北京:中国统计出版社,2000.
[19]罗伯特·约翰逊.基础统计学.北京:科学出版社,2003.
[20]Ronald M . Weiers. Introduction to Business Statistics.北京:北京大学出版社,2003.
[21]袁卫等.统计学.北京:高等教育出版社,2000.
[22]杨灿.国民经济统计学.北京:科学出版社,2008.
[23]王振龙等.应用时间序列分析.北京:科学出版社,2007.
[24]游士兵等.统计学.武汉:武汉大学出版社,2001.
[25]David Freedmandeng 等.魏宗舒等译.统计学.北京:中国统计出版社,1997.
[26]理查德·莱文.扬美熗等译.管理统计.北京:电子工业出版社,1998.

图书在版编目(CIP)数据

统计学导论/孙文生,靳光华主编.—北京:中国农业大学出版社,2010.3
ISBN 978-7-81117-963-7

Ⅰ.①统… Ⅱ.①孙…②靳… Ⅲ.①统计学-高等学校-教材 Ⅳ.①C8

中国版本图书馆 CIP 数据核字(2010)第 030739 号

书　　名　统计学导论
作　　者　孙文生　靳光华　主编

策划编辑　魏秀云　　**责任编辑**　李丽君
封面设计　郑　川　　**责任校对**　陈　莹　王晓凤
出版发行　中国农业大学出版社
地　　址　北京市海淀区圆明园西路 2 号　　**邮政编码**　100193
电　　话　发行部 010-62731190,62732620　　读者服务部 010-62732336
　　　　　编辑部 010-62732617,62732618　　出　版　部 010-62733440
网　　址　http://www.cau.edu.cn/caup　　**E-mail** cbsszs @ cau.edu.cn
经　　销　新华书店
印　　刷　北京时代华都印刷有限公司
版　　次　2010 年 3 月第 1 版　　2012 年 5 月第 2 次印刷
规　　格　787 毫米×980 毫米　　16 开本　　29.75 印张　　547 千字
印　　数　3 001～6 000
定　　价　39.80 元

图书如有质量问题本社发行部负责调换